◎ 国家社科基金重大项目

“开放经济条件下我国虚拟经济运行安全法律保障研究”

（批准号：14ZDB148）成果

◎ 重庆市“十四五”重点出版物出版规划项目

虚拟经济有限发展法学理论总说

胡光志◎著

重庆大学出版社

图书在版编目(CIP)数据

虚拟经济有限发展法学理论总说 / 胡光志著. -- 重庆:重庆大学出版社, 2023.4
(虚拟经济运行安全法律保障研究丛书)
ISBN 978-7-5689-3780-1

Ⅰ.①虚… Ⅱ.①胡… Ⅲ.①虚拟经济—经济安全—法规—研究—中国 Ⅳ.①D922.290.4

中国国家版本馆 CIP 数据核字(2023)第 055417 号

虚拟经济有限发展法学理论总说

XUNI JINGJI YOUXIAN FAZHAN FAXUE LILUN ZONGSHUO

胡光志 著

策划编辑:孙英姿 张慧梓 许 璐
责任编辑:许 璐 版式设计:许 璐
责任校对:王 倩 责任印制:张 策

*

重庆大学出版社出版发行
出版人:饶帮华
社址:重庆市沙坪坝区大学城西路 21 号
邮编:401331
电话:(023) 88617190 88617185(中小学)
传真:(023) 88617186 88617166
网址:http://www.cqup.com.cn
邮箱:fxk@cqup.com.cn(营销中心)
全国新华书店经销
重庆升光电力印务有限公司印刷

*

开本:720mm×1020mm 1/16 印张:25 字数:340 千
2023 年 4 月第 1 版 2023 年 4 月第 1 次印刷
ISBN 978-7-5689-3780-1 定价:128.00 元

作者简介

胡光志，男，四川都江堰人，法学博士，重庆大学法学院教授，博士生导师，巴渝学者特聘教授，重庆市哲学社会科学领军人物，中国经济法学会常务理事，中国银行法学会常务理事，牛津大学访问学者，曾任西南政法大学经济法学院副院长，重庆大学法学院副院长，重庆市第三届、第四届政协常委，重庆市民法经济法研究会副会长，国家社科基金重大项目“开放经济条件下我国虚拟经济运行安全法律保障研究”首席专家，重庆大学虚拟经济法治研究中心主任，研究员。

总　序

必然是长期孕育的，但必然总是需要偶然来点亮的。

20世纪与21世纪之交，由中国一些土生土长的经济学家如刘骏民、成思危教授所创制的“虚拟经济”概念，尤其是将传统市场经济重新解读为“实体经济与虚拟经济二元格局”的学说，像夜空中划过的一道亮光，照亮了许多人的眼睛。虚拟经济理念自此便在中国的大地上逐渐兴起。可惜隔行如隔山，与大多数行外人一样，当时的我知之甚少，更谈不上明了其中所蕴含的时代意义了。

在博士论文选题时，考虑到硕士学的是民法，博士学的是经济法，我便准备在经济法基本理论方面下些功夫，试图寻找一个能跨越民法与经济法，类似于“贯通民法与经济法的人性精神”之类的选题，要将民法与经济法的共生互补以及这两者对人类经济社会发展的不可或缺，彻底地研究一番，以弥合两个学科间长期的对立，缓和学者们喋喋不休的争论。就在即将确定题目之前，好友杨泽延与卢代富来家小坐，听了我的想法后，反倒建议我最好务实一些，先从具体问题着手，选一个既以民法规则为基础又以经济法国家干预手段为寄托的题目，比如“证券内幕交易法律规制问题研究”，以后再俟机扩大研究范围，进而深耕经济法的基本理论。

或许是太出乎意料了，这一题目竟然直戳我的心窝。突然，我想起来了：1992年我正读硕士，其时中国股市刚建立不久，普通百姓还一头雾水，我却受人仓促相邀，懵懵懂懂地参加了《中国股票债券买卖与法律实务》的编写。莫非两位好友的这个题目，恰好将我潜意识中留存的有关股票、债券的一点点余烬给重新点燃？我几天睡不着觉，天天跑书店和图书馆，去追寻带有“内幕交易”的所有纸张与文字，还特意托好友卢云豹夫妇联系台湾的亲朋帮忙查寻相关资料。最后，提交给导师李昌麒教授审核的题目自然就是“内幕交易及其法律控制研究”了。好在，该选题不仅得到了恩师的首肯，还获得了国家社科基金项目的资助，论文也顺利通过了答辩，并被评为重庆市优秀博士论文，获重庆市第四届优秀社科成果二等奖。

2002 年博士论文业已完成，但一些超越该论文范围的根本性问题却持续困扰着我。直到有一天，当“虚拟经济”这四个字不经意地溜进眼帘时，我的眼睛竟然放出光来。由于证券是最典型的虚拟经济交易品，因而它不能不让我怦然心动，甚至也让我豁然开朗——似乎那些缠绕在我心中多年的许多困惑瞬间冰消雪融。我觉得太亲切了，相见恨晚，激动之余再也止不住去搜集有关虚拟经济的论著。尽管经济学中的数学计算、模型推演等很难看懂，但这并不妨碍我从其论说的字里行间去领悟那背后所隐含的意蕴，于是义无反顾地埋头研习。

什么是虚拟经济？一个人基于投资获得了一个公司的投资凭证——股票，钱物投进公司让公司花去了，可持有股票的这个人，因某种原因不想继续当股东分红利，而别的投资者恰好又看好这家公司的前景想挤进投资者行列，当这两人进行了该股票的买卖时，他们就完成了一次虚拟经济交易。实践中，能作为虚拟经济交易品的，除股票外，还有债券、期货、保险及其他金融衍生工具。当这些偶发的、个别的交易一旦普遍化、标准化和电子化，虚拟经济市场之繁荣与发达也就再也无法阻挡了。

之所以说它“虚拟”，是与传统实体经济的商品交换相对而言的：因为包含劳动价值的财产已移转给公司占用了，此处用以交换的股票，本身是不包含人类劳动价值的——说到底，它仅仅是记录投资的证明或符号而已。也就是说,从旨在实现劳动价值与获得使用价值的传统商品交换演变到纯粹没有价值的“符号交换”,这就意味着市场已经从实体经济迈向了虚拟经济。

本来,传统市场经济是以实体经济为主的经济,在这样的经济格局中,虚拟经济不过是实体经济的副产品,也是实体经济运行所借用的一种工具。但令人惊奇的是,20 世纪末中国的一些经济学家发现虚拟经济的发展速度已经超越了实体经济,且其规模足以与实体经济相媲美。也就是说,市场经济已经由原来的实体经济独霸天下,不知不觉地进入了实体经济与虚拟经济平分秋色的“二元经济时代”。

在现代市场经济体系中,虚拟经济确实有其积极作用,它可以促进实体经济的飞速发展,甚至有“现代经济的中枢”“现代经济的核心”“市场经济的‘发动机’”等美誉。不过,虚拟经济背后也潜藏着巨大的风险:在人类历史上发生的历次金融危机中,人们已经真切地感受到了它给实体经济带来的反制、威胁,甚至破坏。

徜徉于这崭新的经济学理论之中,累却快乐着。到 2007 年,以“虚拟经济概念”及“二元经济时代”审视我国的经济法及其理论,我完成了《虚拟经济及其法律制度研究》一书的写作。此时恰逢北京大学吴志攀教授组织出版“国际金融法论丛”,吴教授阅过书稿之后,当即同意将其纳入他的丛书,恩师李昌麒教授也欣然命笔为该书作序,最后由北京大学出版社付梓出版。就我本人而言,该书只是一个法学学者学习经济学并思考经济法的一些体会,它未必深刻,却是国内将虚拟经济理念引入经济法领域并对经济法的体系结构和变革方向做出新的解读的第一部法学著作。特别是该书提出的“虚拟经济立法的核心价值是安全”的论述,不幸被次年波及全球的美国次贷危机所反证,也使得这本书多少露出了些许光华。也许是出于这些原因吧,在 2009 年的评奖中,该书获得教育部优秀人文社科成果三等奖和重庆市第六届优秀社科成果二等奖。乘此东风,我又组织团队申报了教育部人文社科规划项目“中国预防与遏制金融危机对策研究——以虚拟经济安全法律制度建设为视角”，领着一群朝气蓬勃、年轻有为的博士，于 2012 年完成书稿，并由重庆大学出版社出版发行。

然而，实践是向前的，也是超越既有理论预设的。随着改革开放的不断推进，虚拟经济也飞速发展。在创造经济奇迹的同时，我国经济也出现了更加纷繁复杂的问题和矛盾。其中虚拟经济的“脱实向虚”及其与实体经济之间的冲突，衍生出了现代市场经济发展中一个全新的、具有重大时代意义的命题——虚拟经济治理及其法治化。但作为一个经济学上与实体经济相对的概念，即使在经济学界也未获得普遍认可的情形下，寄望于法学界的广泛了解与大量投入，暂时是不太现实的。也就是说，将其引入法学界容易，但要得到法学学者们的广泛认同，并调动法学学术资源对其展开研究，还需要更为漫长的时间和更为艰难的历程。虚拟经济安全运行的法治化治理，至今仍然是经济学界和法学界远未解决的重大历史课题。

在前几年的研究项目申报中，尽管由母校西南政法大学资助并由法律出版社出版的拙著《人性经济法论》已经获得了教育部优秀人文社科成果二等奖，但在民法学与经济法学的争论尚未了结而民法学已然成为显学的年代，要获准经济法基本理论方面的选题依然是困难重重。因接连受挫，不免有些怅然若失。于是，我索性决定放弃中小项目的申报，直接冲击国家社科基金重大项目。物色选题时，约请几位博士生一同前来商讨，提出的建议选题有好几个，且都很有价值，只是未能让我动心。最后当一位博士生提出“开放经济条件下我国虚拟经济运行安全法律保障研究”这一选题建议时，我顿觉像当年偶遇“虚拟经济”这几个字时一样地怦然心动。我拍着桌子跳了起来，挥着这个题目，激动地用方言大声说：“啥都甭说了！就是他娃娃了！”意思是：什么都别说了，就认定这个宝贝疙瘩了！

在商请合作者的过程中，北京大学的彭冰教授、中国人民大学的朱大旗教授、中国政法大学的刘少军教授、华东政法大学的吴弘教授、武汉大学的冯果教授对此选题很是赞同，欣然同意作为子课题负责人参与项目的申报。

在课题的进程中，他们不仅参与论证、发表前期成果，自始至终给予支持，彭冰教授和冯果教授还建议，推荐年轻人出任主研，将子课题负责人让位给重庆大学杨署东教授和靳文辉教授。

不仅如此，在之后的研究中，许许多多校内外的专家学者都给予了我们无私的支持和帮助。像北京大学的吴志攀教授，中国政法大学的时建中教授，华东政法大学的顾功耘教授，西南政法大学的李昌麒教授、谭启平教授、岳彩申教授、盛学军教授和叶明教授，西北政法大学的强力教授，中国人民大学的涂永前教授，西南财经大学的高晋康教授，重庆大学的冉光和教授、刘星教授、刘渝琳教授、周孝华教授和黄英君教授等等，都为课题的论证、前期成果的产出和课题的推进与完成，做出了重要贡献。

当然，在研究进程中，我自己的团队，甚至法学院经济法学科的博士生和硕士生们，自课题立项以来，都不同程度地参与了课题研究的工作，还发表了一些阶段性成果；而来自社会各界的众多朋友，也都以各种方式关心课题的进展，给予了我们热情的鼓励与帮助……在此，我们谨向参与、关心和支持过本课题研究的所有人，表达最诚挚的谢意！

谁知课题获批后不久，身体就和我开了一个小小的玩笑，是家人的呵护、亲友的关爱、弟子们的陪伴，让我对未来充满了信心。不过，课题多少还是受了些影响，曾一度进展缓慢。然而，团队的力量是巨大的：课题组里的资深专家就是定海神针，而课题组中活跃着的一批充满活力并在学术界崭露头角的年轻教授和博士，则勇挑重担、冲锋陷阵，成了课题研究的主力。

早在之前的课题申报过程中，写作班子就将申请书打造成了一份内容扎实、逻辑严谨、格式规范的文件，近 20 万字，不是专著却胜似专著；在课题研究的推进中，每当遇到各种困难和烦恼时，课题成员们总是互相鼓励，互相支持，使我们的研究能够持续，我们的理论能够得到校正；特别是在近几年最终成果的打造过程中，本丛书十部著作的作者们，不畏艰辛，秉承“上对得起重大项目，下对得起学术良心”的信念，克服重重困难，使得丛书最终得以出炉。这十多位年轻作者的才华与风采,也尽藏于本丛书的简牍之中。

本丛书十部著作并不是简单的罗列或拼凑,而是有其自身的内在逻辑,也就是说有一根红线贯穿始终。为了找到这根红线,课题组花了好几年的时间。我们认为,既然虚拟经济是虚拟的,它就必然带有人设的性质。正如没有人为预先设定且为游戏者公认并一体遵行的游戏规则就没有游戏一样,虚拟经济的运行需要规则先行。同时从治理的角度来看,即使游戏有了内在的规则,也还需要游戏的外部法律边界及法律监督:如游戏不得触犯禁赌法令,游戏不得扰民,游戏不得损害他人利益和社会公共利益等。尤其是虚拟经济呈现出的“弱寄生性”“离心规律”“高风险性”“风险传导性”等,明确无误地表明其“有利有弊”的“双刃剑”特质,决定了追求公平正义的法律肩负着为其提供内部规则和外部边界的艰巨使命。具体而言,虚拟经济赋予法律的天职,就在于通过法律制度的设计,为虚拟经济的运行设定“限度”,铺设“轨道”,装置“红绿灯”,进而为虚拟经济运行安全设定交通规则,作为虚拟经济运行、虚拟经济监管和虚拟经济司法的制度支撑。

基于上述基本认知,我们认为:所谓虚拟经济有限发展法学理论,是指根据虚拟经济自身运行规律,从法律自身的宗旨和价值出发,主张法律在保障虚拟经济发展的同时,为预防与克服其负面效应,保障其运行安全和可持续发展,而将其置于法律约束下的安全范围内运行的一种法学思想。

这一理论虽然是以虚拟经济运行的“双刃剑”规律和体现法律公平正义基本要求的安全价值为基础提出来的,但我们认为,它主要还是从法学,特别是从经济法学国家适度干预理论的角度提出来的,因而与纯粹的经济学理论有着明显的不同。不过,最大的疑问还不在此处。在研究过程中,一些热切关心我们课题的学者常常忍不住提出这样的疑问:为什么实体经济不需要“有限发展”而虚拟经济却要“有限发展”呢? 这是问题的关键。对此,我们的回答主要有三条:其一,人类社会的基本生活(如衣食住行及娱乐)毕竟只能仰赖实体经济,实体经济提供的产品和服务,除了受生产力水平的约束和人类需求的制约外，就其品种、数量和质量来说，根本就不存在“有限发展”的问题。仅此一点，虚拟经济就难以望其项背。其二，虚拟经济毕竟是寄生于实体经济的，不论其寄生性的强弱如何，最终还是决定了它不能野蛮生长以至于自毁其所寄生的根基。其三，实体经济伴随人类的始终，而虚拟经济则是一种历史现象，它仅仅是实体经济发展到一定阶段的产物，而且其产生以后并不一定能与实体经济“白头偕老”。

虚拟经济有限发展法学理论的确立，让我们找到了解题的一把金钥匙。它昭示着这样一个最基本的道理：我们在草原上发现了一匹自由驰骋的骏马，但我们只有给这匹骏马套上缰绳，它才会把我们驮向我们想要去的“诗和远方”。

然而，学术是严谨、苛刻而精细的，也有它自身相对固化了的“八股”定式。要说清楚这一理论的来龙去脉、前因后果、内在机理、外部表征、政策制约、法律规范、理论影响和实践效果，就要以学术的方式加以展开和表达。本丛书的十部著作正是这种展开和表达的具象：它们以“虚拟经济有限发展法学理论”为主线，按其内在逻辑展开——总体为“1+9”模式，即1个总纲，9个专题。而这“1+9”模式具体又可分为以下相互关联的四个板块：

板块一也就是“1+9”中的“1”，即《虚拟经济有限发展法学理论总说》，它既是整个研究的总纲，即总设计图或者总路线指引图，也是对整个研究成果的全面提炼和总结。不过，这一总纲与后面的九部专著各有分工，各有侧重，各有特色，虽构成一个系统，却不能相互取代。板块二是“虚拟经济有限发展法学理论及其证成”，旨在立论和证明，包括《虚拟经济有限发展法学理论及其根源》《虚拟经济立法的历史演进：从自由放任到有限发展》和《近现代经济危机中虚拟经济立法的过与功——虚拟经济有限发展法学理论的例证》三部著作。它们分别从立论及其理论解析、历史归纳和典型案例证明的角度，提出并证明虚拟经济有限发展法学理论。板块三的主旨是“虚拟经济有限发展法学理论指引下的观念变革”，主要包括《虚拟经济安全的法律塑造》《虚拟经济有限发展法学理论的法律表达:立法模式与体系建构》《虚拟经济运行安全法律制度的立法后评估:以中国为样本》三部著作。其特点在于,它既是虚拟经济有限发展法学理论的应用,又是虚拟经济有限发展法学理论的进一步证明,是介于理论证成与实践应用之间的一个板块,对我国虚拟经济立法的价值、原则、模式、体系及立法质量的提升与检测,具有重要的指导意义。板块四是虚拟经济有限发展法学理论的具体运用,包括《虚拟经济有限发展法学理论视角下的银行法律制度变革》《虚拟经济有限发展法学理论视角下的证券法律制度变革》《虚拟经济有限发展法学理论视角下的期货法律制度变革》三部著作,试图以此三个典型领域为例,揭示虚拟经济有限发展法学理论在银行、证券和期货立法方面的具体映射与应用。

这四个板块之间的关系,可参考下图:

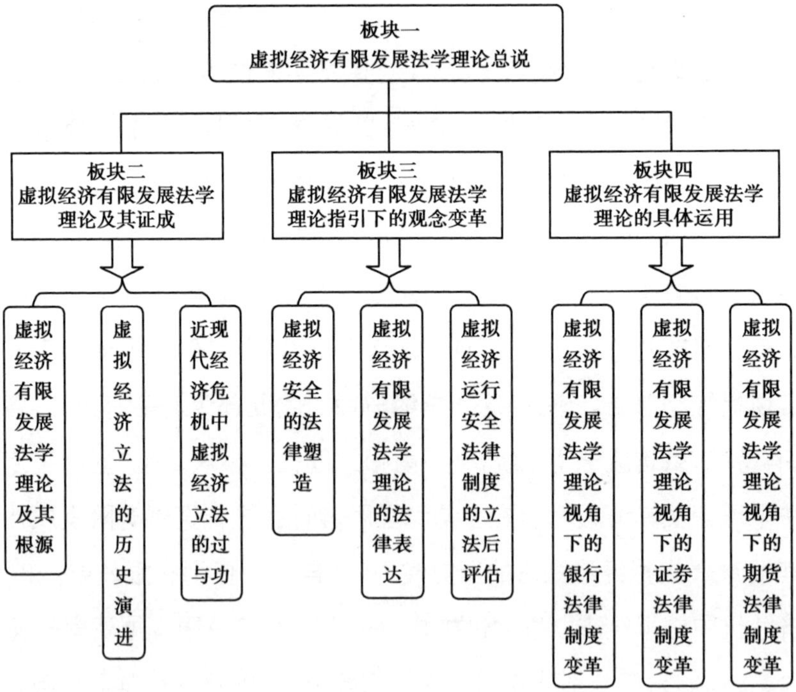

虚拟经济有限发展法学理论的论证与展开思路图

国家社科基金重大项目这一名称本身就体现出了它的分量。能在这一序列中获得“开放经济条件下我国虚拟经济运行安全法律保障研究”这一项目，既是偶然也是必然；既让我们有些激动和自豪，也让我们深感责任和压力。这几年，我们尽力做了，而且按“重大”之分量，踏踏实实地做了。至于成不成功，是否达到重大，就有待理论的佐证和实践的检验了。

我们处于一个大变革的时代，旧的事物陆续悄然退场，新的事物又在不知不觉中挤进我们的生活，甚至渐渐成为社会生活的一种主流。虚拟经济正是在这一历史巨变中膨胀，不断挣脱传统实体经济的束缚，而与实体经济分庭抗礼的。更有甚者，甚至到了反过来挟持、绑架、威胁实体经济的地步。正是这种二元经济格局的形成及两者之间的长期博弈和激烈冲突，给世界经济的发展以及各国政府的经济治理提出了前所未有的挑战。据我本人的揣测，在未来的几十甚至上百年里，如何看待和治理虚拟经济，不仅是中国面临的一大难题，也是世界面临的一大难题。

好在，越来越多的人正在逐渐看清虚拟经济脱实向虚的天性及其负面效应和可能的危害，有先见之明者已经着手强化监管、变革法治，竭尽趋利避害之能事，力图让虚拟经济助力实体经济，增进人民福祉。前几年我国着力扼制虚拟经济“脱实向虚”，这几年我国高层对虚拟经济采取既更开放又更注重其监管的策略，即可看作是“虚拟经济有限发展法学理论”在实践中得到的初步印证。

世界上没有尽善尽美的东西，也没有绝对的真理和最后的真理，学术上存在不足就是学术本身可能自带的一种“秉性”。例如，本研究中原预想的交叉学科知识的运用，现在看来还很不成熟；有的问题，如保险及其他一些金融衍生品也未能辟专题来讨论等等，都是短时间内很难弥补起来的不足，需寄望于后续研究中的努力了。

我向来认为，学术的魅力不仅体现在努力创新的过程之中，更体现在学界从未停歇过的争辩、质疑和批判之中。任何致力于社会科学研究的学者，所提出的观点或理论，都不可能是尽善尽美的，而学术正是在这种不完美之中求得点滴的进步,从而得以蹒跚前行的。为此,我们热忱欢迎学界诸君提出批评与指正。

虚拟经济概念及市场经济"二元格局"理论的提出,看似偶然,却是必然。它拨云见日,让人们突然看清了自己所生活的这个时代的"庐山真面目"。然而,其意义可能被我们的社会公众严重地低估了。就我的感受而言,它带来的思想冲击与震撼,当不亚于20世纪80年代托夫勒掀起的《第三次浪潮》,也不亚于当下人们热议的区块链、人工智能、大数据以及元宇宙等。而法律,特别是始终站在市场经济历史洪流风口浪尖的经济法,随着经济理念及经济格局的不断变迁而不断革新,一定是势不可挡,也一定是不可逆转的。

我仍然坚信,必然是长期孕育的,但必然总是需要偶然来点亮的。

胡光志

2022年12月10日

前　言

《虚拟经济有限发展法学理论总说》系国家社会科学基金重大项目“开放经济条件下我国虚拟经济运行安全法律保障研究”的最终成果之一，以提交结项鉴定的研究报告内容为基础撰写而成。实际上它是项目整个研究过程及整个研究内容的全面反映，既是课题系列丛书的总纲，也是整个系列丛书的总结，因此，它是整个课题研究和整个课题系列丛书的总导引图。

项目自立项以来，经历了国内外经济和社会的重大变化和政策调整，研究思路也多次调整或矫正，研究进程还曾一度迟滞。同时，这是一个世界格局大变迁、危险与机遇并存的时代，也是一个中华民族走向复兴、中国正由一个大国迈向一个强国的时代。在这样的时代，社会生活的变化、社会矛盾的移转、社会观念的更新、社会科学理论的变革抑或更迭，令人应接不暇、眼花缭乱。

然而，在纷繁复杂的现象背后，却是有规律可循的。市场经济的衍化规律、虚拟经济的运行法则、法律对经济生活的关注与规范方式，以及历次经济危机的沉痛教训，我国经济自改革开放四十多年来历经经济风浪与危机而稳如泰山的典型经验，都是可以而且需要学界更多的人去潜心研究和总结的。正是怀着这样的信念，本着高度负责的精神，课题组克服了重重困难，历经近八年的时间，完成了本课题的主研工作。在此期间，先后在国内权威、重要及其他学术刊物上，公开发表了 80 多篇阶段性成果，其中有的被全文转载,有的被广泛引用。在总结前期研究成果的基础上,结合国内外经济社会的重大变化,我们提炼出了破解课题的一种新的理论——“虚拟经济有限发展法学理论”,并形成了十部专著,对这一理论进行全面的解读论证。

任何有生命力的选题都不是从书斋里想出来的。我们的这个课题之所以能获得国家的正式立项,有其深刻的时代背景和实践动因。这就意味着我们首先要向读者概括说明我们的研究有什么时代背景,有什么理论与现实意义,怎么选择突破口,大体的思路如何等。其中,社会经济的一个重大转折点——20 世纪与 21 世纪之交,中国经济学家发现传统市场经济居然悄悄进入了实体经济与虚拟经济“二元格局”的时代。这是一个让他们激动不已又让人们深感震撼的一个重大“发现”。这一时代契机,不仅给了我们获批本课题的机遇,也意味着本课题所蕴含的重要时代意义。

当然,作为一般的研究范式,学术史的梳理是断不可少的,它以过去与现在的研究为进阶,借着前人的肩膀,并适时考量未来的发展需求,找到我们的研究空间及可以发挥和创新的领地。正是在学术成果的梳理中,我们从长期的困惑里找到了破解课题的突破口——虚拟经济运行安全对现代经济社会的挑战衍生出的经济治理需求,与经济法在经济运行中对公平、正义底线的设定——经济安全,居然发生了高度的契合,这就为虚拟经济有限发展法学理论的凝炼与最终形成,奠定了坚实的基础。于是,我们需要向读者正面述说什么是虚拟经济有限发展法学理论,其理论与实践根据是什么,有什么内涵与特征,应当如何定位,以及提出这一理论有什么学术价值和实践价值等,而这些正好构成了本著作的基本内容。

本著作的核心观点是:以当代市场经济已经形成的“实体经济”与“虚拟经济”二元格局为背景,根据虚拟经济的运行规律和法律的运行规律,总结我国长期的金融调控和监管经验,结合我国当下的金融政策及其发展趋势,主张我国虚拟经济立法应当在促进虚拟经济发展的同时,以预防与克服其负面效应、保障其运行安全和可持续发展为根本任务,将虚拟经济的发展置于法律约束下的安全范围之内运行——这就是“虚拟经济有限发展法学理论”。这一理论的宗旨在于：法律在保障与促进虚拟经济发展的前提下，应当将侧重点放到虚拟经济如何“在法律的约束下适度发展”，为其运行“划定边界、设定轨道和交通灯”，防止其野蛮生长与恣意扩张，以保障虚拟经济的安全，维护人类经济“经世济民”之初衷和本旨，进而保障整个市场经济的运行安全和可持续发展。

不过，这一理论可能会给读者在理解上带来一定的难度：因为本著作不仅立足于由中国部分经济学家首倡的全新的“虚拟经济”理念，而且在经济法学界第一次提出了“虚拟经济有限发展法学理论”，这就意味着，这一理论凭借的基础范畴是新的，这一理论呈现的基本内容也是新的。因此，在虚拟经济理念尚未被法学界普遍接受的今天，一方面需要我们多花一些笔墨去解释这些新的理念和我们新提出的理论，另一方面确实也需要读者付出一定的耐心，才能完全明了这一观点。然而，就人类的认知规律来说，这似乎也是一个铁律：学术就是在这种艰难的理解与心灵的交流中，或者悟出一点教训，或者汲取一点经验，或者得到一点启示，从而蹒跚前行的。随时欢迎读者在全面了解了这一理论之后，提出批评和矫正意见，因为这样的批评和矫正意见是真诚和中肯的，而且对于我们研究质量的提升，也是很有助益的。

需要说明的是，本书的核心观点和基本思路虽然由我本人提出并由我本人负责，但在整个理论体系的具体创建与锤炼过程中，凝聚了课题组的辛勤劳动和集体智慧。在本著作初稿的形成过程中，重庆大学的靳文辉教授，西南政法大学的刘骏讲师，西南政法大学的博士后郝志斌，四川省司法厅的刘光星博士，在校博士生苟学珍、何昊洋、卞亚璇等课题组成员，都做了大量的资料整理和文字处理工作。

在此，向上述同志，以及对本书提供过支持、帮助，作出过贡献的其他所有人士，致以最诚挚的谢意！

目　录

第一章　市场经济二元裂变：影响21世纪经济发展格局的时代课题

选题不仅应当具有现实的基础和条件，而且应当具有理论与现实的意义。要达成研究的目的，则须准确把握选题的核心诉求，并以此为靶向，找到可行而有效的突破口以及贯穿整个研究的逻辑主线。

虚拟经济是近二十多年来我国经济学界根据马克思的虚拟资本理论创制出来的一个概念，它是指以源于实际资本而本身没有价值、不参与生产与再生产过程的虚拟资本的交易活动为中心而形成的、与实体经济相对的一种经济形态。[①] 其主要特征在于：交易客体本身没有劳动价值但通过交易却可以引起存量劳动价值在不同主体之间流动与配置，从而与传统的以实物商品或实际服务为交易对象的实体经济相区别。其实，虚拟经济是商品经济中信用制度不断扩张和货币资本化不断拓展的产物，除了股票、债券、期货和金融衍生品，以货币为核心的传统金融也都被不同程度地打上了虚拟经济的烙印，有学者甚至认为，凡是能够“以钱生钱”的活动都属于虚拟经济的范畴。[②]

虚拟经济概念的形成，既是中国学者的创制，具有鲜明的中国特色，又切合了市场经济发展的新格局，具有突出的时代特征。其意义主要表现在

---

① 胡光志：《虚拟经济及其法律制度研究》，北京大学出版社，2007，第31页。

② 成思危：《虚拟经济论丛》，民主与建设出版社，2003，第5页。

两个方面:一是将以前分别看待、分别研究、分别立法的银行业、货币业、证券业、期货业、金融衍生品等统一起来,实现了概念的提升与整合,为统一、系统地研究和对待以上各行业提供了思维工具;二是这一概念与传统的以劳动价值理论为基础的实体经济相对,使人们对人类社会历史上经济模式的演变以及当今社会经济格局的认识实现了哲学化迈进:市场经济发展到今天已经由原来单纯的劳动创造价值(和使用价值)的实体经济形态进化为实体经济与虚拟经济同时并存的"二元"经济时代。在虚实二元经济时代,实体经济与虚拟经济二者互为补充,相互助益。"做强实体经济,做实虚拟经济"是这一时代的经济发展需求和运行的基本规律。皮之不存,毛将焉附。没有实体经济,虚拟经济就很可能成为泡沫与幻影。当前经济发展必须防止"实冷虚热",避免出现一边是实体经济薄弱不强,一边是虚拟经济浮夸不实的现象。①

虚拟经济源于实体经济并为实体经济服务,但虚拟经济运行的相对独立性及其高风险性,使得它具有鲜明的双刃剑性质。20 世纪以来的经济史业已证明,虚拟经济既是推动一国经济发展的重要力量,也是导致经济危机最直接和最重要的诱因。在开放经济条件下虚拟经济的风险挑战更不待言:在构建开放型经济体制的过程中,一方面虚拟经济扮演着十分重要的角色,另一方面其高风险性在世界经济平台的博弈中又会被极大地放大,并给我国的实体经济乃至整个国民经济带来威胁。2013 年,党的十八届三中全会审议通过的《中共中央关于全面深化改革若干重大问题的决定》提出了"构建开放型经济新体制""扩大金融业对内对外开放"的战略构想;2017年,全国第五次金融工作会议更是要求"要积极稳妥推动金融业对外开放,合理安排开放顺序,加快建立完善有利于保护金融消费者权益、有利于增强金融有序竞争、有利于防范金融风险的机制";2019 年党的十九届四中全会

---

① 单士兵:《虚拟经济不是"虚假经济"》,人民网,2015 年 8 月 11 日。

通过的《中共中央关于坚持和完善中国特色社会主义制度 推进国家治理体系和治理能力现代化若干重大问题的决定》提出“建设更高水平开放型经济新体制”;2020年,党的十九届五中全会审议的《中共中央关于制定国民经济和社会发展第十四个五年规划和二〇三五年远景目标的建议》中要求的“推进金融双向开放”更是为未来几十年的金融发展格局奠定了基调和指明了方向。从实践看,近年来,国家正在逐步落实扩大金融业的对外开放,自2018年4月大幅度放宽市场准入以来,中国金融市场推出包括大幅放宽外资金融机构准入在内的50余条具体的开放措施。① 随着我国对内对外开放步伐的加快,虚拟经济的国际化势在必行,我国虚拟经济的运行将面临更加复杂的国际国内矛盾以及前所未有的风险和挑战。实践证明,虚拟经济是一把双刃剑,它既能促进实体经济的发展,又会给实体经济带来损害。最大的危险是它可能会造成金融危机,并有可能引发经济和政治危机,导致社会动荡。在世界多极化和经济全球化日益增强的今天,我们对虚拟经济的迅速发展不能采取视而不见或全盘否定的态度,而是应当认真研究其运动和发展的规律,以尽量防范并消除其消极影响。② 因此,在开放经济条件下,如何从法律制度建设方面确保虚拟经济运行安全和健康发展,成为当下具有鲜明时代特征的重大课题。

自《中共中央关于全面深化改革若干重大问题的决定》提出“构建开放型经济新体制”“扩大金融业对内对外开放”的战略构想以来,开放经济战略的实施极大地拓展了虚拟经济的发展空间,也给虚拟经济安全带来了全新的挑战。从法治角度来看,为虚拟经济促进实体经济的稳健发展提供服务和支持,并确保虚拟经济运行安全,是一国经济可持续发展的必要条件。基

---

① 《近年来,我国宣布并推动实施了50余条金融业开放具体措施——金融业开放步伐明显加快》,《人民日报》2020年8月28日。

② 成思危:《虚拟经济与金融危机》,《管理科学学报》1999年第1期,第4-9页。

于此,我们既要大胆地发展虚拟经济并以此促进我国实体经济的发展,又要吸取由虚拟经济领域爆发的全球金融危机的深刻教训,加强对虚拟经济的监管,推行法治,建立一套适应开放经济局面的、强有力的虚拟经济安全法律保障制度。这表明,本研究具有重大的学术价值和时代意义,具体言之,这些价值和意义主要表现在以下几个方面:

第一,可以增强我国在国际经济平台上的话语权。党的十八届三中全会通过的《中共中央关于全面深化改革若干重大问题的决定》所明确的"开放经济",将是我国未来一段时间内的经济导向。从语义上来看,"开放经济"的本义便是扩大经济的开放,而开放型经济体系乃《中共中央关于全面深化改革若干重大问题的决定》"全面深化改革"的具体表现,是推进市场化改革的重要举措之一。在这一进程中,虚拟经济的发展规模已然成为衡量一个国家经济实力的重要方面,虚拟经济的发展和治理也影响着一个国家的话语权。通过建设结构合理、功能完善、高效安全的现代虚拟经济及其运行安全的法律保障机制,能够将我国的经济做大做强,不断提升我国经济在国际经济中的比重,增强我国经济的整体活力和国际经济竞争力,从而争得更多的话语权。然而,二元经济时代的经济实践,离不开经济学和法学理论的指导,而本研究不仅旨在构筑虚拟经济发展规模和实力的话语表达方式和体系,而且旨在全面梳理与重构二元经济治理法学理论的基础上,形成中国的虚拟经济治理法学理论体系,从而扩展我国在国际经济舞台上的对话领域。

第二,可以为保障我国金融业的运行安全提供决策参考。作为经济安全领域中的重要构成,虚拟经济安全已经成为一国经济安全的决定因素。在缺乏法律保障的情况下,虚拟经济领域极可能引发金融的动荡和经济衰退,威胁我国的经济安全。本研究在坚持虚拟经济有限发展法学理论的前提下,试图对虚拟经济运行安全法律保障制度进行较为充分的研究,为保障我国虚拟经济的运行安全提出相应的对策建议,以维护我国的经济秩序,进而维护我国经济的运行安全。同时，揭示我国开放条件下虚拟经济发展面临的机遇、挑战与风险，尤其揭示我国将面临的前所未有的风险及其类型，在此基础上为如何保障我国虚拟经济的运行安全提出对策建议，构建新的虚拟经济运行安全法治体系。从宏观理念上，构建虚拟经济法律制度应当遵循的价值选择是“安全效率并重，安全优于效率”，在具体制度的设计上按照“防范控制并举，防范优于控制”的制度安排模式，提出我国虚拟经济安全法律制度的顶层设计，试图为我国经济管理部门提供预防和克服金融危机、守住不发生系统性风险的底线提供重要的决策参考。

第三，可以为我国虚拟经济实务部门的监管提供决策参考。通过对虚拟经济有限发展法学理论、虚拟经济运行安全制度的理性建构，为我国央行、证监会、银监会（原）和保监会（原）等实践部门的机构整合、规范设计、监管行为提供理论来源和规范支持。本研究提出的整合现有监管机构、构建更高层级的监管统筹协调机构的监管构想目前在我国已基本实现。当下我国虚拟经济监管体系已然形成了颇具中国特色的“一委一行两会”新格局。为加强金融监管协调、补齐金融监管短板，我国于2017年11月正式成立了“国务院金融稳定发展委员会”；同时，为进一步实现深化金融监管体制改革，解决现行体制存在的监管职责不清晰、交叉监管和监管空白等问题，强化综合监管，优化监管资源配置等目标，我国于2018年3月根据国务院机构改革方案将原银监会和保监会的职责进行了整合，在此基础上组建了中国银行保险监督管理委员会，这些新机构的设置与旧机构的整合与本课题提出的构想实现了统一，也反映了本研究的理论观点与现实发展有着高度的契合性，对今后的虚拟经济治理将具有较高的应用价值。

第四，可以为我国虚拟经济法律制度的变革指明具体的方向。在开放经济条件下，虚拟经济的立法面临新的机遇和挑战，这种机遇和挑战都需要通过对现行的立法进行检视与补正来予以回应。本研究结合开放经济的时代背景，在对虚拟经济安全运行特殊性进行分析的基础上，提出了虚拟经济有限发展法学理论。在虚拟经济有限发展法学理论的指导下,通过立法后评估的方式对我国现有虚拟经济的法律进行了系统的检讨并提出完善之策,对虚拟经济安全价值进行了重塑。在此基础上,提出了我国虚拟经济立法模式的变革之道,探讨了应然的立法模式,较为具体地构建了我国虚拟经济法律制度变革的架构,特别是对银行法律制度的变革、证券法律制度的变革、期货法律制度的变革提出了应然的基本路径遵循,为我国虚拟经济立法变革的具体路径提供具体的思路和方案,可为立法实践与决策提供具有现实意义的参考。

第五,可以为金融领域的投资者保护和消费者保护提供参考。时代变迁,随着国民金融教育的普及和“互联网+”时代的到来,广大民众在不知不觉中成了虚拟经济的重要参与者,被贴上了诸如股民、(中小)投资者、金融消费者等新的身份标签。因此,虚拟经济并不再是富人垄断的游戏,最广泛意义上社会大众的参与已经成为一种时代趋势。本研究通过建立更加科学、合理的投资安全法律保障制度、风险预警制度、投资保险制度、信息披露制度、银行接管制度、法律责任制度等,特别是通过建立相应的中小投资者特别保护机制和金融消费者特别保护机制,为我国虚拟经济领域的大众投资者、金融消费者等相对弱势群体在投资、消费活动方面的权利保护提供了切实可行的建议,可以为我国虚拟经济领域中的大众投资者、金融消费者等民众提供更有利的发展机遇,从而惠及民生,维护社会的和谐与稳定。

第一节　近现代市场经济的变迁——“虚、实二元经济格局”的悄然形成

前面提及,“虚拟经济”是中国学者提出的原创性经济学命题,其理论源于马克思主义经济学,特别是有关虚拟资本的理论,其实践源于金融自由化趋势。随着经济虚拟化速度加快,资本寻求创新的价值增值方式,特别是资

本在传统经济领域的增值面临障碍时,转而在虚拟经济领域寻求增值机会,由此使得虚拟经济迅速发展,虚拟经济与实体经济并存的二元经济格局也因此形成并逐渐拓展。

一、虚拟经济一般理论及其与实体经济的关系

虚拟经济是一个与实体经济相对应的概念。从根本上来讲,虚拟经济,包括货币、信用、衍生工具等各种形式的出现,是生产力发展的结果,是生产力发展导致积累扩大、财富积累及资本化运动的结果。[①] 在我国,虚拟经济这一学术概念肇始于刘骏民教授在1998年出版的著作《从虚拟资本到虚拟经济》,其为研究虚拟经济的奠基之作。而虚拟经济与实体经济的概念被官方正式析出和采用,是在中国共产党第十六次全国代表大会的报告之中,该报告指出,要"正确处理发展高新技术产业与传统产业、资金技术密集型产业和劳动密集型产业、虚拟经济与实体经济的关系"。

随着虚拟经济不断进入大众视野,虚拟经济及其法律制度的相关研究也不断拓展。关于虚拟经济的概念,学界大致有以下几种观点:成思危指出虚拟资本的概念源自《资本论》,认为虚拟经济是指以虚拟资本为依托的循环运动有关的经济活动,并提出"实体经济是经济中的硬件,虚拟经济是经济中的软件,它们是相互依存"的观点[②];刘骏民认为虚拟经济是以资本化定价方式为基础所形成的一套特定的价值关系,并且是以观念支撑而非成本和技术支撑的定价方式[③];王爱俭指出对虚拟经济的研究源于概念的探讨,认为虚拟经济是预期未来价格的现时映像,与实体经济的关键区别是心理预期变化,其本质是价格体系,主要功能是配置资源,而价格体系正是配置

---

① 高德步:《虚拟经济的起源》,《南开经济研究》2002年第4期,第55-61页。

② 成思危:《虚拟经济探微》,《南开学报》2003年第2期,第23-28页。

③ 刘骏民:《虚拟经济的理论框架及其命题》,《南开学报》2003年第2期,第34-40页。

资源的重要工具[①];胡光志认为虚拟经济来源于实体经济,虚拟经济以实体经济为基础,虚拟经济服务于实体经济,并从外延角度可以对虚拟经济进行广义、中义和狭义的区分[②];王国刚认为虚拟经济并非都是以虚拟方式进行活动,也并非仅存在于金融部门,而是涵盖金融业但不仅限于金融业的以持有票券形式获取未来收益为目的的经济权益交易所进行的经济活动及其关系的总和[③];邹晓青从马克思虚拟资本的角度界定虚拟经济,认为虚拟经济是虚拟资本独立化运动和价格决定的经济形态,其本质是以增殖为目的进行的独立化运动的权益交易的总和[④];秦晓认为货币资本化表现出与实体经济的偏离和异化,形成相对独立的经济形态,而虚拟经济向实体经济的回归是人类面临的重大课题。[⑤] 由此观之,关于虚拟经济的具体内涵存在或多或少的差别。

一般认为,虚拟经济以马克思的虚拟资本理论为基础,认为经济的金融化或金融深化主要是虚拟资本的扩张造成的,而虚拟资本的扩张与房地产业的虚拟价值膨胀结合在一起,实际上就构成了经济中的虚拟部分,并被称为虚拟经济。成思危认为,"虚拟经济是与实体经济相对应的一种经济活动模式,是虚拟资本以金融平台为主要依托所进行的循环运动有关的经济活动,以及其中所产生的各种关系的综合"[⑥]。刘骏民认为,"虚拟经济是以资本化定价行为为基础的价格系统,其运行的基本特征是具有内在的波动性。由于资本化定价,人们的心理因素将对这样的市场起重要作用。如果从广义上来为虚拟经济定义,虚拟经济是观念支撑的价格体系,而不是成本和技

① 王爱俭:《关于虚拟经济几个重要问题的再讨论》,《现代财经(天津财经大学学报)》2008 年第 2 期,第 3-6 页。

② 胡光志:《虚拟经济及其法律制度研究》,北京大学出版社,2007,第 11 页。

③ 王国刚:《关于虚拟经济的几个问题》,《东南学术》2004 年第 1 期,第 53-59 页。

④ 邹晓青:《对虚拟经济几个重要问题的探讨》,《贵州社会科学》2005 年第 5 期,第 26-30 页。

⑤ 秦晓:《金融业的"异化"和金融市场中的"虚拟经济"》,《改革》2000 年第 1 期,第 74-90 页。

⑥ 成思危:《虚拟经济的基本理论及研究方法》,《管理评论》2009 年第 1 期,第 3-18 页。

术支撑的价格体系。前一个定义是狭义的虚拟经济研究范畴,后一个是广义的虚拟经济研究范畴。这两个定义将在下面对虚拟经济研究范围和研究方法的界定中作具体解释。"①笔者认为,所谓虚拟经济是指以虚拟资本交易活动为中心而形成的,与实体经济相对的一种经济形态,它主要包括股票、债券、期货和金融衍生品等虚拟产品的交易。② 虚拟经济与传统的实体经济有着本质的不同,也有着完全不同的运行规律。两者间的主要区别,可大体梳理如表1.1。

表1.1　市场经济二元结构:实体经济与虚拟经济的比较

序号	区别点	实体经济	虚拟经济	备注
1	交易客体及范围	物质产品、精神产品和服务	股票、债券、期货合约等及其他金融衍生品	房地产建设和交易是实体经济,网络交易是交易手段的现代化,都不是虚拟经济,但其中的房地产金融、网络金融却是虚拟经济范畴
2	是否含有劳动价值	有劳动附加,含有人类劳动价值	无劳动附加,不含人类劳动价值	
3	决定价格的主要因素	产品和服务中包含的劳动量+市场需求	经营业绩/市场信心/回报与风险预期/投资者偏好/投资者心理	虚拟经济的价格决定因素表明其具有投机、赌博、放大风险的可能
4	交易的本质	劳动价值的实现	存量劳动价值在不同主体间的再流动	
5	主要的功能	实现价值和使用价值/满足消费	投资选择/竞争促进/保值增值/风险规避/投机套利等	

① 刘骏民:《虚拟经济的理论框架及其命题》,《南开学报》2003年第2期,第34-40页。

② 胡光志:《虚拟经济法的价值初探》,《社会科学》2007年第8期,第105-113页。

续表

序号	区别点	实体经济	虚拟经济	备注
6	产生与消亡的时间	与人类相伴始终	产生于实体经济发达之后,且不会伴随人类始终	
7	是否有从属性和寄生性	无	从属于实体经济,具弱寄生性	
8	风险表现方式	供应不足/过剩	具有高风险性: 杠杆效应/波动性/风险传导/放大系统性风险	

资料来源:作者归纳整理制表。

对于虚拟经济基本特征的分析,在法学领域,如刘少军认为虚拟经济的特征有:财产性质的特殊性、财产市场的特殊性、财产价格的特殊性、财产收益的特殊性、市场运行的特殊性和市场影响的特殊性六个方面。① 在经济学界,对于虚拟经济特性的分析相比法学领域而言更加丰富,例如李晓西等认为与实体经济相比,虚拟经济的特征主要表现为高度流动性、不稳定性、高风险性和高投机性四个方面。② 成思危则认为虚拟经济系统具有五个特性,即复杂性、介稳性、高风险性、寄生性和周期性。③ 由此可见,学界关于虚拟经济特征的分类并非一致,但仍可从中抽象出几点重要特征,如高风险性、高投机性和自我循环的独立性等。

在我国,虚拟经济是自 20 世纪 80 年代以来开始获得新生并蓬勃发展的。1980 年 10 月,中国银行开始办理外汇调剂业务。1985 年,继上海、深圳之后,全国各省、自治区、直辖市建立了外汇调剂中心。经过 10 年的发展,

① 刘少军:《"虚拟经济法"的理论思考》,《中国政法大学学报》2009 年第 6 期,第 73-86、第 159 页。

② 李晓西、杨琳:《虚拟经济、泡沫经济与实体经济》,《财贸经济》2000 年第 6 期,第 5-11 页。

③ 成思危:《虚拟经济的基本理论及研究方法》,《管理评论》2009 年第 1 期,第 3-18 页。

到1994年,中国已建立起统一的外汇市场。另一个对中国虚拟经济发展具有重要意义的事件是1981年我国恢复国债的发行。最能代表虚拟经济的是股票市场。总之,到目前为止,虚拟经济在我国已经不再仅仅是个概念,而是有了相当扎实的实践基础。虽然与发达国家虚拟经济在其经济构成中所占的比例相比,我国虚拟经济的发展水平还存在很大的差距,但认为中国的虚拟经济已经初具规模,却不为过。[①]

随着虚拟经济的不断发展,虚拟经济市场上产品价格持续提高,虚拟经济势必要回归实体经济体系中。在现代市场经济条件下,虚拟经济不只是实体经济的附属物。虚拟经济不完全依附于实体经济而存在,虚拟经济与实体经济的相关性特征呈现一个动态衰减的趋势。[②] 虚拟经济尽管不可能完全脱离实体经济,但由于其定价机制和运行机制的特殊性,使得其具有了独立性、与实体经济的不同步性、背离性等特征。特别是随着虚拟经济的日益膨胀,发达国家虚拟经济所占比重大大超越实体经济比重,甚至是实体经济总量数倍的情形下,虚拟经济运行的相对独立性表现得日益明显,甚至时常呈现出与实体经济运行状态相背离的运行趋势。一旦虚拟资本进行自我循环并过度膨胀,则会造成虚拟经济繁荣假象,加速金融和经济危机的爆发。[③] 可以说,虚拟经济的无节制发展必然会削弱和打击实体经济,实体经济的弱化与虚拟经济的强势格局一旦形成,金融机构内通过加杠杆导致资本杠杆率不断提升,资产价格脱离了实体价值不断升高,虚拟经济中的经济泡沫持续增大,最终诱发经济危机。

---

① 胡光志:《中国虚拟经济制度供给模式之转变》,《西南民族大学学报》(人文社科版)2006年第9期,第67-74页、第249页。

② 王国忠、王群勇:《经济虚拟化与虚拟经济的独立性特征研究——虚拟经济与实体经济关系的动态化过程》,《当代财经》2005年第3期,第5-10页。

③ 卢映西、陈乐毅:《经济脱实向虚倾向的根源、表现和矫正措施》,《当代经济研究》2018年第10期,第32-38页。

二、虚拟经济与实体经济的二元时代业已到来

传统理论认为,虚拟经济是实体经济的一个附属物,是为实体经济服务的,因此在研究的过程中,更加强调虚拟经济的资金融通和风险分散功能。但虚拟经济领域中的交易有可能是在没有任何贸易基础和生产背景的情况下发生的。随着市场经济的不断发展,经济全球化和信息化的不断深化,虚拟经济在一国经济总量中的比重越来越大,而且运行相对独立。随着金融业的急剧裂变,虚拟经济规模扩张到了令人瞠目结舌的地步。根据相关数据统计:2000 年底,全球虚拟经济的总量已达 160 万亿美元,虚拟经济总量达到实体经济的 5 倍[①];而到 2010 年底,全球虚拟经济总规模已经达到 2 000 万亿美元,相对规模达到实体经济的 34 倍[②];截至 2018 年底,全球 GDP 总量约 80 万亿美元,而人类的股票、期货、债券却超过了 3 000 万亿美元,也即虚拟经济的规模是实体经济的 37.5 倍。[③] 除此之外,全世界虚拟资本日平均流动量高达 1.5 万亿美元以上,大约是世界日平均实际贸易额的 50 倍。[④] 据统计,全球每日外汇交易量在过去的十年里增长了 40%,截至 2019 年外汇市场的每日成交量达 6.6 万亿美元。其中 98.5% 的交易量是在无任何贸易、生产背景下发生的,交易纯粹以资金流通、盈利和风险规避为目的。由此可见,虚拟经济正在脱离实体经济飞速发展,即使是在遭遇了全球次贷危机之后仍在强劲增长。在经济学界,一些著名的经济学家做出了这样的判断:人类既往的经济史都可谓是实体经济的发展史,而当今世界已经发展成为实体经济与虚拟经济同时并存、同时发展、相互依存、相互促进、

---

① 李柯勇:《成思危畅谈"虚拟经济"》,新华网,2002 年 11 月 23 日。

② 黄军:《重大教授领衔国家重大项目 研究虚拟经济运行安全法律保障》,华龙网,2015 年 5 月 16 日。

③ 木头视点:《警钟:全球 GDP 总量 80 多万亿美元,而虚拟经济已经超过 3 000 万亿》,网易网,2019 年 11 月 15 日。

④ 《广东把"虚拟社会"写入党代会报告意义重大》,《广州日报》2007 年 5 月 25 日。

相互制约的“实体经济与虚拟经济并存”的“二元”经济时代。这种“二元”经济格局不仅要求学界要用全新的理念和态度来认知、研究和对待虚拟经济，而且要求世界各国用长远、科学的眼光正确分析和评估虚拟经济的地位、作用和意义，尤其是在正确把握实体经济与虚拟经济的运行规律与法则的前提下，采取更具有适应性、前瞻性和有效性的经济发展与经济治理策略。

从古典经济学的“二分法”，到凯恩斯经济学的“二分法”，再到德鲁克的符号经济、阿罗的名义经济对经济学的分类可以看出，经济理论是随着现实经济的演化而发生变化的，虚拟经济理论基于对经济虚拟化的现实，认识到随着经济虚拟化不断加深，客观上形成了运行机制与实体经济不同的相对独立的经济领域——虚拟经济系统，把当代经济系统划分为实体经济与虚拟经济两个独立统一的子系统。① 20世纪70年代以来，随着布雷顿森林体系的崩溃，货币在经历实物货币、金融货币、信用货币和纸币等形式后彻底地虚拟化。特别是20世纪80年代以来，在金融创新的推动下，国际金融领域出现虚拟资本数量急剧增长，虚拟资本表现形式增多，虚拟资本交易量扩大和经济虚拟化程度加强的态势。② 可以说，虚拟经济从寄生到趋于独立，从弱小到强势，从量变到质变，与实体经济相互促进、相互影响、相互制约的“二元”时代业已到来。

就我国而言，改革开放四十多年以来经济高速增长，经济发展中各种问题也日益凸显。我国经济进入“新常态”之后，非金融类企业杠杆率过高、金融杠杆对企业资产配置及杠杆率的影响等问题引起了社会的广泛关注，通过宏观调控有效调节企业杠杆率和资源配置的相关研究逐步增多。我国自实施供给侧结构性改革、去杠杆等一系列政策以来，既要保证企业在金融市

---

① 王国忠：《当代经济的“二分法”：基于经济虚拟化的思考》，《财经研究》2005年第11期，第115-128页。

② 王爱俭：《金融创新与中国虚拟经济发展研究》，《金融研究》2002年第7期，第69-75页。

场资本的活跃性,又要严格控制企业对资本市场的过度依赖。特别近几年以房地产为主导的金融资产市场呈现明显的上升趋势,出现了过热的虚拟经济与低迷的实体经济并存的现象。随着金融资本进一步向实体企业渗透,金融资产化的利润逐渐成为主导企业的主营利润。如何通过深化制度改革把金融市场积累的资本真正投入实体经济中,是供给侧结构性改革要解决的一个重要问题。

三、虚拟经济与实体经济的非稳态进一步加剧

研究虚拟经济和实体经济之间的非稳态,对于防范和化解虚拟经济的风险具有重要的理论和实践意义。非稳态是与介稳态相对应的概念,“所谓介稳系统是指远离平衡状态,但却能通过与外界进行物质和能量的交换而维持相对稳定的系统,在系统科学中称之为具有耗散结构的系统。”[①]为了保持虚拟经济和实体经济的介稳态,虚拟经济必须与实体经济进行充分的能量交换,且需保持在一定阈值之内,一旦超出阈值,虚拟经济就可能崩溃,金融危机无疑是对虚拟经济与实体经济非稳态后果的最直接反映。[②] 就我国而言,根据金融法律行为研究会撰写的《蒙格斯报告之四:中国实体经济与虚拟经济黄金比例研究》发现,当前我国实体经济与虚拟经济的比例为23.2,远超黄金比例16.7。图1.1为1996—2016年虚拟经济总量与工业增加值的比例变化趋势和全要素生产率的变化趋势,可以看到在2008年该比例达到15.2,2009—2016年该比例远大于上述黄金比例,在2015年达到顶峰40.54。可以说,自2009年以来,虚拟经济与实体经济的比例已不再合理,这意味着脱离实体经济的虚拟经济过度扩张。这在很大程度上可能导

① 成思危:《虚拟经济的基本理论及研究方法》,《管理评论》2009年第1期,第3-18页。

② 刘晓欣、宋立义、梁志杰:《实体经济、虚拟经济及关系研究述评》,《现代财经》(天津财经大学学报)2016年第7期,第3-17页。

致过度投机和金融泡沫,也会对经济增长产生副作用。[①] 在数字时代,虚拟经济运行的方式与过去有很大的不同,这就要求我们重新审视和反思我们对现代经济的理解,并作出相应的政策调整。[②]

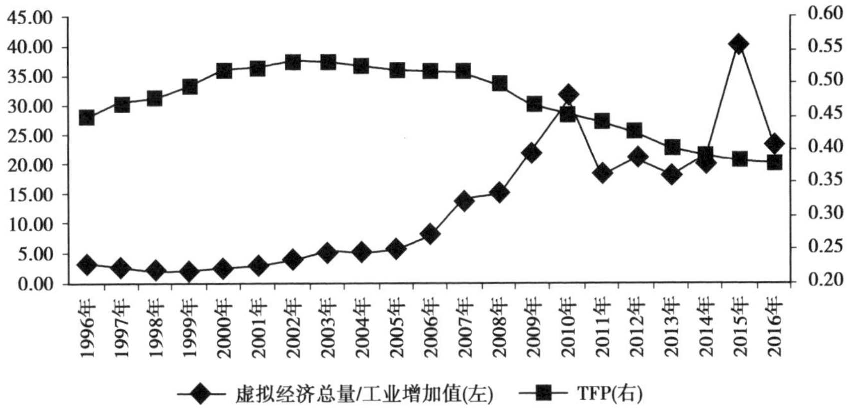

图 1.1　1996—2016 年虚拟经济总量与工业增加值的比例和全要素生产率(TFP)的变化趋势

资料来源:《蒙格斯报告:中国实体经济与虚拟经济的黄金比例研究》

更值得注意的是,由于近年来实体经济投资回报率偏低,虚拟经济投资回报率高,使资金、人才纷纷转向收入高、回报率高的虚拟经济部门,实体经济企业也开始热衷于虚拟经济活动。[③] 由此可见,虚拟经济的投机行为和实体经济自身的不景气是导致两者失衡和暂时分离的主要原因,但是资本追求独立性和自我价值实现的前提是找不到更好的高效利益回报渠道,再加上对金融市场自由放任、弱化监督与管理从而刺激了虚拟经济的快速发展。两者之间的分离日益拉大,导致越来越多的人力、物力、财力流向虚拟经济,

① 金融法律行为研究会:《蒙格斯报告:中国实体经济与虚拟经济的黄金比例研究》,金融界,2019 年 1 月 30 日。

② 刘骏民、张国庆:《虚拟经济介稳性与全球金融危机》,《江西社会科学》2009 年第 7 期,第 79-85 页。

③ 周维富:《我国实体经济发展的结构性困境及转型升级对策》,《经济纵横》2018 年第 3 期,第 52-57 页。

实体经济可用资源不断减少，二者背离严重。而资本在获得增值价值后，又以资本形式投入社会再生产，再次加入追求价值增值和利益最大化的循环过程之中。

第二节　虚拟经济的功绩——经济史上书写的荣耀

在全球金融危机爆发的强烈冲击下，中国经济仍保持良好发展态势，这与虚拟经济及其法律制度具有十分密切的联系。实体经济是国民经济和社会的基础，虚拟经济是实体经济发展到一定阶段的产物。[①] 虚拟经济通过资本、数据等的有序流动，优化经济产业结构，并进一步提升实体经济的运行效率，以此促进整个经济的健康、协调、有序发展。同时，虚拟经济在一定程度上可以作为研判实体经济发展的"晴雨表"，虚拟经济可以传递实体经济有关信息，具有提升资源配置效率、增加流动性储备池和货币创造等功能。[②]

一、加快开放型经济新格局的形成

经济学中的"开放型经济"往往是从要素和商品的跨境交易角度界定的，例如罗德斯定义"开放"经济体为与其他国家开展商品、服务贸易和金融交易的经济体。[③] 虚拟经济在我国对外开放历程中扮演着重要角色。开放经济条件下虚拟经济问题的深入研究，旨在为我国经济的健康和可持续发展，为我国社会的稳定与富庶，为实现中国的崛起提供宏观战略思想和微观

---

① 黄锡富：《从金融危机看实体经济与虚拟经济在国民经济中的地位及其作用》，《学术论坛》2013 年第 3 期，第 122-125 页。

② 张国庆：《经济虚拟化与虚拟经济的功能——兼论虚拟经济研究的理论价值》，《华东经济管理》2013 年第 3 期，第 87-90 页。

③ 陈大鹏、吴舒钰、李稻葵：《中国构建开放型经济的经验和对新发展阶段的启示——政府与市场经济学的视角》，《国际经济评论》2021 年第 6 期，第 141-160 页、第 8 页。

技术方案。自1978年十一届三中全会推行改革开放以来,我国经济踏上了开放之旅,经济建设取得了举世瞩目的成就,已经成为世界第二大经济体。1992年,党的十四大提出发展“社会主义市场经济”,为未来经济体制改革指明了方向。这一时期,我国金融、外汇领域的开放程度进一步加大。2001年加入世界贸易组织(World Trade Organization,WTO)正式全面融入全球经济体系,虚拟经济发展取得重大突破,金融开放和金融改革取得突破性进展,主要表现为国有银行股份制改革、汇率形成机制改革等。党的十八届三中全会提出了构建“开放型经济新体制”,为我国经济今后一个时期的发展指明了方向。《中共中央关于全面深化改革若干重大问题的决定》进一步指出,在建设开放型经济新体制的要求下,必须推动对内对外开放相互促进、引进来和走出去更好结合,促进国际国内要素有序自由流动、资源高效配置、市场深度融合,加快培育参与和引领国际经济合作竞争新优势,以开放促改革。虚拟经济是开放性经济建设的重要突破口和着力点,事关国家开放型经济体制建设的得失成败。在此背景下,国务院金融稳定委员会办公室发布了《关于进一步扩大金融业对外开放的有关举措》,推出了金融业对外开放的措施,地方政府如北京市亦推出了《进一步落实金融业对外开放政策的十大举措》,为金融机构提供了良好的发展环境,进一步扩大虚拟经济的对外开放。

一方面,吸引高质量的外国投资是改革和升级开放型经济的重要途径。虚拟经济支持引进“优质工程”,就是通过虚拟经济的引导作用,规范市场竞争环境,扩大外资的“溢出效应”,推动开放型经济向更高水平发展。[①] 根据IMF提供的数据,资本跨境流出存量2004—2017年年均增长率为15.42%。资本跨境流入存量2004—2017年年均增长率为15.83%。[②] 2019年,金融业

① 宋汉光:《为开放型经济转型升级提供高效金融服务》,《中国金融》2012年第12期,第25-26页。

② 袁申国、刘兰凤:《金融开放与实体经济和虚拟经济产出非平衡增长》,《国际经贸探索》2019年第5期,第86-104页。

外商直接投资占比达到5.2%(见表1.2)。

表1.2 按行业外商直接投资(2019年)

行业	合同项目/个	实际使用金额/万美元
总计	40 888	13 813 462
农、林、牧、渔业	495	56 183
采矿业	31	219 044
制造业	5 396	3 537 022
电力、热力、燃气及水生产和供应业	295	352 398
建筑业	557	121 551
批发和零售业	13 837	904 982
交通运输、仓储和邮政业	591	453 316
住宿和餐饮业	835	97 180
信息传输、软件和信息技术服务业	4 295	1 468 232
金融业	865	713 206
房地产业	1 050	2 347 188
租赁和商务服务业	5 777	2 207 283
科学研究和技术服务业	5 183	1 116 831
水利、环境和公共设施管理业	143	52 242
居民服务、修理和其他服务业	361	54 218
教育	258	22 248
卫生和社会工作	111	27 186
文化、体育和娱乐业	804	62 986
公共管理和社会组织	4	166
金融业占比	2%	5.2%

资料来源:国家统计局。

2019年10月,国务院印发《国务院关于进一步做好利用外资工作的意见》,指出在2020年取消证券公司、证券投资基金管理公司、期货公司、寿险公司外资持股比例不超过51%的限制。截至2020年9月,我国外资参股、控股证券公司已达17家,其中,外资控股证券公司9家(见表1.3)。

表1.3　外资控股证券公司一览表(截至2020年9月)

序号	证券公司名称	外资股东及控股	控股/获批时间
1	瑞银证券有限责任公司	瑞士银行有限公司(51%)	2018年11月
2	摩根大通(中国)有限公司	摩根大通国际金融有限公司(51%)	2019年3月
3	野村东方国际证券有限公司	野村控股株式会社(51%)	2019年3月
4	高盛高华证券有限责任公司	高盛集团有限公司(51%)	2020年3月
5	摩根士丹利华鑫证券有限责任公司	摩根士丹利(51%)	2020年3月
6	瑞信方正证券有限责任公司	瑞士信贷银行股份有限公司(51%)	2020年4月
7	星展证券(中国)有限公司	星展银行有限公司(51%)	2020年8月
8	大和证券(中国)有限责任公司	株式会社大和证券集团总公司	2020年8月
9	汇丰前海证券有限责任公司	香港上海汇丰银行有限公司(51%)	2017年6月

资料来源：中国证券业协会《证券业服务实体经济报告》(2020)。

另一方面，我国虚拟经济制度还强调走出国门，积极拓展跨境业务。2018年9月，证监会正式发布《证券公司和证券投资基金管理公司境外设立、收购、参股经营机构管理办法》(根据2021年1月15日证监会令第179号《关于修改、废止部分证券期货规章的决定》修订)指出，依法规范证券公司、证券投资基金管理公司在境外设立、收购子公司或者参股经营机构的行为。截至2020年9月，除中信证券、海通证券等10家证券公司获得开展跨境业务试点资格之外(见表1.4)，中国证监会核准34家证券公司在境外设立子公司。①

① 中国证券业协会：《证券业服务实体经济报告》(2020)，中国证券业协会，2020年10月24日。

表 1.4　获批开展跨境业务的证券公司

序号	证券公司	获批时间(公告日期)
1	中信证券股份有限公司	2014 年 9 月
2	海通证券股份有限公司	2015 年 5 月
3	国泰君安证券股份有限公司	2018 年 1 月
4	华泰证券股份有限公司	2018 年 1 月
5	广发证券股份有限公司	2018 年 5 月
6	中国国际金融股份有限公司	2018 年 5 月
7	招商证券股份有限公司	2018 年 5 月
8	中国银河证券股份有限公司	2018 年 10 月
9	中信建投证券股份有限公司	2018 年 10 月
10	申万宏源证券有限公司	2020 年 7 月

资料来源:《证券业服务实体经济报告》。

二、促进整体经济转型的优化升级

金融发展理论认为金融发展可以促进发展中国家二元结构的转化。[①] 从国际经验来看,一国经济转型的成功与否与其金融市场结构和直接融资体系的发展程度密切相关。在 20 世纪的石油危机中,美国依靠风险资本支持高科技发展,实现了经济持续增长。[②] 虚拟经济体系通过资本形成、资源配置等方式,促进国家经济结构的转型升级。2013 年 7 月,国务院办公厅发布的《关于金融支持经济结构调整和转型升级的指导意见》指出,金融运行总体是稳健的,但资金分布不合理问题仍然存在,与经济结构调整和转型升级的要求不相适应。需要更好地发挥金融对经济结构调整和转型升级的支持作用,更好地发挥市场资源配置的基础性作用,更好地发挥财政政策和产

① 刘澄、黄翔:《金融发展与二元经济转型》,《山东大学学报》(哲学社会科学版)2010 年第 5 期,第 60-65 页。

② 林铁钢:《金融支持区域经济转型升级的着力点》,《中国金融》2013 年第 15 期,第 20-21 页。

业政策的协同作用,优化社会融资结构,继续加强对重点领域和薄弱环节的金融支持,有效防范化解金融风险。2016 年 11 月,中国人民银行总行等十四部委印发《江苏省泰州市建设金融支持产业转型升级改革创新试验区总体方案》,泰州区域金改正式获批。与此同时,各省市政府也陆续出台了相关虚拟经济支持经济结构调整和产业转型的意见(见表 1.5)。

表 1.5　各地相关金融支持经济结构调整和转型升级的文件

地区	文件	内容
郴州市人民政府	关于金融支持经济转型升级和促进小微企业健康发展的实施意见	突出金融支持的重点领域,支持我市重点产业、重点企业发展,加大对先进装备制造、新材料、文化创意、生物、新能源、信息、节能环保等七大战略性新兴产业、循环经济产业、新型工业化“百千万”成长工程、传统产业改造升级和承接产业转移等领域的资金支持力度 突出金融支持企业转型升级,严格执行国家产业结构调整指导目录,按照“消化一批、转移一批、整合一批、淘汰一批”的要求,对产能过剩行业区分不同情况实施差别化信贷政策
湖南省人民政府	湖南省人民政府关于金融支持经济结构调整和转型升级的实施意见	引导、推动重点领域与行业转型和调整 1. 突出金融支持的重点领域,支持重点产业重点企业发展,加大对先进装备制造、新材料、文化创意、生物、新能源、信息、节能环保等七大战略性新兴产业以及新型工业化、新型城镇化、省级重点产业园区、传统产业改造升级等领域的资金支持力度 2. 支持化解产能过剩矛盾,细化产业指导目录,按照“消化一批、转移一批、整合一批、淘汰一批”的要求,对产能过剩行业区分不同情况实施差别化信贷政策
上海市人民政府办公厅	关于贯彻《国务院办公厅关于金融支持经济结构调整和转型升级的指导意见》实施方案	尽快把《指导意见》落到实处,更好地发挥金融在支持上海创新驱动、转型发展中的作用,抓出实效,努力维护上海经济平稳运行格局,促进上海经济转型升级,推动上海金融业进一步发展

资料来源:根据公开资料整理。

放眼域外,世界各国(地区)金融支持经济转型和产业发展的实践无疑证明了虚拟经济对整体经济转型所发挥的重要作用(见表 1.6)。从美国"锈带"地区、德国鲁尔工业区、英国中南部地区、法国洛林地区和中国台湾地区等国家和地区的典型经验来看,各国(地区)均通过积极优化金融模式、寻求金融创新工具,推动整体经济转型升级,形成了多元化的经济转型升级的虚拟经济支持体系。①

表 1.6 世界各国家(地区)金融支持产业调整升级的典型经验

国家(地区)	产业结构	金融结构	金融支持方式	共同点
美国"锈带"地区	从传统装备制造业向现代制造业和服务业转变	直接融资为主	通过发展并购市场,推动制造业重组和产业集群发展,通过形成政府性和非政府性相结合的金融支持体系,推动制造业转型升级	促进金融结构协调发展,形成多元化和多层次的金融支持体系;根据产业转型升级的不同阶段和不同对象,注重发挥不同类型金融机构和金融工具在产业转型升级中的作用;在坚持市场化原则的前提下,积极发挥政府在产业转型升级过程中的引导和支持作用,促进金融政策和产业政策的有效衔接
德国鲁尔工业区	从传统煤钢工业向服务、文化、旅游和现代工业转变	间接融资为主	利用政策性资金改造升级传统产业;建立技术研究中心、技术服务公司和风险资本基金会,为企业研发和创新服务;为中小企业提供财政补贴和咨询服务	
英国中南部地区	从传统纺织业向高新技术产业和现代服务业转变	直接融资为主	建立二板市场:推出小企业贷款担保计划;通过税收激励,鼓励民间资本对初创科技企业投资;鼓励大学创办科技园,支持大型投资机构进入	
法国洛林地区	从煤、钢、纺织业向汽车、机械、物流、高新技术等多元产业转变	间接融资为主	为技术创新提供财政补贴;成立"创新财务公司"和"风险资本联合基金",促进对高科技产业和企业的投资;政府出资成立矿区工业化基金和"矿区再工业化金融公司",支持传统产业转型升级	
中国台湾地区	从劳动密集型产业向高新技术产业转变	间接融资为主	设立发展基金;成立发展银行,推动辛迪加贷款;从税收优惠、资金支持和退出机制建设等方面引导和鼓励创业投资公司发展	

资料来源:陈雨露:《中国经济转型中的金融支持——跨越"中等收入陷阱"》,《搜狐新闻》2018 年 2 月 13 日。

① 陈雨露:《中国经济转型中的金融支持——跨越"中等收入陷阱"》,搜狐新闻,2018 年 2 月 13 日。

从以上实践经验可得出，未来虚拟经济支持整体经济转型升级还需要从以下三方面进行优化：①坚持推动虚拟经济创新，为实体经济和产业结构转型升级提供多元化的备选方案；②构建精准化的虚拟经济支持体系，根据实体经济和产业转型需求进行有针对性的、精准化的资金支持；③构建虚拟经济支持经济转型升级的制度体系，通过税收激励、设立发展基金等多方面提升虚拟经济支持经济转型升级的效能，促进金融政策、产业政策和竞争政策的有效衔接。此外，还要加快发展多层次资本市场，严密防范风险，加强信用体系建设等。

三、推动我国资本市场的不断完善

资本市场的重要性不言而喻。面对经济开放的大趋势，我国虚拟经济体系的竞争力显得尤为重要。资本市场引领创新，就要做促进新旧动能转换的"发动机"，推动经济结构优化的"助推器"，优化资源配置的"催化剂"①。在任何社会，任何时代，任何领域，创新几乎都是推动社会进步的不懈动力，虚拟经济领域概莫能外，创新是虚拟经济发展的主要动力来源之一，一个多层次资本市场的构建和完善必须仰赖于创新的作用，由于创新对传统虚拟经济的创新既表现为产品的创新，又表现为过程的创新，贯穿于虚拟经济运行的全过程。由此也将进一步推动我国资本市场的不断完善和创新。

虚拟经济的不断规范对资本市场而言具有重要的意义。十九届四中全会通过的《中共中央关于坚持和完善中国特色社会主义制度 推进国家治理体系和治理能力现代化若干重大问题的决定》中要求加强资本市场基础制度建设，提升资本市场的直接融资，虚拟经济恰恰属于资本市场中直接融资的重要场域。这就要以虚拟经济为纽带，利用好已有的市场基础制度，发挥

---

① 温济聪：《资本市场应引领创新驱动发展》，人民网，2019年11月25日。

出创业板、科创板、北交所等支持创新的功能,以此激发整个资本市场的发展活力。同时,注重融资市场发展的边界问题更加契合我国的实际情况。这不仅是实现我国虚拟经济有限发展的具体路径,也是直接融资市场真正发展起来的必由之路。正如有学者所指出的,中国的资本市场是在监管机构的呵护和培育之下发展起来的,资本市场的健康成长也离不开监管机构的规制,我国资本市场已经由重发展时代走向了重规范时代。2019 年年底中央经济工作会议指出要加快金融体制改革,完善资本市场基础制度。在“风云变幻”的 2020 年,面对国内外经济环境的变化,特别是全球产业链、供应链和创新链断链等风险,于该年年底召开的中央经济工作会议进一步提出了:要健全金融机构治理,促进资本市场健康发展,提高上市公司质量,防止资本的无序扩张,金融创新必须在审慎监管的前提下进行。

虚拟经济法律制度构建为资本市场发展提供了制度支撑。虚拟经济法律制度虽然是一个较为少见的学理概念,但这并不意味着现实中不存在真实的虚拟经济法律制度,因为前文的解释已经告诉我们,理想的虚拟经济法律制度也是由诸多大大小小的制度文本所构成的。鉴于虚拟经济本身是一个与实体经济相对应的全新术语,是近二十多年来我国经济学界根据虚拟资本概念创制出来的一个概念,虚拟经济的具体基础法律制度改善,包括宏观调控法的完善和弥补、金融监管制度的创新、中小金融机构和农村金融机构的促进制度、虚拟经济运行中公司制度的重构、高管人员的任职资格和薪酬调控制度等,通过功能性规范推进虚拟经济法律制度的协调和整合,从虚拟经济产品的无形性、专业性、收益性和风险性等特点入手,能够为资本市场的规范发展提供有力支撑。此外,虚拟经济领域新的法律制度建构如“探索建立集体诉讼制度”有助于补齐中国资本市场的基础制度短板。

四、满足我国实体经济的发展需求

虚拟经济发展的目的是通过构建有效的虚拟经济体系,降低实体经济发展中隐藏的交易成本和风险,提高投融资效率,促进实体经济的发展。金融作为虚拟资本的当代形态,其在现代经济中的股肱地位决定了金融活了,经济也就活了;金融稳了,经济也就稳了。从实践视角观之,人类社会已经进入了实体经济与虚拟经济同时并存的“二元”经济时代,这也是实体经济不断发展后的必然产物。换言之,虚拟经济的演变和发展历程是高度依附于实体经济的,所以实体经济与虚拟经济是何种关系也是需要认真对待和考量的。故此,全国第五次金融工作会议提出,要处理好虚拟经济和实体经济的关系,让金融回归本源,服从且服务于经济社会发展,把更好服务实体经济作为金融工作的出发点和落脚点,避免经济金融化、金融泡沫化,这是防控金融风险和金融危机,保障金融安全和国家安全的关键,这实际上是发现“二元”经济结构时代的虚拟经济与实体经济发展出现了脱节问题后的一种反应。因此,必须结合相关文件精神(见表1.7),认清虚拟经济的功能和定位,始终坚持虚拟经济服务实体经济的宗旨。

表1.7　近年来我国以虚拟经济支持实体经济发展的举措

时间	主体	内容
2011.10.12	国务院常务会议研究确定支持小型和微型企业发展的金融、财税政策措施	金融扶持:(1)贷款增速、增量要求,执行较低存款准备金率,授信支持;(2)适当提高对小型、微型企业贷款不良率的容忍度 财税扶持:提高企业增值税和营业税起征点;减半征收企业所得税;贷款合同三年内免征印花税;贷款损失准备金税前扣除;营业税相关优惠;专项资金扶持
2017.10	国务院常务会议	设立民营企业债券融资工具

续表

时间	主体	内容
2018.02.07	国务院常务会议	部署市场化债转股措施,降低企业杠杆率,推动银行、保险机构新设债转股实施机构
2018.11.09	人民银行、银保监会	“一、二、五”目标:大型银行对民营企业新增公司类贷款不低于1/3,中小型银行不低于2/3,争取三年以后,银行业对民营企业的贷款占新增公司类贷款的比例不低于50%
2019.02.11	国务院常务会议	支持商业银行多渠道补充资本金,提高对民企和小微企业贷款力度
2019.02.14	中办、国办	《关于加强金融服务民营企业的若干意见》
2019.08.31	国务院金融委(第七次会议)	研究金融支持实体经济、深化金融体制改革部署工作
2019.09.05	国务院金融委(电视电话会议)	加大对实体经济特别是中小企业、民营企业信贷投放力度
2019.02.22	中共中央政治局第十三次集体学习	深化金融改革开放,增强金融服务实体经济能力
2020.08.17	国务院常务会议	进一步落实金融支持实体经济的政策措施,助力市场主体纾困发展
2021.06.08	央行发布《中国区域金融运行报告(2021)》	金融有力支持实体经济恢复发展稳企业保就业成效显著
2022.03.15	中银协发布《2021年中国银行业服务报告》	持续加大对实体经济重点领域和薄弱环节的金融支持
2022.03.31	第282场银行业保险业例行新闻发布会	推动金融服务实体经济提质增效

资料来源:根据公开资料整理。

从理论视角观之,虚拟经济的发展需要以实体经济为基础,进而形成一种依附关系。金融为实体经济服务,引导庞大、分散、无序的资金有序流向实体产业和企业。成思危认为虚拟经济必须为实体经济服务。[①] 马红等指出虚拟经济是实体经济发展到一定阶段的产物，并以服务于实体经济的发展为最终目的。[②] 孙韦等指出经济泡沫的破灭使虚拟经济下的信用链、信用体系出现问题，金融系统难以正常参与运转，金融危机乃至于经济危机可能随之而来，所以虚拟经济的发展一定不能离实体经济太远。[③] 中国经济发展进入了瓶颈期，尤其是实体经济面临诸多障碍，这就需要人民银行、证监会等各种监管机构严格管理虚拟经济规模、激发虚拟经济潜能、助推虚拟经济服务实体经济，以最终实现虚拟经济与实体经济的协同健康发展。

五、增进社会就业等重要民生福祉

近年来，受经济大环境影响，虚拟经济增进社会就业等重要民生福祉的意义更加显著。2020 年以来，中国城镇新增就业人数下降，失业人数进一步增加。根据国家统计局公布的数据，2020 年一季度末全国城镇登记失业率为 3.66%，调查失业率为 5.9%。[④] 对此，虚拟经济促进了就业在实体经济和虚拟经济之间的平衡发展，可以将高质量的劳动力引导到生产性和创造性部门，虚拟经济是推动高质量发展，实现制造强国目标的必然要求。[⑤] 为深入落实强化虚拟经济支持实体经济、改善民生的要求，人民银行联合多部门印发了《金融支持稳企业保就业工作指引》《关于加大小微企业信用贷款支持力度的通知》《进一步强化中小微企业金融服务的指导意见》等文件，为

---

① 成思危：《虚拟经济论丛》，民主与建设出版社，2003，第 47-48 页。

② 马红、侯贵生、孟凡斌：《虚拟经济非协调发展与企业实业投资获利能力：异质性与影响机制》，《商业研究》2019 年第 12 期，第 46-56 页。

③ 孙韦、郑中华：《金融创新、虚拟经济与金融危机》，《生产力研究》2010 年第 6 期，第 83-85 页。

④ 孙守纪、方黎明：《新就业形态下构建多层次失业保障制度研究》，《中国特色社会主义研究》2020 年第 Z1 期，第 53-61 页。

⑤ 李飚、孟大虎：《如何实现实体经济与虚拟经济之间的就业平衡》，《中国高校社会科学》2019 年第 2 期，第 59-67 页、第 158 页。

虚拟经济增进社会就业等重要民生福祉提供了重要保障。实践中,在虚拟经济领域,特别是虚拟经济中的普惠金融领域,各类新型金融机构也是金融发展不可或缺的组成部分,共同构建多元化、粗放的普惠金融机构体系。这将直接导致金融领域的就业需求增加,有利于就业水平的提高。[①] 此外,还有学者指出,虚拟经济中的就业在经济波动中几乎没有变化,而实体经济下降,一般服务业就业就会增长。就业倾向于服务业,即一般服务业吸纳就业的能力最强。[②] 在地方,多地出台以虚拟经济增进民生福祉的政策文件,发挥了保障民生的重要作用(见表1.8)。

表1.8　一些地方相关虚拟经济增进民生福祉的政策文件

发布单位	文件名称	相关举措
北京市东城区	《金融支持稳企业保就业专项行动工作方案》	降低信用贷款利率,扩大信用贷款规模等
苏州市人民政府	《苏州市进一步做好金融支持稳企业保就业工作指导意见》	(1)落实信贷支持政策;(2)完善激励约束机制;(3)创新金融服务模式;(4)优化融资服务环境
连云港政府办公室	《连云港市金融支持稳企业保就业工作实施方案》	建立针对实体经济企业"敢贷、愿贷、能贷、会贷"的长效机制,切实提升金融服务实体经济能力
贵州省人民银行等	《贵州省人民银行系统金融支持稳企业保就业工作方案》《贵州省金融支持稳企业保就业操作指引》《金融支持稳企业保就业贷款贴息工作指引》	合力解决融资过程中的问题,切实促进融资双方精准高效对接
人民银行河北石家庄中心支行	《河北省金融支持稳企业保就业工作方案》	支持小微企业获得免抵押担保的信用贷款支持等

资料来源:根据公开资料整理。

① 林春、康宽、孙英杰:《普惠金融与就业增加:直接影响与空间溢出效应》,《贵州财经大学学报》2019年第3期,第23-36页。

② 王磊、刘骏民:《关于行业增长拉动就业的特点分析——基于美国虚拟经济、实体经济和一般服务业的视角》,《现代管理科学》2015年第2期,第24-26页、第111页。

经济基础决定上层建筑,没有经济增长就不可能增进民生福祉。实体经济的发展离不开虚拟经济的支持,虚拟经济的发展既能为实体经济提供必要的金融支持,同时也能提供大量的就业机会。同时,发展虚拟经济不仅能实现增加就业机会等民生旨趣,还能在一定程度上保障社会的稳定。此外,中国人民银行等发布的《关于金融支持浙江高质量发展建设共同富裕示范区的意见》推动建立与浙江共同富裕示范区建设相适应的金融体制机制,对于支持浙江打造新时代全面展示中国特色社会主义制度优越性的重要窗口具有重要意义。

第三节　虚拟经济的风险——经济危机留下的伤痛

虚拟经济植根于实体经济,具有分散风险和资源配置的作用,但是虚拟经济的过度和无序发展可能导致经济运行失去稳定的实体财产基础,很可能会放大市场失灵的风险。[①] 虚拟经济的投机性、弱寄生性使得虚拟经济风险难以消除,虚拟资本追求自身独立性和价值增值,从而抑制并挤占实体经济发展空间,降低资本利用率。大量的资本被吸入到虚拟经济中,致使实体经济资本枯竭,进而影响整个国民经济的健康发展。

一、影响世界经济格局和政治格局的安全稳定

中国经济在扩大开放和转型发展的过程中取得了巨大成就,与此同时也包含了很多经济安全隐患,如果处置不当极易引发国家经济风险,其中虚拟经济风险就是影响经济转型的主要风险之一。[②]

---

① 胡光志、雷云:《法律制度供给与地方虚拟经济立法问题》,《重庆社会科学》2008 年第 9 期,第 55-60 页。

② 刘凡:《矛盾尖锐、全局可控——论全面开放条件下我国经济安全面临的问题与对策》,《河南社会科学》2020 年第 6 期,第 37-45 页。

经济安全。国家经济安全是指一国参与国际经济活动,合理获取经济利益并有效保护其不受侵犯或威胁,保证国民经济可持续发展的基础、战略和环境不受损害或潜在损害的过程。[①] 根据马克思政治经济学的观点,资本在运动中实现增值。资本的逐利性及流动性特点促使资本流向利润较高的经济活动中,从而资本在实体经济与虚拟经济中相互流动。虚拟经济和实体经济的利润来源均为实体经济的发展和运营,虚拟经济把资本积累后重新配置到实体经济中。资本家的本性是用最低的资金额度投入生产过程中以获取利益最大化,资本市场最低限额的降低使得社会资金大量涌入虚拟经济,从而使得这些资本无法进入实体经济,导致资本在虚拟市场闲置。虚拟经济在发展过程中,由于监管缺位,影子银行、非法集资等问题比较突出,易引发系统性风险。有的虚拟经济产品通过高年化收益率来吸引投资者,与之伴随的往往是高杠杆率。随着经济增长和经济规模的扩大,社会所需要的流动性总量不断提高(交易规模不断扩大)。如果仅关注流动性的名义数量而忽略其背后的价值支撑,就可能会依靠扩张流动性的名义数量来满足社会日益增长的流动性需求。[②] 高杠杆运作模式会造成虚拟经济经营风险过高,虚拟经济对实体经济的二重性决定了其对实体经济的作用,进而加速虚拟经济“脱实向虚”的程度。金融加杠杆与资本金融化程度的加深,更加剧了实体经济与虚拟经济间资本结构的失衡,股票市场的市价总值和流通市值总体呈不断上升趋势。

政治安全。维护金融安全,是关系经济社会发展全局的带有战略性、根本性的大事。[③] 虚拟经济风险容易造成社会动荡和政治不稳定。例如,以做空出名的资本大鳄索罗斯,一味地追求高额利润,威胁一些国家尤其是新兴

---

① 胡红、李海潮:《国家经济安全视域下做强实体经济的路径选择》,《经济研究导刊》2017 年第 28 期,第 1-2 页。

② 张成思、刘泽豪、何平:《流动性幻觉与高杠杆率之谜》,《金融研究》2021 年第 7 期,第 19-39 页。

③ 陈放:《我国金融安全面临的挑战及其政府治理创新策略》,《探索》2021 年第 5 期,第 78-91 页。

经济体的政治安全。即使在今天的中国，跨国垄断资本仍利用30%的资产掌控约50%的股权，谋取接近80%的利润。[①] 1992年欧洲金融危机、1994年墨西哥金融危机、1997年东南亚金融危机等均是国际游资低买高卖，并巧妙运用金融衍生工具获取高额回报所产生的严重后果。[②] 在近期发生的俄乌冲突中，美欧对俄罗斯实施多项金融制裁，包括将俄部分银行排除出环球银行间金融通信协会（SWIFT）系统之外，一度导致卢布汇率暴跌，更是为虚拟经济威胁政治安全提供了注脚。近年来，以中兴事件、华为事件为标志的中美贸易战，使中国经济金融安全面临严峻挑战，经济金融安全的不稳定又将进一步为政治安全带来挑战。总之，决定一国经济命脉的是实体经济，但这些实体经济很可能被国际资本利用虚拟资本所控制。[③]

二、虚拟经济诱发经济危机影响国家经济安全

虽然金融发展在短期内可能会促进经济增长，但由于二元经济的不断博弈，虚拟经济发展到一定程度，可能使经济增长的可持续性遭到破坏。[④] 一旦基础资产或创新产品出现流动性问题，在多米诺骨牌效应的作用下，通过金融创新链迅速蔓延到整个金融交易市场，从而影响实体经济。[⑤] 近百年来因虚拟经济而引发了一系列危机，例如受到学界广泛关注的19世纪30年代“大萧条”危机以及2008年全球次贷危机。2008年国际金融危机之后，由于实施宽松的货币政策和财政政策，我国经济快速摆脱了金融危机的阴影，步入了经济快速发展轨道。但与此同时，系统性金融风险也在各经济部门

---

① 江涌：《国家安全体系建构的困境、挑战与忧思》，《人民论坛·学术前沿》2014年第11期，第21-34页。

② 范卫国、周锐：《经济虚拟化条件下金融危机发生机制的新变化》，《当代经济》2012年第4期，第8-9页。

③ 胡红：《防止实体经济与虚拟经济撕裂倾向的机制研究》，《经济研究导刊》2017年第9期，第1-2页。

④ 王少国：《金融发展与二元经济转型》，《经济评论》2003年第1期，第112-115页。

⑤ 刘妍芳：《开放经济条件下的金融创新与风险控制》，《新视野》2012年第1期，第47-50页。

逐渐聚集。[①] 一个现代国家的经济发展决然离不开虚拟经济的发展和支持，因为虚拟经济能够解决资本要素有序地自由流动和高效利用问题，可以在更高层次上完成社会资源的优化配置，但是，虚拟经济同时也存在高风险性、不稳定性、脆弱性等诸多弊病，尤其是虚拟经济具有日益偏离实体经济运行的趋势，可能导致经济结构失衡，使得金融体系变得脆弱，在开放经济条件下还会受到投机资本的干扰、外国资本的冲击、国际游资的影响及国外政治经济社会动荡的威胁。从实证的视角来考察就会发现，20 世纪 90 年代，泰国突然爆发一场货币危机并发展成金融和经济危机，该危机迅速波及东南亚的其他国家和地区，大多数东南亚国家的货币和资产价值跌落了30% ~40%，遭受打击最严重的几个国家经济下跌得更厉害，东南亚地区的银行和企业陷入空前的财务困境。2007 年，以美国新世纪金融公司破产为标志的美国次级抵押贷款危机全面爆发。短短数月，危机急剧恶化，近百家次级抵押贷款公司和涉足次级抵押贷款的银行宣布停业或破产，被誉为“华尔街骄子”，以管理完备著称的贝尔斯登公司、雷曼兄弟公司、美林证券公司等在这次危机中无一幸免，美国五大投资银行全军覆没。同时，该危机迅速波及“同住地球村”的世界各国，扩展成为一场全球共振的金融风暴。据日本《每日新闻》2008 年的一篇文章估计，自美国次贷危机以来，全球金融市场已经蒸发掉了 27 万亿美元的资产，相当于 2007 年美国、日本、德国、中国和英国 5 个大国 GDP 的总量，几乎是 2007 年全世界各国 60 万亿 GDP 总量的一半。[②] 2015 年 6 月，我国股市连续暴跌，曾有三周 17 个交易日，股票指数跌 33%，大量股票跌停，威胁国家经济安全。[③] 在 2015 年的中国 A 股股灾爆发后，多次出现千股跌停的情形，甚至在 2016 年年初还闹出了“史上最短命的股市机制”——熔断机制；在接近一年的时间内，沪深总市值蒸发接近

---

① 邹靖：《去杠杆背景下系统性金融风险防范研究》，《山东社会科学》2020 年第 8 期，第 160-165 页。

② 韦森：《全球金融动荡下中国宏观经济走势及合宜的政策选择》，《东岳论丛》2009 年第 1 期，第 24-28 页。

③ 张军果：《应高度重视股市的健康发展》，《唯实》2016 年第 3 期，第 54-57 页。

25.6万亿元，2015年中国GDP约67.67万亿元，沪深两市一年蒸发的市值相当于该年GDP的三分之一还多。[①] 因此，如何在保障虚拟经济健康发展的同时避免其高风险及其可能导致的危机，已经成为各国迫切需要解决的世界级难题。

三、虚拟经济无序扩张威胁我国资本市场安全

资本市场从来不是一座孤岛，它是实体经济信心的标志，是实体产业健康与否的晴雨表，它与汇市、债市、银行及整个金融体系如管道般关联互通。资本市场的安全直接关系到整个虚拟经济体系的安全运行。因此，任何一个国家都会高度关注资本市场的发展。[②] 中国资本市场经历了短短几十年的发展，市场基础设施建设、投资者保障、市场监管能力、危机应对能力均存在诸多不足。有鉴于此，党的十九大报告指出："必须把发展经济的着力点放在实体经济上。"十九届五中全会公报再次明确："坚持把发展经济着力点放在实体经济上。"中共中央政治局2020年12月11日召开会议要求："强化反垄断和防止资本无序扩张。"2020年中央经济工作会议再次明确："金融创新必须在审慎监管的前提下进行。"

虚拟经济是存在风险的，过度利用杠杆，加快资本市场无序扩张，一旦出现风险会产生连锁反应，危及国家安全。"虚实脱钩"的自发倾向和"脱实就虚"的悖逆趋势，是中央强调实体经济与虚拟经济关系的现实动因。虚拟经济杠杆化操作既可以放大自有资本的利润率，也可以以同样的倍数放大损失，甚至在危机期间使自有资本在瞬间损失殆尽，使整个金融市场面临的系统性风险空前加大。[③] 与实体经济不同，虚拟经济的发展过程伴随着非常

---

① 《股灾周年祭：A股市值蒸发25万亿 人均24万》，中国青年网，2016年6月11日。

② 陈志龙：《从国策层面加强资本市场安全能力建设》，《国际金融报》2019年3月4日。

③ 许平祥：《经济虚拟化与传统金融危机理论的困境——基于美国金融危机的启示》，《东岳论丛》2011年第7期，第138-145页。

严重的投机行为，经济人那种自私自利、搭便车行为在虚拟经济中表现得更加突出。与实体经济市场秩序不同，虚拟经济市场秩序的混乱还具有很强的负外部性，并且这种混乱具有很高的传染性，如果放任这种虚拟经济市场秩序的混乱，就会导致虚拟经济市场在资源配置方面的功能的紊乱，最终危及整个市场甚至整个经济的发展。实际上，中国虚拟经济无序扩张已经到了十分惊人的程度，我们可以从蚂蚁金服寻见端倪。重庆市前市长黄奇帆曾指出，蚂蚁金服把30多亿元资本金通过资产证券化循环地发放贷款，在几年里循环了40次，以30多亿元资本金发放了3 000多亿元的贷款，形成了上百倍的高杠杆。[①] 2017年12月，人民银行联合下发了《关于规范整顿"现金贷"业务的通知》，规定以信贷资产转让、资产证券化等名义融入的资金应与表内融资合并计算，合并后的融资总额与资本净额的比例暂按当地现行比例规定执行，各地不得进一步放宽或变相放宽小额贷款公司融入资金的比例规定。需要指出的是，仅从金融监管的角度限制蚂蚁的杠杆率，并不能扭转互联网行业对传统金融行业的强势地位。由于客户数据的原材料牢牢掌握在互联网行业手中，在同样规模的金融监管下，互联网公司在金融业务上的优势过于明显。[②] 威胁我国资本市场安全以及整体国民经济的安全。总之，在数字经济时代，虚拟经济无序扩张严重威胁我国资本市场安全，增加了整个经济发展态势的不稳定性。

四、虚拟经济过度发展加剧我国经济"脱实向虚"

随着虚拟经济规模的扩大，虚拟资产的价格也开始膨胀，开始出现经济泡沫和泡沫经济，整个社会经济体系开始出现系统性风险，当系统性风险的范围和程度开始加深时，最极端的情况下，就会发生金融危机。与传统经济

---

① 读懂数字财经:《蚂蚁消金增资220亿元背后:杠杆与利益的博弈和重新分配》,百度2021年12月29日。

② 剩哥说财经:《蚂蚁杠杆的本质:金融杠杆是果,互联网垄断是因》,百度2020年11月24日。

体制相比，现代经济体制是由虚拟经济和实体经济共同构成的，社会经济发展的均衡也是由两个市场共同均衡决定的。但近几年的数据表明，实体经济固定资产投资总额与社会总固定资产投资总额相比呈现下滑趋势，工业领域生产总值在GDP中的比重日益降低，而虚拟经济增值在GDP中所占比重则大幅上升，这是经济“脱实向虚”最明显的表现，或者是一些学者提到的“实衰虚兴”的现象。危机后的中国经济同样表现出了“脱实向虚”的迹象，工业对GDP的贡献率由2008年的41.2%大幅下降至2018年的33.9%；而金融房地产部门对GDP的贡献率则由2008年的10.3%上升至2018年的14.3%。[①] 实体经济正面临着企业成本上涨、传统生产制造业产能过剩、企业固化等问题，这也导致了实体经济利润下滑，令许多投资者对实体经济未来预期收益失去信心。这样的恶性循环导致两个问题：第一，企业面临减产、裁员和倒闭。即使是受到国家支持的行业，也面临着政策调整，比如削减过剩产能和去杠杆。第二，虽然政府近年来实施了宽松的信贷政策，但真正的社会资本并没有流向实体经济企业，而是流向了金融、房地产等回报较为快速的行业。同时，在复杂的国际经济社会因素影响下，社会闲散资金的主要投入方向不是实体经济，而是以金融、房地产为代表的虚拟经济。近几年，我国快速扩张的信贷业务程度快要接近于日本20世纪90年代经济泡沫时期的繁荣程度。中国信贷/GDP指标已接近日本泡沫时期最高水平，信贷/GDP的缺口也超出日本当时的最高值。尽管这并不一定意味着中国会发生类似日本的经济和金融危机，但中国信贷的快速扩张以及随之而来的“从实体经济转向虚拟经济”的风险应该高度警惕。[②] 房地产行业与金融业为代表的虚拟经济快速发展的发展态势，虽能促使经济出现一时的繁荣昌

---

① 刘晓欣、田恒：《中国经济从“脱实向虚”到“脱虚向实”——基于马克思主义政治经济学的分析视角》，《社会科学战线》2020年第8期，第44-55页、第281页。

② 伍戈：《中国目前信贷扩张已接近日本泡沫时期》，新浪财经2017年3月17日。

盛,但是长期而言,对经济危害巨大。资本大量流入房地产与金融资本市场,随着金融加杠杆的不断提高,房地产行业在短时期内蓬勃发展。宽松的货币政策、金融高杠杆和金融化程度加深,大量的闲置资本无法进入实体经济中,同时,资本从实体经济中抽离,最终容易造成实体产业空心化。实体经济的资本从实体经济抽离,更是加速和缩短了经济危机爆发周期。"脱实向虚"的经济发展导致实体经济疲软、资本回报周期长和预期收益低于虚拟资本收益,让投资者和企业家对实体经济丧失信心,实体经济的民间投资不断下滑。

五、虚拟经济对治理能力与制度供给带来挑战

我国改革开放前可以说是典型的封闭经济,改革开放后又没有虚拟经济的知识和理念,长期注重的是实体经济的发展,因而我国虚拟经济兴起的时间不长,开放性不足,只能算是还没有学会走路的"孩童"。这主要表现在三个方面:其一,我国传统的一些经济理念和经济措施,在经济开放过程中逐渐显露出与虚拟经济不匹配的情形。最典型的例证是:我国前些年拼命积累美元等外汇,结果在国际上美元一再贬值,人民币升值压力不断增大的情况下,我国的外汇储备损失惨重;其二,我国改革开放四十多年了,开放却主要停留在实体经济领域,我国的虚拟经济至今还处于未开放或者开放严重不足的状态。之所以出现这种局面,主要原因在于我们没有先例,没有知识和经验。为了取得经验,特别是为了保障安全,我国采取了两大策略,一个是试点、试验或者叫"摸着石头过河"策略;一个是与国际虚拟经济市场隔断联系,来个"自己玩"。其结果是我国的一些做法和制度恰恰脱离了国际上的通例,造成开放经济条件下我们一时难以与国际规则对接并适应国际规则的困局。其三,我国经济快速发展,在我国加入 WTO 以后,一些有实力的企业也开始尝试涉足国际虚拟经济领域,但整体来看,我国涉足国际虚拟经济领域的成功案例并不多见,而失败的案例时有发生。"走出去"投资失

败的案例常见于报端，比如著名的中航油石油衍生品交易亏损、信泰富期货巨亏事件以及新近的中国银行“原油宝”穿仓事件[①]等（具体参见表1.9），甚至有统计发现中国2万多家企业在海外投资的业绩中90%以上是亏损的[②]；再如我国企业在境外上市公司的停牌率高得惊人，以至于出现了专门做空中国概念股盈利的浑水调研公司[③]（具体做空的中国概念股见表1.10），中国概念股的前途不得不令人担忧。对此，国外有两条经典的评价，一条是“中国人不缺钱，缺的是讲游戏规则”，甚至有人称中国的企业是“老千”；另一条是“中国人只有亏本后才会想起法律”。这些都充分说明，我国管理部门、企业和我国的立法部门，对开放经济条件下如何参与世界虚拟经济市场的博弈准备是不足的。

表1.9　国内企业海外投资失败代表性案例

投资企业	投资时间	投资主要内容	损失金额
中航油	2004	石油衍生品交易	5.5亿元美元
中投公司	2007	投资美国黑石公司导致资产缩水	约87亿元人民币
中国平安	2007	参股投资比利时富通集团失败事件	228亿元人民币
中信泰富	2008	对澳洲铁矿石项目进行杠杆式外汇买卖合约投资亏损	超过150亿元港币
东方航空	2008	航油套期保值（期货）投资亏损	62亿元人民币

① 需要说明的是，因WTI原油期货5月合约跌至负值所引发的中国投资者损失并不都是来自中国银行的“原油宝”，中行的原油宝是第一个被报道穿仓的，此次历史性的油价下跌导致一大批原油基金损失惨重，包括国内的南方原油A、国泰大宗商品、嘉实原油、信诚全球商品、易方达原油等，有关详情可参考：《原油宝后 又两家期货公司穿仓 负油价破坏力有多大?》，新浪财经，2020年4月26日。

② 付碧莲：《中国有2万多家企业在海外投资90%以上亏损》，《国际金融报》2015年2月9日。

③ 浑水调研公司（Muddy Waters Research）是一家注册在美国的研究公司，成立于2010年7月，创始人为卡森·布洛克。浑水调研公司自2010年创立以来共做空超过16家中概股，包括分众传媒、新东方、辉山乳业、安踏体育，以及芝华仕沙发的母公司敏华控股等，其中9家目前已经退市。2020年1月，浑水调研公司发布沽空报告，指出瑞幸咖啡在经营数据上存在作假和欺诈行为，瑞幸咖啡随后成为众矢之的。

续表

投资企业	投资时间	投资主要内容	损失金额
中国远洋	2008	为了抵御航运运费下滑风险,采用远期运费协议套期保值,并与知名金融机构高盛集团对赌致使亏损	41 亿多元人民币
江西铜业	2006,2008	因持有看多合约或看空合约进行套期保值致使亏损	27 亿多元人民币
光大证券	2016	全资子公司光大资本收购欧洲体育版权代理公司	14 亿多元人民币
广发证券	2018	因外汇剧烈波动和相关市场流动性缺乏致使其投资的一只以衍生品对冲策略为主的多元策略基金投资失败	1.8 亿元美元
中国银行	2020	中国银行为境内个人客户提供挂钩境外原油期货的交易服务,2020 年 4 月受多种因素影响,西德克萨斯中质原油(WTI)5 月期货合约 CME 官方结算价变为负数,由此触发原油宝穿仓事件	超过 90 亿元人民币

资料来源:根据相关新闻报道统计归纳得出。

表 1.10　遭遇美国浑水做空的中国公司一览

序号	时间	被做空公司	进展或影响
1	2010.06	东方纸业	股价低位
2	2010.11	绿诺国际	承认造假、退市
3	2011.02	中国高速频道	退市
4	2011.04	多元环球水务	摘牌、退市
5	2011.11	分众传媒	私有化、退市、A 股借壳
6	2011.06	展讯通信	浑水认错、被收购退市
7	2011.06	嘉汉林业	破产、重组
8	2012.04	傅氏科普威	私有化、退市

续表

序号	时间	被做空公司	进展或影响
9	2012.07	新东方	短暂波动、重回升势
10	2012.10	网秦	自证清白、股价低位、退市
11	2014.11	奇峰国际	长期停牌
12	2016.12	辉山乳业	债务危机、长期停牌
13	2017.06	敏华控股	做空证据不充分、影响较小
14	2018.06	好未来	公司无碍、股价重回升势
15	2019.07	安踏体育	厮杀搏斗中
16	2020	瑞幸咖啡	当日跌10.74%
17	2020	爱奇艺	盘中跌逾12%，收涨3.22%
18	2020	跟谁学	两个月腰斩
19	2020	欢聚时代	当日跌26.48%
20	2021	贝壳	当日跌1.98%

资料来源：《那些海外造假/退市的中国公司，结局各不同》，腾讯网2020年7月13日；宁鹏：《"搅局者"浑水做空11年：封过神，翻过车，是天使还是魔鬼？》，《时代周报》2021年12月17日。

特别值得注意的是，出于国际政治经济战略考虑，西方一些国家在今后的资本市场谈判中，已经别有用心地绕开WTO，且竭尽排挤中国之能事，早前推行的跨太平洋贸易与投资方面的谈判（Trans-Pacific Partnership Agreement，TPP）和跨大西洋贸易与投资方面的谈判（Transatlantic Trade and Investment Partnership，TTIP）可能会改变WTO格局，近年来美国挑起的贸易战以及退出WTO等一系列操作将持续影响今后的国际经济秩序，而在这些谈判或者举措中针对中国的意味较为明显。因此，面对国际经济形势的新动向，我们一方面要做好准备，坚决维护我国主权，绝不向任何国际压力屈服和妥协,另一方面也要在发展战略、企业素质、经营技巧和法律制度等方面做好参与国际虚拟经济平台的一切准备。

第四节　有形之手——国家对虚拟经济的干预及其利弊

凯恩斯干预理论强调仅靠市场机制的自发调节作用不足以使有效需求提高到充分就业的水平,市场机制缺陷可以由政府来加以弥补。[①] 国家干预要未雨绸缪,对虚拟经济予以科学的引导、协调、稳定,只有正确的国家干预才能避免虚拟经济的无序扩张以及经济危机的发生。当然,国家干预本身亦存在各种弊端需要予以重视。

一、国家干预虚拟经济的典型例证

金融危机的多次爆发证实了单纯信奉市场自我调节的新自由主义的失效,证明了依靠市场的自我调节不能解决虚拟经济发展的问题。同理,虚拟经济的发展是社会化大生产中资本社会化的结果,是全社会的资金蓄水池,在有效管理下可以发挥蓄水池和资金调配的功能。虚拟经济需要政府的积极管理,而不是完全放任。[②] 面对自我调节市场机制的失败,在金融危机发生后各国政府迅速采取了大力救市的政府干预措施,不仅涉及多种应急性的经济干预措施,也包括发展中长期矛盾的制度调整和供给,如美国政府实施的刺激经济计划,西欧各国中央银行普遍降息的计划等。总之,各国在虚拟经济迅猛发展的过程中,均在积极构建虚拟经济行业监管与宏观调控之间的有效协调,在管理体制和组织构成上做出积极努力。[③]

---

① 刘银喜、徐天骄:《凯恩斯政府干预理论对化解全球金融危机的启示与借鉴》,《内蒙古大学学报》(哲学社会科学版)2010 年第 2 期,第 33-37 页。

② 李宝伟:《美国的金融自由化与经济虚拟化》,《开放导报》2010 年第 1 期,第 44-48 页。

③ 李宝伟:《虚拟经济管理初探》,《中国行政管理》2007 年第 8 期,第 104-107 页。

具体来看,各国(地区)政府对虚拟经济的干预措施并不完全一致(以股灾应对为例,具体内容见表1.11)。美国次贷危机后各国(地区)政府的救市措施可以归纳为十条:降息;直接注入流动性;严禁卖空;金融机构国有化注资;为金融机构的债券担保;央行直接为企业融资;解决住房贷款抵押人的问题;向中小企业贷款;大规模财政赤字刺激经济计划;通过国际货币基金组织向中小国家实行援助防止危机全球蔓延。[①] 就我国而言,有学者总结中国政府应对历史上各种类型危机的救市措施可分为六大类:第一,降息降准等方式投放流动性、暂停IPO。自1994年至2015年底,中国股市曾9次暂停首次公开募股(IPO),空窗期从3个月到14个月不等,累计暂停时间超过五年,这在其他各国家和地区股票市场是少见的,可称之为中国政府对股市最常使用的干预手段;第二,政府通过主流媒体稳定市场预期,引导投资者理性交易;第三,调整交易税费,尤其是印花税征收比例的调整;第四,鼓励上市公司回购股票,稳定投资者对持股公司的信心;第五,法律和行政手段打击投机行为,尤其是卖空和内幕交易行为;第六,政府救市资金入市,包括以汇金公司为代表的"国家队"增持金融股、申购EIF,保险资金、社保基金入市等。[②] 总体而言,中国干预虚拟经济的具体措施和其他国家(地区)相比既有共性,也有基于本土资源基础上的个性化干预措施,与其他新兴市场国家和发展中国家相比,中国作为发展中大国具有丰富和灵活的选择。[③]

---

① 李宝伟:《经济虚拟化下金融稳定与虚拟经济管理——基于次贷危机的启示》,《亚太经济》2009年第1期,第7-11页。

② 王晓丹:《中国政府股票市场救助行为研究 ——基于2015年救市行为的分析》,山东大学博士论文,2020,第54-55页。

③ 李宝伟:《经济虚拟化与政府的金融稳定策略选择》,《社会科学》2009年第1期,第26-32页、第188页。

表1.11 部分国家或地区应对股灾救市行动

发生股灾国家或地区	股灾性质	救市主要措施	救市主要目标	救市后主要法律及制度建设
美国1987年股灾	程序化交易、流动性短期缺失	(1)资金注入型:鼓励上市公司回购 (2)交易制度调整:NYSE的指数套利限制措施;指数熔断机制 (3)货币政策:美联储的组合拳刺激金融系统流动性	稳定信心、注入流动性、阻止市场进一步下跌	完成《总统特别工作小组的市场行为报告》(布兰迪报告)
美国2000年股灾	市场估值过高、泡沫破裂	(1)调整货币政策:连续降息;增加货币供应 (2)资金注入型:取消上市公司回购限制 (3)调整交易制度等:调整了上市标准	维持市场信心、防止过度暴跌	《萨班斯—奥克斯利法案》颁布
美国2008年股灾	系统性风险、金融危机传导资本市场引发暴跌	(1)资金注入型:美联储为贝尔斯登提供紧急资金,财政部和美联储相继救助AIG、花旗、通用、克莱斯莱等巨头,并接管"两房" (2)制度干预型:对受金融危机影响严重的股票采取临时限制卖空令;启动临时规则,严格了卖空交易结算交付,以防止空头头寸累计;加强了对与卖空有关的市场操纵行为的调查;取消了对做市商强制平仓例外的规定等 (3)调整货币政策:美联储货币政策操作;启动"国债和MBS"购买计划;创新流动性管理手段 (4)其他措施:美国政府出台"出口倍增计划""制造业促进法案""贸易救济措施",放松高科技出口管制,帮助美国扩大出口	救市措施的目标并不在于机构或者资本市场本身,而是整个经济体系的重建与复苏	成立金融服务监管委员会、消费者金融保护局、保险监管局等新金融监管机构。制定《多德—弗兰克华尔街改革与消费者保护法案》

续表

发生股灾国家或地区	股灾性质	救市主要措施	救市主要目标	救市后主要法律及制度建设
日本1990年股灾	实体经济长期不振，引发资本市场长期低迷	(1)资金注入型：使用公共资金购买股票，例如社保基金、企业年金、邮政储金以及邮政人寿保险基金等；透过入股方式进行暂时性融资 (2)调整交易制度等：限制卖空股票；暂停或拒绝国有股发行 (3)其他措施：成立专门的金融机构，颁布新的法案，进一步完善金融体系；由政府指定机关予以清算；问题银行将营运权交给政府资助的过渡性银行处理	维持资本市场稳定，防止股灾影响金融机构、影响实体经济	通过了以金融机构破产处理为核心的《金融再生法案》和以事前防范金融危机为目的的《金融健全化法案》
中国台湾1990年股灾	经济飞速发展和热钱涌入而产生的泡沫	(1)调整货币政策：金融监管机构改变货币紧缩政策，向市场注入流动性 (2)其他措施：准许外国投资者的资金进入中国台湾证券市场；证券监管机构采取一系列措施增加资金供给，如批准设立新的投资管理公司；呼吁企业家买股票，并制订“中小企业解困计划”、制订劳工退休金计划	救市目标仅限于适当维持市场的稳定和流动性，没有强有力的救市措施	—
中国香港1987年股灾	受美国股灾影响、流动性短期缺失、恐慌性下跌	(1)资金注入型：港府组织直接入市购买股票；降低优惠利率；鼓励上市公司回购股份 (2)调整交易制度：宣布停市四天	稳定股市、增加流动性，并没有实质影响实体经济	形成《戴维森研究报告》，成为中国香港证券市场改革蓝图

续表

发生股灾国家或地区	股灾性质	救市主要措施	救市主要目标	救市后主要法律及制度建设
中国香港1998年股灾	受亚洲金融危机影响,金融危机传导到资本市场	(1)资金注入型:动用外汇基金大举入市坐庄;大手买入恒指蓝筹成分股托市;放宽上市公司大股东增持回购股票限制;号召上市公司回购股份 (2)货币政策:抛售美元吸纳港元;金管局加息 (3)调整交易制度等:股票和期货交割期限由14天缩短为2天,使得放空头寸必须在2天内回补 (4)其他措施:政府声明及背书	第一阶段目标稳定香港币值,稳定汇率市场,从而间接增强股票市场的稳定;第二阶段目标是打击投机炒家,稳定市场	—
韩国1989年、2003年股灾	实体经济环境出现问题	(1)资金注入型:第一次救市中的"证券市场安定基金"于1990年5月成立。第二次救市中,面对2003年股市的低迷,韩国证券交易所、韩国证券业协会、韩国证券保管中心和韩国证券交易商协会自动报价系统(KOSDAQ)四家机构共同设立了总值4 000亿韩元的证券机构联合投资基金,其中韩国证券交易所出资50%,另50%由其他三家机构出资共同参与救市 (2)其他措施:制订与振兴股市相关的十项救市措施	两次救市的主要目标都是为了提振股市信心,避免出现系统性金融风险,同时使股市能够更好地为振兴实体经济服务	

资料来源:课题组,《各国(地区)应对股灾救市行动评述》,《证券市场导报》2016年第1期,第19页。

基于以上分析可见,各国(地区)均基于本地实际采取了不同的虚拟经济干预措施,这是因为虚拟经济体系一旦崩溃将使得整体国民经济付出巨大代价,重建资本市场信用体系和市场信心需要付出巨大成本,且需面临长期的经济衰退，因而即使信奉自由主义的国家（地区）也并未完全放弃对虚拟经济的干预。

二、国家干预虚拟经济的价值功能

实践业已证明，国家干预虚拟经济具有重要的价值功能，以下择要进行分析。

（一）防控虚拟经济系统性风险，维护开放经济条件下的国家安全

开放经济条件下虚拟经济安全直接影响到我国国家安全。我国在虚拟经济领域尚不成熟的情况下，要洞察世界各国虚拟经济运行情况，防止世界金融危机对国内造成冲击。[①] 近年来，虚拟经济领域的创新与风险成倍增长，相应地使得经济危机发生的概率也日益攀升，这就要求我们应当从总体国家安全观层面重新认识虚拟经济安全与国家安全之间的关系，只有将虚拟经济安全问题上升到国家安全层面，开放经济条件下的国家安全才有切实的保障。20世纪90年代频繁发生的金融风暴、2008年美国次贷危机引发的全球金融危机以及由这些危机引发的种种主权危机、社会动荡、政府更迭等问题，至今仍有重要警示意义。近年来，我国虚拟经济发展也出现了与实体经济脱钩的风险，“脱实向虚”倾向不断加剧，有相关研究测算指出我国的系统性金融风险自2008年以来处于上升趋势（具体可参见图1.2），最重要的表现是杠杆率上升，诱发系统性风险的可能性增大，这亦是国家将“防范化解重大风险”作为三大攻坚战之一的缘由。由于实体经济与虚拟经济的盈利机制不同，且虚拟经济失控更易引发系统性风险，所以在虚拟经济中要

---

① 朱楠、任保平：《虚拟经济系统性风险背景下的我国国家经济安全机制的构建》，《福建论坛》（人文社会科学版）2015年第10期，第29-34页。

更加注重发挥政府的监管作用。[①] 铁的历史事实已经给我们留下了沉痛的教训和宝贵的经验,开放经济条件下如何重新认识和把握国家安全,颇值得国人深思。在我国从经济大国走向经济强国,实现中国梦的进程中,我们只有认真汲取这些教训和经验,才能避免重蹈覆辙。因此,2017 年的全国第五次金融工作会议提出了“金融安全是国家安全的重要组成部分”“健全金融法治,保障国家金融安全,促进经济和金融良性循环、健康发展”,金融安全已经被视为保障国家安全中的重要一环。

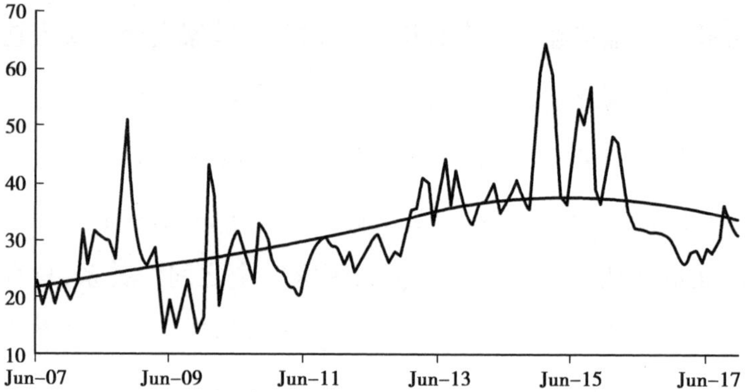

图 1.2　中国的系统性金融风险指数(2007—2017)

资料来源:《黄益平:中国金融体系规模大、监管弱、管制多》,新浪财经,2020 年 1 月 14 日

(二)抑制虚拟经济“脱实向虚”,推动经济整体性、协调性发展

虚拟经济和实体经济的有机结合是促进经济增长的重要路径。党的十九大报告明确指出要“深化金融体制改革,增强金融服务实体经济能力”,要“健全货币政策和宏观审慎政策双支柱调控框架”,要“健全金融监管体系,守住不发生系统性金融风险的底线”。厘清虚拟经济和实体经济的边界至关重要,合理运用虚拟经济工具可以助推实体经济成长,而过度金融化会损

① 卢映西、陈乐毅:《经济脱实向虚倾向的根源、表现和矫正措施》,《当代经济研究》2018 年第 10 期,第 32-38 页。

害实体经济的健康。抑制经济“脱实向虚”,防控金融风险,是党中央和国务院十分重视和一直强调的重要议题。2020年《政府工作报告》和2020年中央经济工作会议都提出:“防止资本无序扩张,加强监管。”2021年中央经济工作会议提出要为资本设置“红绿灯”,依法加强对资本的有效监管,防止资本野蛮生长。从“防止资本无序扩张”到“为资本设置红绿灯”,表明中央对虚拟经济治理方略的进一步深化。

为了抑制经济“脱实向虚”,中央采取了多项措施,一方面央行通过提高货币市场利率和加强宏观审慎评估体系等途径倒逼金融机构去杠杆,另一方面银保证监管部门出台了一系列文件,旨在加强监管和防范风险,更好地服务于实体经济。[①] 以及通过降低企业税费,鼓励企业创新,提高实体经济活动的投资回报率。[②] 具体而言,近年来国家对经济“脱实向虚”的政策调控见表1.12:

表1.12　近两年我国高层抑制虚拟经济脱实向虚的举措

时间	规定	内容
2020年3月	央行出台结构性存款利率(尤其是保证收益率)的管理规定	新规旨在确保结构性产品利率充分反映其潜在风险,这将避免银行提供一些保证收益率较高的非结构性产品来吸引融资
2020年5月	银保监会发布《信托公司资金信托管理暂行办法(征求意见稿)》	新规要求典当行注重满足小微企业和居民个人短期融资需求,避免与其他典当行拆借或变相拆借资金
2020年7月	银保监会宣布资产管理新规的实施时间从2020年底推迟一年,至2021年底	此项新规于2018年4月宣布,旨在消除银行在发行理财产品时对投资者的明确和隐性担保

① 王佳:《有效推动经济“脱虚向实”》,《中国经济时报》2018年10月31日。

② 戴赜、彭俞超、马思超:《从微观视角理解经济“脱实向虚”——企业金融化相关研究述评》,《外国经济与管理》2018年第11期,第31-43页。

续表

时间	规定	内容
2020 年 8 月	最高人民法院修改了民间借贷利率的司法保护上限,规定个人与小企业之间的民间借贷利率上限为一年期基准 LPR 的 4 倍	按照 2020 年 8 月 3.85% 的 LPR 水平,新的上限将从 2015 年前一司法解释的 24% ~36% 降至 15.4%,这将有助于整治民间借贷,其中包括融资租赁、小额贷款、典当行贷款和 P2P 网贷
2020 年 9 月	国务院和央行出台对金融控股公司的新监管规定	新规要求所有金融控股公司须经央行审批成立,实缴注册资本额不低于人民币 50 亿元;新规旨在规范金融控股公司的管理以及控制金融体系蔓延风险,央行和银保监会发布《全球系统重要性银行总损失吸收能力管理办法(征求意见稿)》;实施总损失吸收能力管理将确保全球系统重要性银行进入处置阶段时具有充足的损失吸收和资本重组能力
2020 年 11 月	央行和银保监会发布了《网络小额贷款业务管理暂行办法(征求意见稿)》	新规要求小额贷款公司与其他金融机构联合向借款人发放贷款时,在单笔联合贷款中的出资比例不得低于 30%;跨省级行政区域经营网络小额贷款业务的小额贷款公司的注册资本不低于人民币 50 亿元,且为一次性实缴货币资本;此外,新规要求小额贷款公司发放网络小额贷款应当取得网络小额贷款业务经营许可证,并对网络小额贷款公司的杠杆率、业务规模和资金来源作出限制
2020 年 12 月	央行和银保监会发布《系统重要性银行评估办法》最终版	最央行和银保监会联合发文,要求银行控制房地产贷款敞口
2021 年 1 月	央行发布《非银行支付机构条例(征求意见稿)》	根据新规,成立非银行支付机构需取得央行批准,且注册资本不得低于人民币 10 亿元;新规旨在防范系统性金融风险、减少支付领域不正当竞争行为以及保障消费者资金安全

续表

时间	规定	内容
2021年2月	银保监会发布《商业银行互联网贷款管理暂行办法》	新规将强化商业银行互联网贷款的风险管理，严控跨地域经营，并通过设定商业银行与合作机构的出资比例要求来加强贷款风险管理

资料来源：根据公开资料整理。

实践表明，国家相关政策和举措取得了明显成效，通过相关数据分析，在严监管态势下，从2018年三季度数据看，金融业增加值占GDP比重为8%，这一比例在2016年同期为8.6%，2017年同期为8.3%，自2016年起呈逐步下降趋势。①

（三）增强虚拟经济治理能力，推动实现国家治理能力现代化

当下，我国实体经济的发展成就与开放程度已经不会令人担心，我国建设开放经济的首要任务不在实体经济而在虚拟经济，因为到目前为止，我国虚拟经济的封闭状态仍未根本改变，与实体经济相比，我国虚拟经济是需要开放的最大的也是最后的一块经济领地。然而，虚拟经济的运行远比实体经济复杂，在开放经济条件下，虚拟经济又会面临国内国际更加复杂的、前所未有的矛盾和风险，因此，建设开放型经济意味着我国国家治理体系和治理能力将迎来全新的更加严峻的挑战。党的十八届三中全会提出了国家治理体系和治理能力的现代化，十九届四中全会通过了《中共中央关于坚持和完善中国特色社会主义制度 推进国家治理体系和治理能力现代化若干重大问题的决定》，推进国家治理体系和治理能力现代化已然成为当前的一项重要任务。中国特色社会主义金融治理体系和治理能力现代化是我国国家治

① 王佳：《有效推动经济"脱虚向实"》，《中国经济时报》2018年10月31日。

理体系和治理能力现代化的重要组成部分,也是国家治理体系和治理能力现代化的重要推动力。[①] 无论是国家治理体系还是国家治理能力,在以经济建设为中心作为基本国策的国度内,经济的管理能力、管理方法和制度建构都是至为关键的因素。自改革开放以来已经取得了将我国建设成世界第二大经济体的巨大成功,甚至被誉为“中国发展模式”而让不少国家景仰。但是,在虚拟经济方面,我国的改革开放相对慎重保守,呈现出两大特点:一是长期“摸着石头过河”,小心试点,长期观看,求稳不求快;二是对内对外则采取封闭或半封闭的策略,通过设立准入限制、身份限制、行业限制,建立防火墙、防波堤等,树立壁垒,封闭运行。这一策略在我国虚拟经济从无到有的历史背景中,针对我国无基础、无样板、无实感、无经验的客观状况,应当说是正确的,也是成功的。但随着我国经济的飞速发展,改革开放的深化,国内国际经济发展态势的变化,这种策略是否还要继续便成为值得讨论的问题。正是如此,我国在虚拟经济领域,既要求“健全对外开放安全保障体系”,也要求“有效防范化解金融风险”。虚拟经济的地位成为一个国家争夺国际经济话语权和经济发展影响力的关键因素。国际经济话语权与国家在国际经济中承担的职能、角色和分工相关,也与一国经济发展的速度、质量和总量相关。在现代社会,虚拟经济的异军突起使得财富的增长与自然资源的多寡日渐脱节,虚拟资本的加速流动和虚拟资本的高回报,促成了虚拟经济的日益发达,虚拟经济的运行方式深刻地改变了世界经济的运行方式和盈利模式,并深刻地影响了今天的国际贸易分工体系,决定着一国在世界经济中的地位、角色以及分工。只有虚拟资本总量、质量和速度占有优势的国家,才会在国际经济中占有主导地位并拥有经济话语权。因此,如何通过法律来保障我国虚拟经济的健康、快速和安全发展,既是决定我国在世界经

① 徐诺金:《加快推进中国特色社会主义金融治理体系和治理能力现代化的思考》,《征信》2020 年第 1 期,第 1-5 页。

济交往中充分参与国际分工的重要变量，也是衡量我国在世界经济格局中的地位和角色的主要依据，更是我国能否拥有国际经济话语权的一个关键因素。

三、国家干预虚拟经济的负面效应

国家干预虚拟经济是我国虚拟经济健康发展的必然要求，也是我国建设社会主义法治经济的基本内容。但是，国家干预虚拟经济同样带来了诸多负面影响亟须研判。

（一）国家干预虚拟经济可能影响资本市场开放进程

中国正逐步地、渐进地推动资本市场开放，但资本市场开放和虚拟经济干预本来就是一对矛盾体，强化对虚拟经济干预的同时必然会影响到资本市场开放的进度和广度，两者的边界问题是应当着重考虑的问题。资本市场的开放如同抽离了之前隔离两端的屏障，将导致原本封闭的 A 股市场与世界市场重新进行整合。[①] 金融业扩大开放将改变我国资本市场生态，为资本市场带来新的发展机遇，长远来看有助于提高资本市场服务实体经济的能力。[②] 虚拟经济的国家干预对于资本市场开放和虚拟经济创新等带来了诸多不利影响，例如虚拟经济主体需要满足的条件过于苛刻、程序烦琐、限制较多、便利性不够，在实际操作中容易受窗口指导影响，常态化不足。[③] 实际上，我国虚拟经济的开放程度一直受到以“金融抑制”为代表的相关理论所诟病和指摘，在过去的改革开放过程中体现出的改革力度较为有限，改革速度较慢（具体参见图1.3）。

---

① 张晓燕：《中国资本市场开放历程与影响分析》，《人民论坛》2019年第26期，第74-76页。

② 杨宗杭、吴晶：《金融业开放新形势下资本市场的机遇与挑战》，《证券市场导报》2018年第6期，第1页。

③ 余臻：《我国资本市场开放的现状与展望》，《经济体制改革》2019年第1期，第147-153页。

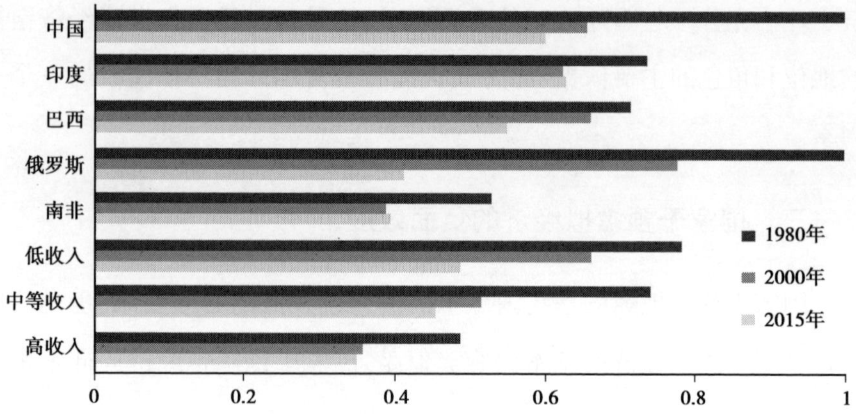

图 1.3　1980 年、2000 年、2015 年中国与国际金融抑制指数比较

资料来源:《黄益平:中国金融改革的得与失》,新浪财经,2018 年 9 月 17 日。

(二)国家干预虚拟经济可能造成资源浪费

国家干预虚拟经济容易导致虚拟经济资源的损失,国家干预虚拟经济往往出于非经济目的①,因而会导致监管寻租、监管套利和监管腐败的衍生,损害资本市场的固有竞争和淘汰机制,造成金融监管制度过剩。究其根源,导致金融监管制度过剩的根本原因在于政府根据自己对金融市场的判断决定制度资源投放,而不是取决于金融市场本身。② 例如,大陆法系国家的证券交易所大多在国家的严密控制下,缺乏自我监管能力,因而导致信誉低下;而普通法系国家的证券交易所国家干预相对较少,通过自我监管而赢得信誉。③ 简言之,国家干预虚拟经济可能使得虚拟经济市场的自我调节机制式微,难以发挥"市场的决定性作用",由此造成投资者信心受损与资本市场吸引力和活力不足,长此以往会造成资本市场资源的严重浪费。

---

① 胡光志:《中国预防与遏制金融危机对策研究 以虚拟经济安全法律制度建设为视角》,重庆大学出版社,2012,第 59 页。

② 王煜宇:《我国金融监管制度供给过剩的法经济学分析》,《现代法学》2014 年第 5 期,第 61-69 页。

③ 缪因知:《国家干预的法系差异——以证券市场为重心的考察》,《法商研究》2012 年第 1 期,第 59-65 页。

（三）国家干预虚拟经济容易滋生金融腐败

金融腐败是诱发金融风险及引致金融危机的重要原因之一。垄断性金融产权制度、行政性金融组织制度和俘获性金融监管制度是形成我国金融监管腐败的结构化制度成因。[①] 自党的十八大以来，金融反腐工作一直是反腐败斗争的核心领域。据不完全统计，2013 年 5 月到 2017 年 5 月，仅中央纪委网站通报的落马金融监管官员和国有金融机构工作人员就有至少 35 人。党的十九大以来，金融领域作为“重点关注对象”，其反腐工作已进入深水区，并将继续向纵深发展。[②] 金融危机中政府干预备受争议的原因在于政府干预成本和隐含风险破坏了市场机制和加大了道德风险。[③] 相较金融交易腐败，金融监管腐败更具隐蔽性和系统性，自己监督自己的机制无异于“皇帝的新装”，金融监管腐败将在很大程度上威胁国家金融市场稳定和金融安全，包括更高层面的国家安全。因此，如果政府干预虚拟经济的范围大大超出了虚拟经济发展的必要限度，当金融资源配置权力的约束机制失效时，监管权力寻租、金融监管腐败问题将随之而来。

第五节　走向经济法治的历史必然——虚拟经济及其国家干预的法治化道路

正如虚拟经济是一柄双刃剑一样，其实国家干预同样也是一柄双刃剑。[④] 虚拟经济及其国家干预的法治化是虚拟经济走向经济法治的必然要

---

① 王煜宇、何松龄：《金融监管腐败：结构性制度成因与供给侧结构性改革》，《现代法学》2018 年第 5 期，第 117-129 页。

② 李旭章：《金融腐败：金融风险的“催化剂”》，《人民论坛》2019 年第 23 期，第 98-99 页。

③ 李宝伟、张云《全球金融危机发展与政府干预的演进》，《郑州大学学报》（哲学社会科学版）2009 年第 1 期，第 65-69 页。

④ 胡光志：《虚拟经济及其法律制度研究》，北京大学出版社，2007，第 116 页。

求和基本规律。在法治化道路的选择上,本课题经过不懈努力和反复论证,提出的“虚拟经济有限发展法学理论”具有重要意义。

一、虚拟经济及其国家干预法治化的理论革新

虚拟经济及其国家干预的法治化的关键和突破口,在于保障和促进虚拟经济发展的前提下,法律所担负的根本任务或最终使命是用法律的手段保障其适度发展。基于此,本课题最终提出了“虚拟经济有限发展法学理论”。所谓“虚拟经济有限发展法学理论”是指开放经济条件下的虚拟经济应该在法律规范的约束下实现适度发展以规避引发虚拟经济领域安全风险和危机事件,实现虚拟经济可持续发展的一种法学思想。可以说,“虚拟经济有限发展法学理论”的提出,不仅是一种理论预设,事实上它契合了开放经济条件下我国虚拟经济运行安全法律保障的现实需要,是对现有国家政策精神的总结、提炼及法学映射。就此而言,“虚拟经济有限发展法学理论”并不是一种纯粹的主观臆测,而是理论与实践发展到今天的一种结晶和升华。具体而言,对本课题突破口的选择及主题思想的确立产生了较大影响的主要因素有:

第一,近年来,我国虚拟经济呈现了一种过度发展的态势,“脱实向虚”的倾向明显,系统性金融风险骤增。正是在这样的背景下,实业企业家大声疾呼要遏制虚拟经济的过度发展,国家层面也积极倡导虚拟经济应该为实体经济服务,以至于2017年的全国金融工作会议和党的十九大报告都高度关注这一议题,尤其是全国金融工作会议将其视为重中之重,并且“防范化解重大风险”成了2018年所确定的抓好决胜全面建成小康社会三大攻坚战之一,可见虚拟经济的过度发展所带来的隐忧。党和国家也愈发关注虚拟经济的安全问题,并专门成立了国务院金融稳定发展委员会,2022年《中华人民共和国金融稳定法(草案征求意见稿)》也开始征求意见,构建以防范系统性金融风险为核心的制度体系是当前应对这一问题的必然路径。进一步

来看，实体经济和虚拟经济都处于增长期，而虚拟经济的发展速度更快，虽然我们国家的虚拟经济占据实体经济的比例并不如西方发达国家那么高，但是也正在迎头赶上，在“扩大双向开放”条件的加持下，我国的虚拟经济规模会迎来新一轮的高速发展，虚拟经济发展中所伴随的“系统性金融风险”隐忧不仅不会消逝反而会愈发强化，如何建立一套科学且规范的应对机制和方案是时代之需。既有的经验表明，法治化是最好的应对机制和方案，但法治保障的实践前提需要建构一套具有方向指引性的法学理论，所以我们想要构建一套“开放经济条件下我国虚拟经济运行安全法律保障”的理想方案，在开展具体的建构之前必须思考和构建一套能够指引全局的虚拟经济法学理论。

第二，2018年以来，美国政府以中美贸易不平衡为由发动了中美贸易战，中国经济发展的不确定因素骤增，而中美双方关于解决贸易战问题的谈判磋商中的一项重要内容便是加大服务业的开放力度，其中包括金融业的开放，此也意味着贸易战这一不确定因素将倒逼加快改革与对外开放；与此同时，中国政府也在有意扩大金融行业的开放，在2017年的全国金融工作会议上曾明确要求“扩大金融对外开放”，而我国的金融监管部门自2018年以来更是陆续出台了扩大金融业对外开放具体措施，党的十九大报告更是提出“发展更高层次的开放型经济”，而种种迹象表明扩大虚拟经济的对外开放已是不可阻挡的趋势，本课题所依赖的“开放经济条件下”将会愈发明显，这将深刻影响我国虚拟经济的发展态势，进而需要为此提供一套系统性的应对方案，强化虚拟经济发展的法治保障是其中不可或缺的一部分，这亦需要深化相应的法学理论研究。

第三，党的十九届四中全会通过的《中共中央关于坚持和完善中国特色社会主义制度，推进国家治理体系和治理能力现代化若干重大问题的决定》中要求“加强资本市场基础制度建设，健全具有高度适应性、竞争力、普惠性的现代金融体系，有效防范化解金融风险”，可见防范化解系统性金融和维护金融安全是将来推进国家治理体系和治理能力现代化中的重要一环。根据虚拟经济的内涵,我们可以发现本课题所关注的“虚拟经济运行安全法律保障”在根本目标指向上也是侧重于防范化解系统性金融风险和维护金融安全,所以建构适应时代发展需要的虚拟经济运行安全法律保障机制也是推进国家治理体系和治理能力现代化的一项重要工作。

第四,2020 年以来各国经济受到了很大的负面影响,大环境因素带来的经济损失和金融市场压力也将成为 2008 年金融危机以来世界各国面临的最严重的经济金融冲击①,全球经济下行的压力已经不可避免,紧急刺激经济将成为世界各国必须考量的重要方面,这也给整个虚拟经济的发展带来了诸多不确定性,也使得虚拟经济安全运行的现实环境愈发复杂化。

“虚拟经济有限发展法学理论”的提出,不仅对既往虚拟经济立法的检讨、分析有了理论上的参照基点,对虚拟经济及其国家干预法治化应有的立法理念、立法原则、立法模式、立法评估标准等的提炼与确立,也提供了直接的指引,而且,对于今后虚拟经济具体法律制度的变革也指明了方向。

二、虚拟经济法治化的基本要求及其制度体系

在虚拟经济成为国家财富增长的重要方式和工具的情形下,虚拟经济法治化要有效把握虚拟经济发展的战略机遇,推动虚拟经济实现健康安全发展。

(一)虚拟经济法治化的基本要求

第一,虚拟经济法治化要迎接开放经济条件下我国虚拟经济面临的新的发展机遇。在开放经济条件下,世界经济的融通与互动成为经济运行的

① 根据相关预测,仅就全球 GDP 损失而言,这是自第二次世界大战结束以来最严重的经济衰退,而若按全球 GDP 计算,新冠疫情造成的经济损失是 2008 年全球经济危机的两倍。更多数据可参考《新冠重创世界经济:疫情前后的人类社会,相差长达 25 年……》,凤凰 WEEKLY2020 年 12 月 23 日。

常态，虚拟经济在世界范围内流动与扩张是历史的必然，近年来的种种迹象更是迫切要求进一步扩大虚拟经济领域的对内对外双向开放，我国也必然会吸引大量的国际虚拟资本参与收益分配，我国的虚拟经济也会不断走出国门，参与到国际虚拟经济的竞争当中。在这一过程中，必然会给我国虚拟经济的质与量带来大幅提升和增长。然而，虚拟经济的繁荣与发展必然会与问题和风险同行，这种增长需要以安全为前提，否则会给我国经济带来巨大隐患。因此，在有限发展法学理论指导下虚拟经济法治化必须适应时代的需要，作好充分的理论与法制准备，通过科学合理的法律制度设计来迎接并确保我国虚拟经济的安全、稳健增长。开放型经济体制意味着各种生产要素在全世界范围内的流通、移动和配置，虚拟经济"放进来"和"走出去"是开放经济条件下的必然要求。要在国际经济舞台上展现自己，积极开展国际合作，参与国际竞争，提高自身的国际竞争力，就需要虚拟经济自身具有安全高效的基本属性。也就是说，开放经济要求虚拟经济在风险可控的前提下跨境流动，需要在安全高效的基础上与国外的虚拟资本以及国外技术、人力要素相结合，需要在自身稳健的条件下深入参与国际虚拟经济规则和标准的制定，确保我国在国际经济参与和合作的过程中拥有经济话语权。这一切都需要虚拟经济能够在法律保障的基础上安全运行。因此，面对这一新的形势，我国现行的虚拟经济法律制度应作出何种变革，才能确保我国虚拟经济在国际经济平台上有足够的能力预防和抗击各种风险，是理论界必须认真研究的问题。

第二，虚拟经济法治化要维护虚拟经济与实体经济之间的关系平衡。当前，人类社会已经进入了实体经济与虚拟经济同时并存的"二元"经济时代，这也是实体经济不断发展后的必然产物，虚拟经济的演变和发展历程是应当依附于实体经济的，如何在有限发展法学理论指导下处理好实体经济与虚拟经济的关系是需要认真对待和考量的时代命题。故此，全国第五次金融工作会议提出，"要处理好虚拟经济和实体经济的关系，让金融回归本源，服务于经济社会发展，把更好服务实体经济作为金融工作的出发点和落脚点，避免经济金融化、金融泡沫化，这是防控金融风险和金融危机，保障金融安全和国家安全的关键”，这实际上是因为发现“二元”经济时代的虚拟经济与实体经济发展出现了脱节问题后的反应。究其根本，虚拟经济与实体经济发展中出现的种种问题，尤其是前些年备受关注的“脱实向虚”问题，基本可以归结为市场发展过程中所出现的市场失灵和政府失灵问题，那么通过法律制度来消解“二元”经济时代的发展失衡问题就是不可避免的。

第三，虚拟经济法治化要求有效防控虚拟经济带来的巨大风险与挑战。虚拟经济具有高投机性和脆弱性的特征。高投机性意味着对虚拟资本的投资更多的是取决于投资者对虚拟资本价格的预期，其与实体经济并无必然联系。同时，投机性意味着投资短期性和不确定性的特征。而脆弱性则表现为虚拟经济固有的虚拟特征和固有的经济周期波动使虚拟经济易受到冲击导致虚拟经济系统的不稳定性。这些特性决定了虚拟经济的高风险性。在开放经济条件下，虚拟经济的高风险性则表现为更高更广的流动性，风险呈现出跨国性和高传导性，一旦发生风险，任何一个参与到国际经济分工与合作的国家都难以独善其身，主要国家在危机中都将无一幸免。再加上西方国家对我国经济控制的野心会通过其更为发达的虚拟经济来得以实施，进而达到控制我国经济的目的，这一切都使得开放经济条件下，我国的虚拟经济面临着重大的国际经济风险。因此，如何在有限发展法学理论指导下通过法律制度预防和防控虚拟经济领域可能发生的风险，在开放经济背景下表现得尤为关键和迫切。正是基于此，在党的十九届五中全会上通过的《中共中央关于制定国民经济和社会发展第十四个五年规划和二〇三五年远景目标的建议》中依然要求“完善现代金融监管体系，提高金融监管透明度和法治化水平，完善存款保险制度，健全金融风险预防、预警、处置、问责制度体系”，可见从国家的长远战略层面来看，将来仍然需要高度重视虚拟经济的风险防控问题。

(二)虚拟经济法治化的基本框架

虚拟经济是国家核心竞争力的重要方面,其运行安全是国家整体经济安全的重要组成部分,相应的立法是虚拟经济安全发展的最有力保障。基于虚拟经济法治化的要求,反思我国现状,发现我国虚拟经济产生和发展的渐进过程导致虚拟经济立法呈现出分散化和个别化特征,并自然生成了我国虚拟经济"点式星状"的立法框架模式。我国数量众多的虚拟经济法律规范之间缺少联系和协调性,不能反映虚拟经济区别于实体经济的特性,也不能反映虚拟经济不同领域的共性,即我国虚拟经济法律规范并没有形成有机统一的法律规范体系。有限发展法学理论指导下的虚拟经济立法应当反映虚拟经济的特征,体现虚拟经济工作的重要原则:第一,虚拟经济应回归本源,虚拟经济是实体经济的血脉,为实体经济服务是虚拟经济的天职,是虚拟经济的宗旨,是防范虚拟经济风险的根本举措;第二,优化虚拟经济结构,完善虚拟经济市场、虚拟经济机构和虚拟经济产品体系;第三,强化虚拟经济监管,提高防范化解虚拟经济风险和整体经济风险的能力;第四,突出虚拟经济发展的市场导向,发挥市场在虚拟资本资源配置中的决定性作用。

对于虚拟经济统一立法模式而言,存在两种不同的选择,下文对虚拟经济统一立法的"线性"模式和"伞形"体系的优劣进行简单分析。

虚拟经济统一立法需要从完善我国虚拟经济法律规范体系出发,坚持虚拟经济立法保障虚拟经济运行安全、服务实体经济发展的基本理路,更加重视虚拟经济法律法规的统一与规范。首先,制定虚拟经济基本法以反映虚拟经济的特性,统合虚拟经济不同组成部分,形成与实体经济法律规范对应的虚拟经济法律规范体系。通过虚拟经济立法的顶层设计,增强虚拟经济立法的系统性并提供虚拟经济法律规范的统合性。其次,尊重我国虚拟经济法律规范的现实,通过虚拟经济法律规范的立、改、废、释等多种形式保障虚拟经济创新发展与开放。此外,虚拟经济运行安全的法律保障制度不仅仅需要进行虚拟经济领域的基本立法,还需要完善虚拟经济的配套立法,实现虚拟经济法律规范体系的协调。总之,无论是虚拟经济运行的保障,还是虚拟经济领域危机的解决,都需要虚拟经济立法及其配套法律规范的综合调整。

总言之,我国虚拟经济统一立法模式的选择需要从我国虚拟经济立法的实际出发,遵循虚拟经济有限发展法学理论,构建虚拟经济与实体经济二元对应的基本框架,制定虚拟经济基本法,完善虚拟经济配套立法,最终形成虚拟经济立法与实体经济立法二元并列,虚拟经济立法由基本法统领、虚拟经济业别法构成的伞形虚拟经济法律规范体系。

三、虚拟经济国家干预法治化的要义及其实现

虚拟经济国家干预法治化要充分回应虚拟经济运行安全以及常态化的风险干预需求,这一问题,已经成为我国国家治理体系和国家治理能力现代化必须面对和解决的现实问题。

(一)虚拟经济国家干预法治化的核心要义

第一,虚拟经济国家干预必须要通过建构法律制度来实现。开放经济体制对虚拟经济国家干预提出了特殊的要求,而虚拟经济国家干预又离不开法治的保障。虚拟经济运行中的市场不完全、信息不对称、市场外部性以及脱离实体经济等现实弊端,都需要借助国家经济干预法律制度予以克服,比如通过建立强制信息披露制度,为虚拟经济投资者提供公正、公平的决策机会;通过建立国家监管制度,预防和制裁虚假陈述、内幕交易、欺诈客户、过度投机、人为炒作和市场操纵;通过建立风险预测和防范机制,尽可能地及时发现问题和采取相应措施;通过强化对虚拟经济的宏观调控,适时制定一些产业政策,或者利用经济杠杆,以控制虚拟经济的市场规模,引导虚拟经济的发展方向,使之能与实体经济的发展相协调。同时,国家的干预权也

有被滥用的危险，需要法律对国家干预虚拟经济的权利范围进行限制，规定国家的干预方式和程序，强化干预者的责任，将干预权“关进笼子”之中，等等，在法治国家的背景下，这一切都需要法律制度的规范和保障才能实现。实际上，这也与党的十九届四中全会的精神相一致，该次会议通过的《中共中央关于坚持和完善中国特色社会主义制度 推进国家治理体系和治理能力现代化若干重大问题的决定》开宗明义地将完善法律制度与推进国家治理体系和治理能力现代化紧密结合起来，而虚拟经济作为国家经济的重要组成部分，其治理目标必然需要朝着治理现代化迈进，其中法律制度的构建和完善是其重要内容之一。

第二，虚拟经济国家干预法治化要合理借鉴国际经验和教训。在法学界，一个获得公认的观点是，源于虚拟经济的金融危机之所以爆发，与过分倚重经济的自由化、市场化、私有化，而排斥甚至否定国家对经济生活的干预有关。比如最近一次爆发于美国的世界性金融危机，就与美国政府在虚拟经济立法领域放松监管、解除对虚拟经济机构的限制，在执法领域采取了较之过去更为疲软的执法方式有关，这些教训需要法学界认真总结和归纳。另外，金融危机爆发后，各国政府通过了一系列法案，采取了不同的救市措施，比如美国的《住房和经济复苏法案》《紧急经济稳定法案》《经济复兴与再投资法案》《雇佣激励以恢复就业法案》《多德-弗兰克华尔街改革与消费者保护法案》，欧盟通过的《全球金融危机背景下金融机构救助措施适用国家援助规则的通告》等，这些法案在遏制金融危机的过程中有何功效和不足，有何经验和教训，对于我国虚拟经济国家干预的法治化，保障虚拟经济的健康运行有何借鉴和警示意义，需要认真归纳和总结。

第三，虚拟经济国家干预法治化应随着时代的变革而变革。我国正处于经济转型期，虚拟经济国家干预法治化必须有转型的理念、决心和举措，否则法律就不是保障经济转型的屏障，而是经济转型的桎梏。开放经济要求虚拟经济形成开放发展格局，意味着我国虚拟经济必须走向世界，与各国虚拟经济站在同一平台上进行博弈。要适应这一时代的要求,虚拟经济国家干预法治化就要有未来发展的全球眼光,不仅要顾及其他国家虚拟经济运行法律机制,也要顾及虚拟经济运行的国际法律规范,还要强调虚拟经济发展中的国际协调和国际合作。可见,开放经济对虚拟经济国家干预法治化提出了新的要求,立法者必须对我国现行虚拟经济国家干预法律制度进行回应性更新和优化。为了确保在开放经济条件下我国经济的健康和可持续发展,论证国家在开放经济条件下干预虚拟经济的新方式,探讨我国虚拟经济立法变革的宏观方案和具体路径,分析银行、证券、期货、新兴交易工具运行中国家干预法律制度需要变革的重点,无疑是寻求我国虚拟经济国家干预法治化的必由之路。

(二)虚拟经济国家干预法治化的实现路径

我国虚拟经济国家干预呈现出干预行为缺乏法律依据,不按照法律事实进行干预以及干预权力滥用等问题。例如在 2007 年底发生的世界性金融危机中,我国政府实施了一系列积极的政府干预,虽然取得了一定成效,但其副作用也逐步显露出来。[①] 本课题认为,应从以下几方面推进虚拟经济国家干预的法治化。

第一,明确虚拟经济国家干预的法律规定。把"权力关进制度的笼子里",这一提法不仅表现出了中央对党风廉政建设和深入进行反腐败斗争的决心,而且体现出法律和制度的重要性。[②] 合理划定国家干预虚拟经济的界限对于充分发挥政府干预功能具有重要意义,这就需要通过立法对国家干预虚拟经济的行为边界作出明确界定,使政府做该做的事情,不做不该做的

---

① 李长友、吴文平:《政府干预经济行为法治化之探究》,《吉首大学学报》(社会科学版)2014 年第 4 期,第 83-88 页。

② 胡光志、屈淑娟:《经济法在依法治国中的时代使命》,《江西财经大学学报》2015 年第 1 期,第 113-120 页。

事情,唯有如此,才能降低干预的负面效应,实现国家干预的法治化。划定国家干预虚拟经济行为的法律界限应该坚持以下原则:(1)国家干预虚拟经济的有限性。坚持国家干预虚拟经济的有限性在于国家干预的有限理性、信息不完全性,使得国家干预虚拟经济只能是一种适度的、有限的干预。(2)国家干预虚拟经济行为的效益性。国家干预虚拟经济行为的成本,包括经济、政治、社会等多层面、多领域的成本,需要通过科学数据进行分析研判,如果国家干预虚拟经济的成本显著高于可获取的预期利益,那么此种国家干预可由其他方式予以取代,或通过政府购买公共服务等新兴模式予以实现。(3)国家干预虚拟经济的动态性。在虚拟经济发展的不同时期,需要干预的虚拟经济风险具有不同的特性,国家干预虚拟经济的手段也应具有差别性。

第二,严格规定国家干预虚拟经济的程序。由于国家干预虚拟经济的行为具有较强的自由裁量属性,使得实体性规范很难对其进行细致、有效的控制,有鉴于此,制定严格的程序性规范是规制国家干预虚拟经济行为的可行路径。(1)构建虚拟经济监管机构间的制衡与协调机制。国家干预虚拟经济行为的程序规制应充分发挥制约功能,在程序设计中既要明确各监管主体的地位和权限,又要处理好相互之间的关系,构建有效分权、相互衔接而又相互制衡的程序机制。各监管机构需要对进入虚拟经济部门的资金来源与流向有共同的了解,在各部门之间进行信息沟通。[①] (2)强化国家干预虚拟经济程序控制机制的完整性与协调性。从干预决策、实施、评价、监督及法律责任追究等方面构建严格的程序机制,并保障程序之间的协调,尤其要重视的是,虚拟经济国家干预的信息共享机制具有重要意义。(3)应加强虚拟经济被监管主体权益保护的程序规制。由于我国虚拟经济属于政府主导型,政府在虚拟经济发展中处于重要地位。国家干预虚拟经济极易倾向

---

① 李宝伟:《虚拟经济管理初探》,《中国行政管理》2007 年第 8 期,第 104-107 页。

于维护政府利益或者是特定利益集团的利益,而忽视被监管主体利益的保护,因此,必须加强被监管主体的利益保护。通过构建程序规范与实体规范相互配合、彼此制约的机制,形成综合系统的国家干预虚拟经济的程序控制机制。

第三,压实国家干预虚拟经济的法律责任。金融危机中政府干预常常备受争议,主要的担忧是关于政府干预的成本和隐含的风险。[①] 健全国家干预虚拟经济的法律责任机制,是推进虚拟经济国家干预法治化的必然选择。具体而言,我国需从两个方面着力:(1)明确在相关法律制度中规定国家干预虚拟经济的法律责任;(2)从维护公共利益视角,构建以行政责任为主体,刑事责任与民事责任为两翼的综合性法律责任机制,加大违法犯罪成本。

① 李宝伟:《经济虚拟化下金融稳定与虚拟经济管理——基于次贷危机的启示》,《亚太经济》2009 年第 1 期,第 7-11 页。

第二章　过去与未来的链接:虚拟经济运行安全法律保障的学术梳理

由于虚拟经济是我国经济学界于20世纪末至21世纪初根据马克思的虚拟资本理论及世界经济格局的变化而创制出的一个全新概念,因而研究虚拟经济法学理论不得不首先立足于经济学的学术成果。为此,在建构虚拟经济运行安全法律保障的法学理论时,除考量虚拟经济法治理论的研究源流和基础之外,还必须考量经济学中有关虚拟经济运行安全的学术成果。换言之,本章的主要任务,将是梳理经济学领域中有关虚拟经济运行安全的学术成果和法学领域中有关虚拟经济运行安全法治保障的学术成果,以展示本课题的学术基础,总结前人研究的经验,洞察既有研究的不足,以揭示本课题的学术研究空间和学术研究价值。

第一节　经济学关于虚拟经济及其运行安全的学术研究

"虚拟经济"这一学术概念肇始于刘骏民教授1998年出版的《从虚拟资本到虚拟经济》一书,该著作是构建虚拟经济概念及理论的奠基之作。之后一批中国本土的经济学家对之进行了探讨,并引起了包括法学在内的其他一些学科学者们的关注。2002年党的十六大报告首次在最高级别的官方文件中提出要正确处理虚拟经济与实体经济之间的关系①,自此,虚拟经济概念开始进入大众视野,并促进了虚拟经济相关研究的勃兴。

关于虚拟经济的概念,学界大致有以下几种观点:成思危指出虚拟资本的概念源自《资本论》,虚拟经济指以虚拟资本为依托的与循环运动有关的经济活动,并提出:“实体经济是经济中的硬件,虚拟经济是经济中的软件,它们是互相依存的”②;高鑫认为所谓虚拟经济就是金融领域中以谋取差价为目的的金融投机活动,但不包括为实体经济提供融资和风险分担等金融服务③;刘骏民认为虚拟经济是以资本化定价方式为基础所形成的一套特定的价值关系,并且是以观念支撑而非成本和技术支撑的定价方式④;王爱俭指出对虚拟经济的研究源于概念的探讨,认为虚拟经济是预期未来价格的现时镜像,与实体经济的关键区别是心理预期变化,其本质是价格体系,主要功能是配置资源,而价格体系正是配置资源的重要工具⑤;胡光志认为虚拟经济来源于实体经济,虚拟经济以实体经济为基础,虚拟经济服务于实体经济,并从外延角度可以对虚拟经济进行广义、中义和狭义的区分⑥;王国刚认为虚拟经济并非都是以虚拟方式进行活动的,也并非仅存在于金融部门,而是涵盖金融业但不仅限于金融业的、以持有票券形式获取未来收益为目的的、在经济权益交易所进行的经济活动及其关系的总和⑦;邹晓青从马克思虚拟资本的角度界定虚拟经济,认为虚拟经济是虚拟资本独立化运动和价格决定的经济形态,其本质是以增殖为目的进行的独立化运动的权益交

① 肖磊:《信用创造、虚拟资本与现代经济运行——兼论我国实体经济与虚拟经济的关系》,《当代经济研究》2019 年第 12 期,第 85-96 页。

② 成思危:《虚拟经济探微》,《管理评论》2005 年第 1 期,第 3-8 页。

③ 高鑫:《虚拟经济视角下的金融危机研究》,人民出版社,2015,第 90 页。

④ 刘骏民:《虚拟经济的理论框架及其命题》,《南开学报》2003 年第 2 期,第 34-40 页。

⑤ 王爱俭:《关于虚拟经济几个重要问题的再讨论》,《现代财经》(天津财经大学学报)2008 年第 2 期,第 3-6 页。

⑥ 胡光志:《虚拟经济及其法律制度研究》,北京大学出版社,2007,第 11 页。

⑦ 王国刚:《关于虚拟经济的几个问题》,《东南学术》2004 年第 1 期,第 53-59 页。

易的总和[1];秦晓认为货币资本化表现出与实体经济的偏离和异化,形成相对独立的经济形态,而虚拟经济向实体经济的回归是人类面临的重大课题。[2] 由此观之,学者们关于虚拟经济内涵的界定或多或少都存在一些差别,为了进一步了解虚拟经济,我们尝试从解释和认知的具体维度来对虚拟经济研究状况做一个更为系统和全面的归纳。

一、虚拟经济的特征

虚拟经济作为一个与实体经济相对应的统括性概念,相关研究最先关注的便是其特征,具体涉及以下几点:第一,虚拟经济的高风险性。胡光志等指出虚拟经济植根于实体经济,具有分散风险和资源配置的作用,但是虚拟经济的过度和无序发展可能导致经济运行失去稳定的实体财产基础,很可能会放大市场失灵的风险。[3] 刘少军认为虚拟经济可以凭借主观意愿而创设,可能引发价格错位风险和人为控制风险,并且风险发生很可能具有高传染性,影响整个价值链。[4] 第二,虚拟经济价值的波动性。李宝翼指出虚拟经济的本质特征是资本化定价方式,其虚拟性决定了容易受人们主观心理影响,从而具有波动性。[5] 同时,张国庆等认为虚拟经济领域的产品创新一定程度上可以凭借自身的不断反复炒作创造财富,并最终计入一国的GDP。虚拟经济不经过实际生产过程创造财富,其价值很大程度上是由人们的心理预期而非实际生产成本决定的,具有很强的波动性。[6]

---

① 邹晓青:《对虚拟经济几个重要问题的探讨》,《贵州社会科学》2005 年第 5 期,第 26-30 页。

② 秦晓:《金融业的"异化"和金融市场中的"虚拟经济"》,《改革》2000 年第 1 期,第 74-90 页。

③ 胡光志、雷云:《法律制度供给与地方虚拟经济立法问题》,《重庆社会科学》2008 年第 9 期,第 55-60 页。

④ 刘少军:《规范虚拟经济的法律思考》,载王卫国主编《金融法学家》,法律出版社,2010,第 216 页。

⑤ 李宝翼:《虚拟经济和虚拟财富的内涵——与刘骏民等学者商榷》,《南开经济研究》2005 年第 2 期,第 56-60 页。

⑥ 张国庆、刘骏民:《经济虚拟化、金融危机与政府规制》,《当代财经》2009 年第 10 期,第 16-20 页。

二、虚拟经济的价值

王国忠等指出,在人类经济活动的不断发展过程中,经济虚拟化的快速推进使其本身成为与实体经济相对应且具有相对独立性的虚拟经济系统。[①]刘骏民认为经济系统随着人类社会的发展而表现出明显的虚拟化趋势,并且愈发变得具有独立性,其社会价值也随之凸显。[②]

第一,虚拟经济支撑实体经济。刘少军认为金融是现代经济的核心,虚拟经济产生的重要原因正在于它能为实体经济提供货币资金的融通,从而满足实体经济生产需要的生产要素,实现货币资金融通是虚拟经济服务于实体经济的着力点之一。[③]

第二,虚拟经济直接创造 GDP。刘骏民发现美国经济的虚拟化清晰地显示出虚拟经济直接创造 GDP 的过程,并导致就业引起相应的经济增长理论,完全脱离了美国现实经济,进而主张虚拟经济通过创造巨大的货币财富推动实体经济运转而实现了财富创造的功能,由此不得不重视虚拟经济在美国 GDP 创造中的重要作用。[④]

第三,虚拟经济配置资源的功能。刘骏民指出虚拟经济所具有的流动性储备池的功能在一定程度上决定资金的流向,在市场经济中发挥着配置资源的功能。由于经济虚拟化程度不断加深,货币资本的流动性会越来越多地参与相对价格的决定过程,从而在相当程度上决定资源配置,从根本上改变传统的资源定价方式和资源配置方式,所以在实体经济和虚拟经济共

---

① 王国忠、王群勇:《经济虚拟化与虚拟经济的独立性特征研究——虚拟经济与实体经济关系的动态化过程》,《当代财经》2005 年第 3 期,第 5-10 页。

② 刘骏民、王国忠:《虚拟经济稳定性、系统风险与经济安全》,《南开经济研究》2004 年第 6 期,第 32-39 页。

③ 刘少军:《规范虚拟经济的法律思考》,载王卫国主编《金融法学家》,法律出版社,2010,第 215 页。

④ 刘骏民:《经济增长、货币中性与资源配置理论的困惑——虚拟经济研究的基础理论框架》,《政治经济学评论》2011 年第 4 期,第 43-63 页。

同创造 GDP 的时代，货币的功能不仅限于交换媒介，更是蜕变成一种巨大的经济能量，发挥着配置资源价值。[①]

三、虚拟经济与实体经济的关系

刘晓欣等指出金融时报辞典（Financial Times Lexicon）将实体经济定义为：实体经济，是指实际生产商品和服务的经济活动，而与另一部分只在金融市场上进行买卖行为的经济活动相对应的则是非实体经济。[②] 虚拟经济与实体经济关系的讨论存在虚拟经济依附说，虚拟经济相对独立说和虚拟经济超越说三种不同的观点：

第一，虚拟经济依附说。该观点认为虚拟经济的发展需要以实体经济为基础，进而形成了一种依附关系。成思危即主张此种观点，虚拟经济必须为实体经济服务。[③] 马红等指出虚拟经济是实体经济发展到一定阶段的产物，并以服务于实体经济的发展为最终目的。[④] 张前程认为虚拟经济与实体经济存在着相生相克的关系：当虚拟经济对实体经济主要起正向拉动作用时，表现出“相生”性；当其与实体经济背离时，对实体经济主要起到负向抑制作用，表现出“相克”性。[⑤] 孙韦等指出经济泡沫的破灭使虚拟经济下的信用链、信用体系出现问题，金融系统难以正常运转，金融危机乃至于经济危机可能随之而来，所以虚拟经济的发展一定不能离开实体经济太远。[⑥]

---

① 刘骏民：《经济增长、货币中性与资源配置理论的困惑——虚拟经济研究的基础理论框架》，《政治经济学评论》2011 年第 4 期，第 43-63 页。

② 刘晓欣、宋立义、梁志杰：《实体经济、虚拟经济及关系研究述评》，《现代财经》（天津财经大学学报）2016 年第 7 期，第 3-17 页。

③ 成思危：《虚拟经济论丛》，民主与建设出版社，2003，第 47-48 页。

④ 马红、侯贵生、孟凡斌：《虚拟经济非协调发展与企业实业投资获利能力：异质性与影响机制》，《商业研究》2019 年第 12 期，第 46-56 页。

⑤ 张前程：《虚拟经济对实体经济的非线性影响：“相生”抑或“相克”》，《上海经济研究》2018 年第 7 期，第 86-97 页。

⑥ 孙韦、郑中华：《金融创新、虚拟经济与金融危机》，《生产力研究》2010 年第 6 期，第 83-85 页。

第二,虚拟经济相对独立说。该说认为虚拟经济已经逐渐脱离实体经济,形成了一个相对独立的经济体系。刘少军认为虚拟经济的产生和发展虽然以实体经济为基础,但虚拟经济已经逐渐脱离实体经济,形成了一个相对独立的、以虚拟财产作为基本业务活动对象的经济体系。[①] 刘骏民等认为以货币和信用关系为代表的虚拟经济已经逐渐脱离其依赖和服务的实体经济,开始独立运行并在现代经济体系中占据了一席之地。[②] 随后,刘骏民等根据美国虚拟经济发展的经验发现虚拟经济不仅仅可以服务于实体经济,其也可以服务自我,直接创造 GDP。[③] 季小立认为虚拟经济的发展壮大使其对实体经济的主导性不断增强,虚拟经济对实体经济的依附性弱化,并一定程度上影响和支配实体经济发展,最后在实体经济终极制约下做收敛的周期运动。[④] 李连波指出虚拟资本的独立运动和虚拟经济的过度发展意味着资本日益脱离了实际价值创造活动,借助金融等手段谋求增殖。[⑤] 张俊山指出扭转资本"脱实向虚"的趋势,最根本的是要活跃物质生产,使社会再生产顺利循环并不断扩大,使资本能够在物质生产领域的生产与创新中找到更多的增殖机会。[⑥] 周彬指出经济"脱实向虚"的根本原因在于宏观方面和微观方面的结构性因素失衡。虚拟经济对实体经济的影响是顺周期的,越是

---

① 刘少军:《规范虚拟经济的法律思考》,载王卫国主编《金融法学家》,法律出版社,2010,第 219 页。

② 刘骏民、李凌云:《世界经济虚拟化中的全球经济失衡与金融危机》,《社会科学》2009 年第 1 期,第 3-10 页、第 188 页;刘骏民、王国忠、王群勇:《心理支撑与成本支撑价格系统的实证分析——虚拟经济与实体经济价格波动性的比较》,《经济学动态》2004 年第 9 期,第 14-18 页。

③ 刘骏民:《经济增长、货币中性与资源配置理论的困惑——虚拟经济研究的基础理论框架》,《政治经济学评论》2011 年第 4 期,第 43-63 页。

④ 季小立:《美国次贷危机的虚拟经济理论解读》,《经济纵横》2010 第 1 期,第 35-37 页。

⑤ 李连波:《虚拟经济背离与回归实体经济的政治经济学分析》,《马克思主义研究》2020 年第 3 期,第 87-95 页。

⑥ 张俊山:《虚拟经济的政治经济学原理》,《天津师范大学学报》(社会科学版)2019 年第 6 期,第 30-36 页。

经济下行，其对当期的负面影响越明显。[①]

第三，虚拟经济超越说。该说认为虚拟经济总量和规模能够超越实体经济。刘晓欣等认为虚拟经济发展在速度和规模上已经脱离了实体经济的现实基础，并且在定价、运行周期、风险表现等方面表现出与实体经济不同的运行特征。[②] 袁申国等认为在金融开放扩大背景下，金融市场更加自由，资金跨境流动和资金在国内实体经济和虚拟经济部门之间的流动更加频繁和自由，如果跨境流入资金更多流向虚拟经济部门，同时实体经济部门更多资金流向国外或者流向国内虚拟经济部门，都会对实体经济部门的发展产生不利影响。[③] 罗富政等认为政策重点是确保在资源配置过程中实体经济部门不受到虚拟经济虹吸效应的过度影响，但亦不能打压虚拟经济部门的正常发展，而应实现实体经济与虚拟经济部门的优势互补。[④] 王守义认为在后金融危机时代的重点任务就是平衡我国实体经济和虚拟经济的发展。[⑤]

四、虚拟经济与金融危机

刘晓欣等指出美国经济过度虚拟化是2008年金融危机爆发的重要原因，虽然当前美国经济呈现复苏态势，但本轮经济复苏的动力并非因“再工业化”转向实体经济，而是仍然依赖金融、房地产行业以及虚拟资本自行增

---

① 周彬、谢佳松：《虚拟经济的发展抑制了实体经济吗？——来自中国上市公司的微观证据》，《财经研究》2018年第11期，第74-89页。

② 刘晓欣、宋立义、梁志杰：《实体经济、虚拟经济及关系研究述评》，《现代财经》（天津财经大学学报）2016年第7期，第3-17页。

③ 袁申国、刘兰凤：《金融开放与实体经济和虚拟经济产出非平衡增长》，《国际经贸探索》2019年第5期，第86-104页。

④ 罗富政、罗能生、侯志鹏：《货币供给与通货膨胀的背离——基于虚拟经济虹吸效应的解释》，《经济学动态》2019年第5期，第57-72页。

⑤ 王守义、陆振豪：《以虚拟经济促进我国实体经济发展研究》，《经济学家》2017年第8期，第12-18页。

殖产生的扩张效应。[①] 胡光志认为，虚拟经济之所以会诱发金融危机，是因为虚拟经济容易导致经济结构失衡，会使金融体系变得脆弱，虚拟经济容易受到国际资本的冲击等。[②] 从屹等指出，房地产市场是虚拟经济的主要组成部分，其投机属性上升所引发的价格“泡沫化”，是当前我国实体经济与虚拟经济“重大结构性失衡”的主要表现。[③] 鲁品越认为虚拟经济活动在生产虚拟财富的同时，也时时刻刻在生产着当代社会的精神现象。这些精神现象，概括地说就是由“货币拜物教”与“资本拜物教”衍生而来的“金融符号拜物教”[④]。单超指出资本逐利的天性导致的生产不断扩大与消费不断萎缩这一矛盾，是资本主义制度无法克服的矛盾。私有制是形成金融危机的深层次的制度原因，金融资本的独立性、逐利性和贪婪性是金融危机形成的直接原因。[⑤] 洪银兴指出美联储前主席格林斯潘曾声称“西方特别是美国运行的资本市场是一种优越模式”，然而 21 世纪初美国华尔街爆发诚信危机，2007 年美国爆发次贷危机并引发 2008 年世界金融危机打破了这个神话。[⑥] 冯琦认为虚拟经济发展过程中的过度投机和过量泡沫将对实体经济增长产生负面影响，甚至可能诱发经济危机，保证虚拟经济的适度发展即是解决之道。[⑦] 孟颖认为虚拟经济运行的独立性增强导致美国虚拟经济与实体经济发展的严重失衡。[⑧] 杨琳指出我国金融发展历史较短，金融机构抗风险能力较差，

---

① 刘晓欣、张艺鹏：《虚拟经济的自我循环及其与实体经济的关联的理论分析和实证检验——基于美国 1947—2015 年投入产出数据》，《政治经济学评论》2018 年第 6 期，第 158-180 页。

② 胡光志：《中国预防与遏制金融危机对策研究 以虚拟经济安全法律制度建设为视角》，重庆大学出版社，2012，第 6 页。

③ 丛屹、田恒：《房地产“双重效应”下的实体经济与虚拟经济失衡分析及对策》，《新疆师范大学学报》(哲学社会科学版)2017 年第 5 期，第 69-75 页。

④ 鲁品越：《虚拟经济的诞生与当代精神现象》，《哲学动态》2015 年第 8 期，第 14-19 页。

⑤ 单超：《资本主义的虚拟经济与经济危机》，《黑龙江社会科学》2015 年第 4 期，第 62-66 页。

⑥ 洪银兴：《虚拟经济及其引发金融危机的政治经济学分析》，《经济学家》2009 年第 11 期，第 5-12 页。

⑦ 冯琦：《论金融危机背景下我国虚拟经济发展的必要性》，《湖北社会科学》2009 年第 7 期，第 77-80 页。

⑧ 孟颖：《虚拟经济运行的独立性特征研究》，《开放导报》2009 年第 3 期，第 32-36 页。

因此，我国虚拟经济发展应坚持“以实体经济发展为基础”和“以监管可控为前提”的渐进式发展原则，严格控制虚拟经济的膨胀规模和膨胀速度。[①] 冯登艳认为自由经济不是万能的，必须与法制及必要的行政干预相结合。控制金融业绝不是单纯的一项经济计划，而是事关国家金融、经济安全的大问题。冰岛的危机，需要反思过于依赖市场的理念。[②] 张国庆等指出，虚拟经济的过度发展是金融危机产生的根源，虚实协调说或适当比例说强调保持虚拟经济与实体经济之间量上的适当比例。[③] 袁国敏等认为我们既要发展虚拟经济，也要保证它和实体经济发展之间的协调性。[④] 刘骏民等指出，美国次贷危机的深刻教训警示我们一定要合理把握实体经济与虚拟经济之间的合理比例，不能使虚拟经济脱离实体经济过度膨胀。[⑤] 胡乃红指出，1997年亚洲金融危机是政府过度保护下道德风险的结果。即使在政府有能力控制银行风险的情况下，也会形成巨额的政府财政负担，甚至超越政府承受能力的范围，最终导致金融危机爆发。[⑥] 盛学军等指出2008年美国次贷危机的重要原因是华尔街金融大鳄的贪婪，无限制地借“金融创新”之名延伸和扩大风险。“道德风险”是指从事经济活动的人在最大限度地增进自身效用的同时，做出不利于他人的行动。[⑦] 刘少军指出2008年的次贷危机很大一部分原因是监管部门对虚拟财产的创设缺乏应有的控制，使得虚拟经济与实体经济的规模严重不相适应，进而引发了虚拟经济危机，并拖累了实体经

---

① 杨琳：《从几次金融危机看虚拟经济与实体经济关系》，《中国金融》2009年第5期，第57-59页。

② 冯登艳：《虚拟经济必须依托本国实体经济：冰岛危机的启示》，《商业研究》2010年第6期，第44-47页。

③ 张国庆、刘骏民：《经济虚拟化、金融危机与政府规制》，《当代财经》2009年第10期，第16-20页。

④ 袁国敏、王亚鸽、王阿楠：《中国虚拟经济与实体经济发展的协调度分析》，《当代经济管理》2008年第3期，第12-15页。

⑤ 刘骏民、张国庆：《虚拟经济介稳性与全球金融危机》，《江西社会科学》2009年第7期，第79-85页。

⑥ 胡乃红：《政府保护下的道德风险影响机制分析》，《金融研究》2000年第3期，第97-102页。

⑦ 盛学军、杨贵桥：《道德维度与法律思维的错位——对金融法学中“金融道德风险论”的批判》，《天津师范大学学报》（社会科学版）2015年第1期，第59-64页。

济的发展。①

第二节 法学关于虚拟经济运行安全法律保障的学术研究

现实的虚拟经济立法及与之相应的法学理论,几乎就是法制史演化规律的一个缩影:从个别到一般,从分别看待、分别研究、分别立法的银行业、货币业、证券业、期货业、金融衍生品等到整体“金融立法”的小综合,再到今后虚拟经济法的大综合,这是一条不可阻挡的发展演化脉络。而这既是本课题一切理论主张的实践基础,也是本课题一切理论主张的学术源泉。

一、分散时期:银行、证券、期货等立法的分别研究

目前学界对虚拟经济中的银行、货币、证券、期货、金融衍生品等单一的主题法律制度的研究较为充分,但缺乏对虚拟经济法律制度整体性和统一性的研究。

(一)银行业与货币法律制度研究

在银行业立法方面:黎四奇以银行业为中心对中国银行业法律监管进行了总体评价和立法态度分析,并对域外金融监管法律问题、国际金融监管法未来发展进行了评价和展望。② 朱大旗对中国人民银行与银监会职责分工进行了探讨,并对《中华人民共和国中国人民银行法》(以下简称《中国人民银行法》)的修订与《中华人民共和国银行业监督管理法》(以下简称《银行业监督管理法》)的制定进行了专门的分析。③ 吴晓灵认为应尽快启

---

① 刘少军:《规范虚拟经济的法律思考》,载王卫国主编《金融法学家》,法律出版社,2010,第219页。

② 黎四奇:《我国银行业有效监管的瓶颈与对策——以“中国银行监督管理委员会”为视角的分析》,《国际经贸探索》2007年第1期,第57-61页。

③ 朱大旗、邱潮斌:《关于中国人民银行与银监会职责分工的探讨——兼评〈中国人民银行法〉的修订与〈银行业监督管理法〉的制定》,《甘肃政法学院学报》2004年第2期,第6-13页。

动《中华人民共和国商业银行法》(以下简称《商业银行法》)的修订工作,取消存贷比指标限制和贷款规模控制,同时在银行监管中研究适合中国国情的流动性监管指标。[①] 闫海认为我国应当按照独立决策、集体决策、科学决策、民主决策四项法治建构原则,尊重既有宪制安排,通过《中国人民银行法》修改,以货币政策委员会为中心,推进我国货币政策决策体制法治化。[②] 闫夏秋认为我国金融法明显滞后于金融市场发展,《商业银行法》制定于1995年,实践中出现了比《商业银行法》立法层级较低的规范性文件被大量使用的情况。并且随着新兴金融机构的出现,很多从事银行业务的机构和行为未被纳入《商业银行法》,制度与实践的不对称极易引发系统性风险。[③] 汪小亚等认为《商业银行法》的修订需要重点关注中国银行业的未来发展方向,改善市场准入制度和完善银行监管规则,完善商业银行的集团化、国际化和综合化的法律规制,并将消费者权益保护制度、信息披露制度纳入《商业银行法》的调整范围。[④] 刘少军认为中国人民银行、商业银行、准银行和类银行性金融机构的发展壮大,使得我国货币市场制度体系显现出矛盾与重叠,应该确立统合性的"银行业法"。[⑤] 在银行业监管方面:朱顺针对银行在现代经济发展中的独特性地位主张建立完善的银行业监管法律制度以维护稳定,具体需要从内部监督机制和外部监管机制两个方面着手。[⑥] 黎四奇则认为银行业的事前监管尤为重要,仅仅依赖于最后贷款人制度及金融机构

---

① 吴晓灵:《金融市场化改革中的商业银行资产负债管理》,《金融研究》2013年第12期,第1-15页。

② 闫海:《论我国货币政策决策体制的法治化——基于建构原则的检省与重构》,《甘肃社会科学》2017年第5期,第148-154页。

③ 闫夏秋:《发达国家和地区银行法律比较述评》,《现代经济探讨》2017年第3期,第88-92页。

④ 汪小亚、何正启:《〈商业银行法〉修订应关注的几个问题》,《金融论坛》2016年第6期,第8-15页。

⑤ 刘少军:《〈商业银行法〉改为"银行业法"的总体构想》,《中国政法大学学报》2016年第6期,第51-61页、第161页。

⑥ 朱顺:《我国商业银行法律监管的困境及出路》,《现代管理科学》2015年第1期,第84-86页。

破产程序等善后性的措施难以承受银行业的稳定责任。① 黄毅指出银行产品多样化、业务综合化、交易电子化和活动国际化等发展趋势也给相对封闭状态下运行的银行内部治理提出了新的要求。在金融领域,监管政策的调整就是一个不断修改监管边界的过程。② 常健指出,随着金融危机的爆发,越来越多的国家中央银行法规定中央银行具有维护金融稳定的职责。③ 余绍山、陈斌彬发现,宏观审慎与微观审慎有机结合的监管安排已经是次贷危机之后金融监管改革的普遍选择,此种模式值得我国学习借鉴,尤其是中央银行的宏观审慎监管职能强化和系统重要性金融机构的特别监管值得重点关注。④ 林东认为,构建完备的国家中央银行货币权力制度和金融监管规范体系,能够推动国家金融治理体系的法治化和现代化,并为国家金融安全、经济发展和公民财产权利保障创造规范稳定的货币金融环境。⑤ 沈伟认为,需要以银行法为中心,从理解传统银行的信用中介过程和信用创造功能出发,梳理影子银行的核心功能和本质属性,比较影子银行和传统银行之间的主要异同,揭示影子银行中介过程和资金链条的特质,进而揭示影子银行与传统银行之间的内在关联和机理。⑥ 常健认为,以中国人民银行为核心,构建具有"中国特色"的金融监管体系,成为金融危机后我国保障金融稳定的必然选择。⑦ 胡滨指出,为整治市场乱象、惩治违法行为,防范和处置各类金

---

① 黎四奇:《析银行有效监管中"结构化早期介入"机制法律问题》,《湖南大学学报》(社会科学版)2008 年第 5 期,第 117-125 页。

② 黄毅:《银行监管与金融创新》,法律出版社,2009,第 27 页。

③ 常健:《论金融稳定与货币稳定的法律关系——兼评〈中国人民银行法〉相关规定》,《法学评论》2015 年第 4 期,第 129-135 页。

④ 余绍山、陈斌彬:《从微观审慎到宏观审慎:后危机时代国际金融监管法制的转型及启示》,《东南学术》2013 年第 3 期,第 50-56 页。

⑤ 林东:《论中央银行的宪法地位:制度反思与规范建构》,《河北法学》2019 年第 12 期,第 78-88 页。

⑥ 沈伟:《银行的影子:以银行法为中心的影子银行分析框架》,《清华法学》2017 年第 6 期,第 25-48 页。

⑦ 常健:《"后危机"时代我国金融监管体系的完善——以中央银行为核心的思考》,《华中科技大学学报》(社会科学版)2010 年第 1 期,第 47-52 页。

融风险，需有效引导银行业金融机构回归本源，加大对实体经济的支持力度，我国于2017年对银行业的严监管、强监管已经成为监管历史上的鲜明特征。①

在货币法律制度研究方面，张云认为，美国虚拟经济与实体经济的过度背离导致了次贷危机的发生，美国虚拟经济的过度发展是由于美元本位制和美国长期自私的内外政策效果的积累。② 刘骏民等发现，货币政策对美国经济兴衰的影响巨大，然而货币政策对实体经济和虚拟经济的影响是不对称的，必须从结构性政策入手调整美国经济。③ 张云等从货币能量的视角分析了货币能量功能的使用需要把握一个“度”，合理运用货币能量功能，才能更好地运用货币政策进行宏观调控。④ 李世美等指出，将货币政策与虚拟经济的相互作用纳入整体框架考量，着力控制货币“脱实向虚”，稳定推进房地产等虚拟经济产业去杠杆，合理引导货币资金流向，优化货币政策结构，实现货币政策调控目标。⑤ 刘少军在对人民币的货币法律性质、国际化的法律基础进行系统分析的基础上，指出我国现行人民币基础法律、法规存在的问题，并以此为依据对修改和完善《中国人民银行法》《商业银行法》《中华人民共和国票据法》《中华人民共和国信托法》《中华人民共和国证券法》《中华人民共和国保险法》等法律⑥以及《人民币管理条例》和《外汇管理条例》

---

① 胡滨、尹振涛、郑联盛：《中国金融监管报告(2018)》，社会科学文献出版社，2018，第68页。

② 张云：《虚拟经济视野下的次贷危机与美元危机解析》，《亚太经济》2009年第2期，第29-33页。

③ 刘骏民、王兴：《美国货币政策冲击的非对称影响分析——基于实体经济和虚拟经济二分法的视角》，《当代财经》2014年第9期，第55-63页。

④ 张云、李宝伟：《货币功能在虚拟经济条件下的嬗变》，《郑州大学学报》(哲学社会科学版)2015年第1期，第76-80页。

⑤ 李世美、沈丽：《虚拟经济与货币供给的交互影响——基于货币“脱实向虚”与经济“虚实背离”的视角》，《金融经济学研究》2018年第6期，第10-21页。

⑥ 《中华人民共和国票据法》《中华人民共和国信托法》《中华人民共和国证券法》《中华人民共和国保险法》以下分别简称《票据法》《信托法》《证券法》《保险法》。

等相关法规提出了有益的参考建议。① 刘少军讨论了人民币国际化的相关法律问题,这些问题概括起来主要包括:国际法中关于主权货币国际流通与争端解决的基本规则,在人民币国际化过程中应该对我国现行的现金法规、支付结算法规进行哪些修改和完善等。② 靳永茂从生产关系的两个核心要素即货币和信用关系的逻辑演进,分析虚拟经济同实体经济的动态发展,认为我国要坚持马克思主义信用货币等金融思想指导,遵循历史发展规律,保障金融稳定发展。③

域外相关代表性研究成果。Fourcade 指出,2008 年 9 月 9 日雷曼兄弟投资银行倒闭,向世界打开了现代金融市场的黑箱。它暴露了金融这台庞大而复杂的机器,一些深奥的术语,如债务抵押债券、信用违约掉期等成了公众话题。④ Macey 指出银行业的法律和法规为银行业提供了普遍的好处,但实际上没有解决银行破产事件不断增加的根本原因:当前的法规助长了联邦保险银行的过度投机行为。⑤ Spendzharova 认为东道国管辖限制了国家引导信贷流动和处理国家金融稳定中存在的潜在威胁的能力。因此,决策者寻求保留一些国家监管自主权。特别是在经济衰退期间,国家监管当局有强烈的动机推行政策,将国内利益相关者的损失降到最低,并将负担转嫁给外国利益相关者。⑥ Moshirian 以国际性跨国银行为研究对象,探讨在全球经济一体化进程中为防范全球金融危机,有必要建立一个全球一体化的金

① 刘少军:《国际化背景下人民币基础法规完善研究》,《北方法学》2015 年第 5 期,第 98-108 页。

② 刘少军:《国际化背景下人民币基础法规完善研究》,《北方法学》2015 年第 5 期,第 98-108 页。

③ 靳永茂:《〈资本论〉语境中信用与货币的逻辑关系演进——兼论虚拟经济同实体经济动态发展的历史生成》,《内蒙古社会科学》2020 年第 2 期,第 117-126 页。

④ Fourcade M, Steiner P, Streeck W, et al. Moral categories in the financial crisis. Socio-Economic Review, 2013, 11(3): 601-627.

⑤ Macey J R. The political science of regulating bank risk. Ohio st. LJ, 1988, 49: 1277.

⑥ Spendzharova A B. Banking union under construction: The impact of foreign ownership and domestic bank internationalization on European Union member-states' regulatory preferences in banking supervision. Review of International Political Economy, 2014, 21(4): 949-979.

融体系,通过创造这一更加稳定的全球金融体系,以制度方式加强对这些全球性跨国银行的监管,降低其流动性风险,遏制全球金融风险。[①] Amri 以 65 个发达国家和发展中国家为研究对象,从 1976 年至 2005 年,探讨了银行危机、金融监管和制度否决权参与者之间的关系,发现银行危机发生的概率与金融部门监管力度之间存在显著的负相关关系。[②] Claessens 认为需采取宏观审慎政策,减少顺周期性,解决影子银行和场外衍生品市场问题;还应鼓励更谨慎的银行业,减少"大到不能倒"的问题,改善监管治理,实现更好的国际金融一体化。[③]

(二)证券业法律制度研究

传统证券业法律制度的研究。胡光志对内幕交易的法律控制进行了专门的研究,认为内幕交易是市场失灵的一种表现,是一种证券投机,是一种交易欺诈,是一种不公平竞争,是一种损害公共利益的行为。认为对内幕交易的规制需要国家权力的介入,并对反内幕交易的立法体系构建提出了颇有参考意义的建议。[④] 张保红认为 2005 年修订的《证券法》并不完美,甚至有规则冲突的情形,证券登记结算制度也难以适应社会发展的需求。[⑤] 李文华认为,当前我国的《证券法》存在以下几方面的问题:"证券"调整范围过窄,不适应市场创新发展,对于一些影响市场发展的重要问题,监管执法无据,《证券法》对违法违规行为惩戒力度普遍过轻,且自由裁量权巨大,投资

---

① Moshirian F. Global financial crisis, international financial architecture and regulation. Journal of Banking & Finance, 2011, 35(3): 499-501.

② Amri P D, Kocher B M. The political economy of financial sector supervision and banking crises: A cross-country analysis. European Law Journal, 2012, 18(1): 24-43.

③ Claessens M S, Kodres M L E. The regulatory responses to the global financial crisis: some uncomfortable questions. International Monetary Fund, 2014:1-32.

④ 胡光志:《内幕交易及其法律控制》,西南政法大学博士论文,2002,第 1-259 页。

⑤ 张保红:《我国证券登记结算制度的缺陷及重构——兼论〈中华人民共和国证券法〉第七章的修订》,《法商研究》2014 年第 2 期,第 108-116 页。

者保护规则不清，投资者缺乏有效保护，因此应对其进行修改。[①] 邢会强认为证券的特征可以概括为"共同投资，风险裸露"八个字。凡是符合该定义的凭证、产品或合同都是证券，都应该纳入《证券法》的调整范围，这就意味着应扩大我国《证券法》上的证券概念。[②] 戴文华等认为，我国的证券法治伴随着证券市场的兴起与发展在不断地摸索和调试，但仍然存在着不足，无论是立法理念的先进性，还是规范的完备性，都有待完善。[③] 冯果指出网络信息时代的证券监管有些落后于时代发展，资本市场信息披露可通过"网络导向监管"制度来拥抱信息技术革命，进而实现证券监管机构、信息披露义务人和投资者之间的和谐发展。[④] 李冀等指出，由于政府失灵和投资者非理性等因素的发生，政府干预过度、权力被滥用等现象时有发生，证券发展中自律监管以及外部监管等目标没有很好实现。政府要对证券市场的干预边界做清晰界定，进而将我国证券市场资源配置的效率加以提升。[⑤] 李有星认为新《证券法》将自愿披露法定化具有重要意义，但是考虑到自愿披露本身的自愿性特质，将来需要明确证券主体的免责事由来克服其可能引发的积极性挫伤问题。[⑥] 徐文鸣等从信息披露的基本理论出发，在比较中美信息披露制度差异的基础上，对"重大性"标准进行新的理论解构，并尝试系统地对其进行类型化分析，提出具备理论一致性的"重大性"判断标准。[⑦] 武俊桥对证

---

① 李文华:《基于监管角度进一步完善〈证券法〉的思考》,《财会月刊》2014 年第 2 期,第 115-117 页。

② 邢会强:《我国〈证券法〉上证券概念的扩大及其边界》,《中国法学》2019 年第 1 期,第 244-263 页。

③ 戴文华、夏峰:《关于中国证券市场 20 年发展的基本分析与思考》,《证券市场导报》2014 年第 1 期,第 4-11 页、第 18 页。

④ 冯果、武俊桥:《由"类推监管"到"网络导向监管"——论网络信息时代证券信息披露监管制度的建构》,《现代法学》2010 年第 2 期,第 36-43 页。

⑤ 李冀、杨忠孝:《政府干预在证券市场强制信息披露中的边界》,《南方金融》2017 年第 2 期,第 49-56 页。

⑥ 李有星、康琼梅:《论证券信息自愿披露及免责事由》,《社会科学》2020 年第 9 期,第 104-111 页。

⑦ 徐文鸣、刘圣琦:《新〈证券法〉视域下信息披露"重大性"标准研究》,《证券市场导报》2020 年第 9 期,第 70-78 页。

券信息披露的透明性原则进行了分析,为了切实保护其利益,有必要确立证券信息披露的简明性规则,即在信息披露中使用清晰、简单和易懂的语言,在能够使用普通语言的场合,避免使用专业的金融词汇,同时,信息披露文件的篇幅应当简短,避免冗长。[①] 牛正浩等认为应将《中华人民共和国公司法》(后文简称《公司法》)第 7 章关于公司债券的制度规定平移统合至《证券法》统一监管规制,并在《证券法》中完善相应的债券信息披露制度,从而更好维护金融消费者合法权益,支持公司债券制度健康有序发展。[②]

证券发行注册制改革等新问题的研究。李文莉认为,证券监管应该首先重视证券发行监管,而推行注册制改革颠覆了过去的核准制发行监管模式,改革应该采用渐进式的改革方式。[③] 杨峰指出,股票发行注册制改革是未来改革的方向,前提条件是必须具有较为成熟的市场和完善的法律制度,而这些条件阻碍着我国推行注册制,因此我国只能遵循循序渐进分阶段的步骤,具体包括准备阶段、核准制与注册制并行阶段和全面实行阶段。[④] 蒋大兴认为,中国实行注册制后,证监会的权力会发生结构性重整。注册制并不意味着"权力型"证监会的完全隐退,相反在某种意义上意味着我们需要一个更强大的证监会。[⑤] 冷静将注册制的相关学术立场概括为"市场派"和"谨慎派",而证券法修订草案文本体现出明显的"市场派"导向,但在与注册制相配套的交易所约束监督机制上尚未精细化,可在借鉴香港经验的基础上完善相关的制度设计。[⑥] 侯东德主张 IPO 注册制改革应该重塑证券服

---

① 武俊桥:《论证券信息披露简明性规则——以网络时代为背景》,《证券市场导报》2011 年第 11 期,第 19-26 页。

② 牛正浩、赵晨光:《论中国公司债券制度的立法重构——以〈公司法〉〈证券法〉联动修改为背景》,《江西财经大学学报》2020 年第 3 期,第 126-137 页。

③ 李文莉:《证券发行注册制改革:法理基础与实现路径》,《法商研究》2014 年第 5 期,第 115-123 页。

④ 杨峰:《我国实行股票发行注册制的困境与路径分析》,《政法论丛》2016 年第 3 期,第 74-81 页。

⑤ 蒋大兴:《隐退中的"权力型"证监会——注册制改革与证券监管权之重整》,《法学评论》2014 年第 2 期,第 39-53 页。

⑥ 冷静:《注册制下发行审核监管的分权重整》,《法学评论》2016 年第 1 期,第 171-178 页。

务机构的"委托——代理"关系,具体可通过建立诚信系统、完善诉讼机制、增强自我约束等路径来展开。[①] 曹凤岐认为,全面推行注册制是中国资本市场发行制度的第三次改革。从审核制到注册制应有一个过渡期,应分步实施。[②] 此外,卜学民指出,区块链能够满足证券结算的功能需求,实现自动结算,保证数据一致性且无法篡改,能够有效解决中央对手方结算中存在的上述问题,具有取代中央对手方结算的巨大潜力。[③] 李文莉等建议修改我国《证券法》第 171 条的相关规定,扫除智能投顾的准入障碍。[④]

域外相关代表性研究成果。Louis Loss 在《美国证券监管法基础》一书中,专门开辟了"证券交易委员会行政法"一章,对美国证券交易委员会(SEC)的调查程序、准司法程序、制定法的救济、规则制定和保密处理进行了剖析。[⑤] Joel Seligman 在《华尔街的变迁:证券交易委员会及现代公司融资制度演进》一书中讲述了美国证券交易委员会的历史,并详细地介绍了纽约证券交易所等自律管理组织接受监管的过程。[⑥] Dale 指出,1975 年的国会修正案赋予了美国证券交易委员会实质性的自由裁量权,国会明确指示美国证券交易委员会在两方面取得进展。首先,国会指示证交会鼓励不同市场之间更好地沟通。其次,国会指示美国证券交易委员会消除对证券交易市场中心之间竞争的不适当负担。[⑦] Langevoort DC 以全球金融危机后的

---

① 侯东德、薄萍萍:《证券服务机构 IPO 监督机制研究》,《现代法学》2016 年第 6 期,第 97-107 页。

② 曹凤岐:《从审核制到注册制:新〈证券法〉的核心与进步》,《金融论坛》2020 年第 4 期,第 3-6 页。

③ 卜学民:《论区块链对中央对手方结算的挑战及其应对》,《北方法学》2019 年第 6 期,第 147-157 页。

④ 李文莉、杨玥捷:《智能投顾的法律风险及监管建议》,《法学》2017 年第 8 期,第 15-26 页。

⑤ 路易斯·罗斯、乔尔·塞里格曼:《美国证券监管法基础》,张路译,法律出版社,2008,转引自鲍颖焱:《中国证券监管权配置、运行及监督问题研究》,华东政法大学博士论文,2019,第 12 页。

⑥ 乔尔·塞里格曼:《华尔街的变迁:证券交易委员会及现代公司融资制度演进(第三版)》,徐雅萍译,中国财政经济出版社,2009,转引自鲍颖焱:《中国证券监管权配置、运行及监督问题研究》,华东政法大学博士论文,2019,第 12 页。

⑦ Oesterle D A. Regulation NMS: Has the SEC Exceeded Its Congressional Mandate to Facilitate a "National Market System" in Securities Trading? NYUJL & Bus., 2004, 1:613.

证券监管为主题,着重探讨国际社会在应对证券市场不合理波动方面的应对措施以及各国政治障碍对该措施的阻却作用,认为在证券监管方面进行国际合作是应对证券市场危机最可行的办法,而突破政治障碍则是实现国际合作的必要途径。[①] Edward J. Kane 认为政府约束性自律制度在经济上更能证明比纯粹的政府控制或企业自律形式实现更有效监管。受到监管的公司、政府监管机构和自我监管组织有独特机会提高经济效率。[②]

(三)期货业法律制度研究

期货业法律制度的相关宏观研究。杨永清对期货交易法律制度进行了专门的研究。[③] 黄爱学指出 1999 年国务院颁布的《期货交易管理暂行条例》将"期货交易"种类仅限于商品期货,而后续的《期货交易管理条例》将期货范围由商品期货扩展至金融期货合约和期权合约,虽有不断完善和拓展,但仍然难以与证券法相适应,相关规范有待进一步完善。[④] 向新柱认为我国的期货立法体例应统一由全国人大制定一部调整期货市场的基本法——《期货交易法》或称《期货法》。除此以外,由国务院期货主管机关制定若干与此配套的期货行政法规,共同形成一个调整期货市场的法规体系。[⑤] 杨秋华主张尽快建立符合我国国情的期货法律法规,形成对期货市场层层监控的管理体系,科学构筑期货交易法律关系,建立健全期货管理机构。[⑥] 何一鸣认为,期货法律监管的任务是维护交易安全和稳定,确立法律监管的立法原则

---

① Langevoort D C. Global securities regulation after the financial crisis. Journal of International Economic Law, 2010, 13(3): 799-815.

② Kane E J. Regulatory structure in futures markets: Jurisdictional competition between the SEC, the CFTC, and other agencies. Journal of Futures Markets, 1984, 4(3): 367.

③ 杨永清:《期货交易中法律问题研究综述》,《法律适用》1998 年第 1 期,第 18-20 页。

④ 黄爱学:《论我国期货法的调整范围》,《学术交流》2014 年第 1 期,第 45-49 页。

⑤ 向新柱:《期货交易立法相关问题探讨》,《江汉论坛》2001 年第 10 期,第 70-71 页。

⑥ 杨秋华:《我国期货市场法制化建设中的问题及对策》,《河北法学》2004 年第 3 期,第 152-154 页。

是公正、公平、公开原则,合法性原则,灵活性原则,分工合作、积极配合原则。[①] 陈永蓉分析了期货交易的三方监管主体制度,认为证监会应从宏观角度进行监管,完善有关法律法规,对交易所和交易主体的工作提出意见或建议。[②] 金建人认为社会公众对财富增长的巨大渴望和狭窄的投资渠道限制了社会公众的正常投资方式,催生了地下金融期货交易案件的出现。地下金融期货交易行为应当由刑法加以规制,目前可以将这种金融期货交易行为认定为非法经营罪或合同诈骗罪。[③] 陈少云指出期货市场具有价格发现和风险管理的重要功能,实现这些功能必须具备有效的政府监管和不断完善的监管立法。政府监管对于防止过度投机、打击操纵市场、控制系统性风险具有关键作用。期货监管立法的核心问题涉及期货市场平稳运行的制度内核,是期货市场的基本框架,也是法律无法回避的核心所在,主要包括期货交易的界定与范围、期货交易中的风险控制制度、期货监管模式的体制架构、期货监管的措施与途径。[④] 李强认为,我国股指期货推出的法制环境还不尽完善,应该总结发达国家推出金融期货的经验和教训,在健全各项规章制度的前提下再推出股指期货。[⑤] 吴弘认为我国股票现货市场存在一定的结构性缺陷,而且缺少融券制度,加之我国股指期货的相关法律、法规及监管制度仍不完善,股指期货在我国又会产生特有的风险。需完善股指期货立法及相关制度建设,建立并完善股指期货三级监管制度及风险控制体系,即证监会层次、交易所层次及期货行业协会三个层次的风险监管制度及风

---

① 何一鸣:《论股指期货风险的法律监管》,中国政法大学硕士论文,2004,第 2 页。

② 陈永蓉:《浅析股指期货交易的三方监管主体制度》,《时代金融》2008 年第 11 期,第 15-17 页。

③ 金建人:《地下金融期货交易的刑事评价》,《国家检察官学院学报》2010 年第 1 期,第 15-20 页。

④ 陈少云:《期货监管立法研究》,中国政法大学博士论文,2007,第 1 页。

⑤ 李强:《法律环境的不确定性制约我国股指期货的推出》,《北京工商大学学报》(社会科学版)2008 年第 1 期,第 82-86 页、第 101 页。

险控制体系。[①] 安毅等认为期货业立法的关键性问题在于监管体制的选择,如何在沿袭传统监管体制和重塑监管结构之间作出合理抉择是重点内容。[②] 谢梅、巫文勇对期货交易的纠纷解决机制进行了专门的研究,认为期货交易的高杠杆、高效率、高流动性和低交易成本特性,决定了其纠纷解决机制应该顺时而变。在司法审判的基础上,发展与完善包括仲裁、调解和其他替代性期货纠纷解决机制则显得十分必要。[③] 叶林等指出,在分部门立法的条件下,对我国《期货法》调整范围的界定应当以"核心规制与延伸监管"作为立法思路。[④]

期货业法律制度完善的相关微观研究。朱大旗指出了我国期货法律制度的不健全问题,并认为将来的立法应该从以下几点着手避免这些问题:通过我国期货市场的发展环境和运行风险找到监管的着力点,监管法治化应该在促进适度创新和保障投资者利益之间取得平衡,明确政府、行业协会和交易所的监管职责,强化多个监管部门之间的协调和合作,健全跨股市、股指期货市场的监管机制,优化投资者适当性制度,强化股指期货交易的监管。[⑤] 黄韬、陈儒丹认为期货市场交易信息披露法律机制的设计需要注意:期货市场透明度要求与私人商业信息保护;交易者对于信息的需求与期货交易信息的私有产权保护;期货市场的交易活跃性目标与市场发展的长期稳定性要求;期货交易所的经营空间保障与其他市场参与者的利益维护。

---

① 吴弘、裴斐:《我国股指期货风险的法律控制——从宏观控制角度》,《政治与法律》2008 年第 5 期,第 35-40 页。

② 安毅、王军:《与〈期货法〉立法相关的若干重要问题探讨》,《证券市场导报》2015 年第 1 期,第 65-70 页。

③ 谢梅、巫文勇:《期货交易纠纷解决机制的拓展与创新》,《西部法学评论》2011 年第 3 期,第 99-103 页。

④ 全国人大财经委员会召开的证券法(修改)和期货法起草组成立暨第一次全体会议中,《期货法》被列入了十二届全国人大常委会立法规划。参见叶林、钟维:《核心规制与延伸监管:我国〈期货法〉调整范围之界定》,《法学杂志》2015 年第 5 期,第 47-54 页。

⑤ 朱大旗:《完善我国股指期货市场监管机制的法律思考》,《政治与法律》2012 年第 8 期,第 12-21 页。

因此,有必要对期货交易信息的法律属性进行明确界定,限定期货市场交易信息披露的范围,设计保护期货市场普通投资者的法律制度。[①] 黄爱学指出,国务院颁布的《期货交易管理条例》关于期货市场立法目的的规定以及交易关系和投资者保护等方面的制度设计还存在一些不足。认为我国未来《期货法》的立法目的应为规范期货交易行为、保护投资者合法权益、防范市场风险和维护社会秩序以及促进期货市场发展。[②] 刘道云建议以发展趋势为导向处理《期货法》调整范围问题,以国际化发展为导向处理期货市场的对外开放问题。关于期货市场主体立法,建议以强化保护为导向专章规范期货交易者,以市场化为导向规范期货交易所,以促进发展为导向规范期货经营机构。[③] 吴凌翔指出强制减仓制度对于防范和化解风险意义重大,对于金融市场的稳定发展具有重要作用。因此,将来出台的《期货法》中需要明确规定强制减仓制度,提升其法律效力。[④] 姜哲指出中国期货市场目前是全球最大的标准化市场之一,在放宽市场准入门槛的同时,应建立与双向开放市场相匹配的事中事后监测体系。交易所的风险控制系统与支付结算系统既要保持相对独立又要密切协作,尤其是跨境资金的流动方面,更需要监管部门采取有效的监管措施进行严密监测。[⑤]

域外相关代表性研究成果。2010 年由美国前总统奥巴马签署成为法律的《多德-弗兰克法案》(Dodd-Frank act)扩大了商品期货交易委员会的作用。它负责制定相关规则,要求标准的场外衍生品在掉期执行设施上交易,并通过中央对手方进行清算。Esau 指出美国金融市场在过去经历了重大变

---

① 黄韬、陈儒丹:《完善我国期货市场交易信息披露法律机制的研究》,《上海财经大学学报》2012 年第 4 期,第 33-40 页、第 89 页。

② 黄爱学:《论我国期货法的立法目的》,《学术交流》2013 年第 3 期,第 67-71 期。

③ 刘道云:《关于完善期货法立法的导向性建议》,《证券市场导报》2017 年第 11 期,第 9-15 页。

④ 吴凌翔:《关于完善我国期货市场法制的几点思考》,《新金融》2017 年第 8 期,第 60-64 页。

⑤ 姜哲:《境内期货市场双向开放问题探讨》,《证券市场导报》2019 年第 4 期,第 33-41 页。

化,并将随着投资者寻找创造财富的新机会而继续发展。为了更好地保护、稳定和改革资本市场,监管机构必须适应投资者快速发展和不断发展的需要。[①] Kumar 采用信息不对称和“现金结算”期货合约研究了期货市场对价格操纵的敏感性。发现通过建立期货头寸,然后在现货市场交易,操纵用于计算交割时现金结算的现货价格,不知情的投资者仍然可以获得正的预期利润。随着操纵者数量的增长,操纵带来的利润会降至零。[②] 此外,还有学者指出,美国证券交易委员会通过增加新的、自动化的监督模式加强资本形成,同时放松现有报价系统对资本形成的可能阻碍,包括由于遵守多余的法规而导致的更高的交易成本。

(四)金融衍生品法律制度研究

金融衍生品法律制度建构相关研究。田超认为金融衍生品是由传统金融工具所衍生出来的,基础性金融产品对其价格的形成具有重要影响。[③] 向军认为,我国的国债期货市场在运行过程中暴露出监管力度不够、预警功能欠缺、管理者被动等一系列问题,而金融衍生品本来即是为了对冲风险,但是规则的完备性不够使其本身成为一种风险,交易监管和司法救济不可或缺。[④] 石少侠等对场外金融衍生产品的法律规制进行了专门的研究,他认为,场外金融衍生产品是金融创新的重要成果,在套期保值、促进资本流通和控制融资成本等方面起到了不可替代的重要作用。[⑤] 唐波指出,2005 年

---

① Esau D B. Joint regulation of single stock futures: Cause or result of regulatory arbitrage and interagency turf wars. Cath. UL Rev., 2001, 51: 917.

② Kumar P, Seppi D J. Futures manipulation with “cash settlement”. The Journal of Finance, 1992, 47(4): 1485-1502.

③ 田超、隋立祖:《金融衍生品创新的内涵和产出函数模型》,《当代经济科学》2005 年第 2 期,第 70-76 页、第 111 页。

④ 向军:《对我国金融衍生产品市场的立法思考》,《政治与法律》1998 年第 2 期,第 3-5 页。

⑤ 石少侠、罗曦:《论场外金融衍生产品交易民事救济之合同责任——以英美法为视角》,《现代法学》2013 年第 4 期,第 163-172 页。

10月27日新修订的证券法首次引入了证券衍生品种的概念。随着我国金融衍生品市场的发展,完善我国交易所自律监管法制日显紧迫。[①] 吴建刚在厘清了我国衍生品市场发展的来龙去脉后主张我国未来的衍生品市场需要服务于基础产品市场。[②] 张玉智认为我国金融衍生品市场存在多头监管和重复监管等乱象,并且监管体系也难以适应不断变化的新形势,需要重构金融创新、金融风险和金融监管的一元二阶三维多层动态的金融衍生品市场监管体系。[③] 吴志攀认为,运用高杠杆金融衍生品的投资银行不应当适用有限责任的原则。[④] 陈晗等认为,金融衍生品分散风险和提高定价的功能为货币政策制定带来新的挑战,央行需将衍生品纳入监测指标,为央行传统的公开市场操作提供了更多的工具和选项。[⑤] 相天东等指出,金融衍生工具在我国是新生事物,从认真研究金融衍生工具的平衡原理、完善制度设计、完善相关法律法规以及做好监管的本职工作等方面着手,是维护证券市场稳定运行、防止再次出现异常波动的有效途径,应重点推进,加快实施。[⑥] 彭岳比较中美两国的"域内适用"模式和"域外适用"模式之优劣后主张需引入"替代合规机制"来改进既有的监管机制。[⑦]

金融危机、风险防范与金融衍生品法律制度研究。谭振波指出金融危机使我们必须认识到金融衍生工具的两面性,在金融衍生产品交易的电子

---

① 唐波:《交易所对金融衍生品市场的自律监管——兼评新修订的证券法相关规定》,《法学》2005年第12期,第91-94页。

② 吴建刚:《中国衍生品市场概况与未来发展》,《金融与经济》2009年第11期,第47-50页。

③ 张玉智、曹凤岐、赵磊:《我国金融衍生品市场多层次监管体系重构》,《中国证券期货》2009年第1期,第22-26页。

④ 吴志攀:《华尔街金融危机中的法律问题》,《法学》2008年第12期,第29-35页。

⑤ 陈晗、刘玄:《金融衍生品与货币政策》,《中国金融》2015年第1期,第57-59页。

⑥ 相天东、严明义:《我国股票市场金融衍生工具实践研究》,《河南社会科学》2016年第12期,第69-78页、第124页。

⑦ 彭岳:《场外衍生品金融监管国际方案的国内实施与监管僵化》,《上海财经大学学报》2016年第5期,第104-115页。

化、自由化、国际化趋势不断加深的形势下,风险也在逐步增强。[①] 闫妍指出,2008 年国际金融危机后,20 国集团（G20）2009 年在匹兹堡发表宣言,要求所有场外衍生品交易合约必须向交易数据库(Trade Repository,TR)报告,所有标准合约必须根据情况通过交易所或电子交易平台交易,以及必须通过中央对手方(Central Counterparty,CCP)进行集中清算,非集中清算的交易合约将被计提更高的风险资本等。[②] 唐波主张金融衍生品交易的监管应该在尽可能发挥积极功用和抑制消极影响之间取得平衡,尊重市场化发展机制的监管体制,能够学习借鉴国外的成熟经验。[③] 熊玉莲发现美国场外金融衍生品规则存在较大的缺陷,其导致了美国的场外金融衍生品交易的不确定和监管权的异化,所以监管权的冲突需要强制性制度安排来推进监管之间的协调合作。[④] 斯文在比较了不同国家和地区的场外衍生品市场的监管制度后认为完善宏观审慎监管、合约行为规范和强化信息披露是我国可以借鉴的制度完善经验。[⑤] 刘燕、楼建波认为,衍生交易以“合同”为中心,此种新的合同类型将有助于整个金融衍生交易法律规则体系的完善。[⑥] 李智勇、刘任重认为,我国场外目前存在法规体系不完善、监管主体分散、行业自律欠缺和市场透明度低等问题。[⑦] 王旸主张以资本制度、风险管理与内部控制、会计要求与信息披露、禁止欺诈等不当行为、客户保护来构建金融衍生

---

① 谭振波:《国际金融危机语境下的相关法律问题探讨》,《河北法学》2009 年第 8 期,第 137-139 页。

② 闫妍:《欧美场外金融衍生品监管启示》,《中国金融》2017 年第 22 期,第 83-85 页。

③ 唐波:《金融衍生品交易的监管理念》,《华东政法学院学报》2006 年第 4 期,第 49-59 页。

④ 熊玉莲:《美国场外金融衍生品规则演变及监管改革》,《华东政法大学学报》2011 年第 2 期,第 144-150 页。

⑤ 斯文:《金融危机后全球场外衍生品市场监管改革及借鉴》,《南方金融》2013 年第 3 期,第 38-42 页。

⑥ 刘燕、楼建波:《金融衍生交易的法律解释——以合同为中心》,《法学研究》2012 年第 1 期,第 58-76 页。

⑦ 李智勇、刘任重:《我国场外金融衍生品市场监管问题探讨》,《中国软科学》2009 年第 10 期,第 55-59 页。

交易法律规则体系。[①] 董彪认为金融衍生品的风险与责任配置直接影响金融机构与投资者的利益。[②] 窦鹏娟指出金融衍生品的专业性、复杂性和风险性决定了对这一市场的投资者进行准入限制的必要性。美国、欧盟和日本等金融市场发达国家的投资者适当性制度各有特色,但也都存在着改进和完善的空间。我国作为金融衍生品新兴市场,已经初步建立了投资者适当性制度,但也存在着诸多需要改进的不足之处。改进和完善投资者适当性制度规则,除了应提高该制度在实践中的可操作性之外,还应调动金融机构履行适当性义务的主动性。[③]

二、整合时期:侧重于金融立法的统合研究

李健指出,金融结构是指金融行业各部分组成、分布、存在、规模、相互关系及配合状态,证券、银行、信托、保险和租赁等各金融行业的产业结构、资产结构、融资结构、市场结构和开放结构等基本可以反映一国金融结构的现状。[④] 刘志友指出,自我国金融"五法一决定"于 1998 年 3 月通过以来,对我国金融行业依法经营和管理起到了重要作用。可是一些综合性金融业务的监管则处于无法可依的真空状态。[⑤] 王元龙指出,世界上并没有绝对的安全,安全与危险是相对而言的。因此,金融安全应当是面对不断变化的国际、国内金融环境所具备的应对能力的状态。[⑥] 宣頔顺应金融危机后金融法

---

① 王旸:《英美法系的衍生工具交易商法律制度》,《金融研究》2008 年第 7 期,第 160-169 页。

② 董彪:《金融衍生品风险与责任配置的法律分析——以"原油宝"事件为例》,《南方金融》2020 年第 9 期,第 91-99 页。

③ 窦鹏娟:《金融衍生品投资者适当性的制度改进与规则完善》,《证券市场导报》2016 年第 6 期,第 71-78 页。

④ 李健:《优化我国金融结构的理论思考》,《中央财经大学学报》2003 年第 9 期,第 1-8 页。

⑤ 刘志友:《我国金融监管制度的有效性分析》,《审计与经济研究》2005 年第 1 期,第 69-72 页。

⑥ 王元龙:《关于金融安全的若干理论问题》,《国际金融研究》2004 年第 5 期,第 11-18 页。

制变革之势，从金融利益关系运动轨迹的社会视角，提出我国金融法重构路径。[①] 蓝寿荣指出，金融法的立法进程与我国改革开放以来市场经济发展相适应。金融法是金融业务和监管秩序的规范，使政府金融调控与监管行政行为有法可依。[②] 王德凡认为，应通过提升金融安全立法的层级，制定专门的金融安全监管法，建立完备的金融安全预警制度来强化金融法安全价值的基础性地位，同时，通过制度设计改进金融监管的组织结构、监管模式和监管形态以提升金融监管的效率，实现金融安全与金融效率的融通与互动。[③] 刘辉认为，法律不是万能的，金融法没有能力"生产"出一种适合一国经济发展的最优金融结构，但金融法作为经济法的分支部门，其对于纠正金融市场失灵和实际金融结构相较于最优金融结构的非理性偏离具有重要的功能性价值。[④] 孟飞认为，从比较法制来看，纽约州金融监管立法为中国地方金融监管立法的完善提供了借鉴，即在地方金融组织稳健和金融消费者保护的双重监管目标下，通过内设专门的部门和投诉处理机制，以及反金融欺诈制度，建立具有普惠金融特征的地方金融监管法律制度。[⑤] 邢会强指出，在"互联网+"时代，法典化的《金融服务法》的编纂变得更加经济、可行。法典的编纂不是法律形式发展的顶点和终结，法典化后的《金融服务法》应有健全的修订机制相配合。[⑥] 刘志伟认为金融基本法律应继续保留混业"但书"，还须进一步优化其价值功能、文本内容和条款结构，以应对竞相割据的

---

① 宣頔：《金融法重构之社会基础：金融利益关系统合化运动》，《中南大学学报》（社会科学版）2015 年第 2 期，第 43-52 页。

② 蓝寿荣：《论金融法的市场适应性》，《政法论丛》2017 年第 5 期，第 13-21 页。

③ 王德凡：《金融创新、金融风险与金融监管法的价值选择》，《国家行政学院学报》2018 年第 3 期，第 122-128 页。

④ 刘辉：《金融禀赋结构理论下金融法基本理念和基本原则的革新》，《法律科学》（西北政法大学学报）2018 年第 5 期，第 107-119 页。

⑤ 孟飞：《地方金融监管立法：纽约州的经验及启示》，《上海金融》2019 年第 10 期，第 55-61 页。

⑥ 邢会强：《论金融法的法典化》，《首都师范大学学报》（社会科学版）2016 年第 1 期，第 49-57 页。

金融监管和过度礼让的金融司法。[①]

1. 金融立法与金融风险防范研究

张忠军指出,自20世纪80年代以来,金融电子化、金融国际化以及金融创新的发展使金融业发生了翻天覆地的变化。实行金融运行、金融监管的法治化,既是维护一国金融安全、经济安全的重要内容,也是关系一国金融乃至整体经济竞争力的重要因素。[②] 刘庆飞认为防范系统性金融风险应是金融监管立法的一个基本目标,但世界各国均缺乏具有可操作性的系统性金融风险定义。[③] 王怡认为,以金融监管为核心的金融风险防范机制业已受到质疑,传统金融立法思路亟待革新;以金融风险防范为核心要务的金融立法应当被理解为一个以制度确权为基础,以制度控权为手段,以制度维权为保障的有机整体,一项涉及立法理念和立法维度的系统性工程。[④] 靳文辉指出,法律制度对于金融风险预警的指标选取与组织构造能发挥重要作用,可纠正金融风险预警的唯科学论,促进金融风险预警的技术取向与预警法律制度构造相融互通,推进金融风险预警的正当化、科学化和合理化。[⑤] 游家兴等指出,"工欲善其事,必先利其器",我国不能过分追求金融的快速发展而忽视制度建设,将金融发展纳入完备的法律制度框架,才能促进金融行业的良性发展。打造制度之利器,促进经济与制度协同推进。[⑥] 张晓晨指出,基于对监管理念的反思,监管者对法律规则本身也进行了改进,但这些改进更多是细节性和增量性的,而非根本性变革。英国经验对我国的启示是,规

---

① 刘志伟:《金融法中混业"但书"规定之反思》,《法学研究》2019年第6期,第93-114页。

② 张忠军:《金融立法的趋势与前瞻》,《法学》2006年第10期,第39-50页。

③ 刘庆飞:《系统性金融风险监管的立法完善》,《法学》2013年第10期,第37-44页。

④ 王怡:《论金融风险防范视阈下的金融立法》,《广西社会科学》2014年第3期,第101-106页。

⑤ 靳文辉:《金融风险预警的法制逻辑》,《法学》2020年第11期,第51-66页。

⑥ 游家兴、张哲远:《金融发展和危机传染:基于"法与金融"的研究视角》,《国际金融研究》2020年第6期,第3-13页。

则本身的完善固然重要，但更重要的是规则的实施过程。[①] 刘骏指出，因我国中央层面对民间金融的关注度不高，全国性的制度供给出现了缺位。但是，地方层面出于自身控制金融资源的动力和应对民间金融风险的需求，在实践中介入了民间金融制度的供给，这在一定程度上打破了中央垄断金融制度供给的刻板印象。[②] 胡光志等认为，近年来地方政府在属地风险处置上逐渐开始承担部分责任，这在一定程度上可助益区域性风险的有效防范，但其参与治理依旧面临着诸多的法治困境：治理体系上，主要表现为规范地方政府权责利的基础性法律制度缺失，地方性法律制度混乱；治理能力上，主要表现为治理理念模糊，治理方式单一，能力转换不足和法治意识不强。这就需要以法治方式合理确定地方政府在金融风险治理中的权责利，从静态的"法"和动态的"治"两个维度构建地方政府参与金融风险治理的法治路径。[③]

2. 金融监管法律制度研究

胡滨指出，当前各国政府都达成了共识：必须建立一套完整、全面并且行之有效的规范金融机构的法律和监管制度。在金融监管、金融法律制度建设方面，中国应一如既往地加强金融市场的基础性法律制度建设。[④] 贺小丽指出，2008 年全球金融危机爆发之后，各主要发达经济体都进行了反思性的金融监管改革，美国在机构监管基础上适度加强了功能监管，英国将综合监管彻底变革为新的双峰监管，OECD 明确建议由强调合规性监管转向注重

---

① 张晓晨：《我国金融监管的立法选择：以英国危机应对为鉴》，《浙江工商大学学报》2015 年第 4 期，第 55-64 页。

② 刘骏：《金融制度的地方性供给：源自民间金融的制度经验》，《社会科学》2018 年第 8 期，第 55-64 页。

③ 胡光志、苟学珍：《论地方政府参与金融风险治理的法治困境及出路》，《现代经济探讨》2020 年第 10 期，第 112-119 页。

④ 胡滨：《完善金融监管与立法 积极应对金融危机》，《中国金融》2009 年第 8 期，第 42-43 页。

风险控制性监管,而且部分监管改革成果被明确规定在相关法律中。[①] 曹凤岐认为,从长远看,中国应当建立统一监管、分工协作和伞形管理的金融监管体系。中国金融监管体系的改革目标应当是建立一个统一的金融监管机构(中国金融监督管理委员会)进行综合金融管理。[②] 曹凤岐提出,我国金融监管体系改革需要探索综合与统一监管路径,不断满足混合经营与金融创新的需要。加强宏观金融审慎监管,从整体上保障金融系统稳定性,同时注重保护投资者合法权益,并不断完善与金融监管体系改革相配套、相衔接的制度。[③] 曹凤岐认为金融监管当局的能力建设需要放在更加突出的位置,监管能力应与金融业务和金融创新的发展保持动态协调。要加快金融监管法规、制度和机制建设,严防出现严重的"监管真空"和"监管死角"。[④] 邢会强认为应将国务院金融稳定发展委员会定位为"金融政策委员会",目的在于保障金融效率、金融安全和金融公平之间的平衡。同时,为了使国务院金融稳定发展委员会的职权实现法定化,落实"全面依法治国",建议修改《中国人民银行法》,增设国务院金融稳定发展委员会的相关职权条款,必要时制定《国务院金融稳定发展委员会条例》和《中华人民共和国金融稳定法》(以下简称《金融稳定法》)。[⑤] 郑彧指出,尽管当今世界进入金融混业和金融控股风起云涌的时代,但那些历经人类上千年金融发展历程所呈现的以"支付中介—信用中介—信用交换—风险转移"为主线的金融工具方式并未发生实质性改变。因此,在可被预见的将来,以直接融资和间接融资为主要区分

① 贺小丽:《我国金融监管法立法目的条款的问题及完善》,《甘肃社会科学》2016 年第 5 期,第 183-188 页。

② 曹凤岐:《改革和完善中国金融监管体系》,《北京大学学报》(哲学社会科学版)2009 年第 4 期,第 57-66 页。

③ 曹凤岐:《金融国际化、金融危机与金融监管》,《金融论坛》2012 年第 2 期,第 10-15 页。

④ 曹凤岐:《美国金融监管改革法案的启示》,《中国中小企业》2010 第 9 期,第 61-63 页。

⑤ 邢会强:《国务院金融稳定发展委员会的目标定位与职能完善——以金融法中的"三足定理"为视角》,《法学评论》2018 年第 3 期,第 88-98 页。

的分业监管模式仍会是实现“功能监管”最为有效的监管方式。[①]

3. 互联网金融监管法律制度研究

徐冬根认为创新性科技逐步向金融领域渗透并与金融进行深度跨界融合，产生了金融科技和监管科技等诸多新业态，并使金融行业的生态系统发生了重大变化，进而引起金融监管、金融法治和金融法律规范的新变化。[②]杨东指出互联网金融对金融风险结构的创新，在缔造以金融消费者为中心的竞争型融资市场的同时，也让金融消费者在金融风险分散与利用中首当其冲。[③] 李爱君认为，互联网金融监管需要以安全、公平、效率和平等为价值目标，在资金端增加投资者信息，防范市场逆向选择和道德风险，增加监管规模效应[④]；并进一步指出，需要明确互联网金融监管主体和监管机构的职责体系，加强金融消费者权益保障，强化信息披露制度，并对互联网金融机构的公司治理结构进行特殊设计。[⑤] 李曙光则认为，应当成立国家互联网金融发展监管委员会，统一筹划，并负责互联网金融发展的顶层设计，坚守住不发生系统性风险的底线。[⑥] 黄韬认为，各国的制度实践充分表明了互联网技术对证券市场监管规则发展的深远影响，技术进步所导致信息不对称的缓解助推了融资活动管制的局部放松，因此未来我国证券法律制度的改革有必要回应技术变革对金融市场监管规则所带来的积极影响。[⑦] 靳文辉认为互联网金融运行的基本事实和风险的具体状态决定了对互联网金融的监

---

① 郑彧：《论金融法下功能监管的分业基础》，《清华法学》2020 年第 2 期，第 113-128 页。

② 徐冬根：《论法律语境下的金融科技与监管科技——以融合与创新为中心展开》，《东方法学》2019 年第 6 期，第 106-113 页。

③ 杨东：《互联网金融风险规制路径》，《中国法学》2015 年第 3 期，第 80-97 页。

④ 李爱君：《互联网金融的法治路径》，《法学杂志》2016 年第 2 期，第 49-54 页。

⑤ 李爱君：《互联网金融的本质与监管》，《中国政法大学学报》2016 年第 2 期，第 51-64 页、第 159 页。

⑥ 李曙光：《论互联网金融中的法律问题》，《法学杂志》2016 年第 2 期，第 42-48 页。

⑦ 黄韬：《股权众筹兴起背景下的证券法律制度变革》，《北京工商大学学报》（社会科学版）2019 年第 6 期，第 105-115 页。

管必须是综合整体性监管和专业性监管相结合的复合型监管,必须是灵活、适应和富有弹性的回应型监管。① 周仲飞认为,金融监管新范式基于金融科技背景下金融风险泛化的现实,需要从金融监管顶层设计层面提出对金融监管理念、体制和方法进行改变,无论是对我国还是国外的金融监管均具有一定的普适性。② 杨松等认为,科技在金融监管中的应用须转化为具体的可操作的法律制度方能达致良治之功效,故而,金融科技监管的核心在于监管科技的法制化。③

4. 域外相关代表性研究成果

Mckinnon 认为相较于发达国家,萌芽阶段的发展中国家金融发展水平较低,同时缺乏规范金融发展的制度体系。政府过度干预金融市场,压制市场良性竞争。基于发展中国家的金融市场的政府干预本质,提出了金融抑制论和金融深化论。④ Boot 对比了银行主导型金融结构,认为市场主导型金融结构更有优势,因为在银行主导型金融结构中,金融中介结构对企业发展是有负面效应的。世界银行也认为在发展中国家应该扩大证券发行规模,建立发达的金融市场。⑤ 还有学者指出,在一国经济发展的不同阶段,不同的金融结构可能更有利于促进经济活动。金融结构是一个独立的金融政策考虑因素,最优组合的变化表明,随着国家的发展,适当调整金融政策和制度是可取的。

---

① 靳文辉:《互联网金融监管组织设计的原理及框架》,《法学》2017 年第 4 期,第 39-50 页。

② 周仲飞、李敬伟:《金融科技背景下金融监管范式的转变》,《法学研究》2018 年第 5 期,第 3-19 页。

③ 杨松、张永亮:《金融科技监管的路径转换与中国选择》,《法学》2017 年第 8 期,第 3-14 页。

④ McKinnon R I. Money and Capital in Economic Development. Brookings Institution Press, 1973. 转引自周悦:《金融体系与实体经济发展适配效应研究》,吉林大学博士论文,2020。

⑤ Boot A W A, Thakor A V. Can relationship banking survive competition? The Journal of Finance, 2000, 55(2): 679-713.

三、深化与升华时期：开启虚拟经济法的研究

整合性、系统性的虚拟经济法研究，对保障我国虚拟经济安全具有积极的指导意义，因此针对分散主题研究的优秀成果，目前有进一步整合和深化的趋势。

（一）明确的相对性：与实体经济相对的虚拟经济立法

虚拟经济立法是在学者们研究如何规范虚拟经济时提出的一个概念，虚拟经济规范问题以前主要是经济学界比较关注的，近来才引起法学界的关注。因此，对虚拟经济立法问题国内外还很少有人进行专门研究。刘少军认为胡光志教授在其论著中率先提出了虚拟经济法的概念，并对其进行了较为深入的探索。[①] 胡光志指出虚拟经济立法是虚拟经济在法律上的反映，虚拟经济立法是关于虚拟经济的法律规范的制定，目标是虚拟经济法律规范的体系化，因此，虚拟经济立法也是虚拟经济法治化的过程。[②] 刘少军认为虚拟经济法不仅是规范虚拟经济的法，它还必须是以社会整体经济利益为目标，调整整体虚拟经济关系的法律体系。[③] 胡光志认为，中国虚拟经济既往的制度（包括法律制度）供给模式是“以国家主义为中心、以行政控制为主导的强制性供给模式”，随着市场经济的不断完善，这种模式的弊端日益明显，今后必须向“多元、开放和法治的制度供给模式”移转。[④] 胡光志等进一步指出，虚拟经济立法需借助地方发力，立足地方优势，实现体制和制度方面的创新，既能为本地虚拟经济发展创造良好环境，也能为中央虚拟经

① 刘少军：《“虚拟经济法”的理论思考》，《中国政法大学学报》2009 年第 6 期，第 73-86 页、第 159 页。
② 胡光志：《虚拟经济及其法律制度研究》，北京大学出版社，2007，第 207-208 页。
③ 刘少军：《“虚拟经济法”的理论思考》，《中国政法大学学报》2009 年第 6 期，第 73-86 页、第 159 页。
④ 胡光志：《中国虚拟经济制度供给模式之转变》，《西南民族大学学报》（人文社科版）2006 年第 9 期，第 67-74 页、第 249 页。

济立法积累经验。[①] 胡光志等认为虚拟经济产生的基础是信用,信用对于虚拟经济的发展具有双面性,信用失范将对虚拟经济的市场秩序、投资者信心产生不利影响,严重的信用失范会带来虚拟经济危机,因而需要立法规范。[②] 洪银兴认为,金融危机产生的关键因素是因为虚拟经济过度背离了实体经济,信用产生的虚拟资本的量是有界限的,超出界限就很可能引发金融危机。[③]

(二)突出的独立性:实体经济法与虚拟经济法

胡光志发现传统的经济法体系主要是围绕实体经济而建构,但在虚拟经济语境下重新审视这一体系就显得有必要。[④] 在此基础上,胡光志进一步提出重新构造"两元纵向"的经济法体系,即实体经济法和虚拟经济法两个并行部分,进而可将经济法分为实体经济法、虚拟经济法、宏观调控法和社会分配与社会保障法。[⑤] 宣蓓认为学界对于虚拟经济法的地位仍有争议,需要明确虚拟经济法在法律体系中的归属问题,但虚拟经济法与传统的金融法既存在紧密联系也存在区别,虚拟经济是与实体经济协调发展的一个概念。[⑥] 邵文郁认为,虚拟经济法与实体经济法都以整体经济利益为法律目标,以整体经济关系为调整对象,但后者关注与实体财产相关的整体经济关系,前者侧重于与虚拟财产相关的整体经济关系。[⑦] 张莉莉等认为,虚拟经济依托实体经济而发展,并脱离实体经济形成自己独立运行的、以虚拟财产

---

① 胡光志、雷云:《法律制度供给与地方虚拟经济立法问题》,《重庆社会科学》2008 年第 9 期,第 55-60 页。

② 胡光志、杨署东:《完善地方立法促进重庆虚拟经济发展的思考》,《中国西部科技》2008 年第 31 期,第 60-63 页、第 84 页。

③ 洪银兴:《虚拟经济及其引发金融危机的政治经济学分析》,《经济学家》2009 年第 11 期,第 5-12 页。

④ 胡光志:《虚拟经济法的价值初探》,《社会科学》2007 年第 8 期,第 105-113 页。

⑤ 胡光志:《虚拟经济及其法律制度研究》,北京大学出版社,2007,第 225-226 页。

⑥ 宣蓓:《国际虚拟经济立法规制问题研究》,南京财经大学硕士论文,2010,第 18 页。

⑦ 邵文郁:《经济法与虚拟经济法的思考》,中国政法大学硕士论文,2009,第 34 页。

为对象的经济形态。[①] 张莉莉进一步指出，经济法律制度是后危机时代虚拟经济健康发展的重要保障，将来需要从提供有效的宏观调控和微观规制制度、构建市场主体经济法律责任等方面来完善。[②]

（三）内部的统一协调性：未来虚拟经济立法的统一协调重任

目前虚拟经济立法仍然没有统一的理念、系统的理论、明确的立法原则等，故极难实现统一，其价值很难发挥。胡光志认为，随着虚拟经济成为经济运行的主要形态和市场经济的最高形态，虚拟经济法已然成为必要的存在，并对法学理念与法律体系的变革产生重要影响。[③] 胡光志认为，基本范畴的构建是一切理论研究的逻辑起点，是任何学科及其分支学科赖以建立的认识论基础。要将虚拟经济法作为一门新的法律来研究，就必须从其基本范畴入手。虚拟经济法的概念、对象和体系是虚拟经济法最基本的范畴。虚拟经济法应由外汇法、证券法、期货法、金融衍生品法等构成，并以此为基础，重构经济法的体系。[④] 他还从哲学的高度概括了虚拟经济安全立法的目的与宗旨，决定了虚拟经济安全立法的特征与原则，并形成一个与之密切相关的价值体系，统一在整个虚拟经济法体系中。因此，虚拟经济立法的价值，要解决的是虚拟经济法发挥作用的思想根源和最终目的。[⑤] 只有把握虚拟经济立法的独特价值体系，才能从理性与逻辑的高度制定虚拟经济法律制度。[⑥]

---

① 张莉莉、王文君：《论经济法对虚拟经济的规制不足及其完善》，《公民与法》（法学版）2010 年第 9 期，第 39-41 页。

② 张莉莉：《后危机时代虚拟经济与经济法的适应性问题分析》，《现代经济探讨》2011 年第 1 期，第 48-51 页。

③ 胡光志：《虚拟经济法的价值初探》，《社会科学》2007 年第 8 期，第 105-113 页。

④ 胡光志：《虚拟经济及其法律制度研究》，北京大学出版社，2007，第 207-226 页。

⑤ 胡光志：《虚拟经济及其法律制度研究》，北京大学出版社，2007，第 231 页。

⑥ 胡光志：《虚拟经济法的价值初探》，《社会科学》2007 年第 8 期，第 105-113 页。

第三节　既往学术研究的主要贡献与不足

通过前述的学术梳理可知,涉及"虚拟经济运行安全"的相关研究已经蔚为大观,并提出了诸多新理论、新观点和新见解,这对于相关问题研究的深化和拓展无疑具有十分重要的意义。故此,为了更好地审视并推进既有的研究,笔者不揣浅陋地将上述成果的贡献与不足概括一二。

一、既有研究的贡献

有关本命题的既有研究,主要集中在经济学界和经济法学界。其贡献当然也应当从这两个角度去考察。

(一)经济学相关研究的贡献

"虚拟经济"自刘骏民教授引入经济学的学术话语以后,在经济学界引起了较大的反响。当前学界已经就"虚拟经济的特征""虚拟经济的价值""虚拟经济与实体经济的关系""虚拟经济与金融危机"等问题展开了一系列的阐述和探索,并形成了一系列具有代表性的研究成果和研究团队,也使得虚拟经济切实成为经济学研究中不可回避的一个重要课题。

正是因为虚拟经济概念本身的创新性,开启这一大门的经济学研究的首要贡献便是用这个新的概念概括了传统的金融概念,并且更为实质地指明了金融活动的实质以及其与实体经济的关系,这对于整个经济学研究都是一个重大突破。近年来,实践中繁荣的虚拟经济及其繁荣背后的危机更加凸显了虚拟经济在现实中的重要影响,依笔者之见,有关虚拟经济的经济学研究最为重要的贡献在于,虚拟经济的相关学说和理论成为诠释金融危机的当代经济理论之一,并且应该是最具有解释力的理论之一。根据相关学说,虚拟经济的诞生是实体经济运行的必然结果,虚拟经济的发展需要实体经济的支撑,进而虚拟经济又会促进实体经济发展,虚拟经济需要与实体经济均衡发展。故而,一旦虚拟经济与实体经济的发展失衡,必然诱发相关的问题,最为严重的即是金融危机乃至于经济危机。在人类社会的发展历程中,金融危机或者经济危机已经在部分地区乃至全球范围内出现过多次,给人类社会造成了巨大的伤害,而传统的理论陷入了“治乱循环”的历史周期中,并没有在本质上释明“为什么”这一深层次的问题,所以也就没有从根本上提出应对金融危机或经济危机的方案。当然,虚拟经济作为一个处于发展中的经济学理论并不够完善,也不能一劳永逸地完全解决困扰千百年来的发展问题,但它可以作为我们解释和认知传统问题的新视角和新方向。我国的国家高层在近年来的官方话语中将金融的“脱实向虚”作为诱发“系统性金融风险”的一个重要方面,也表明了这一理论正在为实践所接受和运用。

(二)法学相关研究的贡献

如上所述,虚拟经济原本是经济学的新兴概念,但考虑到这一全新的概念可能引起我们对市场经济发展格局的全新认知,因此笔者于本世纪初即给予了密切的关注,后将其引入到法学研究领域,并引起了经济法学界的关注,也日渐形成了一套“虚拟经济法治理论”,其核心在于规范虚拟经济的运行和保障虚拟经济的发展,这与本课题所关注的“虚拟经济运行安全”高度相关。综合这些年来的研究进展和目前状况,笔者拟将相关研究的主要贡献概括为以下两个方面:

其一,厘定了虚拟经济的法治保障框架。市场经济是法治经济[①],市场经济的发展离不开法治的保障,以规制政府经济权力和规制市场行为为使命的经济法是市场经济法治中的重要组成部分。虚拟经济作为一个与实体

---

① 卫兴华:《社会主义市场经济与法治》,《经济研究》2015 年第 1 期,第 10-12 页。

经济相对应的概念,共同构成了现代市场经济的基本面相,虚拟经济法治保障的重要性不言而喻。当前的相关著述从虚拟经济理念出发,在对虚拟经济与金融危机之间的关系进行分析的基础上,探讨了虚拟经济运行的法律环境,阐述了虚拟经济发展中国家干预的理由、职责和功用,构建了一个基本的虚拟经济法治保障框架。毋庸置疑,既有研究中的深化与升华整合的理论意义是显而易见的。当然,相关研究仍然不够成熟,但对于虚拟经济的法治保障而言,却具有十分重要的理论意义,可谓是逐步开辟了一个新的时代。

其二,拓展经济法的研究领域和路径。有学者曾经指出研究范式的混乱、理论框架不清晰、缺乏构建理论体系的方法与工具以及理论方法与技术的分离四个因素削弱了经济法理论的解释力①,经济法理论的变革与创新是这一学科保持科学性的生命力的现实要求。既有的研究所形成的"虚拟经济法学理论"以虚拟经济概念为统率,将证券、期货和金融衍生品等法律制度作为一个系统来阐述,突破了传统的研究范式;认为虚拟经济是靠法律支撑的一种经济形态,虚拟经济立法的核心价值是安全,基础价值是秩序与效率。在此基础上,建构了虚拟经济法学的体系,从虚拟经济法的基本范畴入手,缜密分析,为虚拟经济法学的理论奠定了逻辑起点和认知基础;提出了以虚拟经济理念重建经济法体系的新主张,认为经济法体系应当由虚拟经济法、实体经济法、宏观调控法和社会分配与保障法等子部门构成的新观点。也许,虚拟经济法的提出并不足以构成经济法学理论体系中的革命性的突破,但是其从实体经济和虚拟经济的二元视角来重新搭建经济法的体系本身却是一个认知方式的重要革新。

---

① 岳彩申:《理论的解释力来自哪里:中国经济法学研究的反思》,《政法论坛》2005 年第 6 期,第 17-31 页。

二、既有研究的不足

诚然,我们在看到既有研究的重要贡献之余,也要审视相关著述可能存在的不足,如此也是推动相关研究进一步发展与繁荣的一个必经流程。故而,本课题也将考量现有研究存在的不足。

(一)既有经济学研究的不足

自虚拟经济被引入经济学话语体系中以来,其作为一个与实体经济相对应的概念具有一定的解释力,然而,在更青睐于效率而非安全的经济学场域中,虚拟经济的效率问题明显要比虚拟经济安全受到更多的关注,相关的成果与著述较为直观地体现了这一点,这本身就是经济学研究中的一个不足。

当然,与“虚拟经济运行安全”更为相关的经济学研究很多尝试从虚拟经济与实体经济的关系以及虚拟经济与金融危机的关系等方面进行拓展,并针对虚拟经济的健康发展提出了一些极具解释力的论点和建议。然而,依笔者之见,相关著述在此方面仍然缺乏突破,那就是鲜有研究将制度规范作为一个保障虚拟经济健康发展的变量或者因素。市场经济需要法治保障已经是毋庸置疑的普遍经验,经济学与法学的合作与融合已经取得了较大的成绩,形成“法与经济”等颇具特色的交叉学科,更有特别重视制度规范的制度经济学学派的发展壮大,法治本身也成为一个影响市场经济发展的重要变量。即使如此,法律保障或法治保障在虚拟经济的研究中并不多见,笔者认为这可能与“虚拟经济”本身作为新兴概念有一定的关系,相关研究尚未全盘吸纳和融入传统经济学的研究范式和思考视角。因此,我们认为,将来的经济学研究从法律角度寻求保障方案是一个值得探索和尝试的新领地。

(二)既有法学研究的不足

虚拟经济主要是经济学领域中的一个重要词汇,法学界对其关注较晚,这一概念只是在近几年才进入法学研究的视线,因而国内外对虚拟经济法、虚拟经济法律制度的研究可以说才刚刚起步,不仅相当零散、缺乏体系化,也缺乏应有的深度,有待进一步深入研判。具体而言,目前有关虚拟经济法学理论的研究存在以下几方面的不完善之处:

1. 分业研究主导引致虚拟经济法学研究的统摄性不足

现有虚拟经济法学研究受制于传统经济体制,大多从银行、证券、期货及金融衍生品等细分行业出发,对这些经济活动和经济现象进行研究。这种被我们称为“点式星状”的虚拟经济立法理论,随着虚拟经济的飞速发展和时代的巨大变迁,而显露出了其个别、分散、层次难以上升和统摄性严重不足的固有弊端。

虚拟经济发展旨在实现“实体经济发展——虚拟经济产生——提供更多资金——整体经济繁荣”的良性循环。然而,随着经济进一步发展,虚拟资本和虚拟经济形式不断创新,在整体经济第一循环层次外,形成了“获得虚拟资本——投资虚拟经济领域——获得虚拟资本——再投资虚拟经济领域”的第二循环层次,产生了一个基本独立于实体经济的虚拟经济循环体系。虚拟资本自身不能创造实体财富,因此还隐含着第三个层次的循环,链接起实体经济与虚拟经济“获得虚拟资本——投资虚拟经济——参与实体经济——获得收益——回报投资——获得虚拟资本——再投资”。实际上,大多数学者均认识到了虚拟经济的重要性,认为虚拟经济的产生是经济发展到存在富余资金阶段的结果,虚拟经济制度的出现为实体经济发展提供了更多可用的资金,进而推动国家经济繁荣。对此,学界有少部分学者试图以“金融”概念来作为统领进行统摄性研究,但目前的研究仍然存在“只见树木不见森林”的局限,或者仍然无法冲破传统的“金融”观念与当下“实体经济与虚拟经济并存”的二元格局和相应的思维模式接轨,其结果必然是很难从虚拟经济整体和全局考量问题,很难照应虚拟经济与实体经济互动的宏观经济问题,也很难从虚拟经济全局以及整个国家经济格局层面提出战略思考和法律对策。进一步来看,因受传统的一元经济体制观念的制约,受传统法律按行业、按事项立法习惯的束缚,目前的虚拟经济立法并无统一的概念、范畴和理论作指导,银行法、证券法、期货法及其相关的立法,仍然是点式展开,星状分布,结果是各自为政,多头规范,九龙治水,在理念、原则及具体规定方面多有脱节和冲突。实际上,无论是世界上其他国家还是中国,虚拟经济日益成为一个自我循环和自我膨胀的体系,虚拟资本积累速度远超国内生产总值,利率、汇率等价格机制与经济基本面脱节,反过来决定实体经济的消费和投资。从基本原理上看,与实体经济的市场秩序一样,虚拟经济的市场秩序作为“自生自发”秩序的一种,在调节着社会资源配置的同时,也会因为市场的天然缺陷而出现不同程度的混乱。此外,虚拟经济中“经济人”投机效应进一步放大。与实体经济不同,虚拟经济的发展过程伴随着非常严重的投机行为,经济人那种自私自利和搭便车行为在虚拟经济中表现得更加突出。与实体经济市场秩序不同,虚拟经济市场秩序的混乱还具有很强的负外部性,并且这种混乱具有很高的传染性,如果放任这种虚拟经济市场秩序的混乱,就会导致虚拟经济市场在资源配置方面的功能出现紊乱,最终危及整个市场经济的发展。因而,无论是应对危机还是解决后危机时代的许多问题,都需要从“点式星状”立法向统一立法转型,依法调整经济结构,促进虚拟经济科学规划和健康发展,实现经济的整体效益和效率。[①] 整个虚拟经济之经济法治的完整性、体系性、统一性似乎是一个毋庸讳言的话题,因为按照传统法律的一般认识,建立完善的虚拟经济法治体系是“法律

① 张守文:《当代中国经济法理论的新视域》,中国人民大学出版社,2018,第201页。

科学”的必备要件。[①] 在此基础上方能实现虚拟经济法学研究的统摄性。

进一步深剖,虚拟经济与实体经济分别立法的二元框架能够反映虚拟经济与实体经济之间的本质差异和联系。虚拟经济配套立法主要集中在虚拟经济的基础法律制度——如产权、合同、货币、现代企业制度,以及其他虚拟经济基础法律制度,如虚拟经济主体、客体、监管等法律制度。[②] 虚拟经济的具体基础法律制度改善,包括宏观调控法的完善、金融监管制度的创新、中小金融机构和农村金融机构的促进制度、虚拟经济运行中公司制度的重构、高管人员的任职资格和薪酬调控制度等。虚拟经济“点式星状”的立法模式是由虚拟经济逐渐发展和完善的历史过程决定的。从实体经济虚拟化现象开始,至作为实体经济虚拟化开端的货币,最后达到经济虚拟化的高级形态——虚拟经济,是一个缓慢加速的过程。在虚拟经济形成和完善过程中,不断出现虚拟资本的形式创新。尤其是互联网信息技术以及区块链金融科技等手段的出现,不仅重建了新的商业结构和模式,而且极大地创新和改善了虚拟经济的活动方式。时至今日,虚拟经济立法对虚拟经济的规范和调整仍呈现出亦步亦趋的跟随状态,缺少主动性、引导性和安全性。究其根本原因,虚拟经济立法多局限于个别虚拟资本调整的“分散、个别”立法模式,以应对和解决某一领域的问题为出发点,既未从国家经济系统的角度考虑虚拟经济与实体经济的关系,亦未考虑虚拟经济自身的特点而形成具有基本指导意义的虚拟经济基本法。

2. 二元经济视角下虚拟经济立法的基础理论严重不足

法学是研究法律如何调整和规范社会关系的学问。基于虚拟经济而形成的社会关系是一种新型的、十分重要的社会关系,它在促进经济发展,给

---

① 甘强:《体系化的经济法理论发展进路——读〈欧洲与德国经济法〉》,《政法论坛》2018 年第 5 期,第 151-161 页。

② 胡光志、雷云:《法律制度供给与地方虚拟经济立法问题》,《重庆社会科学》2008 年第 9 期,第 55-60 页。

社会带来极大便利的同时,也隐含着极大的风险。整体经济发展需要虚拟经济的发展和创新,创新是虚拟经济发展的要义和动力。虚拟经济创新可以弥补市场的不完整,满足市场需求,包括融资需求和流动性需求;可以降低交易成本,促进技术创新;还可以规避和分散风险等。现代市场经济已发展成为实体经济和虚拟经济同时发展、相互依存、互相促进,实体经济和虚拟经济并存的“二元”经济时代,虚拟经济占一国经济的比重日益上升。因而,虚拟经济法学研究对于虚拟经济功能发挥具有重要意义。目前对虚拟经济领域中的银行、货币、证券和包括期货在内的金融衍生品等单一领域法律制度的研究较为充分,但缺乏对虚拟经济法律制度整体性和统一性的基础理论研究,没有把上述主体纳入一个统一的体系中加以认识,这种仅从某个学科,某个领域的角度,或某个单一问题的角度,或某个机制建立的角度的分析方法,呈现出“只见树木不见森林”的研究局限,有关整体虚拟经济法律制度的基础理论、宏观把控和体系化构建仍属“空中楼阁”,有待深入探索。近年来,胡光志教授从现行法律体系中抽象出虚拟经济法的概念,但是虚拟经济法学与法学及经济法学的关系,虚拟经济法的定位、调整对象、基本理念、价值取向、基本原则,虚拟经济法的体系构成,虚拟经济法的调整方法,虚拟经济法的责任制度等一系列重大的基础理论问题,国内专著仅有胡光志教授的《虚拟经济及其法律制度研究》《中国遏制与预防金融危机对策研究——以虚拟经济安全法律制度建设为视角》等书进行过相关研究,有关论文也屈指可数,且有关虚拟经济法学研究呈现分散化、碎片化的特征,缺乏系统性的深入研究。整合性、系统性的虚拟经济法学研究有助于研究思路的统一,对我国虚拟经济运行安全的法律制度保障具有更积极的指导意义。因此,针对目前分散主题研究的优秀成果,目前有进一步整合、深化的必要。当下虚拟经济法学研究才开始起步,基础理论还相当薄弱,迫切需要学术界进行系统而深入的研究。同时,虚拟经济的发展和壮大深刻地改变了人类的交易方式和手段,其所涉及的学科包括经济学、管理学、法学、社会学等诸多学科,但是现阶段的研究常常囿于学科的划分而被人为割裂,学科之间缺乏沟通和互动。在法学学科领域,一方面对虚拟经济的整合性研究成果极端匮乏,主要集中于经济法领域,另一方面经济法学之外的其他部门法学研究更是屈指可数,因而有必要整合宪法、经济法、行政法、民法和商法等部门法学,对虚拟经济法学基础理论进行更为系统和专业的研究,以增强虚拟经济法学研究的解释力和指导意义。当然,虚拟经济法学植根于虚拟经济,因而经济学界的研究仍不可偏废。虚拟经济法学研究仍需要考察、借鉴经济学和政治学等学科的研究成果。在深入并准确把握我国虚拟经济法学研究本土资源的基础上,借鉴国外成熟的理论和实践经验,理清我国虚拟经济发展需求,只有如此,才能推动我国虚拟经济法学基础理论研究迈上新的台阶,才能为我国虚拟经济法律制度建构提供助力。

3.“点式星状”格局凸显虚拟经济具体法律制度的研究单薄

虚拟经济立法,需要从分析和研究虚拟经济关系入手,选择虚拟经济立法的模式,明确虚拟经济立法的宗旨,确定虚拟经济关系主体的职责和权益,以及规定保障虚拟经济运行的法律责任等。现阶段,虚拟经济产生和发展的分散性表征导致虚拟经济法律制度的分散化和个别化特征,并自然生成了我国虚拟经济分散立法模式。纵观现有的虚拟经济法律制度,呈现出了明显的“点式星状”现象,即针对银行、证券、保险、期货等不同领域分别进行立法,如在银行领域制定《中国人民银行法》和《商业银行法》等;证券行业通过制定《证券法》等规范证券市场。当然,“点式星状”立法模式并非缺陷百出而无一利,在立法技巧尚不成熟、法律制度尚不完善的条件下进行分别立法更节约立法资源,可以避免立法错误,提高立法的适用性。但是,对于虚拟经济法律制度而言,目前“点式星状”立法模式已经导致某些领域不同法律规定有所出入而呈现出矛盾,难以达到“公平统一”的法律效果。由此深入分析发现我国数量众多的虚拟经济法律规范之间缺少联系和协调性,不能反映虚拟经济区别于实体经济的特性,也不能反映虚拟经济不同领域的共性,即我国虚拟经济法律规范并没有形成有机统一的法律规范体系。在实体经济与虚拟经济并存的二元经济时代,这种格局存在多种弊端,而目前已经到了“点式星状”立法向统一立法转型的时代。

“点式星状”立法转向统一立法是一个过程问题,不是一蹴而就的,需要在总结经验教训基础上才能完成。如今,我国的虚拟经济法律制度已经初具规模,但仍处于不断完善之中,具体表现为以下几点:(1)庞杂的虚拟经济法律制度缺乏一个统领,并没有形成一个紧密合作的虚拟经济法律制度体系,行业分工的特色十分明显,进而也形成了各自较为独立的“点式星状”立法模式;(2)虚拟经济法律制度的供给受到了行政权力的主导,这不仅是过去的写照,也在最新的立法动向中有着明显的体现,不同行业的监管机构在立法中均扮演了十分重要的角色,有学者将中国虚拟经济制度的供给模式概括为“以国家主义为中心、以行政控制为主导的强制性供给模式”;(3)虚拟经济法律制度的供给主要是由中央层面统合,地方层面能够涉足的领域较少;(4)既有的虚拟经济法律制度过于关注虚拟经济本身,而忽视虚拟经济与实体经济的整体对接问题,譬如证券法仅仅关注证券的发行和交易等一系列行为,而尚未体现证券融资如何为融资的实体经济发展服务的内在目标;(5)我国现行的虚拟经济法律制度大多是针对封闭和半封闭经济条件下的制度需求制定的,而在开放经济条件下,虚拟经济法律制度的环境已经发生了根本变化,因此虚拟经济法律制度本身也应随着适用环境的变化而作出调整。概言之,当前我们需要全面检讨现行虚拟经济法律制度的制度安排,明确虚拟经济保障法律制度概念、内涵与功能,研判分析我国现行虚拟经济法律制度存在的主要问题,推动我国虚拟经济法律制度从“点式星状”立法向统一立法转型。

针对虚拟经济“点式星状”立法模式的缺陷,经济法学家认为虚拟经济立法需要向统一立法转型,对于虚拟经济立法需要从“点式星状”立法转向虚拟经济统一立法学界似乎并未有太大争议,但对虚拟经济统一立法的模型选择却不统一,例如对于如何实现转型,转成什么型的观点仍存争议,因此,虚拟经济统一立法的模式选择就成为不可避免的问题。当前虚拟经济立法模式的基本含义、重要价值和影响因素等均暂未厘清,难以为虚拟经济统一立法奠定基础,也难以保障虚拟经济法律规范的协调性和体系化。目前来看,可以将虚拟经济立法模式分为独立、个别的“点式星状”模式和集中、统一立法模式,但从“点式星状”模式向统一立法模式转变仍存在较大研究空间,抑或存在较大困难有待解决。首先,虚拟经济与实体经济的客观差异决定了虚拟经济统一立法无论是立法宗旨、基本原则还是法律制度等方面均与实体经济立法不同。实体经济的直观性、直接性和基础性等已经完整地形塑了实体经济立法的基本价值、基本原则和基本制度等。虚拟经济从实体经济的逐步虚拟化开始,逐渐而缓慢地形成虚拟经济现象,再到虚拟经济形态。伴随虚拟经济缓慢渐进化的形成过程,虚拟经济立法规制则表现出更为明显的因应性和被动性。虚拟经济立法的被动性和因应性特征使虚拟经济立法形成了独立且个别的“点式星状”模式。如今,虚拟经济已经发展成为一种与实体经济并列的经济模式,然而虚拟经济独立且个别的“点式星状”立法模式却很难直接过渡到能与实体经济法相对应且回应虚拟经济基本特征和整体状态的统一立法模式。其次,目前虚拟经济法律制度的内容已经非常宽泛,包括银行法、货币法、证券法、期货法以及其他金融衍生品法律制度规范等,但虚拟经济法律规范没有任何体系化和系统性可言。无数单个的虚拟经济法律、法规和规章就如同毫不相关的“树木”孤独地站在虚拟经济法律规范的森林里。既看不到虚拟经济法律规范的整体性特征,也缺少虚拟经济法律制度规范之间的关联。要促进和保障虚拟经济有限发展,就应当促进虚拟经济立法由独立、个别的“点式星状”模式向集中、统一的立法模式转变。但需要直面的问题是虚拟经济统一立法如何协调虚拟经济与实体经济的关系?如何体现虚拟经济法律规范的整体性和统领性?何以从单纯的就事论事的“点式星状”立法转向虚拟经济统一立法?以上问题的厘清不仅对虚拟经济立法功能的发挥具有重要意义，而且对其所预期的社会功能，促进虚拟经济与实体经济协调发展具有重要意义。

虚拟经济统一立法模式是指国家立法机关依法对虚拟经济服务和监管进行统一立法的模式，虚拟经济统一立法模式的选择显然不取决于我们的理想化设计，而取决于我国虚拟经济法律规范的现状与实践。采取与实体经济法相对应的线性的统一立法模式必然是较优路径，但正如虚拟经济混业经营趋势无法根除虚拟经济业别，单一化与绝对化的虚拟经济统一立法也只是人们的一厢情愿。虚拟经济市场先天不成熟、市场化约束机制欠缺以及司法支持环境弱化等因素决定了我国难以在短时间内形成虚拟经济统一立法模式。同时，还有学者指出无视虚拟经济机构混业经营的总体趋势，人为地划定虚拟经济机构的产品和服务范围以分割虚拟经济市场的做法违背了法律制度应适应虚拟经济创新实践的基本要求。因而我国不可能完全放弃银行、货币、证券、期货和其他金融衍生品等不同虚拟经济行业立法，进而完全放弃按照虚拟经济业别进行规制的分别立法模式。有鉴于此，经济法学者认为我国虚拟经济统一立法模式大致可分为“线性”模式和以虚拟经济基本法为统领、配套立法为支撑的“伞形”体系。

第四节　虚拟经济运行安全法律保障研究的未来展望

虚拟经济要真正实现科学、有效的发展，不能就虚拟经济来看虚拟经济。一方面，需要跳出虚拟经济行业，基于虚拟经济与实体经济的关系，即从整个社会经济的视角来加以研判；另一方面，要跳出传统的分别立法和后期的金融立法的固有理念，站在更高和更长远的视野来反思我们现有的虚拟经济立法理论和立法体系，从虚拟经济和实体经济的匹配与和谐、现代社会政府和市场关系的准确定位、虚拟经济立法本旨和最终目标的科学厘定等更根本、更宏大和更长远的问题着手，来构建新型的虚拟经济法学理论。

一、加强虚拟经济法学研究的统摄性

首先,应当将虚拟经济运用于经济法学的研究之中,从而拓展经济法学的研究领域。一个现代国家的经济发展决然离不开虚拟经济的发展和支持,因为虚拟经济能够解决资本要素有序地自由流动和高效利用问题,可以在更高层次上完成社会资源的优化配置。但是,虚拟经济同时也存在高风险性、不稳定性和脆弱性等诸多弊病,尤其是虚拟经济具有日益偏离实体经济运行的趋势,因而可能导致经济结构失衡,使得金融体系变得脆弱,在开放经济条件下还会受到投机资本的干扰、外国资本的冲击、国际游资的影响及国外政治经济社会动荡的威胁。虚拟经济所具有的“双刃剑”特点,使得当今时代所爆发的经济危机大都源于虚拟经济。如何运用法律制度来保障权益、维护安全和预防风险,是虚拟经济发展中必须面对的重大问题之一。虚拟经济一旦完全离开法律制度的制约,势必成为一个物欲横流的利益交换场所,再加上投资者利益最大化追求,虚拟经济必将走向其反面,最终走向实体经济的对立面,其应有的资源优化配置功能及资金引导功能将损失殆尽。可以说,虚拟经济市场是一个瞬息万变的市场,其中的机遇和挑战、得和失等可以说都能在极短的时间内完成,这样一个汹涌的“利益场”,如何既能保护相关主体的合法权益,又不至于挫伤相关主体的创新动力,对于虚拟经济法律制度构建是一项重大的挑战。当下,需要以胡光志教授的《虚拟经济及其法律制度研究》和《中国预防与遏制金融危机对策研究——以虚拟经济安全法律制度建设为视角》等相关成果为指引,以虚拟经济概念为统率,将银行、货币、证券、期货和其他金融衍生品等法律制度作为统一的系统来阐述,突破传统的分散研究范式,建构虚拟经济法学体系。从虚拟经济法的基本范畴入手,为虚拟经济法学的理论研究奠定逻辑起点和认知基础。

其次,需要进一步加强虚拟经济与实体经济协同的法学研究。从根本上来说虚拟经济是不能独立存在的,其必须依赖实体经济而生存,即虚拟经济具有寄生性,原因在于实体经济和虚拟经济其实也不存在不可逾越的鸿沟,实体经济在一定条件下也是可以虚化的。我们知道,实体经济要发展,需要土地、人力资源和资本等核心要素的推动。在一定时期之内,一个国家和社会的资本总是有限的,实体经济系统和虚拟经济系统会在稀缺性资源方面进行竞争,并基于利润率的考虑而实现市场化的配置。在这种现实条件下,某种虚拟经济结构是有利于实体经济发展的,因为这种虚拟经济结构容易实现向实体经济的转化;反过来,某种虚拟经济结构可能是不利于实体经济发展的,因为这种虚拟经济结构难以实现向实体经济的转化,会变成一种纯粹的市场价值的流动。因而要认识到虚拟经济是保障实体经济发展的重要条件,就不能将虚拟经济的发展和实体经济的发展完全对立起来。事实上,虚拟经济是实体经济发展到一定阶段的产物,既是实体经济发展和进一步发展的重要保障,也是实体经济持续发展的必然结果。要明确反对虚拟经济"脱实向虚",但也需要明确,没有基于虚拟经济的社会价值流动,要想实现实体经济最佳的资源配置,就会变得非常困难。正是在这个意义上,本课题提出了虚拟经济有限发展法学理论。在重视虚拟经济"脱实向虚"的背景下,提出要控制虚拟经济发展规模,抑制经济的过度虚化,促进虚拟经济和实体经济协调发展。当然,要发挥好虚拟经济对实体经济的促进作用,要真正实现虚拟经济对实体经济的促进作用,还需要法律制度发挥重要功能。完善我国虚拟经济立法模式的可行思路是,保留虚拟经济纵向立法的现有框架,针对银行、证券、期货、保险和信托等虚拟经济法律制度的共性,通过功能性规范推进虚拟经济监管的协调和整合,制定一部超越银行法、证券法、期货法、保险法和信托法等虚拟经济业别的虚拟经济基本法。从虚拟经济产品的无形性、专业性、收益性和风险性等特点入手,以规范虚拟经济产品销售、提升虚拟经济服务品质和保护金融消费者的权利为出发点,制定一部统领性的虚拟经济基本法。[①] 最终形成虚拟经济立法与实体经济立法二元并列格局，以虚拟经济基本法统领、虚拟经济业别法构成的伞形虚拟经济法律规范体系。

换言之，在现代市场经济条件下，随着经济发展水平的提高，实体经济和虚拟经济的有机联动已经成为现代市场经济的一个有机组成部分。在这种情况下，实体经济的危机往往首先通过虚拟经济危机表达出来。从国家经济调控的角度看，此种现象和趋势就是国家介入的重要指南，从而有利于提前防范经济危机。也正是在这个意义上，我们认为虚拟经济是当今时代政府克服经济危机的重要工具。当然，任何事物都有两面性，虚拟经济的相对独立性告诉我们，如果对虚拟经济的问题处理不当，也会引发实体经济的混乱和损害，进而造成社会总体福利的损失，这是我们在进行虚拟经济法学研究时必须牢记的一点。

二、增进虚拟经济法学研究的理论性

能否以兴利除弊为目标，适当干预或改变虚拟经济立法与虚拟经济运动的这一恶性循环进程，是法学界面临的重大考验和重大历史课题。法学家们在研究如何规范虚拟经济的过程中提出了虚拟经济法的概念，在这之前虚拟经济一直是经济学家关注的对象。对虚拟经济法学理论进行分析论证后所形成的结论可能会影响虚拟经济未来几年或更长时间的发展趋势，近些年以胡光志教授为代表的经济法学家开始深入研究虚拟经济法学，以经济危机为契机进行虚拟经济法学理论相关研究，旨在发掘契合虚拟经济发展的虚拟经济法学理论以及其所需要发挥的重要价值，但总体而言虚拟经济法学仍然没有一个统一的理论体系。“为了懂得法律是什么，我们必须懂得它曾经是什么和将要是什么”。虚拟经济立法的产生、发展以及出现的

---

① 冯果：《金融服务横向规制究竟能走多远》，《法学》2010 年第 3 期，第 129-134 页。

许多问题都不是突然发生的,它有一个历史的脉络。理论的深化必须回到历史的逻辑中去。正如列宁指出的:“最可靠、最必需、最重要的就是不要忘记基本的历史联系,考察每个问题都要看某种现象在历史上是怎样产生的,在发展中经过了哪些主要阶段,并根据它的这种发展去考察这一事物现在是怎样的。”尝试将虚拟经济法学研究放回到历史场景中,梳理虚拟经济立法的历史演变过程,分析虚拟经济立法的历史原因,总结其中的经验得失,明辨虚拟经济立法的时代意义,能够为当代虚拟经济法学研究的推进提供历史和经验的借鉴。经过历史的分析可以明显发现,在经济学界,经济学家大多秉持虚拟经济自由主义思想,自由主义是一种意识形态和哲学,是以自由为主要政治价值的一系列思想流派的集合。曾经在西方国家的一段历史时期,经济自由主义广泛盛行,经济自由主义亦称“不干涉主义”,是一种反对国家干预经济生活、主张自由竞争的资产阶级经济理论和政策体系。经济自由主义的观点认为,由于人们按利己的本性去从事经济活动,追求个人利益,结果能使整个社会受益,而满足人们利己心的最好途径是实现经济自由,对私人经济活动,不要加以任何干涉,而听任其资本和劳动自由投放、自由转移。在该思想指导下,经济学家认为虚拟经济立法需坚持经济自由主义,应当实行自由经营、自由竞争和自由贸易,国家的作用仅限于维护国家安全和个人安全。但是随着房地产泡沫、股市暴跌、金融衍生物炒作引起的倒闭事件,国际对冲基金引起的投机风潮,在金融全球化条件下,通过传染机制迅速蔓延成“世界性”或“国际性”的经济动荡已经屡见不鲜。在此背景下,法学家认为“虚拟经济安全是当代经济稳定与国家经济安全的核心领域”,并将其作为虚拟经济法的核心价值。之所以说虚拟经济安全是虚拟经济立法的核心价值,这是因为:首先,从秩序、效率与安全的关系看,安全既是秩序、效率的基础,又是秩序、效率的保障,任何秩序与效率都是以安全为前提的,无安全的秩序与效率难以为继。众所周知,投资安全的核心要件应是虚拟经济的整体安全,因而虚拟经济立法的核心价值应当是虚拟经济安全,这也契合了虚拟经济立法的意旨。进一步研究发现,国内外虚拟经济立法均大体经历了确认、保障(激励)、规范和调控虚拟经济这几个阶段。虚拟经济立法态度的恶性循环公式——宽松、放任的虚拟经济立法——虚拟经济过度发展——孕育、爆发经济危机——收缩、严格的虚拟经济立法。目前虚拟经济已经逐渐步入繁荣发展阶段——规模大、领域广、关系复杂、世界(国际)化。今后虚拟经济立法的发展方向将彻底从认可、激励、放任,转向引导、限制、控制(规模、速度、投机、违法、风险等),即走向“虚拟经济有限发展”。

虚拟经济立法是虚拟经济安全运行的起点和基本保障,是实现虚拟经济安全运行“有法可依”的前提性问题,虚拟经济立法涉及立法宗旨指导、立法模式选择、立法原则确定、立法技术运用以及立法内容的甄选和安排,由于我国虚拟经济立法尚不完善,因此,从虚拟经济整体发展和规范的角度加快虚拟经济法学基础理论研究,形成虚拟经济立法的指导思想具有重要意义。为此,本课题研究总结提出了虚拟经济有限发展法学理论,有限发展可以看作“适当发展”“适度发展”或者“可掌控发展”的同义词。其基本含义有二:虚拟经济应当是一种适度型、约束型发展的经济,即“虚拟经济的发展应当放在一个适当的笼子之中”;虚拟经济立法必须以整个经济的运行安全为根本目标,为虚拟经济的发展提供自由的限度及各种约束条件,即“虚拟经济立法的全部意义,就在于为虚拟经济定制一个安全、有效和可持续发展的笼子”。换言之,虚拟经济立法旨在为虚拟经济的运行设定边界。这个边界主要体现为六个“限度”:①实体经济的限度:设定虚拟经济规模、广度和速度的红线,并对超越实体经济承载能力的情况进行监测与预警。宏观上,整个市场实体经济与虚拟经济的比例,如货币供应量、外汇汇率和股市规模等是否与实体经济相适应、相协调;微观上,虚拟经济与其对应的实体经济是否正相关,如股票价格的变化与其对应的上市公司的业绩和价值变化是否正相关;法律上,风险防范控制法律制度供给与虚拟经济的发展是否相匹配,如预防风险的外资立法准备与全面开放外资是否相匹配。②衍生工具的限度:虚拟经济领域必须慎用金融衍生工具,防止衍生工具的过度和泛滥。③投机行为的限度:设计若干制度,防止虚拟经济中的过度投机和炒作。④违法犯罪的限度:严格监管,严惩虚拟经济运行中的违法犯罪行为,将违法犯罪的概率降到最低。⑤风险预防的限度:当出现风险预警时,虚拟经济运行必须无条件服从政府采取的紧急预防与化解措施。⑥危机应对的限度:在出现危机的情况下,虚拟经济运行必须无条件执行危机对策法。以上六个限度确立了虚拟经济有限发展的边界。

三、优化虚拟经济法学研究的体系性

虚拟经济法律制度虽然是一个较为少见的学理概念,但这并不意味着现实中并不存在真实的虚拟经济法律制度,因为前文的解释已经告诉我们理想的虚拟经济法律制度也是由诸多大大小小的制度文本所构成的。鉴于虚拟经济本身是一个经济学上的舶来品,是一个与实体经济相对应的概念,是十多年来经济学界根据虚拟资本概念创制出来的一个概念,这也就决定了“虚拟经济法律制度”本身也是一个新概念,相关的学理探讨较为有限,其具体内容到底包括哪些需要进一步探究。当下,虚拟经济及其法律制度研究虽已出现开拓性研究成果,但尚没有系统论述虚拟经济法律制度的专门成果。目前世界上也没有一部含有“虚拟经济”的法律法规,即虚拟经济这一重要经济现象的统一法律规制仍付之阙如。虚拟经济内容丰富,形式多样,形成和产生的时间差异等,导致虚拟经济法律制度因趋于适应和规范虚拟经济现象而缺少系统性、权威性和科学性等问题。虚拟经济的不断发展和虚拟经济交易的日益频繁,迫切需要统一的虚拟经济法律制度来规范虚拟经济活动,明确虚拟经济交易主体的权利义务,虚拟经济交易对象的范围,虚拟经济主体的保护制度等。体系化是学理化的一种重要方法,相关研究也多有涉及,这实际为我们提供了一个较为全面的分析范式,虚拟经济运行机制和功能的特殊性决定了虚拟经济法律制度规范的特殊性,逐渐形成了较为完整的虚拟经济法律规范体系。虚拟经济法律制度应当从单纯的就事论事的"点式星状"立法转向统一虚拟经济立法,并实现虚拟经济立法与实体经济立法的对应与协调。需要明确的是,虚拟经济"点式星状"立法模式不是立法者依据情势主动选择的结果,而是虚拟经济发展过程中立虚拟经济法被动应对虚拟经济领域问题的必然结果。虚拟经济"点式星状"立法对于及时解决虚拟经济发展过程中的问题,防范虚拟经济的潜在风险,形成虚拟经济法律规范框架,促进虚拟经济和实体经济的协调发展具有重要意义。现阶段,虚拟经济立法中,是否应当区分出实体经济立法与虚拟经济立法两大板块,并因此关注二者间的对应和匹配?虚拟经济立法能否从个别立法转向统一立法,是否可分两步走:目前先追求个别立法之间的协调与互动,条件成熟时再统一虚拟经济立法?习惯、判例或依靠政策转向成文立法等均是需要明确的问题。当下,我们认为需以虚拟经济有限发展法学理论为指导,对银行法、证券法、期货法等"点式星状"立法按有限发展理论进行变革,并及时补充新的虚拟经济立法,同时注重各个法律之间的相互衔接和协调,实现初级的系统化和体系化。在此基础上,待条件成熟时,制定一部统一的"虚拟经济立法"以取代现在的金融法,彻底改变目前银行、货币、证券和期货领域的"点式星状"立法局面,准确把握其目标定位对有效解决虚拟经济活动的基本问题具有重要意义,而后需从这一立场出发重新考虑虚拟经济法在经济法中的地位,并重新构造我国经济法的体系。在确立虚拟经济立法与实体经济立法二元框架的基础上,通过统一的虚拟经济基本法克服虚拟经济"点式星状"立法模式的局限性,最终形成总分统筹的伞形虚拟经济法律规范体系的立法模式。虚拟经济基本法一方面可以体现虚拟经济法的统一性,将银行、货币、证券、期货和其他金融衍生品等法律制度纳入一个统一的法律体系之中;另一方面可以强调虚拟经济法的相对独立地位,即将虚拟经济法与实体经济法作为两个平行的构成部分。

总之,虚拟经济运行机制和功能的特殊性决定了虚拟经济法律制度的特殊性,逐渐形成了较为完整的、特殊的虚拟经济法律规范体系,改进我国虚拟经济法律制度,需要以认识虚拟经济与实体经济的差异性为前提,构建与实体经济法对应的虚拟经济法律制度框架。首先,虚拟经济法律制度的价值选择具有独特性。虚拟经济具有的风险放大效应直接影响虚拟经济的价值选择和制度设计重心的转移。虚拟经济立法理念需要反映虚拟经济发展规律,遵循虚拟经济有限发展原则。虚拟经济立法的首要价值是虚拟经济运行安全。作为国家立法的重要组成部分,虚拟经济立法同样应体现安全、秩序、效率和公平等价值,但与实体经济法不同的是,虚拟经济法更加注重并突出安全价值。这是因为,安全价值是最能体现虚拟经济立法特有社会功能的价值。从实践来看,虚拟经济立法的具体制度设计往往体现出从认可、保护和激励向虚拟经济运行安全的转移,即虚拟经济法律制度应该以安全为中心,通过确定虚拟经济发展的"限度",为虚拟经济运行提供边界。其次,虚拟经济与实体经济存在本质区别。虚拟经济区别于实体经济的重要特点在于:①以金融业为核心的虚拟经济内部组织高度网状化且具有极强的负外部性;②虚拟经济领域存在严重的信息不对称;③虚拟经济具有更大的风险性和风险放大效应。负外部性和信息不对称是导致市场失灵的重要原因,虚拟经济风险是影响实体经济和整体经济安全的重要因素。政府对虚拟经济的依法规制表现出更明确和更严格的约束性,相应的虚拟经济法律制度自然也应具有自身的特性。同时,政府规制虚拟经济的行为不仅是有代价的,而且会出现政府规制的失灵。无论政府规制失灵的根源是政府规制的越位与缺位;或是政府规制机构信息和理性的有限性以及制度的时滞效应;还是政府规制机构为被规制者所"俘虏",虚拟经济规制与实体经济都存在差异。最后,虚拟经济具有自身的特殊性。虚拟经济自身的虚拟性、依附性、价格的主观性和波动性以及风险蔓延性等对虚拟经济法律制度提出了不同要求,也造就了虚拟经济法律规范体系和具体制度的独特性。

简言之,虚拟经济立法模式应当从单纯的就事论事的“点式星状”立法转向虚拟经济统一立法,并实现虚拟经济立法与实体经济立法的对应与协调。完善我国虚拟经济法律制度的可行思路是,保留虚拟经济立法的现有框架,在虚拟经济有限发展法学理论指导下,变革银行、货币、证券、期货和其他金融衍生品等虚拟经济法律制度。在此基础上,通过功能性规范推进虚拟经济立法的协调和整合,从虚拟经济产品的无形性、专业性、收益性和风险性等特点入手,以虚拟经济有限发展法学理论为指导思想,制定一部超越银行法、证券法、期货法、保险法和信托法的虚拟经济基本法。

虚拟经济产生和发展的渐进过程导致虚拟经济立法的分散化和个别化特征,并自然生成了我国虚拟经济“点式星状”立法的框架模式。作为虚拟经济立法的被动选择,不同虚拟经济领域的分别立法及时地解决了虚拟经济创新发展过程中的诸多实践性难题。然而,我国数量众多的虚拟经济法律规范之间缺少联系和协调性,不能反映虚拟经济区别于实体经济的特性,也不能反映虚拟经济不同领域的共性,即我国虚拟经济法律规范并没有形成有机统一的法律规范体系。虚拟经济是国家重要的核心竞争力,虚拟经济安全是国家整体经济安全的重要组成部分,虚拟经济立法是虚拟经济安全发展的有力保障。虚拟经济立法应当反映虚拟经济的特征,体现虚拟经济工作的重要原则:第一,虚拟经济应回归本源,服从服务于实体经济和经济社会的整体发展;第二,优化虚拟经济结构,完善虚拟经济市场、虚拟经济机构和虚拟经济产品体系;第三,强化虚拟经济监管,提高防范化解虚拟经济风险和整体经济风险的能力;第四,突出虚拟经济发展的市场导向,发挥市场在虚拟资本资源配置中的决定性作用。虚拟经济是实体经济的血脉,为实体经济服务是虚拟经济的天职,是虚拟经济的宗旨,是防范虚拟经济风险的根本举措。

然而,对于虚拟经济统一立法模式而言,存在两种不同的选择,下面对虚拟经济统一立法的“线性”模式和“伞形”体系的优劣进行简单分析。

首先,从虚拟经济统一立法经济性来看,虚拟经济分业经营和分业监管原则下,我国虚拟经济法制从无到有,从简单到复杂,从粗略到精细,已经形成了数量庞大的银行、证券、期货、保险和信托等不同业别较为完整有效的法律法规体系。现行法律法规的废止、修改与整合耗时费力,会遭遇立法政策和技术上的多重难题。虚拟经济各部门的立法工作尚且如此繁杂,更遑论一国虚拟经济法律规范整体的完全推翻和重建。同时,政策和法律的制定与修改具有巨大的社会和经济成本。政策拟定与立法过程并非单纯的理性沟通和意见交换后的折中产物,而是社会特定利益重新分配的结果,反映着特定社会利益分布、相关主体力量强弱及具体利益冲突模式等。因而意欲通过虚拟经济统一立法"线性"模式完全替代分别立法模式,或寄希望于虚拟经济统一立法"线性"模式解决"点式星状"立法模式的局限和难题,难以转化成虚拟经济立法实际。

其次,从虚拟经济统一立法技术性来看,虚拟经济统一立法的"线性"模式面临诸多难题。一是虚拟经济行业横向规制存在技术性难题。虚拟经济产品复杂多样,产品规制的横向贯通需要破解不同产品自身的结构和交易风险,确立确定的交易规则。二是虚拟经济行业的横向规制面临行业的差异性难题。不同虚拟经济行业具有不同的规范目标:银行监管更关注银行系统的安全与稳健经营,强调银行资金的流动性和偿付能力;证券监管则侧重于维护市场的公平与秩序,强调信息披露与反欺诈行为规范;互联网金融监管则需要恰当处理虚拟经济创新、社会公众便利以及虚拟经济安全等多种价值之间的紧张关系。因此,对不同虚拟经济业别采取完全相同的法律规制,会产生逻辑和实践混乱。

最后,从虚拟经济统一立法的现实性来看,虚拟经济混业经营只是虚拟经济发展的总体趋势,而非最终目标,由此决定"伞形"体系更为适合我国虚拟经济发展。为应对虚拟经济领域的激烈竞争,部分虚拟经济机构选择混业经营,一定程度上代表了虚拟经济发展的趋势和方向,但这并非意味着全部虚拟经济机构都将采取混业经营的模式。相反,部分虚拟经济机构集团化和全能化发展的同时,另一部分虚拟经济机构更愿意追求专业化。虚拟经济市场高度发达,在虚拟经济机构的形态、规模和业务不断丰富的背景下,混业经营或分业经营已不再是一个"非此即彼"的整体虚拟经济业态形式。资本市场与货币市场提供的金融产品的自偿性高低和风险来源大小存在相当大的不同,决定了两个市场的监管模式、监管手段和监管重心等方面存在差异。虚拟经济机构完全可以根据市场需求,自身经营状况、经营规模和专业优势等确定和调整自身的业务方向,专注于某一虚拟经济行业,或同时经营多个虚拟经济业务。

由此可见,虚拟经济统一立法需要从完善我国虚拟经济法律规范体系出发,坚持虚拟经济立法保障虚拟经济运行安全、服务实体经济发展的基本理路,更加重视虚拟经济法律法规的统一与规范。首先,制定虚拟经济基本法以反映虚拟经济的特性,统合虚拟经济不同组成部分,形成与实体经济法律规范对应的虚拟经济法律规范体系。通过虚拟经济立法的顶层设计,增强虚拟经济立法的系统性并提供虚拟经济法律规范的统合性。其次,尊重我国虚拟经济法律规范的现实,通过虚拟经济法律规范的立、改、废、释等多种形式保障虚拟经济创新发展与开放。此外,虚拟经济运行安全的法律保障制度不仅仅需要进行虚拟经济领域的基本立法,还需要完善虚拟经济的配套立法,实现虚拟经济法律规范体系的协调。总之,无论是虚拟经济运行的保障,还是虚拟经济领域危机的解决,都需要虚拟经济法及其配套法律规范的综合调整。总之,我国虚拟经济统一立法模式的选择需要从我国虚拟经济立法的实际出发,遵循虚拟经济有限发展法学理论,构建虚拟经济与实体经济二元分列的基本框架,制定虚拟经济基本法,完善虚拟经济配套立法,最终形成虚拟经济立法与实体经济立法二元并列格局,虚拟经济基本法统领、虚拟经济各行业立法平行的伞形虚拟经济法律规范体系。

第三章　安全与法治：虚拟经济运行安全法律保障的核心要义

根据前文对虚拟经济运行安全法律保障研究的梳理可知，关于开放经济条件下虚拟经济运行安全，以及虚拟经济安全与法治之间关系，虚拟经济运行安全中法治的作用，虚拟经济运行安全的法治路径等问题，既有的研究尚不足以给出科学、合理的回答，而这也正是本章所要解决的问题。在总结既有研究的基础上，结合我国对外开放的现状、虚拟经济发展与治理的现状、系统性金融风险防范的现状等，着眼于未来我国虚拟经济发展与经济安全、虚拟经济发展与国家安全，笔者认为，首先，开放经济条件下虚拟经济的运行及其治理，应当以安全为首要目标与核心追求，这就需要确立新安全理念。其次，在促进和保障虚拟经济运行安全的所有方式（手段）中，必须看到法治对于虚拟经济安全的积极作用，不管是从法律安全价值本身出发，还是从法律的基本社会定位出发，法律制度对于虚拟经济的安全运行都具有极其重要的意义，安全与法治之间关系的确需要科学考量和正确处理。最后，在承认法治之于虚拟经济运行安全重要性的基础上，进一步追问虚拟经济安全的法治实现，而这一点的答案却是比较明确的，即虚拟经济法治建设应该以安全为根本目标，虚拟经济安全的路径遵循体现在法律层面应该是通过法律制度的供给，为虚拟经济运行安全设定轨道、交通灯及调度机制，划定一个相对安全的“边界”，而就当下及未来较长一段时间来看，最好的做法就是通过法律制度的设计构筑其“有限发展”的边界。

第一节　新安全理念：开放经济条件下虚拟经济运行的现实需求

虚拟经济具有典型的“双刃剑”属性，在促进实体经济发展、给人类社会带来福祉的同时，也可能会给经济社会带来沉重的灾难，其危害亦如“洪水猛兽”般令人望而生畏。从实证的视角来考察就会发现，近30年来无论是1997年亚洲金融危机，还是2008年美国金融风暴，当今时代所爆发的经济危机大都导源于虚拟经济。而近年来虚拟经济领域的创新与风险的成倍增长，相应地使得经济危机的发生频率也日益上升，这就要求我们应当从更高的层面重新认识虚拟经济运行安全的重要性，重新定义虚拟经济安全与经济安全、与国家安全之间的关系。将虚拟经济的安全问题上升到国家安全的战略层面，进而助益于开放经济条件下我国宏观经济安全与国家安全。

历史上，虚拟经济危机给人类经济社会发展造成的损失、带来的灾难不可估量。就近而言，20世纪90年代频繁发生的金融风暴以及2008年美国次贷危机引发的全球金融危机以及由这些危机引发的种种政治斗争、社会动荡、政府更迭，甚至暴力冲突和战争等，至今人们心有余悸。近年来，我国的虚拟经济出现了与实体经济脱钩的风险，“脱实向虚”倾向严重，系统性金融风险处于上升趋势，特别是随着杠杆率的不断上升，诱发系统性风险的可能性也随之增大，促使国家将“防范化解重大风险”作为三大攻坚战之一。铁的历史事实已经给我们留下了沉痛的教训和宝贵的经验，开放经济条件下如何重新认识和把握虚拟经济安全，颇值得我们深思。在我国从经济大国走向经济强国，实现中国梦的进程中，我们只有认真汲取这些教训和经验，首先行稳，才能致远。正因为此，2017年的全国第五次金融工作会议提出了“金融安全是国家安全的重要组成部分”“健全金融法治，保障国家金融安全，促进经济和金融良性循环、健康发展”，金融安全已经被视为保障国家安全中的重要一环。

一、开放经济条件下虚拟经济安全的重要性

逻辑地看,虚拟经济安全会影响到一国经济安全,而一国经济安全、经济主权会进一步影响到国家安全。我们知道,按照经济虚实二元结构的划分,虚拟经济和实体经济共同构成了一个国家的经济样态,这也就决定了虚拟经济安全对于整个国家经济安全具有极其重要的意义,尤其是在虚拟经济规模普遍超过实体经济,全球范围内经济整体"脱实向虚"的背景下,虚拟经济安全的重要性不言自明。更进一步,经济安全作为国家安全体系的重要组成部分,是国家安全的基础,因此,国家经济安全的地位变得越来越重要。[①] 在此情形下,如何处理作为国家经济安全重要组成部分的虚拟经济安全与新时代国家经济安全、国家安全战略之间的重要关系,如何在新时代总体国家安全观下维护虚拟经济安全,将是虚拟经济研究中不得不回答的一个理论问题。

(一)虚拟经济安全之于经济安全

学术界对国家经济安全的理解,主要分为两种:第一种是"状态论",认为经济安全是指,在经济全球化的条件下,一国经济发展和经济利益不受外来势力威胁或侵害的状态,体现在国家经济主权独立,经济发展所依赖的资源供给得到有效保障,经济的发展进程能够经受国际市场动荡的冲击等方面。[②] 第二种是"状态与能力并重论",认为经济安全是指,在开放经济条件下,一国为了使国民经济免受国内外各种不利因素的干扰、威胁甚至破坏而

---

① 陈斌、程永林:《中国国家经济安全研究的现状与展望》,《中国人民大学学报》2020 年第 1 期,第 50-59 页。

② 史忠良:《参与经济全球化必须注意国家经济安全》,《经济经纬》2002 年第 2 期,第 22-24 页。

不断提高其国际竞争能力,以实现经济社会发展,保证经济优势的状态与能力。[①] 我国学术界对国家经济安全的关注,始于改革开放初期,当时讨论的热点在于参与经济全球化对于我国经济发展的利弊分析,核心是经济全球化,而不是国家经济安全问题本身。随着2008年全球金融危机的爆发,国家经济安全问题的讨论进一步聚焦,讨论焦点为我国更深层次参与全球化过程中,如何抵御和防范世界性危机的外部冲击,确保国家经济安全。而由2020年的突发状况所引发的经济危机和社会危机,促使世界各国不得不重新思考国家经济安全问题。

从经济虚实二元结构的划分看,经济安全包括实体经济安全和虚拟经济安全两大类,虚拟经济安全作为国家经济安全的重要组成,对国家经济安全的重要性不言而喻。虚拟经济的高风险性主要源自其独立性,虽然虚拟经济的发展根植于实体经济发展到一定程度之基础,但是,虚拟经济一旦建立和发展起来之后,就获得了独立的价值和意义,甚至在某些阶段与实体经济"脱钩"了。进一步的问题在于,虚拟经济的这种高风险性是不断扩展的:"一个金融机构、金融市场所面临的变动或冲击,将向金融系统中的其他机构及其他市场迅速传递。"[②]特别是随着虚拟经济的日益膨胀,虚拟经济所占比重大大超越实体经济比重,甚至是实体经济总量的数倍,在这一情形下,虚拟经济运行的相对独立性表现得日益明显,甚至时常呈现出与实体经济运行状态相背离的运行趋势。虚拟经济与实体经济的相对独立,尤其是虚拟经济的"爆炸式"发展,使得虚拟经济运行安全与国家整体经济安全密不可分。总体来看,虚拟经济安全对一国经济安全的影响,主要体现在以下几个方面:

第一,虚拟经济的过分扩张容易形成虚拟经济市场的巨大泡沫,从而影

---

① 柳辉、吕天宇:《扩大内需:我国经济安全的战略选择》,《华东经济管理》2001年第4期,第41-43页。

② 杨子晖、周颖刚:《全球系统性金融风险溢出与外部冲击》,《中国社会科学》2018年第12期,第69-90页、第200-201页。

响国家整体经济的运行安全。以虚拟经济中的货币资本化为例,从市场经济发展的历程来看,我们会发现货币的时间性价值是非常重要的一个节点。简单地讲,就是货币存在贴现值的问题,也即“今天的 1 美元比未来的 1 美元价值大”[①]。这种情况从一个侧面印证了虚拟经济中货币资本化膨胀的现实性——为什么今天的 1 美元比未来的 1 美元价值更大,主要的原因不外乎是流通中的货币在不断增加。由此看来,在虚拟经济中,通货膨胀可以说是必然的趋势,如果没有政府有意识地予以规制,那么,虚拟经济往往就会在资本逐利的推动下,如滚雪球一样越来越大,最终,在投资者之间的交换作用下进一步放大,一旦出现某种恐慌情绪或者影响虚拟经济市场商品信心的事件,这种风险就会被进一步扩大,其最终的结果必然是影响虚拟经济的安全运行,出现过热的动荡及通货膨胀、经济危机等消极经济状态这样一些经济安全问题。[②]

第二,虚拟经济过度发展容易导致资金由实体经济向虚拟经济的不恰当集聚,从而造成整个社会经济的萧条。以我国 2015—2017 年证券市场发展为例[③],2015 年,全国上市公司 2 827 家,总市值 53. 15 万亿元,沪市上市公司 1 081 家,总市值 29. 54 万亿元,深市上市公司 1 746 家,总市值 23. 61 万亿元。2016 年,全国证券公司总资产 57 942 亿元、净资本 14 718 亿元。沪深两市共有上市公司 3 052 家,全年新增 225 家……沪深两市总市值 50. 77 万亿元……沪深两市总市值居全球第二,仅次于美国。2017 年,全国证券公司总资产 6. 14 万亿元,净资产 1. 85 万亿元,净资本 1. 57 万亿元。深圳上市公司 2 089 家,总市值 23. 58 万亿元,股票筹资 7 815. 29 亿元,沪市上市公司 1 396 家,总市值 33. 13 万亿元,股票筹资 8 798. 28 亿元。从以上三年的数

① 斯蒂格利茨:《经济学(第二版)上册》,梁小民、黄险峰译,中国人民大学出版社,2000,第 112 页。

② 何文龙:《经济法的安全论》,《法商研究》(中南政法学院学报)1998 年第 6 期,第 16-18 页。

③ 以下数据根据《中华人民共和国统计年鉴》各年的数据整理,具体参见时光慧:《中华人民共和国年鉴》,新华出版社,2016—2018 年版相关部分。

据我们基本可以看出，我国的虚拟经济市场在不断扩大，这在任何一个方面几乎都是没有争议的。虚拟经济的这种特性，事实上就是虚拟经济对资本的不断吸纳和自我膨胀的结果。正如有学者在研究美国的虚拟经济发展历史后所深刻指出的，"发达国家产业转移导致国际资本流动，加速货币金融虚拟化，导致虚拟经济膨胀，同时能源金融化吸引大量金融资本，对实体经济造成双重挤压"①。一旦无限放任虚拟经济过度发展，其对实体经济的挤压会不断加速，进而造成实体经济资金缺乏，活力缺失，从而逐渐导致整个社会经济的萧条。

第三，虚拟经济风险的系统性与关联性容易给一国经济带来潜在的负面影响。所谓风险的系统性，是指虚拟经济风险的爆发不是孤立的，往往是整体性的。如有学者就认为所谓风险的系统性即是某一系统性事件对金融行业的显著冲击，一方面严重损害金融系统的正常运作，另一方面产生了损害经济增长、导致社会福利损失的后果。② 一般认为，系统性的金融风险主要包括"货币风险、法律风险、政策风险、社会性经济环境变动风险等"③。鉴于系统性风险的巨大负外部性，因此，防范和化解系统性金融风险可以说是金融监管的首要任务。所谓风险的关联性，是指虚拟经济的风险是有机联动的，一处发生风险很可能就会蔓延到整个虚拟经济系统。以金融为例，关于金融系统风险的关联性，在虚拟经济高度发展的今天，主要表现在"大而不能倒"和"联系范围广"而不能倒两个方面。从已经爆发的虚拟经济危机来看，以 2008 年美国的次贷危机为例，最终美国政府进行 7 000 亿美金的救市介入，"危机中的金融机构与美国经济患难与共的事实最终'绑架'了政府

---

① 刘晓欣、张艺鹏：《虚拟经济的自我循环及其与实体经济的关联的理论分析和实证检验——基于美国 1947—2015 年投入产出数据》，《政治经济学评论》2018 年第 6 期，第 158-180 页。

② De Bandt O, Hartmann P. Systemic risk: a survey. Available at SSRN 258430, 2000: 35.

③ 周国红：《金融系统风险研究与控制的混沌理论探索》，《浙江大学学报》（人文社会科学版）2001 年第 3 期，第 84-88 页。

的决策”[①],从某种程度上而言,就是“关联而不能倒”。同时,也正因为金融机构足够大,其所牵涉的虚拟经济链条就可能非常的长和复杂。因此,一旦监管机构允许这种巨型金融机构进入破产程序乃至倒闭,那么,就很可能会引发金融机构的“多米诺骨牌效应”,进而影响整体经济安全。

(二)虚拟经济安全之于国家安全

有关国家安全的界定,既有研究一是将国防安全等同于国家安全,二是从政治学、国际关系的视角解读国家安全,三是把国家安全与国家安全工作混同使用。[②] 随着时代的进步与各学科联系的进一步加深,关于“国家安全”的讨论已不仅仅限于政治学领域。就法学界而言,有学者曾通过分析世界上大多国家法律中有关国家安全概念的界定及运用,指出法律上国家安全可以被界定为“一国法律确认和保护的国家权益有机统一性、整体性免受任何势力侵害的一种状况”[③]。而从我国的改革开放史来看,党的十一届三中全会提出以经济建设为中心,实现了党和国家工作重心的历史性改变,对于国家安全的认知也经历了从传统安全观向非传统安全观的逐步转变,我国基于对时代主题的判断,对安全内容的认知方面逐步从“政治安全”为核心向“经济安全”为核心转变。[④] 国家开始深度融入市场机制,使之成为经济与社会发展中的“内生因素”,在促进经济和社会发展的同时也引发自身的组织和行为变革。[⑤] 随之而来,经济安全也成为国家安全的重要组成部分。

从国家战略层面审视国家安全与经济安全的关系,2012 年,党的十八大

---

① 黎四奇:《对美国救市法案之评价及其对我国之启示》,《法律科学》(西北政法大学学报)2009 年第 1 期,第 123-131 页。

② 吴庆荣:《法律上国家安全概念探析》,《中国法学》2006 年第 4 期,第 62-68 页。

③ 吴庆荣:《法律上国家安全概念探析》,《中国法学》2006 年第 4 期,第 62-68 页。

④ 凌胜利、杨帆:《新中国 70 年国家安全观的演变:认知、内涵与应对》,《国际安全研究》2019 年第 6 期,第 3-29 页、第 153 页。

⑤ 冯辉:《论经济法学语境中的“经济国家”》,《法学家》2011 年第 5 期,第 164-174 页、第 180 页。

报告将“国家安全”这一概念的内涵延伸至经济领域。2013 年,党的十八届三中全会提出,“设立国家安全委员会,完善国家安全体制和国家安全战略,确保国家安全。”[①]此后,2014 年,中央国家安全委员会第一次会议提出,要准确把握国家安全形势变化新特点新趋势,坚持总体国家安全观。2015 年 1 月,中共中央政治局审议通过了《国家安全战略纲要》[②],21 世纪国家安全战略的重要子目标包括了国民经济的持续健康发展和社会的长期稳定。[③] 2015 年《中华人民共和国国家安全法》第 2 条指出:“国家安全是指国家政权、主权统一和领土完整、人民福祉、经济社会可持续发展和国家其他重大利益相对处于没有危险和不受内外威胁的状态,以及保障持续安全状态的能力。”党的十九届四中全会作出了“完善国家安全体系”的战略部署。[④] 党的十九大把“坚持总体国家安全观”作为新时代中国特色社会主义基本方略的重要内容。总体国家安全观包括“五大原则”,其中经济安全是基础。而之所以将经济安全作为国家安全的基础,主要是因为经济安全是一切安全之本,是人类一切活动的基本前提。[⑤] 党的十九届五中全会明确提出要“统筹发展和安全”,明确指出要“实施国家安全战略……把安全发展贯穿国家发展各领域和全过程”[⑥]。具体而言,经济安全,特别是虚拟经济安全对国家安全的影响,主要表现在以下几个方面:

其一,开放经济条件下我国虚拟经济面临着诸多挑战,这些因素可能直接或间接影响国家安全。开放经济条件下虚拟经济风险具有复杂性和系统

---

① 《中共中央关于全面深化改革若干重大问题的决定》,《人民日报》2013 年 11 月 16 日第 1 版。

② 《中共中央政治局召开会议审议通过〈国家安全战略纲要〉》,新华网 2015 年 1 月 23 日。

③ 孟祥青:《关于 21 世纪初我国国家安全战略选择的几点思考》,《当代世界与社会主义》2001 年第 6 期,第 24-29 页。

④ 《中国共产党第十九届中央委员会第四次全体会议公报》,2019 年 10 月 31 日中国共产党第十九届中央委员会第四次全体会议通过。

⑤ 何文龙:《经济法的安全论》,《法商研究》(中南政法学院学报)1998 年第 6 期,第 16-18 页。

⑥ 《中国共产党第十九届中央委员会第五次全体会议公报》,2019 年 10 月 29 日中国共产党第十九届中央委员会第五次全体会议通过。

性两大特质，一旦某一个环节出现问题容易引发牵一发而动全身的虚拟经济安全问题，进而导致开放经济条件下的虚拟经济成为极其脆弱的“风险经济”[①]，甚至会影响整个经济安全和国家安全。我国的虚拟经济发展起点比西方发达国家的虚拟经济发展起点低，这使得我国虚拟经济在开发经济条件下处于不利地位；经济全球化使虚拟经济风险传播范围更广，且影响程度更深，而我国虚拟经济在此背景下更容易受外来风险的影响和冲击；经济全球化还容易放大我国和西方发达国家虚拟经济水平之间的矛盾，还会导致我国对发达国家过度依赖；与此同时，这也导致我国虚拟经济容易受到外来风险的威胁和国际资本的资源掠夺。事实上，当代的大国博弈已经不再偏好军事上的直接冲突，而是几乎无可避免地在金融市场上进行没有硝烟的战争。现代的金融战争能够迅速地击溃一个国家，使之陷入经济停滞甚至倒退。历史上经济崩溃造成的苏联解体，外汇攻势带来的亚洲金融危机，日本经济泡沫破灭将其引入经济衰退“失去的十年”，都能为我们提供前车之鉴。通过金融货币战争搜刮全球财富，遏制对手发展是霸权国家的常用做法。[②] 亚洲金融危机使一些发展中国家在一夜之间倒退十几二十年。[③] 这些余温未散的深刻教训提示我们，经济安全，特别是虚拟经济的安全，在一定程度上会直接影响到国家安全。所以，国家经济治理，或者虚拟经济治理的根本目标，应该是以安全为逻辑起点和终点。

其二，虚拟经济安全事关国家经济安全，虚拟经济动荡不仅会影响到虚拟经济自身的运行，还会威胁到国家的政治安全和政治稳定，甚至诱发国家主权风险。虚拟经济的有效治理是判断国家治理能力和治理现代化的关键

① 范如国：《“全球风险社会”治理：复杂性范式与中国参与》，《中国社会科学》2017年第2期，第65-83页、第206页。

② 宁薛平、何德旭：《新时代我国的金融安全风险防范》，《甘肃社会科学》2018年第5期，第206-212页。

③ 张敏：《经济全球化与发展中国家经济安全问题浅析》，《江淮论坛》2000年第4期，第25-31页。

依据,虚拟经济安全构成了衡量国家安全的重要指标,成为衡量国家治理能力和治理现代化的关键依据。具体而言,在国家安全战略中,国家经济安全是其他各类国家安全的基础,因此,新时代国家安全战略的目标以国家经济安全战略的目标为基础而展开,并且,新时代国家安全战略背景下虚拟经济安全的目标应该与之协调一致。也就是说,我国国家经济安全是指通过加强自身机制的建设,使我国经济具备抵御外来风险冲击的能力,以保证我国的经济在面临外在因素冲击时能继续稳定运行、健康发展。[①] 因此,我国实施新时代国家经济安全战略的目的在于防范和化解由于外部冲击可能带来的国内经济运行风险或者危机。而虚拟经济安全作为经济安全的重要组成部分,其目标必然被包含于新时代国家安全战略之中。不论是新时代国家安全战略的任务,还是新时代国家安全战略下虚拟经济安全的任务,都强调维护国家安全,只是前者的范围更广,包括了虚拟经济安全。因此,新时代国家安全战略下虚拟经济安全的任务应该与新时代国家安全战略协调一致。

二、虚拟经济新安全理念及其指导意义

开放经济条件下虚拟经济的安全运行对国家宏观经济,甚至国家安全都有重要的影响,这就促使我们不得不思考如何确保其安全运行,而确保其安全运行首先就需要一个相对宏观的,能够指导具体制度设计和开展实践的理论、思想或指导观念。为此,笔者认为应该确立一种符合虚拟经济自身运行规律,符合安全要求的理念,也就是新安全理念。

(一)虚拟经济新安全理念的基本内涵

通常情况下,理念对实践具有重要的指引功能,会贯穿实践活动的全过

---

① 顾海兵、沈继楼、周智高等:《中国经济安全分析:内涵与特征》,《中国人民大学学报》2007 年第 2 期,第 79-85 页。

程。也就是说这种源自主体自身内心的主观能动性,对客观的实践活动有着重要的影响。更进一步,理念会影响目标的改变、原则的调整、角色的定位、方式的选择等后续各种实践活动的展开[①],因此合理的理念确立往往成为行动的先导,虚拟经济领域概莫能外。虚拟经济的运行与安全,需要相应地上升为思想观念层面的理念为之提供价值指引。虚拟经济运行安全相关理念得以指导虚拟经济实践的主要方式,便是将其以思维、思想、看法的形式,在虚拟经济监管、虚拟经济治理、虚拟经济法律制度的构建等过程中得以体现。

在我国虚拟经济的发展与治理过程中,不乏各种理念的存在,这些理念为虚拟经济的安全运行起到了至关重要的作用,但这些既有的安全理念在近年来激荡的国际经济趋势面前,逐渐显现出“力不从心”的状态。一则,我们必须面对开放经济这一新的时代背景,坚定不移全面深化和全面扩大对外开放。再者,自 2008 年全球金融危机之后,国际市场持续低迷,基于单边主义和贸易保护主义的逆全球化思潮日益兴起。自 2018 年始,基于单边主义和保护主义,波及多个国家的大规模贸易战再次由美国引发。当今世界正在经历百年未有之大变局,我国正在主动转变经济发展方式、优化经济结构、推动经济从高速发展向高质量发展,经济发展面临前所未有的困难和挑战。[②] 为了在变局中开新局,在危机中育新机,必然要加强国家安全体系和能力建设,确保国家经济安全,维护社会稳定和安全。[③] 这促使我们不得不重新思考符合新形势下虚拟经济运行安全的理念,面对当下及未来一段时

① 胡光志、苟学珍:《论地方政府参与金融风险治理的法治困境及出路》,《现代经济探讨》2020 年第 10 期,第 112-119 页。

② 钱学锋、裴婷:《国内国际双循环新发展格局:理论逻辑与内生动力》,《重庆大学学报》(社会科学版) 2021 年第 1 期,第 14-26 页。

③ 《中国共产党第十九届中央委员会第五次全体会议公报》,2019 年 10 月 29 日中国共产党第十九届中央委员会第五次全体会议通过。

间虚拟经济运行安全的现状，构建一种符合虚拟经济安全的新安全理念已然成为现实之需。

虚拟经济新安全理念，就是将符合虚拟经济运行规律、风险发生规律、安全保障规律、风险治理规律等客观存在，通过反映在人的意识中并经过一系列思维活动而产生的观点和观念体系，因此其本身就表现为一种看法、思想以及观念等理念性的存在。在笔者看来，虚拟经济新安全理念，以虚拟经济安全为根本遵循，将虚拟经济安全置于国家宏观经济安全和国家安全的视角下进行审视，在国家安全战略下和总体国家安全观的基础上，特别强调虚拟经济安全对于国家经济安全，甚至国家安全的重要性。虚拟经济新安全理念强调虚拟经济安全的系统性思维、整体性思维和持续性思维，也就是强调通过防范和化解系统性风险，进而确保整体性安全的实现，同时这种安全不仅仅着眼于当下，而是一种长期性、战略性的指导性思维。虚拟经济新安全理念在处理安全与效率之间的关系时，更加注重安全，强调安全优于效率；在处理安全与开放之间的关系时，更加强调在确保安全的情况下不断深化虚拟经济领域的对外开放；在处理安全与创新之间的关系时，更加强调安全之于创新的重要性，虚拟经济领域的一切创新，不管是产品的创新、经营活动（商业模式）的创新、技术的创新，还是其他创新，都要以安全为前提，都要能够确保虚拟经济的安全；在处理安全与法治之间的关系时，强调法治之于安全的重要性，主张运用法治思维和法治方式为虚拟经济的安全运行"保驾护航"。

（二）虚拟经济新安全理念的指导意义

新安全理念对开放经济条件下虚拟经济运行安全的价值，主要体现在虚拟经济治理体系和治理能力现代化的转型中，在宏观上为之确立符合虚拟经济安全现实需求的思维方式，以此来指导虚拟经济治理的实践。具体体现为：

第一,新安全理念的系统性思维有助于防范和化解系统性虚拟经济风险。新时代国家安全战略背景下的虚拟经济安全强调系统性安全,这源自虚拟经济风险的系统性。因为“虚拟经济的系统性风险是指虚拟经济系统过度波动引起泡沫经济的可能性,泡沫经济的危机就在于泡沫破灭引起的经济衰退或者经济停滞。从系统的角度出发,当一个子系统对系统有所反应,而其反应又作用于整个系统,则就存在着内生的系统风险。内生性的不确定性是每一次的结果都是相互关联的,外生性的不确定性的显著特点是每一次结果都是互不相关的”①。系统性风险属于整体性风险范畴,它不仅可以威胁转型国家的经济安全,对于宏观经济也具有很强的冲击性,决定着经济转型和可持续发展的成败。引起虚拟经济系统风险的因素比较多,但是主要有两类:“一是系统性风险,它是由各种个别事件由于传染机制的存在而导致整个系统瘫痪或崩溃的传染性个别因素;二是整个系统由于某些外部或内部因素而出现整体下滑,在正反馈机制下导致系统崩溃的整体性风险因素。”②新安全理念的系统性思维,要求在虚拟经济的治理中,特别注重风险的传导性、整体性,防止局部风险、个体风险演化为系统性、全局性风险,主张将防范和化解系统性风险作为底线思维,进而“守住不发生系统性风险的底线”。

第二,新安全理念的整体性思维有助于国家整体经济安全。整体性思维之下,虚拟经济安全强调整体性安全,不仅包括整个虚拟的安全和实体经济的安全,也包括不让无关的第三方也承担了成本。从虚拟经济和实体经济二元关系的角度来看,指的是虚拟经济和实体经济的协调发展。因为系统性风险具有不可分散性,不能通过分散投资渠道来消除虚拟经济的系统

① 刘骏民、王国忠:《虚拟经济稳定性、系统风险与经济安全》,《南开经济研究》2004 年第 6 期,第 32-39 页。

② 刘骏民、王国忠:《虚拟经济稳定性、系统风险与经济安全》,《南开经济研究》2004 年第 6 期,第 32-39 页。

性风险,也难以运用技术创新来分散风险,只有通过协调实体经济和虚拟经济的关系,以及加强监督才能预防。① 从国内和国际角度来看,指的是国内和国际虚拟经济运行安全,因为系统性风险具有外部性,通过溢出和传染进行传递,一旦从某一领域或某一国家和地区爆发系统性风险,将威胁该国或者世界经济整体发展。② 从虚拟经济与其他经济安全的角度来看,就是要突出抓好政治安全、经济安全、国土安全、社会安全、网络安全等各方面工作。新时代国家安全战略下虚拟经济安全理念强调虚拟经济安全与其他安全的协调性,通过与其他各安全的协调发展来推动整体安全的实现。

第三,新安全理念的持续性思维有助于虚拟经济的长期、可持续安全运行。新时代国家安全战略背景下的虚拟经济安全理念不能忽视持续性,只有将持续性纳入虚拟经济安全理念范围中,才能以更高质量、更高形态、更优结构以及更长远的状态发展虚拟经济。在谋求国家总体安全的过程中经济安全是物质保障,是必须长久坚持的一项安全战略。在维护经济安全的过程中,不能只着眼于经济利益,更不能只看重短期利益,而是应该具有长远目光,看重持续性。经济问题的关键在于安全,而任何安全问题都离不开发展。虚拟经济新安全理念,不仅重视当下安全,而且更加重视将来的可持续安全;不仅注重虚拟经济发展的速度,而且强调在虚拟经济与实体经济整体比重相协调的前提下注重虚拟经济的可持续性。新安全理念的这种持续性思维,可在宏观上通过影响虚拟经济监管者、规则制定者、治理者与参与者的主观看法,进而间接引导其行为,从而助益于虚拟经济的安全和可持续发展。

---

① 朱楠、任保平:《虚拟经济系统性风险背景下的我国国家经济安全机制的构建》,《福建论坛》(人文社会科学版)2015 年第 10 期,第 29-34 页。

② 朱楠、任保平:《虚拟经济系统性风险背景下的我国国家经济安全机制的构建》,《福建论坛》(人文社会科学版)2015 年第 10 期,第 29-34 页。

三、虚拟经济新安全理念的具体要求

上文已指出,新安全理念之于虚拟经济安全的主要价值在于其系统性思维、整体性思维和持续性思维,而如果将这些宏观的思维方式得以具体化,应用到虚拟经济发展和治理的具体实践,其实质就是如何正确处理安全和效率、安全和开放、安全和创新、安全和法治等几对主要矛盾之间的关系。

首先,安全与效率间的关系,新安全理念要求安全优于效率。虚拟经济市场运行的关键在于解决交易成本以及信息不对称所带来的道德风险与逆向选择问题,保障虚拟经济安全高效运行,因此成了虚拟经济制度安排的主要内容。[①] 虚拟经济制度目标包括稳定性、安全性和效率性。其中,虚拟经济的安全性与稳定性理应是制度目标的核心,而效率性理应是制度目标的主要追求,虚拟经济制度的艺术在于从二者间寻求平衡。尽管一个较为普遍的观点认为效率是虚拟经济市场的生命,但新安全理念下,虚拟经济安全和效率的关系处理,强调安全优先,要在确保虚拟经济运行安全的前提下,提高虚拟经济发展和创新的效率。究其原因,只有在安全的情况下,效率才具有意义,失去安全的效率只会更快地引发风险,对经济社会发展造成更快、更大的破坏。

其次,安全与开放间的关系,新安全理念要求在安全的前提下开放。2018 年以来,美国特朗普政府发动的贸易战,使得中国经济发展的不确定因素骤增,而中美双方关于解决贸易战问题的谈判磋商中的一项重要内容便是加大服务业的开放力度,其中包括金融业的开放;与此同时,政府层面也在有意扩大金融行业的开放,在 2017 年的全国金融工作会议上曾明确要求“扩大金融对外开放”,而我国的金融监管部门自 2018 年以来更是陆续出台

---

① 李海海:《效率与安全:金融制度的选择困境——来自美国的经验与教训》,《中央财经大学学报》2011 年第 5 期,第 22-27 页。

了扩大金融业对外开放具体措施,党的十九大报告更是提出“发展更高层次的开放型经济”,这种种迹象表明扩大虚拟经济的对外开放已成为不可阻挡的趋势。在开放成为一种必然趋势的前提下,如何处理开放与安全的关系,是一个无法回避的问题。新安全理念下,我国虚拟经济领域的对外开放,必须是在能够确保国家经济安全、经济主权的前提下的开放。一方面,强调维护虚拟经济安全,是为了更好地扩大虚拟经济开放,而不是重新关上对外开放的大门;另一方面,在虚拟经济领域开放的过程中,要注意防范化解虚拟经济风险,以健全体制为保障,以依法治理为手段,以稳步推进改革为步骤,保持虚拟经济稳健运行。①

再次,安全与创新间的关系,新安全理念要求在安全的前提下创新。虚拟经济创新与其安全有着极为密切的关系。创新作为虚拟经济领域各种要素的重新优化组合和各种资源的重新配置,既有助于虚拟经济体系的稳定和虚拟经济安全,也有可能带来虚拟经济脆弱性、危机传染性和系统性风险,从而对安全产生负面冲击。“金融创新—金融风险—金融监管—金融再创新”是一个动态的发展过程。② 为避免这种周期性的治乱循环,新安全理念要求虚拟经济的创新要在安全的范围内进行,而创新往往是市场主体基于逐利性的一种自发行为,要实现在安全范围内的创新,就需要审慎监管及其相应的法律制度供给。

最后,安全与法治间的关系,新安全理念要求以法治促安全。关于法治之于开放经济条件下虚拟经济安全的重要性,有研究已经一针见血地指出:我国虚拟经济正在实行史无前例的全市场开放,虚拟经济安全成为关系国家经济安全以至国家主权安全的重要点。为此,我们必须创新性地将金融

---

① 钱小安:《金融开放条件下的金融安全问题》,《管理世界》2001 年第 6 期,第 91-95 页。

② 何德旭、郑联盛:《从美国次贷危机看金融创新与金融安全》,《国外社会科学》2008 年第 6 期,第 21-31 页。

开放的政策逻辑转化为系统性立法模式，通过虚拟经济安全法律制度体系建设，增强制度竞争能力；通过法律制度紧实“防护网”与筑实“防护墙”的“靶向”定位与“点域”安全防范措施，抵御虚拟经济外部风险和系统性风险的侵蚀，保障虚拟经济安全高效有效运行，以确保开放背景下的国家经济安全。① 依靠法治促进和保障虚拟经济运行安全是一种必然的选择。虚拟经济的安全对法治具有很强的依赖性，而这种对法治的依赖，体现在虚拟经济法治实践路径中，就是要在虚拟经济治理现代化转型中，构建完备的、科学的、符合虚拟经济安全的、促进虚拟经济有限发展的法律规范体系和法治实践体系。

第二节　安全的法治依赖：法治之于虚拟经济运行安全的作用

实现虚拟经济运行安全的手段（方式）有很多，但法律制度的作用却是其他任何方式无法替代的。实践层面，无数鲜活的历史事实证明，虚拟经济的安全运行须臾也离不开法律制度的促进、保障和规范作用。理论层面，“法律的金融”理论认为，“金融是依据法律构建的，不能独立于法律之外，法律作为金融科技运行的基本规范，不仅决定着金融科技的现存形态，也决定着金融未来发展的方向及风险发生、发展的可能性，金融风险发生有着法律上的根源”。② 法律制度的主要功能在于为虚拟经济的安全运行设定出限度，铺设出安全的“轨道”，设计出安全运行的“信号灯”。借助自由、正义、安全、秩序等法律规范之价值意涵，为虚拟经济市场安全运行构筑良好的法律环境；通过发挥法律强制、指引、评价、教育等规范作用和其特定的社会作

---

① 李晓安：《开放与安全：金融安全审查机制创新路径选择》，《法学杂志》2020 年第 3 期，第 7-17 页。

② 靳文辉：《法权理论视角下的金融科技及风险防范》，《厦门大学学报》（哲学社会科学版）2019 年第 2 期，第 1-11 页。

用来促进虚拟经济的安全与可持续发展。通过法律制度的供给和实施,可以有效规范虚拟经济交易行为,维持良好的虚拟经济市场秩序,防范和化解虚拟经济市场风险,保障虚拟经济投资者(消费者)的权益,维护社会公共利益。总之,虚拟经济的安全运行,需要完备的法律规范体系、科学高效的法律监管体系、公正严明的违法犯罪惩治体系、激励相容的守法体系。

一、法律的安全价值及其于虚拟经济安全的作用

之所以强调法治之于虚拟经济安全的重要作用,是因为法律制度本身所具有的安全价值,与虚拟经济所寻求的安全运行,在目标与范畴上实现了契合,法律制度所要追求的这种理想的状态(即安全),恰恰也是人们对虚拟经济运行所要达到的理想状态的希冀。这种价值目标层面的契合,使得法律通过对安全价值的追求,进而促进和保障虚拟经济安全不仅具有了理论上的解释力,而且具有了实践上的可能性。

(一)法律的安全价值

价值问题虽然是一个困难的问题,但它是法律科学所不能回避的。[①] 关于法的价值问题,有研究较为全面地指出:法的价值是以法与人的关系作为基础的,法对于人所具有的意义,是法对于人的需要的满足,是人关于法的绝对超越指向,具有属人性和社会性、客观性和主观性、应然性和实然性、特殊性和普遍性。法的价值有观念、理论和制度三种存在形式,是法的制定的必需,是法的实施的需求,是防止法的失效的屏障,是校正恶法的准则,是法的演进的动因。[②] 法律所追求的秩序、自由、平等、正义等价值目标,是承载法律价值的重要载体,构成了不同的法律价值形态。在法律的众多价值中,安全价值尽管不常被提及,且理论研究也较少关注,但安全价值却至关重

① 庞德:《通过法律的社会控制:法律的任务》,沈宗灵、董世忠译,商务印书馆,1984,第55页。

② 卓泽渊:《论法的价值》,《中国法学》2000年第6期,第23-37页。

要。随着经济社会的不断发展变迁,风险社会的各种挑战不断增加,来自各个方面的安全问题正在逐渐引起大家的关注,这将促使法理学层面对安全价值的更多关注。

法的安全价值是法的目的价值之一,是主观性与客观性、实然性与必然性的统一。法律层面,安全是通过法律制度所构建或追求的一种状态。安全价值是法的众多价值中的重要组成,安全价值的重要性在于,一旦失去了安全,法的其他任何价值将失去意义,其他任何价值目标都将变得虚无缥缈。安全之所以被重视,就在于其是人类的基本需要,是保障人类存在和发展的前提基础,是推动国家和法律产生发展的价值动因,也是推动社会不竭发展的动因。“从法律价值的角度来讲,所谓安全,是指通过法律力求实现的、社会系统基于其要素的合理结构而形成的安定状态,以及主体对这种状态的主观体验、认知和评价。”[①]作为一种主客观相统一的价值形态,其客观的安定状态,以及主体对该安定状态的认知与否,都会产生相应的后果,一旦失去客观的安全,或者主体的认知上缺乏安全感,将会诱发一系列其他后果。

法的安全价值的实现,有赖于以安全为核心的法治体系的构建,也有赖于在立法、行政、司法领域对具有安全价值的法的良好实施。[②] 换言之,安全价值的实现,既是一个“良法”的创制过程,还是一个用“良法”促进和保障“善治”的过程。构建起以安全为核心的安全法治体系,而后通过依法行政、公正司法、激励守法等,使得法的安全价值从主观认知的观念层面落实到客观可见的现实状态,是法律安全价值得以确立的意义,也是其所要追求的目标。

---

① 安东:《论法律的安全价值》,《法学评论》2012 年第 3 期,第 3-8 页。

② 刘伟:《论法的安全价值》,《江苏第二师范学院学报》2017 年第 3 期,第 61-64 页。

(二)法律安全价值对于虚拟经济安全的作用

虚拟经济的产生与发展不仅是经济运动的一种结果,同时也是社会、经济、法律、文化等交互作用的产物。也即是说,虚拟经济既是经济发展到一定阶段的产物,同时也是法律和社会发展到一定阶段的产物。[①] 从新制度经济学的视角看,制度及制度创新在经济增长中起着关键性的作用。与其他因素相比,制度是影响到经济发展水平、经济增长率和经济增长速度的易变动性的更重要的因素。[②] 与之相似,在虚拟经济的产生和发展过程中,不同法律环境与法律制度也起着不同的作用。其中,虚拟经济产生与发展的法律环境主要是那些构成虚拟经济产生及发展的基本法律条件(制度条件),但这些法律(制度)本身可能并不以调整虚拟经济法律关系、规范虚拟经济发展为目标;虚拟经济运行的法律制度则主要是那些直接调整虚拟经济法律关系、规范虚拟经济交易行为、维护市场秩序、保护投资者合法权益等为目标的法律制度。不管是虚拟经济产生与发展的法律环境,还是虚拟经济运行的法律制度,都是虚拟经济安全的主要法治保障,为虚拟经济的安全运行起到了重要的作用。

从虚拟经济安全的角度看,虚拟经济安全是经济安全的重要组成部分。现代市场经济体系就是一个安全机制充分发挥作用的综合有机体,虚拟经济,特别是金融市场属于经济安全特别关注的敏感领域。虚拟经济安全是一国经济安全、国家安全的重要内容,在现代金融社会,虚拟经济安全几乎是经济稳定的风向标。随着经济全球化和金融脆弱性的凸显,虚拟经济成为国家的经济安全核心。尤其是以证券业为典型的虚拟经济形态,其虚拟性和高风险性,加上金融在各个领域的渗透性,一旦交易过程中某一环节出

---

① 胡光志:《虚拟经济及其法律制度研究》,北京大学出版社,2007,第 177 页。

② 楼朝明:《制度在促进经济发展中的相对重要性》,《宁波大学学报》(人文科学版)2005 年第 4 期,第 123-128 页、第 132 页。

现风险,就会传导到整个金融体系,国家经济发展就会受到波动或震荡,甚至出现虚拟经济危机或经济危机。20 世纪 30 年代的世界经济危机、1998 年因索罗斯基金引发的亚洲金融危机以及 2008 年美国次贷引发的金融危机都充分证实了虚拟经济安全维护的重要性。[①] 而历史和现实也已经充分证明法律制度之于虚拟经济安全的重要性。

面对虚拟经济的这些风险,从法律的安全价值出发,虚拟经济法律制度之于虚拟经济运行安全的重要性主要体现在:虚拟经济安全的法治思想可以指导虚拟经济立法价值和目标的设定、指导立法对虚拟经济发展设定合理的边界、为虚拟经济安全与高效发展提供强制性制度约束。而具体法律制度的构建标准则直接围绕虚拟经济市场交易秩序的构建,监管架构和监管规则的构建,投资者(消费者)权益的保障,政府干预虚拟经济市场时权、责、利的明确,安全与效率、开放、创新等之间关系的正确处理。更进一步,根据法律安全价值的实现方式,虚拟经济的安全运行条件如下:①需要构建起以安全为核心的法治体系,确立虚拟经济运行安全的法治思想和法治原则;②需要以法治思想和法治原则为指导,通过立法活动(包括法律的立、改、废、释等)创制出能够促进和保障虚拟经济运行安全的具体法律制度(法律规则);③虚拟经济的治理需要依法进行,特别是需要依法监管,通过建立一套符合安全要求的监管组织结构和执行体系,以保障虚拟经济运行安全;④需要构建有助于虚拟经济安全的司法体系,充分发挥虚拟经济审判在防范和化解风险中的功能;⑤需要建立一套促进虚拟经济领域内各主体守法的守法激励机制,以守法促发展和保安全。

二、法律的社会功能及其于虚拟经济安全的作用

从法理的视角看,“法律作为一种特殊的制度因素,具有维护整个社会

① 张承惠:《规范金融市场秩序,切实维护经济安全》,《求是》2001 年第 10 期,第 33-35 页。

系统稳定和均衡的特殊功能。特别是在现代社会里,法律以推动社会的全面发展为目的,它可以疏通社会联系,缓和各种社会冲突,由此在国内及国际社会现代化的进程中发挥其独特作用”①。因此,法律的社会功能对于虚拟经济的安全运行具有重要的价值,而法律社会功能在虚拟经济安全领域的具体实践,主要借助于其最严的规则属性、最高的规则属性、最后的规则属性以及“管大事”的规则属性等基本社会定位得以充分体现。

(一)法律的社会功能

从法律与社会的关系看,法律以社会为基础,其性质与功能取决于社会,其变迁受社会变迁的影响,即法律在整体上能够反映社会;同时,法律又不仅仅是被动地反映社会,法律对社会具有较强的反作用,这种反作用能够影响社会发展进程,法律的这种反作用对社会发展起着重要的推动作用,以至于近现代社会大多国家都试图通过“变法而自强”。总的来说,法律既是历史的产物,又是未来的产物,其对未来的规划和推动,集中反应在“通过法律的社会控制”②。所谓社会控制,广义上是指人们依靠社会的力量,以一定的方式对社会生活的各方面进行约束,确立与维护社会秩序,使其符合社会稳定和发展需要的过程;狭义上则专指社会对越轨行为的禁止、限制和制止。庞德把“社会控制”一词纳入了自己的理论体系,认为法律是“社会工程”的工具,法律是“自然秩序”的基础,是维护社会文明,对社会实行有效控制的一种高度的专门形式。为什么必须通过法律对社会进行控制呢?在庞德看来,社会控制的目的在于有可能为大多数人做更多的事情,而调节社会上各种冲突的利益,以求满足人们最大的利益要求,便是法律的功能。对人类本性的控制就要实行社会控制。实行社会控制的手段有三,即法律、道德和宗教,在最初有法律时,这三者是很难分开的。但是,自16世纪以来,法

---

① 付子堂、胡仁智:《论法律的社会功能》,《法制与社会发展》1999年第4期,第7-15页。

② 罗斯科·庞德:《通过法律的社会控制》,沈宗灵、董世忠译,商务印书馆,2017,第1-80页。

律已成为社会控制的首要工具。法律通过调和社会各种利益的冲突,进而保证社会利益得以实现。[①]

在此意义上,法律的社会功能集中表现为:其一,作为一种社会系统的法律,其功能首先表现为简化和梳理社会的复杂性,并使其具有确定性。这一功能是法律最为基础也是最广为人知的功能,通过法律制度将复杂社会的各种情形予以简单化、规则化、明确化,并使之具有确定性,进而为人的行为提供合理的指导和理性的预期,以此为整个社会的运行提供一个合理的秩序框架,促进社会的安全、有序发展。其二,法律控制社会,还表现为通过法律对社会机体的"疾病"进行治疗。法律的"治病"功能,为社会的发展提供了源源不断的动力支持,使得其追求的公平、正义、效率、安全等价值目标具有实现的可能和保障。事实上,所谓对社会"疾病"的医治,就是运用法律解决经济、政治、文化、科技、道德等方面的各种社会问题,由此实现法的价值,发挥法的功能。例如在虚拟经济领域,通过对投资者的保护,可以促进虚拟经济市场交易的正常运行,进而确保投资者信心,以此来促进虚拟经济的健康发展。其三,法律的公共功能,也就是法律基于其社会性或共同性,而对社会公共事务所具有的管理能力,即法律调整社会公共事务,执行社会职能的作用能力,也就是现代意义上的社会治理功能。[②] 法律的这种社会治理功能,主要通过国家代表社会公共利益,通过合法行使公权力的方式得以实现,例如预防社会冲突,解决社会问题,保全社会结构等,都是社会治理功能的体现。

(二)法律社会功能之于虚拟经济安全的作用

法律的社会功能中,不管是简化社会复杂性,并使得其具有确定性和可

---

① 付子堂、胡仁智:《论法律的社会功能》,《法制与社会发展》1999 年第 4 期,第 7-15 页。罗斯科·庞德:《通过法律的社会控制》,沈宗灵、董世忠译,商务印书馆,2017,第 1-80 页。

② 付子堂、胡仁智:《论法律的社会功能》,《法制与社会发展》1999 年第 4 期,第 7-15 页。

预期性的基础性功能,还是其对社会的“治病”功能和社会治理功能,都直接或间接地为虚拟经济的发展创造了良好的法律环境,提供了安全的法治保障。具体而言,法律的上述社会功能,借助于法律自身所具有的基本社会定位,得以在虚拟经济安全中发挥其应有的作用。

第一,法律最严规则的基本社会定位,决定了其在虚拟经济运行安全中的重要价值。法律是国家依据法定程序制定或认可的、以国家强制力为后盾和保障的行为规范体系,它的比较优势在于,当遇到阻碍其实施的反向作用力时,能够迅速逆转力量对比,改变原有的博弈格局。[①] 从此定义中可以看出,作为社会规范的法律拥有公共道德、团体纪律等其他社会规范所不具有的国家强制执行与保障实施的特性。虽然任何一种社会规范,都有保证其实施的社会力量,即都有某种强制性。然而,不同社会规范的强制性在性质、范围、程度和方式等方面是不尽相同的。[②] 如相较于依靠人们内心信念与社会舆论实施的道德,法律由国家确保执行的强制力度就要高得多。也正因为此,法律一直以来都是最为严格的社会规范。就虚拟经济领域而言,除法律之外,道德、商业伦理、公共秩序等都可实现对虚拟经济市场主体的规范。但法律的实施更具有一种“无视其他反对力量亦可贯彻”的特性。易言之,违反法律即会受到法律规则本身的规制甚至惩罚,这也是法律与国家政策、发展规划等的不同。例如我们国家通过对刑法的历次修订,严厉打击虚拟经济领域的违法犯罪活动(破坏金融管理秩序罪、金融诈骗罪等),进而保障虚拟经济交易安全,维护虚拟经济市场秩序。

第二,法律最高规则的基本社会定位,决定了其在虚拟经济运行安全中的优势所在。作为最高社会规则的法律,是维护国家稳定、各项事业蓬勃发展的最强有力的武器,也是捍卫人民群众权利和利益的工具。在法的社会

---

① 吴元元:《认真对待社会规范——法律社会学的功能分析视角》,《法学》2020 年第 8 期,第 58-73 页。
② 张文显:《法理学》(第五版),高等教育出版社,2018,第 74 页。

属性中,最主要的属性就是其具有的阶级性,这就决定了法律总是会反映并体现出阶级意志,并借由国家强制力保障其实施。“法律是治国理政最大最重要的规矩”这一重大命题的提出,就表明了法治的重要性,也反映了法律制度在国家治理中的最高规则属性,且更加明晰地体现了法律在国家治理与经济社会发展中的重要作用。虚拟经济治理中,基于法律最高规则的基本社会定位,任何人、任何组织、任何市场主体都不可能,也无法在法外行事,只要其行为违反了虚拟经济领域的法律,都会受到相应的制裁,这使得法律比其他治理方式都更加具有适用上的优势,进而也能更好地守护虚拟经济运行安全。

第三,法律最后规则(防线)的基本社会定位,决定了其在虚拟经济运行安全中的底线思维。法律最后规则的属性,也称“最后防线”的属性,是因为相较于道德、行业自律、其他软性规约等,法律在小到日常纠纷解决,大到经济社会治理中,通常都是最后出场,在依靠道德约束、行业自律规则以及其他一些软性规范能够定分止争的前提下,法律总是“吝啬”的,总是愿意做一个旁观者。但是,法律的最后规则属性也恰恰决定了当前述手段(方式)不能够有效解决问题时,便是法律“登场亮相”的时刻。法律的这种最后规则属性,既赋予了各主体相对的自由,也保证了治理的便捷高效。更为重要的是,这种最后规则的定位,事实上属于一种底线思维,属于一种兜底思维,也就是先强调法律指引、预防、教育等功能的发挥,一旦当指引、预防等功能失效时,其强制性功能便会得到充分发挥,进而确保治理效果。虚拟经济领域,法律首先尊重市场主体在“公平、公正、公开”前提下的自主行为,鼓励市场、行业组织、虚拟经济领域的投资者、消费者等,依靠道德约束、行业自律规则等进行正常的市场交易,然而,一旦出现需要法律进行干预的领域,其底线思维就会被触发,彼时法律将发挥其独有的治理优势,维护虚拟经济安全。

第四,法律“管大事”的基本社会定位,决定了其更加注重虚拟经济领域整体性、全局性的安全。诚如有研究指出的一样,创设法律关系的意图是法律行为重要的隐含构成要件,尤其是在没有对价制度的法域。它要求法律行为必须具有"法律意义",目的在于界定法律介入社会生活的限度,排除对家庭、社交等行为的法律调整。[①] 经济法领域,尤其是虚拟经济法律制度领域,很难创设出具有对价的法律制度,这种情况下,国家对虚拟经济的干预,应该保持一种必要的限度,而不是事无巨细都要进行干预。虚拟经济法律制度的设定,应该具有"管大事"的思维,虚拟经济立法对虚拟经济不是事无巨细什么都管,而是只管最重要、最根本的经济关系或行为。虚拟经济领域各市场主体的自主性、独立性必须得到保证,不能为了安全而忽视它们,虚拟经济法律制度应该具有整体性、全局性思维,其基本定位和目标应该是为市场提供最后的边界,包括设定红线、底线,即管的是最根本的经济运行安全问题。

第三节　安全的法治实现:虚拟经济法治的目标定位与路径遵循

上文已述,虚拟经济安全对法治具有很强的依赖性,不管是法律本身的安全价值,还是法律的基本社会功能,都对虚拟经济的安全运行具有重要的促进和保障作用。也正因为如此,虚拟经济的安全实现,就需要寻求一条相对科学、合理的法治路径。为此,首先应该将虚拟经济法治的根本目标确定为安全,在此宏观价值目标的指引下,结合虚拟经济发展和治理的历史经验与教训,虚拟经济法治的路径应当是在法治的框架内促进虚拟经济有限发展,通过法律制度为虚拟经济的有限发展设定框架、设置信号灯、建立相对

---

① 谢鸿飞:《论创设法律关系的意图:法律介入社会生活的限度》,《环球法律评论》2012 年第 3 期,第 5-23 页。

明确的安全标准。

一、虚拟经济法治的首要目标选择：虚拟经济运行安全

自由、公平、效率、秩序等都属于法律的基本价值目标，反映了法律的作用与目标。同时，也反映了人们对法律的看法，认为理性的法律应该是什么。[①] 而目标序位则反映了不同目标在同一部法律中的重要程度。开放经济条件下我国虚拟经济运行安全法律保障，内容丰富，涉及面广，对应的实践问题和法律问题也十分复杂。面对纷繁复杂的现实问题，如要构建一套总揽虚拟经济发展全局并能为具体虚拟经济领域提供立法指引的法律模块，首先就必须确立虚拟经济法治的首要目标与根本目标，这不仅关乎虚拟经济法体系中各法律部门的协调运作，也契合我国虚拟经济法执法和司法的实践需要。

（一）虚拟经济运行安全是虚拟经济法治的首要目标

虚拟经济法治的首要目标应当与虚拟经济发展的首要需求相对应，因而以现实为依据，廓清我国虚拟经济运行的现实态势，才能遵循问题导向的思维模式，提炼出虚拟经济法治的首要目标。具体而言，除了从法理上进行逻辑推演外，也可从我国虚拟经济发展面临的问题及国家层面的应对措施来印证安全之于虚拟经济法治的重要性。

第一，从法理层面的逻辑推演看，虚拟经济安全是虚拟经济法治所追求的首要价值目标。这主要是由于“秩序与效率虽然也是虚拟经济法的基本价值，但它们还不足以解释虚拟经济立法的根本动因”[②]。从虚拟经济安全和虚拟经济秩序与效率的关系来看，虚拟经济安全是虚拟经济秩序与效率

---

① 周安平：《法律价值何以是与何以不是》，《深圳大学学报》（人文社会科学版）2020 年第 3 期，第 91-99 页。

② 胡光志：《虚拟经济法的价值初探》，《社会科学》2007 年第 8 期，第 105-113 页。

的前提,没有虚拟经济安全,虚拟经济秩序与效率就难以维持。而就安全而言,“安全是法律持续性的制度安排与价值追求”。不论是农业时代还是工业时代抑或是后工业时代,安全均是法律制度的基本目标和任务。“在法律价值目标体系中,安全是其他法律价值的前提。”虚拟经济的产生和发展伴随着一系列不安全因素,如由虚拟资本不稳定性所引发的经济波动,由市场主体投机行为所引发的交易风险以及由违法行为所致的其他安全问题等。虚拟经济法正是在这些不安全因素中产生和发展的,其从最初的非正规规则发展到正规规则,均是为了保障虚拟经济安全。以我国证券法的发展为例,从 1998 年证券法颁布以来,被先后大修了五次,小修多次,它们均为适应证券业的发展而制定,目的在于保障证券交易安全,促进证券业的发展。

第二,虚拟经济呈现的过度发展态势,“脱实向虚”倾向,系统性金融风险骤增等,客观上要求虚拟经济法治应当以安全为首要目标。一般而言,目标是行动的前提,行动方案的设计总会围绕着一定的目标进行。“在任何一个规制体系中,中心议题之一即相关规范所设定的目的或目标及其在规范中的呈现方式。”①之所以强调将安全作为虚拟经济法治的首要目标,就是为了应对近年来虚拟经济“脱实向虚”的趋势,为的是切实防范和化解风险。事实上,从国家政策层面就能清晰地看出,虚拟经济安全正在逐渐走向政策和法律舞台的中央。2017 年的全国金融工作会议和党的十九大报告都高度关注虚拟经济安全问题,尤其是全国金融工作会议将其视为重中之重,并且“防范化解重大风险”成为 2018 年所确定的三大攻坚战之一,此后专门成立了国务院金融稳定发展委员会,以防范系统性金融风险为核心的治理体系构建,都无不显现出虚拟经济安全的紧迫性和重要性。党的十九届四中全会更是提出要求“加强资本市场基础制度建设,健全具有高度适应性、竞争

---

① 科林·斯科特:《规制、治理与法律:前言问题研究》,安永康译,宋华琳校,清华大学出版社,2018,第 7 页。

力、普惠性的现代金融体系,有效防范化解金融风险”,可见防范化解系统性金融风险和维护金融安全是将来推进国家治理体系和治理能力现代化中的重要一环。前文已述,既有的经验表明,面对虚拟经济风险,法治是最好的应对机制和解决方案,但法治的一个逻辑前提便是目标的确立,因此,面对虚拟经济风险治理的现实需求,虚拟经济法治构建的首要目标遵循自然而然应该是安全。

第三,开放经济条件下,面对近年来外部环境的急剧变化,客观上先得保证虚拟经济的安全,这也决定了虚拟经济法治建设的首要任务就是确保安全。通常而言,主权国家实体经济的安全大都牢牢掌握在自己手中,但在全球化的今天,面对不断开放的趋势,作为以信心、信息、信用为基础的“三信”产业,虚拟经济的安全却较为容易受到外部环境的影响。“随着发展中国家经济的不断开放和发达国家与金融机构全球化的不断推进,各国经济相互依存度不断提高,一国和地区的经济不稳定极易演变成全球性的金融和经济危机。”①在扩大开放条件下,虚拟经济发展中所伴随的“系统性金融风险”隐忧不仅不会消逝,反而会愈发强化。同时,2020 年以来全球经济受到了很大的负面影响,其导致的经济损失和金融市场压力也将成为 2008 年金融危机以来世界各国面临的最严重的经济金融冲击②,全球经济下行的压力已经不可避免,紧急刺激经济将成为世界各国的应对方案之一(如美国前后两届政府已经累计投入 5.54 万亿美元的经济刺激计划),这也给整个虚拟经济的发展带来了诸多不确定性,使得其安全运行的现实环境愈发复杂化。在开放经济条件下如何避免受到投机资本的干扰、外国资本的冲击、国

① 赖文燕:《虚拟经济与实体经济发展中存在的问题及对策》,《金融与经济》2009 年第 2 期,第 39-42 页。

② 根据相关预测,仅就全球 GDP 损失而言,这是自第二次世界大战结束以来最严重的经济衰退,而若按全球 GDP 计算,新冠疫情造成的经济损失是 2008 年全球经济危机的两倍。更多数据可参考《新冠重创世界经济:疫情前后的人类社会,相差长达 25 年……》,凤凰 WEEKLY2020 年 12 月 23 日。

际游资的影响及国外政治经济社会动荡的威胁,是虚拟经济法治不得不面对的问题。因此,面对这一复杂的国际背景,就虚拟经济立法而言,确保其运行安全应当成为所有目标中最为重要的目标。

(二)虚拟经济运行安全是虚拟经济法治的根本目标

如果说探究虚拟经济安全在虚拟经济法目标中的顺序让我们清楚:与效率、秩序相比,虚拟经济法首先保障安全。那么探究虚拟经济安全在虚拟经济法中的重要性则让我们明白:虚拟经济法的内容以保障虚拟经济安全为中心而展开,相较于效率和秩序,安全是虚拟经济法的根本目标。

其一,之所以强调安全是虚拟经济法治的根本目标,是因为逻辑地看,虚拟经济安全是虚拟经济秩序和效率的根本保障,失去安全的效率和秩序如无本之木。抛开虚拟经济这一背景,仅从秩序、效率和安全的词义考察,事实上秩序和效率便是安全的重要组成。哈耶克曾指出:“每个个人的存在和活动,若要获致一安全且自由的领域,须确立某种看不见的界线(the invisible border line),然而此一界线的确立又须依凭某种规则,这种规则便是法律。”[①]不难发现,安全价值是法的基础价值。而之所以说虚拟经济安全是虚拟经济秩序和效率的保障,是因为在我国市场经济社会的经济生活领域中,“安全是经济活动或者整个市场运行的最基本保障,一切经济利益只有在率先保证经济安全的前提下才有意义;效率则是经济运行自身规律的要求,一味地强调安全,而不顾及经济运行的效率,这种经济就会因为缺乏活力而无法发挥应有的功能,甚至还会出现消沉,而反过来危及经济运行的安全。”[②]从秩序和效率在虚拟经济法中的体现考察,它们均不足以反映虚拟经济法的核心功能,而虚拟经济安全则可以体现虚拟经济法的核心功能和

---

① 弗里德利希·冯·哈耶克:《自由秩序原理》,邓正来译,生活·读书·新知三联书店,1997,第183页。

② 胡光志:《内幕交易及其法律控制》,法律出版社,2002,第55页。

主要任务。再以我国证券法为例,安全价值是证券法的核心价值,它根源于证券业的诸多风险。我国证券法从立法宗旨、价值取向、法律调整范围到具体的制度设计,都突出对证券安全的维护。①

其二,之所以强调安全是虚拟经济法治的根本目标,是因为从实践来看,虚拟经济安全一直以来都是虚拟经济法的核心内容。由于虚拟经济安全是国家经济安全中的重心,而虚拟经济法是保障国家经济安全的重要工具,那么保障虚拟经济安全理应是虚拟经济法的核心任务和内容。我们清楚地知道,虚拟经济稳定是当代经济稳定与国家安全的核心领域的理论命题。② 虚拟经济对经济系统价值体系能够产生较大及频率较高的冲击,全球性的经济危机往往由虚拟经济引起,或主要来自该领域。因此,国家经济安全的核心在于虚拟经济的稳定和安全。③ 要实现国家经济安全,就必须将虚拟经济因素纳入考虑中,要重点防范虚拟经济系统的风险,其中包括消除和降低国内虚拟经济部门的风险、防范国际虚拟经济风险两个方面。④ 从具体制度考察,我国虚拟经济中的相关制度均围绕保障虚拟经济安全而展开。如证券业的多次整治均围绕安全而展开,既保障投资者和投机者的权利,也保证证券市场的发展,证券法正是在此背景下产生和发展的,在历次危机中证券法均起着重要的作用,维护证券市场安全是证券法制度的核心任务。又如证券法通过提高违法违规成本,降低市场主体做出违法违规行为的概率,进而保障交易安全。以新证券法中的罚金为例,其上限被大幅度提高。这表明我国证券法为适应证券市场的发展,保障证券市场交易安全,已经通

---

① 裴惠宁、成延洲:《〈证券法〉与证券投资安全》,《兰州大学学报》2000 年第 3 期,第 85-89 页。

② 刘骏民、王国忠:《虚拟经济稳定性、系统风险与经济安全》,《南开经济研究》2004 年第 6 期,第 32-39 页。

③ 杨运星:《论虚拟经济的稳定性、系统风险与经济安全》,《商业时代》2013 年第 24 期,第 9-10 页。

④ 许圣道、王千:《虚拟经济全球化与国家经济安全研究》,《中国工业经济》2009 年第 1 期,第 65-74 页。

过提高违法违规成本来降低因威慑不足或执行困难而产生的问题。以刑法修正案(十一)为例,其中“欺诈发行股票、债券罪”扩大了可以作为定罪依据的文件范围、加大了处罚力度(最高刑可达15年)、扩张了刑事责任主体、增加了单位犯罪罚金额度;“操纵证券、期货市场罪”更是进一步扩大了处罚范围,进一步明确对“幌骗交易操纵”“蛊惑交易操纵”“抢帽子操纵”等新型操纵市场行为追究刑事责任等,这一系列法律制度变革的背后,都是对预防化解金融风险、保障金融改革、维护金融秩序的追求,足以显现出安全之于虚拟经济法治的重要性。

二、虚拟经济法治的根本路径遵循:虚拟经济有限发展

根据虚拟经济法治的目标定位可知,虚拟经济法治的核心在于,根据虚拟经济自身运行规律,从法律自身的宗旨和价值出发,使得法律在保障虚拟经济发展的同时,为预防与克服其负面效应,保障其运行安全和可持续发展,而将其置于法律约束下的安全范围内运行。为此,虚拟经济法律制度需要为虚拟经济的安全运行设定出一个相对可视化的限度、铺设出安全的“轨道”、设计出安全运行的“信号灯”。借助安全、秩序等法律规范之价值意涵,为虚拟经济市场运行构筑良好的法律环境;通过发挥法律强制、指引、评价、教育等规范作用和其特定的社会作用来促进虚拟经济的安全与可持续发展。

(一)一个追问:法治如何既能促进发展又能保障安全

从最近几次经济危机的法律应对看,合理的法律制度设计对虚拟经济运行安全起着至关重要的作用。首先,20世纪30年代资本主义“大萧条”,借助于凯恩斯主义,政府职能与法律调控逐渐归位,金融与经济社会的风险防控体系日趋完善,以中央银行为代表的金融规制体系及其法律制度的健全也成为“大萧条”风险治理的有益尝试。其次,20世纪90年代,酝酿于东

南亚乃至整个亚洲的经济短期繁荣幻象之中的亚洲金融危机,促使亚洲各国国内虚拟经济立法的完善与区域间金融风险防范合作的加强,为全球金融市场的发展输出更有利的安全理念。再次,21 世纪初,次贷危机的发生更加表现出金融监管失位与政府规制失灵的危害,当虚拟经济的发展与实体经济规模不相匹配,经济发展的“脱实向虚”就会成为一种难以摆脱的路径依赖。在次贷危机应对中,金融监管的法治化命题被提升到前所未有的高度,宏观审慎监管的完善、金融消费者保护、普惠金融与金融机构社会责任的提出均表现在具体的经济立法变迁之中,虚拟经济立法的完善逐渐成为资本主义经济危机反思的重要维度。最后,欧洲主权债务危机的应对中,在虚拟经济立法的完善之下,欧盟开始重视区域风险防范合作的强化,提升央行的货币政策调控工具,通过定向救助计划的实施、金融财政政策的改良以及整体欧洲稳定机制的完善。

如果把视线拉得更长一些,纵观虚拟经济立法的历史,虽然不同阶段各具特点,但虚拟经济立法的出台及完善总是与经济危机的爆发密切相关,并且大体呈现出对虚拟经济的放任发展、全面干预、放松管制、约束发展的规律。从虚拟经济立法的历史演进来看,虚拟经济立法陷入了这样的一个历史怪圈:自由放任的虚拟经济立法—虚拟经济过度发展—孕育、爆发经济危机—限制干预的虚拟经济立法—虚拟经济发展受限—制约实体经济发展—自由放任的虚拟经济立法。通过历史上虚拟经济与其立法之间的这种恶性循环,我们可以得出以下几个基本认知:其一,虚拟经济发展所蕴含的风险往往是诱发经济危机的主要因素和场域;其二,虚拟经济危机的爆发与法律的放任或约束的松懈有直接的关联;其三,危机的应对与化解最终离不开法律手段。

从上述历史的、实践的视野中,我们不难看出虚拟经济法治对虚拟经济风险的化解具有极其重要的作用,在历次危机的应对中法治都发挥了其应有的功能。与此同时,有一个更为直接和重要的问题也直接得以显现,那就是虚拟经济法治的建设陷入了一个治乱循环的历史怪圈，当虚拟经济危机来临时，法治会被提高到前所未有的程度，大都通过完善法律制度来应对危机，而当危机消散，经济恢复正常时，自由放任、不受限制的发展思想及其实践又会兴起，法治的作用空间又被压缩。而这就促使我们不得不思考这样一个问题：是否存在一种较为理想的法治思想和法治的实践样态，既可以促进虚拟经济的健康、有序发展，又能够防范和化解其风险，进而确保其安全运行，而不是同往常一般，等危机真正来临时才让我们想起还有法治这一重要治理方式。因此，法治如何既能在促进虚拟经济发展的同时又能保障其安全运行，便成为一个急需要回答的历史追问。

（二）一个答案：法治框架内的有限发展或可兼顾安全和发展

面对上述追问，不管是从虚拟经济自身运行的规律、风险发生和防范与化解的经验、近年来虚拟经济过度发展以至于加速“脱实向虚”倾向的现实等角度审视，还是从法律制度保证虚拟经济运行安全的基本结构要素等视角观察，虚拟经济的有限发展或将是开放经济条件下虚拟经济运行安全的一剂苦口良药，而有限发展则离不开法治的“保驾护航”，需要依靠法治来实现。概言之，法治框架内的有限发展或许既能在促进虚拟经济发展的同时又能够保障其安全。

首先，虚拟经济自身运行的规律、风险发生和防范与化解的经验、近年来虚拟经济过度发展以至于加速“脱实向虚”倾向导致结构性失衡的潜在风险等，在客观上要求虚拟经济有限发展。在实践层面，虚拟经济的发展在那些提倡市场至上的国家，事实上已经进入了一种疯狂的状态——美国经济的“脱实向虚”就是示例。反之，在那些主张市场自由和政府干预应有机结合的国家，虽然也存在经济上“脱实向虚”的风险，但基本属于可控的范围之内。宏观地看，虚拟经济之所以需要有限发展，主要原因在于：第一，虚拟经济的产生过程决定着虚拟经济只能有限发展。实体经济虚化的初始步骤是有限的,实体经济虚化的初始步骤就是闲置货币的资本化,但从历史的角度看,闲置货币的资本化本身恰恰就是有限的。第二,从虚拟经济的自身地位看,虚拟经济只有在实体经济的基础上、服务实体经济的发展,才有存在的空间和意义。一方面,虚拟经济过度发展会造成新的社会贫富分化;另一方面,虚拟经济增加了市场经济的经济周期的频率,使得经济危机爆发的频率提高,经济周期也变得更加不可捉摸,历史上虚拟经济危机带来的伤痛促使我们不得不限制其任意发展。第三,虚拟经济加速经济结构“脱实向虚”的天然倾向决定着其应当有限发展。虚拟经济天然就具有扩张性、高流动性和世界性,不控制其发展很容易造成重大的系统性风险,从而影响虚拟经济乃至整个国家经济的持续发展。虚拟经济的过分扩张容易形成虚拟经济市场的巨大泡沫,从而影响虚拟经济的运行安全,同时其过度发展容易导致资金由实体经济向虚拟经济的不恰当集聚,从而造成整个社会经济的萧条。

其次,虚拟经济安全法律制度的基本结构要素也指向了有限发展。制度是虚拟经济最好的冷却剂,从根本上讲,包括虚拟经济在内,任何一种经济形式都需要制度的制约,都需要受到制度的规范和限制,不可能无限制地发展和膨胀。因为在一定时间之内,人类的需求是有限的,地球上的资源也是有限的,是稀缺的,因此,无限制或者没有节制的发展或者膨胀是制度所不容许的。虚拟经济安全的基本要素包含虚拟经济结构协调性(虚拟经济和实体经济结构,以及虚拟经济自身内部结构等)、虚拟经济监管的有效性、市场机制运行的规范性和外部环境的适应性等内容。理想化之,这些要素反映在法律层面,在法律层面衡量虚拟经济是否安全的标准便在于:法律制度是否关注虚拟经济规模与实体经济规模的匹配,法律制度是否构建了完善的虚拟经济监管体制机制,法律制度是否有利于保障投资者合法权益的实现,法律制度是否明确规定政府干预虚拟经济市场的权责利,法律制度是否厘清安全与效率、安全与发展、安全与创新、防范与控制间的关系等。正所谓有制必有度,虚拟经济实现有限发展可以说是法律制度安排的重要目的之一，事实上这些法律制度的基本结构要素，如果是安排得当的，一定意义上就能够促使虚拟经济朝着有限发展的方向转变。

最后，法治框架内的有限发展既是以法治促发展也是以法治保安全。法治框架内虚拟经济的有限发展，首先是以法治促发展。之所以强调法治的作用，并不是希望通过法治来限制或者阻止，甚至扼杀虚拟经济的发展，而是在看到虚拟经济健康发展对当今经济社会的重要性后，借助于法治的力量，促使虚拟经济在法治的框架内整体发展、协调发展与可持续发展。一方面，通过法律制度的设计，促使虚拟经济与实体经济组成的整个经济体系整体发展，而不是只发展虚拟经济或者只发展实体经济，且在整体发展的过程中实体经济与虚拟经济之间的比重（结构）也需要协调，既要防止忽视虚拟经济，也要坚决遏制虚拟经济“脱实向虚”；另一方面，法治框架内虚拟经济的发展，应该是通过发挥法治的促进、规范等利益平衡等作用，促使虚拟经济的可持续发展，而不是着眼于当下的发展。法治框架内虚拟经济的有限发展，其实是以法治手段保安全。根据前文的论述，基于法的安全价值和基本社会功能等，法治促进和保障虚拟经济安全的方式在于，运用法治思维和法治方式，为虚拟经济法律制度的构建提供指导思想、理念和原则，并指导虚拟经济具体法律制度的变革，通过法律制度的设计，为虚拟经济的安全运行设定出限度，铺设出安全的“轨道”，设计出安全运行的“红绿灯”，进而为虚拟经济监管、司法以及虚拟经济守法提供制度支撑。

第四章　历史与现实的凝炼：虚拟经济有限发展法学理论的提出与证成

从虚拟经济与实体经济的关系来看，虚拟经济根源于实体经济，是实体经济发展的产物，也是实体经济进一步发展需要凭借的一种手段。然而，虚拟经济的运行却有其独立性，一旦产生，又时刻显示出脱离实体经济的"离心"趋向。这种被经济学界称为"弱寄生性"的现象，使得虚拟经济在依赖实体经济的同时，又时常与实体经济发生冲突或分离，加之虚拟经济的高风险性，致使其"双刃剑"属性表现得尤为充分。因此，需要借助公力手段，限制虚拟经济发展的规模和速度，预防和化解其所带来的风险。而法律的正义追求、秩序维系、风险防范及安全价值，恰恰能够满足虚拟经济发展中的这种需求。如果将虚拟经济比喻为一匹骏马，那么法律正好可以为其提供一副缰绳。正是从这一意义出发，基于国家社科基金重大项目"开放经济条件下我国虚拟经济运行安全法律保障研究"，我们煞费苦心地归纳和提炼出了试图规范和驾驭虚拟经济发展方向的"虚拟经济有限发展法学理论"。对于这一理论，本章将遵循"提出依据—基本含义—论证过程"的思路，就其提出及论证过程进行总体的介绍与阐释。

第一节　虚拟经济有限发展法学理论的提出依据

虚拟经济有限发展法学理论之提出并非空穴来风，相反，其具有扎实的理论依据。概括而言，虚拟经济有限发展法学理论的提出依据主要来自以下三个方面：经济和法律运行规律的推演、虚拟经济立法历史经验的总结、虚拟经济治理的客观现实需求。对这些依据进行深入的剖析，是我们深刻认识虚拟经济有限发展法学理论提出的必然性及其逻辑根据的起点。

一、理论向度：经济和法律运行规律的推演

从理论维度看，虚拟经济有限发展法学理论根植于虚拟经济和法律本身的运行规律：首先，虚拟经济的“弱寄生性”及其“双刃剑”特质孕育的治理需求，揭示出社会经济要维持自身的自稳态及可持续发展，就必然要求虚拟经济在可控的范围内有限发展；其次，现代法治的安全理念正日益受到人们的重视，法律的终极使命不仅在于简单地维护社会的公平、正义和秩序，而是为社会的公平、正义和秩序提供安全保障，申言之，虚拟经济立法的最终价值必然是虚拟经济的运行安全。要达成这一目的，虚拟经济立法就必须从制度设计上，趋虚拟经济之利、避虚拟经济之害，从而将虚拟经济放进法律的笼子里“有限发展”，防止其野蛮而无序地生长，以实现社会经济的运行安全；最后，虚拟经济有限发展法学理论的提出，既是现代市场经济国家“防治金融抑制”“反脱实向虚”实践的一种提炼，也是弱小而稚嫩的传统虚拟经济法学理论发展至今的一种必然升华。

（一）虚拟经济的“双刃剑”属性是其有限发展的经济学根源

在经济学界，虚拟经济的“弱寄生性”“离心偏向”及“双刃剑”特征，已经是一个不争的共识，我们不必再去重复经济学的大量文献及其论证过程。仅以此为依托，考察一定的典型例证予以说明，并借此进行逻辑推演。

世界范围内虚拟经济的历史实践充分表明，虚拟经济有限发展是国家经济安全的根本保证，实体经济永远是国家崛起之根本，放任虚拟经济脱离实体经济自由发展是十分危险的。虚拟经济本身是向“实”而生的，因而虚

拟经济的发展应以实体经济的发展需求为其发展限度。然而,不仅经济学对虚拟经济的“弱寄生性”以及由此引致的“离心”或“脱实向虚”倾向,有深刻的阐释,而且虚拟经济运行的历史也一再给我们提供了沉痛的教训。可以说,历史上经济危机的发生很大程度上都是虚拟经济过度发展所致。无数事例昭示我们,如果无视或放任虚拟经济中的系统性风险,金融危机、经济危机及其引发的社会动荡,将很难避免。而在诸多的教训中,从法学的角度来看,立法规制的缺位或者疲软恰恰是导致虚拟经济过度发展的一个重要原因。世间万物的发展应把握其自身发展规律,寻求适度发展,“过犹不及”乃人类发展史上已获公认的畸形而充满风险的发展格局。因此,虚拟经济的有效运行需要借助外部的适当干预和监管,否则难以维护虚拟经济与实体经济发展的适度平衡,难以避免虚拟经济脱实向虚,给社会经济生活带来风险。

正因为虚拟经济具有天然的“离心”或“脱实向虚”偏好,使得虚拟经济具有十分典型的“双刃剑”属性:其有利的一面可以有效促进经济社会的发展,而其不利的一面亦会引发经济危机,给人类社会带来灾难。一个典型的例子便是2008年美国爆发的次贷危机,这次危机在全球的肆虐再一次向世人发出警告,放任虚拟经济过度发展所产生的风险是十分可怕的,其破坏力往往是不可估量的;同时,它也再一次告诉我们,通过积极的法律制度建设,以法律制度来防范、化解虚拟经济风险,将虚拟经济放到安全的范围内让其有限发展,不仅至关重要,在理论和实践上也具有可操作性。以法治的方式对虚拟经济进行有效的监管,使之在安全的范围内有限发展,是治理虚拟经济,保障经济社会安全的必由之路,也是现代大多数市场经济国家的必然选择。不管是自由市场、混合市场,还是中国特色社会主义市场经济,虚拟经济的发展都需要通过一定的监管规则和监管机制,通过人为设计的制度,如轨道和交通灯一样,来诱导、约束和控制其发展的方向、规模和速度,进而促使其在安全的向度内健康发展。

以美国为例,作为市场经济的典型代表,美国虚拟经济在全球范围内的发展具有典型意义。因此,通过美国对虚拟经济法律监管态度的变化,特别是金融监管的历史演变来看,可以看出监管法律制度的设定与虚拟经济运行安全之间的高度关联性。美国的金融法律监管主要经历了以下阶段的变化:

第一,20 世纪 30 年代的金融监管改革:以管制、限制过度竞争为理念。这一时期,以 1929 年发生的世人所知的“黑色星期四”为标志,美国股市出现了难以抑制的巨变,一路“狂泻千里”,道琼斯指数一度跌到 200 点的最低位,自此美国经济正式进入“大萧条时期”。为了有效应对危机,防止此类危机的再次发生,彼时的美国意识到法律监管之于虚拟经济安全的重要性,这种危机的有效防止和控制需要制定严格的金融监管法律制度来对应。为缓解危机,防止其整个经济体系的崩盘,自 1933 年罗斯福新政开始,美国颁布了大量的法律制度,欲借此重塑其金融监管制度。[①] 根据这些法律法规,美国政府成立了相应的一系列机构,如联邦存款保险公司(FDIC)、证券交易委员会(SEC)及证券业自律组织——全国证券商协会(NASD)等。此次危机导致美国的金融监管理念和制度供给均发生了根本性的转变,监管理念从放任市场自由发展、政府不加干预,转变为政府发挥其干预作用,积极介入市场,限制其过度竞争,保障金融安全和良性发展,法律制度自然也随着监管理念的转变而趋向严格。

第二,20 世纪 40—70 年代的金融监管改革:此次改革以“严格监管”和“安全优先理念”而著称。美国根据当时金融市场实情与时俱进制定了一系列相关法规,并对 20 世纪 30 年代颁布的一些金融立法进行巩固、修订和完

---

① 这一时期通过的法律主要有:1932 年的《联邦住房放款银行法》,1933 年的《银行法》《证券法》《联邦存款保险法》,1934 年的《证券交易法》《国民放款法》,1938 年的《马罗尼法》。其中 1933 年《银行法》的第 16、20、21 及 32 条构成了著名的《格拉斯-斯蒂格尔法》。

善,以严格监管、安全优先为理念进一步强化金融监管。从20世纪40年代开始针对证券市场出现的一些新问题制定一些新的法律[①],同时还对原有旧法特别是证券法进行了大量的修改,力图构造一个符合"三公原则"的证券交易市场,从法律层面为证券欺诈、市场操纵和内幕交易等行为关上大门。此外,银行方面法律制度的变革也充分体现了对银行业进一步管制的决心和意图。尽管在前期的这些法律制度及监管改革中,并没有很多直接涉及消费者和投资者的内容,但却明显强化了对金融消费者权益的保护,而这也为后来美国金融监管法律制度进一步强化以消费者保护为核心的监管奠定了基础。

第三,20世纪70—80年代末的金融监管改革:此次监管改革以自由化与效率优先为目标和理念。20世纪70年代的滞涨,使得凯恩斯主义陷入了尴尬境地,政府的监管能力受到了广泛的质疑,新古典经济学、货币主义和供给学派等自由主义思想流派复兴。金融监管逐渐从危机防范转型为效率监管,面对金融创新的巨大需求,金融业逐渐开始向纵深发展。取消利率管制、放松业务限制等成为这一时期法律监管的基本走向和主要特征。

第四,20世纪90年代至今的监管改革:此次改革以安全和效率的互相支撑为监管理念。这一时期因为20世纪90年代的金融危机浪潮,使得监管理念转向了安全和效率的有机协调方面,开始关注金融自身特殊性对监管的独特需求和影响,又开始逐渐向风险防范方向迈进。

纵观海外股市发展史,股灾的发生皆与政府管制不足有关,所以股灾之后,各国几乎无一例外地加强了对股市的干预,即使是市场制度较为成熟的美国,也会转向严格的法律管制。2008年的次贷危机是在经济及金融全球化背景下的世界性金融危机,在不同程度上重创了欧美发达国家以及新兴

---

① 如《投资公司法》《投资顾问法》《证券投资者保护法》《银行持股公司法》《银行合并法》《利息限制法》《平等信贷机会法》《消费者信贷保护法》《社区再投资法》等。

经济体的金融业。美国金融危机调查委员会在总结发生次贷危机的原因时就认为,过于宽松的监管环境片面强调市场自我调节力量是形成此次危机的重要原因之一。危机爆发后,各国反思自身金融制度中存在的问题,进行了卓有成效的改革:改革金融监管体制,强化央行、监管机构等部门在维护金融稳定、处置金融危机等方面的能力;加强金融消费者权益保护工作,特别是在金融创新业务中更加关注金融消费者的知情权、索赔权等权利的实现;推进国内及国际金融监管的协调与合作。2010 年 7 月 21 日,美国前总统奥巴马正式签署"美国自 20 世纪 30 年代'大萧条'以来改革最彻底、幅度最大的金融监管改革法案"——《多德-弗兰克法案》,这一法律的出台,为美国金融监管以及金融市场的改革奠定了全新的基础,为美国金融监管的转向指明了下一步的方向,具有极其重要的意义。从以上美国金融监管的演变轨迹可以看出,美国一直重视金融监管立法,尤其是在金融危机发生后,更强化了对金融的法律监管。由此看来,作为市场经济发达国家的美国,今后不会放任虚拟经济的自由扩张和无限发展,相反,会更加重视控制虚拟经济发展的规模与速度。

总而言之,虚拟经济本身是向"实"而生的,其必须为实体经济服务,必须以实体经济的发展需求为其发展限度。但虚拟经济天生具有"离心"的特征,时刻以"脱实向虚"为其运行趋向。一旦超过实体经济发展需求这一必要限度,其"双刃剑"属性就会暴露无遗,反过来就会制约、破坏甚至摧毁实体经济。因此,只要有虚拟经济存在,就需要借助国家干预的力量,以法律监管制度的建构为依托,以政府监管的方式介入虚拟经济市场,将虚拟经济的发展控制在法律预设的安全限度之内。只有这样,才能切实保障和维护虚拟经济乃至整个市场经济的安全、有序和可持续发展。

(二)现代法治的安全理念是虚拟经济有限发展的法学基石

著名法学家霍布斯曾言:人民的安全乃是至高无上的法律。透过此言,不难发现,安全在法律秩序中的作用和地位是其他任何法律价值所不能替代和超越的,可以说,安全价值是整个法律价值体系中最核心最根本的基石,因为所有的公平、正义离开了安全都会是子虚乌有。法律力图在创立防止国内混乱的措施和(通过承认防御性自卫战争的合法性)预防外国人入侵的措施方面发挥着重要作用。[①] 法创造着秩序,以维护和促进安全,虽然首先是在形式上的,但却是基础性的和不可或缺的,这好比道路交通,有机动车的地方就必须有交通规则。安全的价值在于,既能够为法律秩序中其他价值的实现附加积极效用,也能服务于它自身所具有的价值追求。当然,在有些情况下,只有经由变革才能维持安全,而拒绝推进变革和发展则会导致不安全和社会分裂。[②] 也就是说,无论我们是否追求变革,法律的第一宗旨,始终还是在于追求人类社会的运行安全。

法律的安全价值具有多重维度,如政治安全、经济安全、社会安全。而身处百年未有之大变局的当下,一国经济具有举足轻重的作用,国家经济安全是国家安全的物质基础。关于国家经济安全内涵的理解,学术界主要分为两种:第一种是"状态论",即"国家经济安全是指在经济全球化条件下,一国经济发展和经济利益不受外来势力根本威胁的状态"[③]。经济安全是指以一国在世界经济一体化条件下保持国家经济发展的独立性。[④] 第二种"状态与能力并重论"认为,经济安全是指在开放的经济条件下,一国为使国民经济免受国内外各种不利因素干扰、威胁、侵袭、破坏而不断提高其国际竞争力,从而实现可持续发展、保持经济优势的状态和能力。[⑤] 美国著名国际关系学者罗伯特·吉尔平将经济安全定义为"经济竞争力及其带来的相应的

---

① E. 博登海默:《法理学:法律哲学与法律方法》,邓正来译,中国政法大学出版社,2017,第 320 页。

② E. 博登海默:《法理学:法律哲学与法律方法》,邓正来译,中国政法大学出版社,2017,第 323-324 页。

③ 舒展、刘墨渊:《国家经济安全与经济自主性》,《当代经济研究》2014 年第 10 期,第 29-34 页。

④ B. 梅德韦杰夫、阎洪菊:《俄罗斯经济安全问题》,《国外社会科学》1991 年第 1 期,第 24-31 页。

⑤ 柳辉、吕天宇:《扩大内需:我国经济安全的战略选择》,《华东经济管理》2001 年第 4 期,第 41-43 页。

国际政治地位和能力”[①]。随着国际金融危机的爆发,国家经济安全问题的讨论进一步聚焦,讨论焦点为我国更深层次参与全球化过程中,如何抵御和防范世界性危机的外部冲击,以确保国家经济安全。虚拟经济作为经济安全的重要组成部分,对国家经济安全的重要性不言而喻。从新时代国家安全战略的角度分析虚拟经济安全,是将虚拟经济安全理念置于新时代国家安全战略的背景下,结合我国的总体安全观与实际情况,为虚拟经济安全的研究提供了新视角,有助于深化对虚拟经济安全的理解。

著名法学家罗斯科·庞德认为:“在法律史的各个经典时期,无论在古代和近代世界里,对价值准则的论证、批判或合乎逻辑的适用,都曾是法学家们的主要活动。”[②]而在经济场域,随着历史条件的转变和运行条件的复杂化,人类社会将迈入风险社会,在此背景下,对其安全价值的分析就显得更加重要。作为现代社会一种重要的经济表现形式,虚拟经济在运行中存在的风险尤其值得我们关注。以至于“安全”成为虚拟经济健康发展的必要条件。虚拟经济运行不安全意味着整个经济环境也不安全,某种程度上可以说,虚拟经济安全反映和决定着国家经济安全,因而经济和谐应当以虚拟经济安全为基础和前提。[③] 国家治理、社会治理要依靠法治,虚拟经济治理同样要依靠法治。[④]

虚拟经济法治的价值理念无疑是社会客观现实和需要的反映,不能离开当前的社会经济基础去谈虚拟经济监管的价值理念选择。[⑤] 当前,经济安全问题越来越多,也越来越复杂,各种类型的问题此起彼伏,相互交织,复杂

---

① 罗伯特·吉尔平:《世界政治中的战争与变革》,中国人民大学出版社,1994,第125页。

② 庞德:《通过法律的社会控制——法律的任务》,沈宗灵、董世忠译,商务印书馆,1984,第55页。

③ 张燕:《论农村民间金融监管和谐价值理念——基于当前金融生态失衡的视角》,《法学论坛》2009年第5期,第87-92页。

④ 王兆星:《金融法治是维护金融安全之基》,《中国金融》2020年Z1版,第140-142页。

⑤ 王腊梅:《我国地方政府金融监管价值理念重塑》,《改革与战略》2017年第4期,第67-69页、第74页。

多变。作为现代社会一种重要的经济表现形式,虚拟经济在运行中存在的风险尤其值得我们关注。简要梳理虚拟经济的发展历史即可发现,虚拟经济风险已经成为现代市场条件下经济发展中的一种频繁出现的现象。20 世纪 80 年代以后,世界多次发生金融危机,如 1997 年的东南亚金融危机以及 2008 年由次贷危机引发的美国金融危机,等等。这些危机虽然表现形式不尽相同,形成原因也有所区别,但都与虚拟经济的运行相关,并对其"安全性"保障提出了迫切的制度要求。

虚拟经济的出现不仅会引起经济学的革新,也是对法学的挑战。众所周知,虚拟经济运行的风险首先来自虚拟经济运行本身,虚拟经济不论在宏观经济变动还是微观主体决策中均扮演着关键角色,它除了冲击实体经济安全外,还复杂化了决策者的决策环境,增加了决策风险。随着经济全球化,虚拟经济的发展不断加深,虚拟经济市场本身固有的缺陷,会加深对经济安全运行的影响,扩大经济发展的波动过程。但在科学合理的制度结构下,此类情形在一定程度上是可以避免和克服的。市场条件下,市场对于这些缺陷具有一定的自我修复能力,也就是说面对这些情况,市场尚能够发挥其部分自净功能。但当制度的缺陷成为市场缺陷的推动,也即是制度设计本身出问题时,市场往往会受到外在制度的深刻影响,进而丧失其自我调节功能。在外在不合理制度的加速之下,市场运行机制以制度扭曲为前提,风险越积越大。由此可知,除了市场自身的风险,虚拟经济运行也会产生制度风险,即制度结构所引发的风险。"法律制度,因其稳定性与持久性的价值取向成为最佳风险防范控制手段,法之安全价值也有了重大的实际意义。"法律制度基于其权利保护和权力限制的特征,为人们提供预期安全,使人们免受各种外在强制力的侵害。法学作为制度构建的一个重要学科,可从制度层面来解释虚拟经济安全的内涵,预防虚拟经济运行风险的产生,减少虚拟经济风险造成的损失。

总而言之,针对开放经济条件下我国虚拟经济运行安全面临的风险因素,结合虚拟经济在我国现阶段发展的总体形势,我们认为,以法律的根本价值——安全为指针,虚拟经济法律制度的首要功能应当被定位于:规范和保障虚拟经济的运行安全,保障我国市场经济安全和社会稳定。换言之,保障我国市场经济安全和社会稳定,是当下我国市场经济法律追求的最大的公平正义。为实现虚拟经济法律制度的上述功能,今后我国在重构虚拟经济法律制度的时候应当遵循的根本价值选择是"安全效率并重,安全优于效率",在具体制度的设计上应当本着"防范控制并举,防范优于控制"的制度理念。

二、历史向度:立法史经验的总结、延展与升华

从历史维度看,虚拟经济立法演进规律可以证成虚拟经济有限发展法学理论的合理性。虽然基于不同经济社会的背景,域外虚拟经济立法与我国虚拟经济立法并不在同一个频道上,相互之间存在一定差异,但是虚拟经济的产生和发展是实体经济运行到一定阶段的必然结果,无论是域外还是我国的虚拟经济立法演进,都可以发现,虚拟经济立法的出台及完善总是与危机的爆发密切相关,具有其自身的演变规律。

(一)域外虚拟经济立法的历史演进

以美国、英国及日本为代表的发达国家在本国发展的不同历史时期对虚拟经济市场进行了立法保障,制定了大量法律法规,规范、保障、促进、推动了虚拟经济的深化和发展。

1. 20 世纪 30 年代经济大危机之前的虚拟经济立法

该阶段是各国虚拟经济从萌芽到初步发展的阶段,相应地,虚拟经济立法也在各国逐渐兴起,但虚拟经济经历了完全自由的发展过程,这个阶段的虚拟经济立法也并未将公权和私权严格分割,虚拟经济运行的制度空间相对宽松。早在 1792 年,美国股票商就在华尔街一棵梧桐树下聚会,订立了

“梧桐树协定”，规定了股票交易条款。[①] 不过，这些规范并不是国家的立法，本质上只是一种非正规约束。直到 1929 年金融危机给美国经济带来了沉重的灾难后，美国政府才开始正式介入证券市场，拿起法律武器，制定了联邦政府的第一部证券立法——1933 年《联邦证券法》。在美国期货立法史上，法律是限制、否定期货交易还是承认、管辖期货交易，一直都存在着争议。因此，美国在期货交易刚产生的 50 多年里，是没有国家立法进行调控的，期货交易的运作都是依靠期货交易所制定的自律性管理规则来调整。但随着经济的发展，单纯期货交易所的自我监管已不能制约复杂的期货交易和控制其中的市场风险，政府不得不对其进行干预。1921 年，美国政府颁布了第一个期货交易条例——1921《期货交易条例》；1922 年，国会通过《谷物期货法》，赋予了期货交易所正式的法律地位。

在经济自由主义思潮的主导下，英国也十分注重虚拟经济发展及其制度建构。例如，早在 20 世纪 80 年代前的历史长河里，英国证券市场就没有专门的政府监管机构，主要由市场自律机构承担主要的监管职责，可以说是典型的采取自律型监管模式的国家。再如伦敦证券交易所 1801 年起实行会员制、1812 年正式颁行第一套系统的交易规则，依靠自身的快速发展和崇高声望，逐步实现对证券市场的自我管理与自我约束。同时英国政府也完全信任交易所对证券市场的自律型管理，立法方面多以“君子协定”和“道义劝告”等方式进行。

日本政府也一向重视虚拟经济市场的法律制度建设。例如，日本认为证券法规是证券市场的行为准则和管理依据，发展证券市场必须立法先行。早在 1874 年，明治政府就以英国伦敦证券交易所规则为蓝本制定了《证券交易所规则》，随后又在 1893 年颁布了《证券交易法》。可见日本证券市场从一开始就处于法律监管之下，是先有法律后有证券市场的，这与美、英两

---

① 宁晨新、刘俊海：《规范的证券市场：证券的法律分析》，贵州人民出版社，1995，第 15 页。

国证券法律的形成明显不同,体现了后发展国的特色。为了加强对期货市场的监督管理,保证期货贸易能健康发展,1893 年,日本正式颁布了《交易所法》,从此开始了对期货交易进行立法管制的历史。

2. 从大危机到 20 世纪 70 年代初的虚拟经济立法

随着 20 世纪 30 年代世界金融市场大萧条的出现,理论界开始认识到市场"看不见的手"存在巨大弊端,与此同时,凯恩斯主义经济学开始逐步占据主流地位,政府干预的意义得到凸显。因而在大危机到 20 世纪 70 年代初的这个阶段,多数发达国家政府对金融市场进行了严格的管制。

美国在 1933 年通过了《格拉斯-斯蒂格尔法》,该法被看作是美国对银行业实行全面管制的标志。此后,1956 年,美国通过了《银行控股公司法》,以此解决对银行控股公司监管空白与监管重复的问题。1934 年制定了《证券交易法》,1940 年制定了《投资公司法》和《投资咨询法》,1970 年颁布了《证券投资者保护法》,这三部法律在监督证券公司,处置陷入财务困境的证券公司并保护投资者的索赔请求权上起到了很好的效果。1936 年又对已有的《谷物期货法》进行较大的修改,并更名为《商品交易所法》,从而加强了联邦对期货交易的直接监管,加大了期货交易所的法律责任,并赋予期货交易所惩罚违规交易的权力①;1968 年,美国又对《商品交易所法》进行修改,强调交易所的自我监管。

英国于 20 世纪 30 年代起也开始加强了对证券业务的立法管理。1939 年制定了《防止诈骗(投资)法》。此外,还有《1973 年公正交易法》《1976 年限制性交易实践法》《1984 年股票交易所上市管理法》《1985 年公司法》等作为管理投资和制约证券市场活动的法规。进入 20 世纪 70 年代以来,由于英国虚拟经济市场发展缓慢,曾经是国际金融中心的伦敦也逐渐被纽约、东

---

① 胡光志:《虚拟经济及其法律制度研究》,北京大学出版社,2007,第 194-195 页。

京所取代,要求变革的呼声便不断高涨起来。于是,英国的监管理念开始发生了一定的变化:“放松管制和自由竞争使得不同种类金融业务之间的界限日益模糊,需要单一监管主体施行统一监管,提高金融监管效率和效力。”①

日本银行监管制度由《日本银行法》(1942 年颁行,后经 1997 年、2004 年两次修改)、《大藏省设置法》、《金融监督厅设置法》以及《日本普通银行法》共同构成。几部法律法规从银行业市场准入、银行业务以及存款保险制度等方面入手对日本银行业进行监督管理,体现出了强烈的政府干预色彩。根据《日本银行法》《日本普通银行法》《大藏省设置法》以及《金融监督厅设置法》规定,日本银行业监管机构主要为金融监督厅与作为中央银行的日本银行,二者共同发力促进日本银行业良序发展。

3.20 世纪 70 年代末至 2008 年全球金融危机之前的虚拟经济立法

20 世纪 70 年代末,新自由主义思想兴起,主要发达资本主义国家重新走上了经济自由化的道路。1999 年美国通过了《金融现代化法案》,一改分业经营的初衷,确立了混业经营模式,提供充分的市场竞争环境。美国于 2007 年分别通过了《外商投资与国家安全法案》与《关于外国人兼并收购的条例》,将银行业列入国家安全领域名录,并予以重点关注。20 世纪末和 21 世纪初,美国又制定了两部涉及证券市场的重要法律,即 1999 年《金融服务现代化法》和 2002 年的《公众公司会计改革与公司责任法》。其中 1999 年《金融服务现代化法》的颁布,实质上是对《格拉斯-斯蒂格尔法》的放弃,奠定了美国从分业经营向混业经营转变的法律基础。1978 年,美国国会通过《期货交易法》,将委员会的管辖权扩大到货币、金融及金融工具的期货合约。2000 年 12 月,美国国会又通过了《商品期货现代化法》,该法取消了自 1982 年以来对证券期货、期权合约的一些禁止性规定,在期货产品交易方式

① 尹灼:《英国新金融监管体系述评》,《农村金融研究》2004 年第 1 期,第 51-55 页。

上赋予期货交易所及其他机构相当大的自由度，同时在法律上承认多数场外期货交易的合法地位。①

随着1986年金融"大爆炸（Big Bang）"的启动，英国的金融体制开始发生变化。1986年《金融服务法》出台后，英国分业经营的限制被取消，银行可以通过设立分支机构或分公司的形式进行证券投资，开展混业经营。相应地，政府也设立有证券投资委员会（Securities and Investment Board，SIB），负责对从事证券与投资业务的金融机构进行监管。1996年后，伴随金融混业经营程度的加深，英国启动了金融体制改革，开始向统一监管模式发展。2000年《金融服务和市场法》的颁布，使英国确立了单一监管机构的金融体系，期货业务作为投资业务的一种，也被纳入这一监管体系，由英国金融服务管理局（Finanial Services Authority，FSA）统一监管。至此，1986年《金融服务法》与2000年《金融业服务与市场法》构成了英国证券市场的主要监管法律。

2000年，日本颁布了《金融商品销售法》，该法第一次对投资者适当性制度进行了全面的阐述和规范。2006年，日本修订了《证券交易法》，并更名为《金融商品交易法》，该法案第40条在"考量投资者知识、经验和财产状况"这三个基本要素基础上，增加了"以缔结金融商品交易契约为目的"的考量因素，从而对投资者进行更为全面和综合的判断。②

4.2008年全球金融危机以来的虚拟经济立法

2008年全球性金融危机爆发，使经济监管政策重新走向严格之路。此次危机导源于美国，对美国资本市场带来了巨大的冲击，因此美国当局痛定思痛，对当时的金融监管体制进行了系统性省思。2010年，美国出台了《多

---

① 宣蓓：《国际虚拟经济立法规制法律问题研究》，南京财经大学硕士论文，2010，第23页。

② 王伟：《日本资本市场的投资者适当性制度》，载《创新与发展：中国证券业2012年论文集》，中国财政经济出版社，2013，第994-995页。

德-弗兰克法案》,对金融监管法制进行重构,该法案被学界称为“最严监管法案”。“《多德-弗兰克法案》的核心理念主要体现在两个方面:一是改变目前超级金融机构‘大而不倒’的局面,有效防范系统性风险;二是保护金融市场中的弱势群体,避免金融消费者受到欺诈。”[①]2009 年,英国政府也开始了新一轮的金融改革。首先是英国议会于 2009 年 2 月通过了《2009 年银行法》,明确了英格兰银行作为中央银行在金融稳定中的法定职责和所处的核心地位,并赋予其相关的金融稳定政策工具和权限。2013 年 4 月,《2012 金融服务法》正式生效。经过《2009 年银行法》《2012 年金融服务法案》的不断修正,确立了英格兰银行作为中央银行在金融稳定中的核心地位。英格兰银行作为金融审慎监管的主要机构,负责宏观审慎监管和微观审慎监管职能。[②]

(二)我国虚拟经济立法的历史演进

我国古代,虚拟经济及其立法至多处于萌芽状态,不可能有规模,也不可能有完整的体系。清末和民国时期,虚拟经济立法逐渐显露出一定的活力。新中国成立后,特别是改革开放实行社会主义市场经济之后,虚拟经济及其立法才开始崭露头角,经过最近几十年的发展,迄今已经渐趋发达。即使我国的虚拟经济历史演进不算太长,但我们仍然能找到虚拟经济有限发展法学理论的法史学源泉。

1.1949 年新中国成立前的虚拟经济立法

我国古代具有虚拟经济特征的虚拟经济现象还处于萌芽状态,因此古代未形成真正意义上的虚拟经济,相应的立法规制大体也算是空白。自

---

① 宋丽智、胡宏兵:《美国〈多德-弗兰克法案〉解读——兼论对我国金融监管的借鉴与启示》,《宏观经济研究》2011 年第 1 期,第 67-72 页。

② 李凤雨、翁敏:《英国金融监管体制改革立法及对我国的借鉴》,《西南金融》2014 年 11 期,第 51-54 页。

1840 年第一次鸦片战争爆发至 1949 年新中国成立之前,这一阶段我国的虚拟经济才初步形成,与之相应,清政府、北洋政府、南京国民政府以及民主革命时期根据地都进行了相应的虚拟经济立法,不过,当时的立法呈现出一定的割据性、不连续性,线状与块状往往同时并存。1904 年 3 月清政府颁布《公司律》,规定公司必须申报商部注册"方能刊发股票,违者股票作废"①。1908 年清政府颁布了我国第一部现代意义上的银行法规《银行通行则例》,对银行监管的对象、监管主体以及监管措施等作出了详细的规定。1914 年北洋政府在继承清末《公司律》的基础上颁布《公司条例》。同年,我国历史上最早的有关证券交易的专门法规《证券交易所法》颁布实施。② 1947 年,南京国民政府重新制定《银行法》,该法在内容、结构、立法思想等各个方面都达到了相当高的水平。③

2. 1949 年新中国成立至 1993 年计划经济时期的虚拟经济立法

这一时期历经新中国成立、"文化大革命"、改革开放等几个重要历史节点,在这一时代背景下,我国虚拟经济立法也经历了曲折的发展演化过程。首先,1949 年新中国成立至 1978 年改革开放之初,我国实行高度集中的计划经济管理体制。在高度集中的计划经济管理体制下,各项经济金融活动都被纳入国家计划之列,由此也形成了我国高度集中的经济调控体制,这使得虚拟经济并未得到充分发展,基本上处于次要地位。中共十一届三中全会作出了把党和国家的工作重心转移到社会主义现代化建设上来,实行改革开放的战略决策,此后,虚拟经济发展有了更为宽广的空间,虚拟经济立

① 尹振涛:《中国近代证券市场监管的历史考察——基于立法与执法视角》,《金融评论》2012 年第 2 期,第 104-114 页、第 126 页。

② 尹振涛:《中国近代证券市场监管的历史考察——基于立法与执法视角》,《金融评论》2012 年第 2 期,第 104-114 页、第 126 页。

③ 施春红:《近代中国金融法规研究——以 1931 年、1947 年颁布的〈银行法〉为例》,东华大学硕士论文,2012,第 5 页。

法也有了进一步发展。首先,在证券立法方面,1981 年,我国制定了《国库券条例》,这成为新中国的第一个证券立法,之后,《证券公司管理暂行办法》《上海市证券交易管理办法》《股票发行与交易管理暂行条例》《证券交易所管理暂行办法》等法律法规相继出台。其次,在银行法方面,1986 年国务院率先发布了《银行管理暂行条例》,之后,《现金管理暂行条例》《储蓄管理条例》《现金管理暂行条例实施细则》等法律法规相继出台,由此拉开了我国虚拟经济依法规制的序幕。

3. 1994 年以来社会主义市场经济时期的虚拟经济立法

随着 1982 年我国社会主义市场经济体制的确立,我国加快了经济体制等一系列改革,与改革需求相适应的虚拟经济法也随之不断完善和革新,逐渐构建起了我国虚拟经济法制的整体框架。例如,我国于 1998 年 12 月出台了《中华人民共和国证券法》,这是我国历史上第一部正式的证券法;1995 年颁布了《中国人民银行法》和《商业银行法》,2003 年又颁布了《银行业监督管理法》,搭建起我国银行法制体系的基本架构;1999 年 6 月国务院颁布《期货交易管理暂行条例》,后经过 2007 年、2017 年等多次修订完善,为规范和监管金融衍生品市场构筑了制度架构。

总的来说,我国与发达国家虚拟经济发展的足迹是有很大区别的,这不单是因为我国的国有经济占有不可替代的地位,同时我国是从封闭状态、高度集中、国家控制向市场开放、权力下放和经济自主的方向逐渐迈进的,在吸取西方资本主义国家经济危机的教训后,自始至终没有放弃国家干预,没有放弃宏观调控的权力,可以说,步子走得慢,但走得也特别的稳,抗风险能力很强。改革开放四十多年来,世界上发生过许多次虚拟经济动荡和经济危机,我国虽然都受到冲击和影响,但始终安然无恙,这不能不说我国虚拟经济发展战略与法治理念有其独特的优势,其中之经验的确值得我们总结和珍惜。

当然,尽管我国虚拟经济及其立法史不如西方发达市场经济国家的长,但也有自身的中国特色,从中仍然可以发现它与世界各国虚拟经济立法存在着许多共性,有着许多的共同规律,而这些共同规律是如何影响和孕育虚拟经济有限发展法学理论的,正是下面需要讨论的内容。

(三)虚拟经济立法规律的自然演进

虚拟经济的产生和发展是实体经济运行到一定阶段的必然结果。虚拟经济作为一种新型的经济形态,既有与实体经济相似的方面,也与实体经济有重大的区别。在运行过程中,虚拟经济一方面在自身完成财富积累的同时,也给实体经济带来了强大的促进作用。另一方面,虚拟经济是一种高风险的经济,尤其是从根源上可能引致泡沫经济,从结果上看更与近代以来世界各地的经济危机不可分割。纵观中外各国的立法史,虚拟经济立法的出台及完善总是与危机的爆发密切相关,虽然各个国家、各个阶段都有各自的特点,但其发展轨迹并非无章可循,而是受相同演变规律的支配。

首先,“大萧条”引发的全球性经济衰退引发世界范围内理论研究与制度实践的多维反思。在全球性资本主义世界危机的治理之下,既出现了以凯恩斯主义为代表的政府积极干预等有利于经济社会可持续发展的新型思潮,也出现了以贸易保护主义为代表的极端保护措施。从治理效果来看,此次危机发生之后,美国通过政府主导走向经济复苏之路,而欧洲诸国仍然受制于巨额政府债务,国内经济复苏缓慢,德国、日本等国在双重危机的叠加之下更是走上了法西斯主义道路。因此,从效果而言本次危机的治理并未给世界经济的发展留下足够的空间。但是,凯恩斯主义内嵌的政府干预思想,以及金融监管与货币政策调控的重要性无疑是此次危机的制度财富。告别传统的自由放任路径,人类社会开始重新思考政府与市场关系的基本命题。在法律变迁的保障之下,罗斯福新政的诸多成果也得以固定与传承。

其次,在亚洲金融危机中,金融市场自然成为后危机时代治理的要点之一。在反思危机出现与蔓延中危机发生国金融系统的弱质性基础上,各国均采取金融市场体系改良与金融立法完善措施,具体包括以下三个方面:第一,金融市场监管体系变革。金融监管体系混乱与金融监管乏力是造成亚洲金融危机衍生的重要原因。从中国香港与泰国的危机应对中我们不难看出,面对相类似的国际游资势力侵袭,中国香港金融管理局的应对措施显得更具成效性,而泰国金融监管部门却显得效率低下。有鉴于此,后危机时代亚洲各国均对国内金融监管体系进行了完善,主要表现在促进监管集权与建设监管体系化两个方面。第二,金融市场机构发展指引。面对国内较为混乱的金融市场体系,危机发生国政府也进行了针对性的部门重整,这些措施既表现在部门之间的重组,又表现在金融机构公司治理的强化。告别金融过度自由化,政府全面介入市场体系的发展成为这一时期亚洲金融危机国家治理的主体。第三,金融市场立法强化。以法律形式强化金融监管职能,规范市场主体规范运行成为亚洲金融危机治理的必然路径。危机发生后的几年内,修法成为亚洲国家经济发展中的高频词汇。

再次,在 2008 年次贷危机演进的过程中,各国政府与国际社会纷纷针对流动性危机出台救助措施,"但仅靠央行降低利率、实施量化宽松不能拯救西方经济,只能为一大批僵尸企业续命,还会阻碍新的增长动力形成"①。例如"在美联储的反危机过程中,量化宽松货币政策再次扭曲了市场的基本信号"②。因此,在应急性救助之外,各国政府也纷纷开始重新审视虚拟经济发展中的制度建设。在此次次级贷款危机的治理中,"主要发达经济体从提高金融监管工具的前瞻性、建设更具'超机构性'的金融监管架构、进一步拓展金融监管涵盖范围等方面进行了大幅度的金融监管改革"③,立法变迁反

① 《降低利率不能拯救西方经济,早日复苏必须破立并行》,中华人民共和国商务部,2016 年 10 月 27 日。

② 唐元蕙:《不同的危机　相同的机制——对美国债务危机的解读》,《特区经济》2013 年第 12 期,第 14 页。

③ 张雪兰、何德旭:《次贷危机之后全球金融监管改革的趋势与挑战》,《国外社会科学》2016 年第 1 期,第 94 页。

映出各国对虚拟经济发展的认知逐渐由放任走向干预，宏观审慎原则的确立为虚拟经济的可持续发展提供了制度环境，而“宏观审慎与微观审慎有机结合的监管安排无疑成为后危机时代国际金融监管立法变革的主旋律”[①]。除此之外，对金融消费者权益、系统性金融机构太大而不能倒等金融市场深化中的特殊问题，各国也采取相关措施进行积极应对。在法律与经济发展的逻辑之下，虚拟经济的立法变迁成为此次次贷危机治理的主流。在次贷危机、金融危机接连发生后，各国政府及时提出了危机中具体问题的解决方案，研究了危机的有效应对之策，并努力构建危机应对和金融风险防控的长效机制。

最后，从演进流程来看，欧洲主权债务危机与其他区域性、全球性经济危机的趋同性表现由小及大地逐步扩散。从最初的希腊国内危机，波及比利时、西班牙等欧洲国家，最后对德国、法国、意大利等欧洲经济强国产生影响。危机从发生到蔓延，再到最后波及整个欧洲，欧盟的财政与救市政策扮演着重要角色，但并未从根本上阻止和减弱经济危机的传播。欧洲主权债务危机治理不同于其他经济危机的突发与宏观调控政策的踟蹰，是一段在预料之内并不断伴随欧盟委员会治理变迁的经济史实。虽然欧盟委员会对主权债务危机的治理政策并未从根本上阻止或者减缓危机在整个欧洲经济体的蔓延，但从欧盟委员会的治理政策之中仍然可以探究出当下危机治理的理念变迁。区域经济一体化进程，尤其是货币一体化能否从根本上为区域经济体带来经济稳定成为欧盟经济一体化过程中不可回避的命题。欧洲主权债务危机的治理也为世界各国区域一体化经济建设提供了借鉴。欧债危机的治理涉及微观层面的定向救助计划、中观的改良金融财政政策与宏观层面建立欧洲稳定机制等多个层面，经此一役形成了较为系统的治理体系。

① 苏苗声：《2013 年中国证券法理论研究综述》，《公司法律评论》2014 年第 341-356 页。

现代金融市场的发展愈发凸显出虚拟经济部门在经济社会发展中扮演的重要角色,但是,不同于实体经济部门风险传递的单向性,金融市场风险的系统性特征逐渐被发掘与认可。在法律与经济的逻辑之下,如何有效规制金融市场主体行为,预防系统性风险的生成无疑考验着各国政府的规制智慧。更进一步讲,法律与经济关系的厘清也在某种意义上丰富政府与市场关系命题的探索。法与金融研究学者围绕剩余立法权、金融监管与金融创新、金融风险识别与防控等多元命题进行了卓有成效的探索,这些积淀能为虚拟经济有限发展法学理论的论证奠定基础。总而言之,从典型的经济危机及其立法应对来看,坚持虚拟经济有限发展是一条合理路径。

三、现实向度:市场经济治理的客观需求

政府与市场是虚拟经济市场中的两大核心要素,同时也是虚拟经济场域的现实维度。虚拟经济有限发展法学理论的提出,自然也需要从政府与市场两个维度去寻求因由,需要揭示虚拟经济有限发展法学理论背后所蕴含的客观社会现实及其治理需要。换言之,市场自身的发展需求及其导致的政府虚拟经济治理职责,共同构成了虚拟经济有限发展法学理论的客观现实基础。

(一)虚拟经济需要在市场体系中有限发展

首先,这是虚拟经济的使命使然。以实体经济为基础并为实体经济服务是虚拟经济的存在依据和根本宗旨,虚拟经济的这一特质决定了它天生就要受实体经济发展规模和速度的限制。只有与实体经济的发展相匹配,虚拟经济才能发挥其最佳的价值,才能不负其使命。

其次,也是防止虚拟经济异化的需要。虚拟经济的交易客体自身不具备价值,但是,其可以通过交易——再交易的运动形式使得投资者、投机者获得真实的利润。也正是在这种意义上,有学者甚至认为虚拟经济是一套

脱离了物质存在形式的价值系统。[①] 在虚拟经济中,价值规律容易被异化,这主要表现在:①虚拟经济中的商品具有特殊性,从而导致实体经济中社会必要劳动时间决定商品价格的机理出现逻辑链条的中断;②虚拟经济中虚拟商品的价格主要取决于市场主体的心理预期——他们认为这个值多少钱并愿意支付,就意味着该虚拟商品值多少钱。这就会异化市场经济的价值规律,扭曲市场经济的需求定律,放大市场经济的非自洽性,存在“脱实向虚”的风险,故此,市场场域下的虚拟经济应该在适度范围内发展。从虚拟经济的发展历程可以发现,虚拟经济源于实体经济并为实体经济服务,这是虚拟经济得以发展的前提性条件。因此,我们不能放任虚拟经济自流,让其沿着“异化”的道路越走越远。

再次,实践中的负能量需要克服。实践中,虚拟经济具有偏离性、投机性、高风险性、风险传导性,客观上需要套上“缰绳”,圈定其运行边界。虽然虚拟经济源于实体经济并为实体经济服务,但随着虚拟经济的发展,其规模愈发庞大,甚至远超于实体经济,这已在一定程度上改变了发展虚拟经济的初心,偏离了虚拟经济发展的基准。实际上,虚拟经济是一个资本游戏,资本的逐利性在虚拟经济中表现得淋漓尽致,会大大地刺激投机,膨胀赌博心理,增大市场风险,导致虚拟经济越发偏离实体经济。既然虚拟经济是一种资本游戏,其本身就具有很高的风险,且同其他游戏一样需要更加严格和安全的游戏规则。曾有人在分析虚拟经济的这种高风险性时指出:“一个金融机构、金融市场所面临的变动或冲击,将向金融系统中的其他机构及其他市场迅速传递。”[②]为了阻断这种风险,用看得见的手对之进行适度限制,势所必然。

---

① 刘骏民:《财富本质属性与虚拟经济》,《南开经济研究》2002 年第 5 期,第 17-21 页。

② 杨子晖、周颖刚:《全球系统性金融风险溢出与外部冲击》,《中国社会科学》2018 年第 12 期,第 69-90 页。

最后，预防经济危机的需要。虚拟经济常常是经济危机的导火索。当虚拟经济的风险积累到一定程度时，势必会引发虚拟经济危机，进而导致实体经济的瘫痪，甚至会完全摧毁一个国家的国民经济。20 世纪以来的经济史业已证明，虚拟经济既是推动一国经济发展的重要力量，也是导致经济危机的最直接和最重要的原因。必须从源头开始：防微杜渐，是国家经济治理中的重要职责；扬长避短，是法律之重要价值取向。

基于上述分析可见，虚拟经济的本质要求其必须受实体经济之制约；由于虚拟经济对价值规律的异化，因而虚拟经济中的商品之生产就很难通过实体经济中的那种性价比、优胜劣汰等来达到经济系统的均衡；而虚拟经济具有的弱寄生性特质，时刻显现出脱离实体经济的趋势，如果不加限制，任由其发展和膨胀，加之实体经济中的价值规律无法对这种偏离进行调节，其最终结果只能是虚拟经济的动荡，经济危机的爆发，并殃及实体经济的健康发展。显然，任由虚拟经济膨胀，大量生产没有任何实体经济意义上的商品让其充斥市场，对市场经济和社会福利的损伤将是无法估量的。因而，虚拟经济只能在市场体系中有限发展。

（二）虚拟经济需要在国家干预下有限发展

国家干预理论导源于凯恩斯主义。就经济萧条和经济政策而言，凯恩斯认为古典经济学提供的应对之策并非十全十美，相反，它只适用于某种特殊情形，也即是在经济自由主义所宣称的完全竞争条件下资本主义可以达到充分就业的均衡。在凯恩斯看来，这种均衡绝非常态，而是一种特例，而由有效需求的不足所导致的不均衡才是经济生活常态。[①] 为了解决有效需求不足的问题，最有效的手段就是运用政府之手，型塑一个“有为政府”进行干预。在现代市场经济条件下，国家的作用举足轻重，如果没有国家的宏观

---

① 胡光志：《中国预防与遏制金融危机对策研究 以虚拟经济安全法律制度建设为视角》，重庆大学出版社，2012，第 52-53 页。

经济调控过程,那么,有损正常经济活动秩序和消费者合法权益的行为将会肆无忌惮,到那时,人类社会会倒退到著名法哲学家格劳秀斯所描绘的世界,即人与人之间的关系如同狼与狼之间的关系("丛林社会")。之所以如此,是因为,在实际情况中,并不存在亚当·斯密所设想的那种纯粹的市场经济,由于负外部性、公共产品以及信息偏在等市场缺陷的存在,完全的自由竞争难以出现,有些情况下,市场并非万能,市场也会出现资源配置的错误。因而,需要政府介入经济运行,消除市场缺陷,从而改进"一般福利"和增进资源配置效率。[①] 而虚拟经济发展与扩张过程中体现出的双面性特征,是市场缺陷的集中表现,对国家监管提出了更高的要求,需要更加严格的国家监管。

虚拟经济天然就具有扩张性、高流动性,不控制其发展很容易造成重大的系统性风险,从而影响虚拟经济乃至整个国家经济的持续发展。经过四十年高速增长之后,我国虚拟经济迈入了新常态阶段,发展的速度、方式、结构、动力都在发生着转变,原来被高速度所掩盖的一些结构性矛盾逐渐显现,同时,虚拟经济活动交叉化、网络化、开放化等趋势增强,各类隐性风险逐步显性化,更为复杂的虚拟经济发展形势对金融监管提出了全新要求。[②] 可以认为,只有虚拟经济有限发展,才能从根本上保障虚拟经济的运行安全,或者反过来,要保障虚拟经济的运行安全,就必须实现虚拟经济的有限发展。在这一时代背景下,我国监管当局提出了稳健的虚拟经济监管政策,无疑是正确的。例如,2017年,党的十九大报告中提出,要"健全金融监管体系,守住不发生系统性金融风险的底线";又如,2020年,党的十九届五中全会提出了"十四五"时期经济社会发展主要目标:在质量效益明显提升的基础上实现经济持续健康发展。而在实践中,维护虚拟经济的持续健康发展,

---

① 李昌麒:《经济法学(第三版)》,法律出版社,2016,第424页。

② 李亚奇:《我国金融监管体制改革的驱动与路径》,《青海社会科学》2016第5期,第105-111页。

也一直是监管政策的核心。再如,2020 年 11 月,我国金融管理部门约谈蚂蚁集团也是一个例证。

尽管国家或政府是防范或矫正市场失灵的核心主体,但是政府失灵与市场失灵一样不容小觑,监管俘获、权力寻租等问题,都会极大地掣肘虚拟经济监管之有效性。既然监管主体存在监管失败的可能,那么,作为监管施行载体的监管政策及措施也就难以保证其公平性、合理性和有效性。这意味着,虚拟经济的监管需要纳入法治的框架之内,需要运用法治思维和法治方式将虚拟经济的监管纳入法治轨道。在本质上,虚拟经济有限发展法学理论正是运用法治思维和法治方式对现有经济监管经验的总结和提炼,是对我国监管政策核心精神的法学映射。

首先,虚拟经济有限发展法学理论的提出,有利于将“守住不发生系统性金融风险底线”的监管思维,上升为国家虚拟经济立法的指导思想和基本原则。目前“守住不发生系统性金融风险底线”已经上升为国家虚拟经济监管政策。政策固然具有灵活性和及时性等优点,但是,政策也具有时效性强和不稳定性的弊端。这意味着依靠政策之治并非长久之计或万全之法,上乘之策是将其上升为立法的指导思想和基本原则,并将其贯穿虚拟经济立法的全过程,由虚拟经济法律的具体制度加以表达和体现。总而言之,虚拟经济有限发展法学理论可以从法治层面对现有经济监管政策之精神进行总结与提炼。

其次,虚拟经济有限发展法学理论是对虚拟经济监管精神的法学映射。虚拟经济作为一种与实体经济相关联并独立于实体经济的经济形态,其在股票市场、外汇市场、债券市场的规模日渐扩张的现实犹如一把“双刃剑”,对实体经济作用具有利弊两重性。适度规模的虚拟经济能够促进资金集中与资本优化配置,引导资源要素合理流动,对实体经济的健康、快速发展有着一定的积极促进作用。但虚拟经济过度膨胀会扭曲资源配置方式,降低资源配置效率,对实体经济产生“挤出效应”,还可能引发金融危机、经济危机乃至社会危机，从而阻碍实体经济的正常发展，影响社会的和谐稳定。① 因此，国家反对过度投机，反对过度杠杆，设置风险管控底线以防控虚拟经济"脱实向虚"。而虚拟经济发展及其监管需要制度支撑，尤其是作为正式性制度的法律，当下亟须通过虚拟经济立法建立高效的虚拟经济宏观调控制度、国家监管制度、信息披露制度、风险预警制度等，从而积极应对虚拟经济内生风险。

总而言之，在要素市场化条件下，虚拟经济的运行是自由的，市场也是开放的，一切交易都建立在双方平等、自主、自愿的基础上。在这一过程中，不仅交易双方相互不具有管束对方的权力，而且任何人也没有干预他人之间的交易活动的权力。② 换言之，作为市场经济的最高形态，虚拟经济具有市场的基本特征，与此同时，也具有市场的一切优势及弊端。例如，虚拟经济引发的"脱实就虚"会造成就业问题；会导致经济进一步虚化，并且很难再工业化；或引发一个国家的贸易收支不平衡，甚至引发巨大的贸易逆差。与此相应，虚拟经济不可能在自己的运行中产生强大而足以自控的力量，如果人类要保留虚拟经济以服务实体经济进而谋取更大的社会福利，那么就得在虚拟经济之外寻找一种力量来抑制或是克服其弊端。从历史演进来看，来自市场外的力量除了国家之外，并无更适合的选择。③ 也就是说，鉴于虚拟经济本身的特性，单单依照市场的自我发展可能难以使虚拟经济克服其局限性，故引入国家干预克服此种市场失灵便是应有之义。总之，引入国家干预是希望借助国家力量的介入保障虚拟经济能够克服自身异化的风险，使其保持在以实体经济为基础并为实体经济而服务的基准线内可持续发

① 曾婕:《虚拟经济演进机制研究》,浙江大学硕士论文,2009,第56-58页。

② 胡光志:《中国预防与遏制金融危机对策研究 以虚拟经济安全法律制度建设为视角》,重庆大学出版社,2012,第53页。

③ 胡光志:《中国预防与遏制金融危机对策研究 以虚拟经济安全法律制度建设为视角》,重庆大学出版社,2012,第53页。

展，进而实现虚拟经济和实体经济的良性互动和共存。当然国家干预亦不是万能的，受困于集体理性的难题，国家干预也常常陷于干预失灵的困境。换言之，国家干预有可能帮助克服虚拟经济的市场局限，但也意味着政府干预不一定会万无一失。回顾虚拟经济的发展历史就可知道，虚拟经济的国家干预早已成为事实，但是其遏制虚拟经济过度发展的成效并不是特别好，人类社会甚至为此陷入了经济危机的泥淖之中。因此，虚拟经济的国家干预也是有限度和边界的，而能够提供这种限度和边界的，除了法律外，再没有更适合的东西了。

第二节　虚拟经济有限发展法学理论的基本含义

本源上而言，虚拟经济有限发展法学理论是虚拟经济自身特点和运行规律的法学映射，是法律自身宗旨和价值诉求的理论提炼，是虚拟经济运行安全和可持续发展的制度基石。其理论建构，必须基于虚拟经济的“双刃剑”特质，应当能够体现虚拟经济法律维系虚拟经济安全与可持续发展的根本价值；而且，它首先是一种理念，同时又可转化为虚拟经济立法的指导思想；既可贯穿虚拟经济立法的全过程并由虚拟经济法律来表达和体现，又可指导我国的虚拟经济司法实践；既能传承传统虚拟经济立法的合理内核和精髓，又能变革传统虚拟经济“点式星状”的立法模式，促进其向统一的现代化的立法格局转变。简言之，虚拟经济有限发展法学理论具有正义性、目的性、原则性、贯通性和回应性等基本禀赋。

一、虚拟经济有限发展法学理论的内涵解读

基于前述分析可以看出，所谓虚拟经济有限发展法学理论是指根据虚拟经济自身运行规律，从法律自身的宗旨和价值出发，主张法律在保障虚拟经济发展的同时，为预防与克服其负面效应，保障其运行安全和可持续发

展，而将其置于法律约束下的安全范围内运行的一种法学思想。根据这一定义，虚拟经济有限发展法学理论，至少应当包括以下三层含义：

（一）它是虚拟经济自身特点和运行规律的法学映射

虚拟经济有限发展法学理论有着坚实的经济学土壤，即这一理论的提出，是以虚拟经济自身运行规律为依据的。体现在：该理论对虚拟经济基本特征的切实把握和对虚拟经济核心价值的维护。

我们认为，虚拟经济是在本身没有价值的股票、债券、期货和金融衍生品等的交易活动中产生的一种经济形态，它根植于实体经济，既是实体经济发展到一定程度和阶段的产物，也是实体经济进一步发展需要借用的工具。尽管虚拟经济与传统语境中的金融密切相关，但是这两者并不能等同。从历史的角度看，在人类社会的很早阶段，金融的基本要素就已经客观存在。但是我们一般不能说人类社会的早期就存在虚拟经济。同时，虚拟经济与货币、价值评估形式和体系紧密联系，但虚拟经济不能简单地等同于这些东西。

想要深刻理解虚拟经济的本质，还需要对虚拟经济的特征进行概括和提炼。所谓虚拟经济的特征是虚拟经济区别于其他事物（特别是实体经济）的特有表征，其表达着虚拟经济的本质特点。总的来看，虚拟经济具有如下基本特征：

第一，虚拟经济是所有权进一步虚化的产物。所有权是人类历史上最动人心弦的现象。所有权的界定对于定分止争、增加社会财富、降低交易成本等都具有无可代替的意义。但所有权的制度架构主要是解决财产的社会性价值问题，对于财产的经济性价值则是不够重视的。因为所有权的垄断性事实上制造了“准入的障碍”，而经济学家认为所有具有准入障碍的情况都应当鼓励进入，因为这有助于提升效率。从这个角度看，基于生产效率需要的所有权虚化又是一种必然的逻辑，与此相应，虚拟经济的发展与繁荣也是一种必然的逻辑。

第二,虚拟经济以“交易—再交易”为主要运动形式。作为一种经济形态,虚拟经济与实体经济一样,其事实上形成一个相对闭合的循环系统,从而保障整个虚拟经济系统的相对稳定。从表面来看,虚拟经济主要表现为有价证券的买卖行为。这一进程事实上又是从三个层面上展开的:第一个层面,实际资本的虚拟化,也就是实际资本被数字化的过程,如拥有一定经济实力的股份公司发行股票,这些股票事实上就代表着整个公司的经济实力;第二个层面,就是虚拟资本与所有权的交换过程,这个过程也可以称为虚拟资本的再运动;第三个层面,虚拟经济变现的过程,这又包括虚拟资本彻底退出市场、虚拟资本在金融市场中不同主体之间的流通(即买卖)两种基本形式。从虚拟经济的交易主体来看,推动虚拟经济持续运作的动力之一就是投资者的理性评估。这种理性评估既是虚拟经济运行的关键性动力,也是虚拟经济非理性波动的助推因素。就前者而言,正因为市场主体的理性力量,因此,基于利益最大化的考虑,每个市场主体都会作出对自己最为有利的投资或者投机选择,这就形成一种虚拟经济市场“众人拾柴火焰高”的局面,客观上有利于推动虚拟经济的发展。虚拟经济市场中投资者的行为也会在一定程度稳定虚拟经济的整体经济形势。就投资者而言,由于投资者往往做的是长线投资,因此,很少发生从虚拟经济市场“套现”的情况,其对于虚拟经济市场的稳定发展自然是大有裨益的。由此看来,虚拟经济以“交易—再交易”为主的运动形式,能够实现虚拟经济的发展和繁荣。

第三,虚拟经济具有高风险性。虚拟经济的高风险性主要源自其独立性,也就是说,虽然虚拟经济前期的发展主要受制于实体经济的发展状况,但是,虚拟经济一旦发展成熟之后,就获得了独立的价值和意义,甚至在某些阶段与实体经济实现了“脱钩”。虚拟经济的这种高风险性表现在如下几个方面:①风险的系统性。虚拟经济风险的爆发不是孤立的,往往是整体性的。如有学者就认为所谓风险的系统性即是某一系统性事件对金融行业的显著冲击,一方面严重损害了金融系统的正常运作,另一方面产生了损害经济增长、导致社会福利损失的后果。②风险的关联性,即虚拟经济的风险是有机联动的,一处发生风险很可能就会蔓延到整个虚拟经济系统。③风险的内在性,即虚拟经济的风险并不是外生的,而是内嵌入虚拟经济之中的,可以说只要有虚拟经济就会有风险的存在。之所以如此,原因主要有二:其一,虚拟经济的交易客体本身没有价值,靠的就是一个市场心理支撑的价值评估和交易系统,其情绪化特征十分明显,常常使市场主体丧失“理性”;其二,有些虚拟经济形式本身就是“自带高风险”的,其出让往往就是为了分散或移转风险,目的是“用脚投票”,而其受让则往往是出于侥幸心理,愿意去冒“击鼓传花”的风险,这势必会加大自身的风险,也会给市场和社会带来更大的负外部性威胁。

第四,虚拟经济具有弱寄生性。虚拟经济的寄生性是相对实体经济而言的。从经济发展史可见,虚拟经济的产生、发展都是依托于实体经济的,因此,在某种程度上,我们可以认为虚拟经济具有寄生性。事实上,虚拟经济的这种寄生性在其发展过程中不断被展示于世:一旦实体经济发生风险或者动荡,例如,出现行业性衰退、经济周期、企业破产特别是上市企业破产等,这些动荡或者风险就会传递到虚拟经济之中,从而引发虚拟经济的动荡或者风险。因此,对于虚拟经济而言,其与实体经济可以说是“一荣俱荣”。但是,我们认为虚拟经济的寄生性主要是一种弱寄生性,其根据在于:①虚拟经济自身具有相对的独立性。虚拟经济产生和发展尽管决定于实体经济,但其发展起来以后,又具有相对的独立性,并且,随着虚拟经济的进一步发展,虚拟经济的发展与实体经济的对应关系甚至会呈现出一种此消彼长的局面,这一现象与普通的寄生性是有很大差异的,如美国经济的“脱实就虚”就是很好的例子。也就是说,一个国家在实体经济(如制造业等)发展水平一般的情况下,虚拟经济的发展理应是被鼓励和支持的。②虚拟经济对实体经济会产生较大的反作用。从正向的作用而言,虚拟经济对于某些实体经济形式吸取发展的金融资源是一个非常好的手段。如果没有虚拟经济的这种筹资渠道或平台,多少公司美好的愿景与个人创意,就会因为资金的匮乏而胎死腹中。③当虚拟经济发展到一定阶段后,实体经济对虚拟经济会产生较强的反向依赖,且这种依赖会逐渐增强。当虚拟经济发展到一定规模之后,实体经济的发展就需要从虚拟经济中汲取必要的“养分”,需要得到虚拟经济自身不断发展对其的支持,这在现代社会更是如此,甚至会被一些狂热的金融学者誉为“现代经济的核心”。总之,虚拟经济的寄生性是一种弱寄生性,自其产生时起,它就具有较强的独立性,表现在实践之中,相较于虚拟经济的产生根源——实体经济而言,其运动始终具有显著的“离心倾向”。

虚拟经济无论有什么样的缺点或风险,它能在实体经济发展到一定阶段后走向发达,并于当今与实体经济平分秋色,形成市场经济的“二元格局”,必定有其深刻的原因。就其价值层面观之,虚拟经济的核心价值,主要包括以下几个方面:①虚拟经济是现代实体经济发展的资本积聚器。虚拟经济能够实现实体经济价值的数字化,不仅拓宽了融资渠道,也方便筹措发展资金。②现代社会,虚拟经济常常是实体经济的“发动机”或重要推动力量。这是因为:虚拟经济可以实现资产的变现,从而实现固定资产的流动性,实现从“死资产”到“活资产”的转变;同时,虚拟经济提供实体经济产权交易的手段,通过资源的优化重组,矫正投资失误带来的资产闲置。③虚拟经济是国家升级现代产业结构的助推器——具体而言:有助于产业结构升级的资金配置;有助于实现与实体经济的良性互动,从而达到升级产业结构的政策目标。④虚拟经济是一种环境友好型的经济形态。这表现在生产和再生产基本不消耗可再生资源;生产和再生产基本不要专门的生产场所和生产工具;虚拟经济的产品,如股票、证券以及衍生品,其在流通的各个环节均是环保低碳的,其产品退出市场也不需要进行垃圾的处理。一句话,整个虚拟经济的产品生产、运行、消费,几乎都不会产生任何损害环境的问题。

从上述分析可以看出，虚拟经济是一把双刃剑，其有独特的价值与意蕴，但同样也具有极高的风险。虚拟经济有限发展法学理论，正是基于虚拟经济风险与价值并存的事实与虚拟经济天然“离心倾向”的运动规律，意图运用法治思维和法治方法，对虚拟经济发展过程中可能存在的风险予以治理，以期趋利避害，从而最大限度地激发虚拟经济对现代实体经济发展的促进作用。

（二）它是法律自身宗旨和价值诉求的具体运用

在虚拟经济时代，金融市场的运行，不纯粹是一种经济现象，它同时也是一种伴随着社会、法律、文化等交互作用的社会运动。事实证明，虚拟经济的安全运行须臾也离不开法治的促进、保障和规范作用。虚拟经济有限发展法学理论正是从法律自身的宗旨和价值出发，主张法律在保障虚拟经济发展的同时，预防与克服其负面效应，防止资本的野蛮生长，抑制虚拟经济的无限扩张，最大限度地保障整个经济和社会的公平和正义。换言之，该理论旨在借助自由、正义、安全、秩序等法律规范之价值意涵，来对虚拟经济运行过程进行正向影响，从而为虚拟经济市场的安全运行构筑良好的法律环境。比如，法律对自由价值的追求，要求我们完善虚拟经济市场运行机制，全面开放市场；法律对正义价值的追求，要求我们重视虚拟经济消费者权益及整个社会福利之保护；法律对安全价值的追求，要求我们建立起虚拟经济风险预警与危机机制；法律对秩序价值的追求，要求我们对虚拟经济风险进行协同治理。

第一，基于法律的秩序价值，要求立法完善虚拟经济市场监管机制。法律秩序价值的意义在于，通过法律制度的合理设计，为虚拟经济经营者创设大量的自由经营权，通过释放自主创新和平衡监管，来实现对虚拟经济发展和市场秩序的维护。众所周知，虚拟经济领域所有的创新几乎都有赖于一定的自主权限，当主体拥有足够的创新激励时，其发展虚拟经济的动力将越足。在任何社会,任何时代,任何领域,创新几乎都是推动社会进步的不懈动力,虚拟经济领域概莫能外,创新是虚拟经济发展的主要动力来源之一,一个多层次资本市场的构建和完善必须仰赖于创新的作用,但我们知道创新又意味着不确定性,意味着风险,因此便需要监管,以此来维持创新,推动安全发展。由于传统虚拟经济的创新既表现为产品的创新,又表现为过程的创新,贯穿于虚拟经济运行的全过程,其所引发的风险要素也会影响到虚拟经济运行的网络、数据、技术、业务和系统性风险等多个方面。而在"互联网+",数字金融的今天,虚拟经济的创新意味着新的业务模式和传统社会难以想象的业务范围(边界),这些都会对既有的监管规则和法律制度产生严重的冲击,于是我们便能看到"创新—监管—再创新—再监管"的无限循环。虚拟经济有限发展法学理论视阈下,尽管安全是首要的目标遵循,但也不能为了安全而放弃创新,无论如何,我们都不能放弃对虚拟经济创新的期待。一方面,如果将所有虚拟经济的创新都框定在传统虚拟经济监管法律制度框架内,这等于是"削足适履",不仅会阻碍虚拟经济的创新,而且会限制其发展。与此同时,完全放弃对虚拟经济的创新和发展的监管,任其自由发展,无异于人为制造危机,这一点历史已有定论。因此,如何平衡创新和监管之间的关系,实现虚拟经济发展与控制虚拟经济风险是虚拟经济创新监管中不可回避的话题。从工具价值的视角看,率先于英国发展起来的"沙箱监管"目前看起来具有一定的功能优势。其"试点"的性质,将风险和失败的损失控制在一定的范围内,有利于风险的防范和控制,或可成为一种有效的平衡创新和监管间矛盾的方式。

第二,基于法律的正义价值,要求立法强化虚拟经济消费者权益保护。法律的正义价值在于,通过形式和实质正义的双向路径,实现法律所追寻的目标。在虚拟经济中,基于信息不对称、信息偏在等因素,经营者和消费者之间的信息天然处于一种强弱对比的状态。因此,对作为虚拟经济领域弱势群体的消费者的保护,就构成了现代虚拟经济法律制度的核心任务之一,几乎所有的虚拟经济法律制度都强调对消费者(投资者)利益进行特别的保护。我们知道,虚拟经济领域发生风险可能是某一种原因,也可能是多种因素同时综合的结果,虚拟经济市场领域的所有参与主体,经营者、投资者、消费者、监管者等,均有可能是风险发生的诱导。以消费者为例,该领域消费者根据自身掌握的信息和法律赋予的权利从事虚拟经济活动的行为,在一定意义上也会成为市场风险的导火索或直接引燃者。消费者(特别是中小投资者)的盲目性和投机性,选择性的信息接收或输出,以及为眼前利益铤而走险的盲目投机等,都在一定程度上可能成为虚拟经济风险的主要"推手",而这种不理智的行为,有可能恰恰给经营者非法行为创造了条件,进一步加剧风险。法律是维护公平正义的不二法门,面对虚拟经济条件下,经营者与消费者强弱分化加剧的现状,虚拟经济法必然予以调整和监管,即强化虚拟经济消费者权益保护。例如,2013 年由中国人民银行会等机构联合制定的《中国金融教育国家战略》,旨在提升我国消费者的金融素养,以落实保护虚拟经济消费者权益的目标。

第三,基于法律的安全价值,要求法律健全虚拟经济风险预警与应对机制。一般认为,虚拟经济风险预警是在虚拟经济系统运行过程中,对风险发生的诱因进行识别,对可能发生的风险和损失以及虚拟经济体系遭遇破坏的情形进行评估和预报的过程。虚拟经济风险预警对一国虚拟经济的健康发展有着异常重要的功用,一套正确反映金融体系健康与稳定的金融预警制度,有助于提升其风险防范的能力。随着虚拟经济在经济领域中位置的凸显,以及政府在各类风险防治中的角色定位,使得政府对虚拟经济风险的规制成为现代政府的重要职能之一。多年来,理论界围绕金融危机的爆发原因、形成机理和防范路径展开了广泛的研讨,其中对虚拟经济风险预警的研究,始终是金融学、管理学等学科研究的热点之一。然而遗憾的是,法学界对虚拟经济风险预警法律制度建构的研究一直比较薄弱,例如,在我国,除极个别的几篇文章外,对虚拟经济风险预警法律制度的建构原理和框架等问题,近乎集体失语。在“危险防止型行政”的要求下,作为虚拟经济风险监管核心环节的虚拟经济风险预警,理应成为国家虚拟经济监管的重要内容,虚拟经济风险预警法律制度是“金融监管制度构建中必须慎思、明辨、笃行的重大问题”。缺乏虚拟经济风险预警的虚拟经济监管制度是不完整的,虚拟经济风险预警法律制度的缺位会让政府的虚拟经济监管陷于功亏一篑的境地。

如果从整体的角度考虑,虚拟经济风险预警的有效性不仅要考虑虚拟经济风险预警技术和方法本身的正当性,还要考虑虚拟经济风险预警组织构造的合理性,更要立足于特定的政治和社会环境,考虑虚拟经济风险预警评估体系的科学性。而这些均与制度相关。具体而言,虚拟经济领域的“风险”固然是一个科学意义上的概念,科学意义上的“风险”并不能包含风险发生的全部内容,虚拟经济风险预警方法、预警指标选取和预警系统的构造等预警技术和方法,会导致虚拟经济运行中权力、权利关系的变化和利益结构的调整,预警技术和方法的运用与法律制度间存在着彼此关联、相互塑造的关系,法律制度会对其产生直接的引领和矫正作用,是判断虚拟经济风险预警技术和方法“良善”的重要工具。同时,有效的虚拟经济风险预警必然涉及预警的组织架构和管理体制等问题,它关系着虚拟经济风险预警行为的效率和秩序,同样需要法律制度的规范。另外,虚拟经济风险尽管是发生于特定领域的社会现象,但其终究是“风险”之一种,其绝非仅由经济领域的“事件”所造成,而需要通过政治、社会的要素加以定义和建构。与之同理,对虚拟经济风险的预警也就不是仅通过对虚拟经济体系本身的分析即可成就的事业,其必然是一个与政治和社会要素相关联的行动,虚拟经济风险预警的政治和社会判断和考量不可避免。因此超越传统虚拟经济风险预警仅着眼于虚拟经济活动,从政治和社会的角度对虚拟经济风险预警评估体系进行合理设定并通过法律制度加以确认,明确虚拟经济风险预警评估体系的内容,是保证虚拟经济风险预警行为具有社会有用性的关键环节。

第四,基于法律的社会功能,要求法律架构虚拟经济风险协同治理机制。在现代经济条件下,虚拟经济构成了经济活动的神经系统,它事关经济增长的方式和速度,决定着资源的合理调配和经济发展的内外均衡,是推动一国经济增长的关键力量。但回顾世界虚拟经济发展史又会发现,虚拟经济既可以是实体经济发展的助推器,促进经济繁荣,也可能成为冲击市场秩序,影响市场功能,损害经济发展的罪魁祸首。尤其是过去数十年,随着虚拟经济创新步伐的加快和虚拟经济服务范围的扩展,虚拟经济危机爆发的频率不断增加,产生的影响也愈发严重。面对虚拟经济世界不断涌现出的问题、困境甚至灾难,理论界对虚拟经济危机生成的原因、机理和防范等问题进行了广泛的研讨,其中有关虚拟经济风险治理的话题,成为经济学、管理学和法学等学科持续努力的研究重点。

在法学界,一个普遍流行的观点是,虚拟经济风险是虚拟经济市场失灵和政府失灵共同作用的结果:在市场主体自利属性、有限理性和机会主义等因素的促动下,虚拟经济市场的周期性、外部性和信息不对称等失灵现象会不断地生成和集聚,如果政府没有及时准确地对虚拟经济领域内的各种失灵现象加以纠正,虚拟经济市场难免会走向无序,虚拟经济危机由此形成。因此,通过政府的“有形之手”强化虚拟经济监管以克服市场失灵,同时规范政府虚拟经济监管行为以克服政府失灵,是法学视角下预防和克服虚拟经济风险的基本路径。这种论证在逻辑上自是无懈可击,但遗憾的是,这些学术努力常常遭遇来自现实的窘境和尴尬:让人措手不及的虚拟经济危机并没有因为虚拟经济监管的强化而在爆发的频率和强度上有所缓解,虚拟经济领域中的治乱循环始终存在,虚拟经济市场常常在“一治一乱”之间徘徊。理想与现实的差距迫切需要我们探索系统、长效的虚拟经济风险治理机制和对策,以破解传统治理理念和方法无法为虚拟经济安全提供保障的困局。

虚拟经济风险治理是现代公共事务治理的重要构成。一般认为,“治理”是随着公共管理中国家角色转变而发展起来的一个范畴,其主张打破传统管理模式所依靠的路径，代之以多中心的管理模式，是“各种公共的或私人的个人和机构管理共同事务的诸多方式的总和”①。“治理”尽管是一个产生于公共管理领域的思想、范式和技术，但其对社会学、经济学和法学等诸多学科都产生了深远的影响。比如“治理”对法学的影响，有学者就认为，“治理”与“法治”在“根本保证、治道框架、内在价值、外在形式、目标追求、建设路径”等方面相互契合，治理的多元主体结构、规则多元、过程交互、方式多样以及纠纷复合性，对法治建设提出了新的要求，近年来法学界对环境保护、食品安全等社会性治理议题也给予了广泛的关注。社会的治理机制固然种类多样，但归纳起来可分为三种类型，即行政治理、社会治理和市场治理，由于每一种治理机制有着不同的优势和不足，三种机制的相互嵌入和良性互动才能达成相得益彰的治理之效，协同治理是推动公共治理理性决策和有效实施的重要方法。

现代虚拟经济市场常常表现为多层次、多主体和多环节的资本叠加、行为叠加和技术叠加，各种诉求、规则和价值之间的对抗、冲突和互嵌普遍存在，所蕴含的风险不可避免，对虚拟经济风险的治理需要一套多元主体参与和协同互动的治理策略。长期以来，法学界对虚拟经济风险防范的研究主要从政府监管的角度展开，侧重于对行政监管的研究，对监管组织的研究相对缺乏。尽管也有学者从监管主体的角度分析了虚拟经济“统合监管”“集中监管”的法律路径，但“统合”和“集中”的对象依然是行政主体，对政府之外的其他主体在虚拟经济风险治理中的作用缺乏足够的关注，对虚拟经济风险协同治理机制运用的研究几近空白。基于此，我们以治理理论为依据，从政府机制、社会机制和市场机制综合运用的角度出发，分析构建一个协同、互动的虚拟经济风险治理框架的必要性并探索保障其实现的法律机制，这对于增强虚拟经济风险治理的科学性和有效性，无疑具有重要的意义。

---

① 俞可平：《治理和善治引论》，《马克思主义与现实》1999 年第 5 期，第 38 页。

(三)它是虚拟经济运行安全和可持续发展的制度基石

发展是第一要义,虚拟经济有限发展法学理论并不是要扼杀虚拟经济发展,相反,其更加强调要保障虚拟经济发展,但发展又不能“野蛮生长”,必须以实体经济发展为限,在法治框架内规范运行。因此,虚拟经济有限发展法学理论既要求保障虚拟经济发展,又要求将虚拟经济置于可控的安全范围内运行。

一方面,虚拟经济有限发展法学理论要求保障虚拟经济发展。虚拟经济有限发展包括虚拟经济的整体发展、虚拟经济与实体经济的协调发展、虚拟经济的持续发展三个层次,其中整体发展是虚拟经济有限发展法学理论的基石,协调发展是虚拟经济有限发展法学理论的关键,持续发展是虚拟经济有限发展法学理论的最终目的,三者结合起来构成整个虚拟经济有限发展法学理论的发展内核。①虚拟经济整体发展。在系统论者看来,整体性通常意义上都会是系统最基本的特征,虚拟经济是一个体系,实体经济也是一个体系,它们共同构成整个经济系统。虚拟经济有限发展,涉及虚拟经济和实体经济两个层面的健康与良性发展,涉及各种经济社会中的各种物质制度和精神要素,不仅是人与经济的问题,也是人与自然、经济、政治、历史以及文化传统等各方面内容的合集。正如著名经济学家迈克尔·P.托达罗所说:发展不纯粹是一个经济现象。从最终意义上说,发展不仅仅包括人民生活的物质和经济方面,还包括其他更广的方面。因此,应该把发展看作包括整个经济和社会体制的重组和重整在内的多维过程。由此可见,虚拟经济有限发展法学理论下,虚拟经济的有限发展除了虚拟经济自身外,还涉及其他方方面面的内容,其他方面的发展,诸如投资者的持续发展,是一个整体性的概念。系统视角下,整个经济体系的发展,有助于促进虚拟经济的发展,整体发展是虚拟经济安全立法的基石。从整个经济体系的运行来看,不论是虚拟经济还是实体经济的运行都是为了更好地促进整个经济系统的发展与社会的进步。事实上,“木桶理论”就可以说明片面发展虚拟经济或实体经济都会阻碍整体经济的发展与社会的进步。自虚拟经济产生以来,与之相关的立法就有大量融入实体经济与社会发展的内容。如与证券相关的立法,不仅仅涉及虚拟经济的内容,也与实体经济紧密相关。②协调发展。经济系统具有自组织性,其演变过程就是不断自组织化与协调的过程。虚拟经济与实体经济共同构成整个经济系统,尽管有着各自独立运行的规律,但是仍旧相互影响。虚拟经济有限发展观体现了发展的协调性,既要保证虚拟经济的发展,也不能阻碍实体经济的发展。要通过虚拟经济的有限发展促进实体经济的发展,进而促进整体经济的发展。这是虚拟经济有限发展观的关键,不排斥、不阻碍、不损害实体经济发展,而是协调与促进实体经济的发展。③可持续发展。可持续发展发轫于20世纪80年代,这也间接说明彼时我们已经认识到经济社会自从工业文明以来发展的不可持续性。可持续发展意味着不仅仅是短暂的发展和繁荣,而是一个以人类长期文明延续为目标,以促进人类经济社会长期稳定和谐为目标的发展。反观现实,工业社会以来,为了片面追求经济的增速,为了经济发展而对自然资源的无限制索取,已经远远超过了自然的再生速度和能力,造成了大量资源的枯竭;与此同时,为了追求经济发展的速度,加足马力的工厂,人类生产生活所排放的大量固液体废弃物充斥着我们的环境,远远超过了生态的承载能力。所有这些都使得现代生态经济矛盾的尖锐化和不可调和,经济、社会、生态之间的失衡、对立和不可兼容状态呈现在我们面前。有研究者将这种以极高的资源消耗为代价,为了发展而牺牲生态与社会的经济发展模式称为“不可持续”经济,并在此基础上提出了可持续发展的概念。当前,安全和可持续发展无疑是虚拟经济发展的必然选择,是虚拟经济有限发展观的深化与拓展。这是因为我们已经深刻地认识到单纯为了经济增长的非可持续发展,忽视了资源的有限性与短期不可再生性。体现在虚拟经济领域,集中表现为虚拟经济发展资源的不充分,作为虚拟经济物质基础的实体经济供给能力显而易见是有限的,虚拟经济市场自我净化、消除风险的能力更是有限的。因此,虚拟经济的发展是,且只能是有限度的发展。虚拟经济有限发展观与可持续发展战略有着天然的密切联系,它反映了社会的进步与现实的需要,既是对传统虚拟经济可以无限制发展陈旧观念的变革,也是对虚拟经济安全、稳定与可持续发展的深化。为此,基于法律所固有的价值,可通过虚拟经济安全的立法,为虚拟经济的安全划定界线,实现虚拟经济与实体经济比例的总体协调,使得虚拟经济回归到服务实体经济的正确轨道,进而最终实现人、社会与自然整个系统的和谐有序发展。为此,虚拟经济的安全和可持续,理应成为虚拟经济的立法目标和监管目标。整体发展、协调发展与持续发展三者是虚拟经济有限发展观的核心构成,也是提升虚拟经济发展理念的核心力量。

另一方面,虚拟经济有限发展法学理论要求设定虚拟经济发展的限度,保障其与实体经济的大体匹配和自身的运行安全。

虚拟经济有限发展法学理论之所以认为虚拟经济有限发展需要在规模上实现与实体经济的匹配,根本原因在于:①虚拟经济是否实现了有限发展,如果光从自身来看,尽管也可能抽象出一些指标或者标准,但是,这种内部的指标或者标准总是缺乏一个外在尺度的客观参照,事实上难以实现对虚拟经济是否有限发展的衡量。从根本上看,虚拟经济是不能独立存活的,其必须依赖实体经济而存在,即虚拟经济具有寄生性。依此而论,一国虚拟经济是否实现了有限发展,关键是看其与所依赖的实体经济的匹配程度。事实上,如果将虚拟经济和实体经济割裂开来看,我们很难说一国虚拟经济是实现了有限发展还是过度发展。如果一个国家实体经济基础强大,规模巨大,那么,与之相适应的虚拟经济也难免规模巨大,如果实体经济在此时能够实现良好的发展,那么,我们一般就可以认为,该国的虚拟经济实现了有限发展。反过来,如果一国的虚拟经济规模尽管较为有限,但其相对于实体经济而言规模过大,那么,我们此时也会认为该国的虚拟经济没有实现有限发展。②强调虚拟经济和实体经济的规模匹配以衡量虚拟经济发展的有限性,根本原因在于实体经济和虚拟经济其实也不存在不可逾越的鸿沟:实体经济在一定条件下也是可以虚化的。因此,实体经济和虚拟经济是一个硬币的两面,二者往往相伴相生。虚拟经济建立在实体经济的基础之上,是实体经济在一定阶段、环境和政策下的具体反映。

总之,虚拟经济有限发展法学理论强调运用法治思维和法治方法,来为虚拟经济规范发展构造制度框架,从保障虚拟经济秩序、虚拟经济效率和虚拟经济安全出发,构建虚拟经济法治的价值理念;从虚拟经济整体发展和规范的角度明确虚拟经济立法的宗旨,确定虚拟经济立法的基本原则,构建虚拟经济法律规范的基本制度;从证券法律制度变革、银行法律制度变革、期货法律制度变革方面入手,构建虚拟经济市场运行的法律监管制度,从而促进虚拟经济"向实而生",并克服虚拟经济"脱实向虚"之弊端,实现虚拟经济运行的安全。

二、虚拟经济有限发展法学理论的特征分析

考察虚拟经济的产生过程就可以发现,虚拟经济有限发展法学理论并不是一种主观的臆测或者纯粹理论的思维游戏,恰恰是现实的客观需要决定了虚拟经济只能在法律的约束下有限发展。如果从虚拟经济的发展历程审视,我们就会发现,"历史本身就是一种力量,就是理性的源泉"。因此,如果我们考察虚拟经济的产生过程以及法律所关注的侧重点,就会更加坚信一点:在法律的向度上,虚拟经济必须在法律的约束下有限发展。

(一)虚拟经济有限发展法学理论的正义性——趋利避害

一方面,如果虚拟经济发展对人类社会纯粹就是有益的,那么我们就不必倡导虚拟经济的有限发展,无限发展岂不是更好?另一方面,如果虚拟经济发展对人类社会纯粹就是有害的,那么我们大可一禁了之,何必倡导有限

发展——有限发展必须包含发展——来迫使人类社会走钢丝绳？从上文的分析我们可以看出，虚拟经济的发展，并不是简单的大力提倡或者任由其发展，抑或是简单的禁止所能解决的。问题的复杂性在于，虚拟经济在发展的过程中，不仅有自己的发展规律，也有其弱寄生性的一面，即虚拟经济是依附于实体经济而发展的。概言之，虚拟经济的发展既不能放任不管，也不能一味打压抑或简单禁止。因此，对于虚拟经济，最有效办法就是倡导其有限发展。如果不强调虚拟经济的发展，就是无视虚拟经济为实体经济提供资金融通的价值，也会忽视虚拟经济作为现代社会价值运动的重要形式和载体，就是无视所有权的财产性价值在现代社会日益占据重要地位的基本事实，这显然是行不通的。与此同时，如果不重视虚拟经济的有限发展，虚拟经济所固有的缺陷就有可能被无限放大，进而会引发系统性的社会风险，造成国家、社会经济状况的恶化乃至倒退，甚至会引发新的社会贫富不公。事实上，自“二战”以来，世界各国的生产力水平应当说提高了，物质产品也进一步丰富，但我们发现，整个世界并没有更加和平和安定，相反，世界比以前变得更加动荡不安，在贸易、金融等方面，全球化的趋势在不断式微，而逆全球化的趋势比以往任何时候更加强烈。之所以出现如此光怪陆离的事情，出现越来越多的“看不懂”的事情，既是人类总体贪欲性的表现，其实也和全世界虚拟经济的深化发展，虚拟经济对社会财富、世界财富的重新分配，虚拟经济造成的对底层劳动者剩余福利的剥夺等密切相关。因此，从可持续发展的角度来看，保持对虚拟经济中性的认知，更加强调虚拟经济有限发展，对一些发达国家甚至是我国这样的中等收入国家，是一剂良药，也许苦口，但有利于“治病”。

（二）虚拟经济有限发展法学理论的目的性——安全与可持续发展

法的价值在于公平正义，在于社会秩序和安全。就市场经济领域而言，更为人们普遍认知的价值是经济运行安全和经济的可持续发展。虚拟经济的双刃剑属性及其高风险性,恰好需要借助法律的力量,在发挥其积极功能的同时,避免其负面效应,以促成其安全运行和可持续发展的理想状态。

近现代虚拟经济的运动及其引致的虚拟经济立法的回应与变迁,无论正反两个方面的例证,无不证明法律的这种价值追求:凡是法律放任虚拟经济的发展,到了一定时期,经济危机就会不可避免地发生;而当经济危机到来时,法律往往被动而仓促地采取严厉措施出面"干预"或"救市";当法律恢复了经济秩序之后,法律的这些严厉措施又会受到市场、资本要求"宽松""自由"的种种责难;当法律的约束再一次解除,虚拟经济又会酝酿出一轮新的危机。如此反复,周而复始,恶性循环,导致了很多次经济危机乃至社会危机。

透过历史上虚拟经济与其立法之间的这种恶性循环,似乎我们可以得出这样的几个基本认知:第一,虚拟经济的发展的确蕴含着巨大的风险,而历史证明,它往往是诱发经济危机的主要因素和场域;第二,虚拟经济危机的爆发与法律的放任或约束的松懈有直接的关联;第三,危机的应对与化解最终离不开法律手段。也就是说,在既往的历史中,虚拟经济的运行安全与法律功能的发挥之间有着天然的正相关关系,只不过既往的虚拟经济立法在虚拟经济运行安全保障中主要扮演了"消防员"的角色而已。

因此,我们不得不深思:有没有一种可能,即建立一种法学理论,能够在虚拟经济的运行安全与虚拟经济法律制度之间形成一种常态化的、衡定的正相关关系。换言之,如果我们要提炼出一种适合于虚拟经济发展的法学理论,那么,这一理论应当符合这一根本宗旨。

(三)虚拟经济有限发展法学理论的原则性——理念与立法指导思想

虚拟经济到底应当如何发展,在现实中,只能具体情况具体分析。倡导虚拟经济的有限发展,并不是处处、时时都要限制虚拟经济的发展,在具体的情况之下,到底是促进还是抑制其发展,需要客观分析;有限发展本来就蕴含着“发展”。例如,对一个国家而言,倡导虚拟经济的有限发展,可能主要是宏观层面的。但在微观上,由于一国地方虚拟经济发展的不平衡,因此,一些地方需要限制发展,但在另一些地方则可能需要进一步发展、大力发展。虚拟经济毕竟只是实体经济的辅助手段,是寄生在实体经济的发展之中的,虽然具有环境友好的特点,但是虚拟经济本身并不会导致社会实体经济福利的增加,不会导致社会财富的真正增长,其主要功能是实现社会财富的重新分配和调整。因此,从总体上来看,我们认为虚拟经济只能有限发展。这种有限发展主要应当是一种理念,也就是说,对一个国家而言,虚拟经济虽然要发展,但是在总体上应当有限发展,至少不能过度超越实体经济进行发展,甚至出现经济的“脱实就虚”问题。在操作层面上,虽然虚拟经济有这样那样的不足或者需要引起我们重视的地方,我们却并不能将虚拟经济的有限发展作为一项规则来机械执行。之所以会出现这种令人困扰的情况,主要是因为虚拟经济的发展并不取决于自身,换言之,虚拟经济的有限发展与否,不是仅仅看其总量的大小,而是需要看其与实体经济之间的匹配状态。更进一步,虚拟经济是否实现了有限发展,需要看其与实体经济的匹配程度。如果一个国家实体经济规模很大,那么,与此相对应,这个国家的虚拟经济规模也可以很大。从美国的经验看,只要虚拟经济的规模不过度超越实体经济,那么,这种虚拟经济我们就可以认为它是实现了有限发展的。反过来,如果一个国家的虚拟经济规模过度超越其实体经济规模,出现了虚拟经济的过度发展,那么,此时我们就可以认为该国的虚拟经济没有实现有限发展。因此,从这个维度看,我们构建虚拟经济有限发展的制度体系,首先需要虚拟经济有限发展提供一些理念性的、价值性的制度安排,同时又需要其转化为虚拟经济立法的指导思想、基本原则,为虚拟经济实现有限发展,提供一个动态的过程,并为具体的规则架构设计提供顶层思路设计。

(四)虚拟经济有限发展法学理论的贯通性——适于经济与立法全过程

虚拟经济有限发展实际上是一种底线思维,即虚拟经济不是无限发展,不是盲目发展,不是毫无节制和无底线地发展,而是应当以服务实体经济发展为基本底线,坚持虚拟经济发展与实体经济发展相匹配。回望历史,也可以发现,坚持底线思维是整个虚拟经济发展过程中的重要经验与教训。从这个角度看,将底线思维贯穿虚拟经济立法的全过程,实际上也即是将虚拟经济有限发展法学理论贯穿虚拟经济的全过程。将虚拟经济有限发展法学理论贯穿虚拟经济立法的全过程,可由虚拟经济法律的具体制度加以表达和体现。例如,通过银行法、证券法和期货法三个基本点,可以"以点带面",体现出有限发展理论对虚拟经济法律制度变革与完善的重要指导意义。在立法模式层面,因为虚拟经济立法是虚拟经济安全运行的起点和基本保障,是实现虚拟经济安全运行"有法可依"的前提性问题。虚拟经济立法涉及立法宗旨指导、立法模式选择、立法原则确定、立法技术运用以及立法内容的甄选和安排。虚拟经济有限发展法学理论,可从虚拟经济整体发展和规范的角度明确虚拟经济立法的保障机制,并在此基础上确定虚拟经济立法的基本原则,构建虚拟经济法律规范的基本制度。在具体制度层面:第一,在虚拟经济有限发展法学理论指引下,可以进一步优化中央银行"最后贷款人"法律制度、商业银行功能监管制度以及政策性银行治理与监管制度的完善路径;第二,在虚拟经济有限发展法学理论指引下,可进一步完善证券业市场准入、证券上市、证券交易、信息披露、证券监管等方面的法制变革路径;第三,在虚拟经济有限发展法学理论指引下,可进一步革新期货交易主体制度、期货品种上市制度以及以高频交易为核心的期货交易行为制度之变革进路。

(五)虚拟经济有限发展法学理论的回应性——传统立法模式之转变

改革开放40年来,我国虚拟经济立法经历了起步、快速发展、调整与平稳发展、高质量精细化发展四个阶段。① 国家通过虚拟经济立法,运用虚拟经济法律法规引导、促进、巩固和保障等方式为虚拟经济乃至整个经济发展提供支持。从宏观层面来看,由于受传统的一元经济体制观念的制约,受传统法律按行业、按事项立法习惯的束缚,我国虚拟经济立法逐渐形成了一种"点式星状"的立法模式。所谓虚拟经济"点式星状"立法模式,又被称为"分散、个别"的立法模式,是指不同国家立法机关依据立法权限,按不同虚拟经济业分别进行虚拟经济立法的模式,具体由点式展开,呈星状分布。

一方面,国家在银行、证券、保险、外汇等多个领域通过专门立法,初步奠定了我国虚拟经济法制的整体框架,为保障社会主义市场经济发展的资金要素来源提供了法律制度保障。例如,目前我国虚拟经济立法散见于《中国人民银行法》《商业银行法》《银行业监管管理法》《证券法》《保险法》《信托法》《中华人民共和国证券投资基金法》《金融机构管理规定》《中华人民共和国反洗钱法》《存款保险条例》《期货交易管理条例》等法律法规之中。与此同时,虚拟经济也不排斥在某些方面适用刑法、民法、行政法的原则和规范,立法比较分散。另一方面,虚拟经济立法在点式展开的基础上,又呈现星状分布格局。概括来看,虚拟经济立法主要涉及货币市场、资本市场(股票、债券交易)、期货买卖及新兴金融衍生品交易等领域。每一个板块彼此之间相对独立,但又存在内在的逻辑关联。

不可否认,"点式星状"立法模式有其积极的一面,比如,其立法的回应性相对较强,在面对新的虚拟经济发展问题时,可以针对具体问题展开立法规制。但是,虚拟经济分别立法模式不是立法者依据情势主动选择的结果,

① 徐孟洲:《金融立法:保障金融服务实体经济——改革开放四十年中国金融立法的回顾与展望》,《地方立法研究》2018年第6期,第62-73页。

而是虚拟经济发展过程中立法被动应对虚拟经济领域问题的必然。虚拟经济分别立法对于及时解决虚拟经济发展过程中的问题,防范虚拟经济的潜在风险,形成虚拟经济法律规范框架,促进虚拟经济和整体经济的发展具有重要贡献。然而,随着虚拟经济体系的不断发展、虚拟经济业务的不断创新、互联网信息时代商业模式的深刻变化等,虚拟经济"点式星状"立法模式及其决定的部门监管模式,已经难以应对新时期虚拟经济运行的现实。虚拟经济的部门监管正面对诸多监管难题和问题。虚拟经济主体机构为适应虚拟经济市场服务多元化的需求,不断创新和拓展虚拟经济业务范围,虚拟经济分业经营的要求和规则事实上已经被打破。1999 年美国《金融服务现代化法案》通过后,我国开始试点不同虚拟经济领域的业务混合。[①] 虚拟经济竞争激烈背景下的混业经营现实,导致某一虚拟经济机构事实上已经不可能只接受一家监管部门的监管,客观上提升了其合规成本。分属不同虚拟经济部门的金融机构推出基本具有同质性的理财产品,却接受不同监管部门和规则的监管问题在当下突出。金融创新是一个事物由量的积累向质的飞跃转变的过程,必须在法律自由的框架下进行评判才有意义。[②] 随着互联网信息技术的快速发展,混业经营总体上已经成为不可逆转的趋势。严格按照虚拟经济机构提供的交易和服务实行分业监管,会出现监管重叠、监管真空、监管套利及监管竞次等诸多弊端。[③]

人类社会经济发展到今天已经由原来单纯的劳动创造价值(和使用价值)的实体经济制度形态进化为实体经济与虚拟经济同时并存的"二元"经

① 郭道成:《我国金融行业的发展趋势——银行和保险业混合经营》,《四川经济研究》2005 年第 1 期,第 9 页。

② 黎四奇:《金融创新与金融法律创新互动关系的法理学视角分析——兼评我国的金融实践》,《湖南公安高等专科学校学报》2007 年第 4 期,第 55-61 页。

③ 罗培新:《美国金融监管的法律与政策困局之反思——兼及对我国金融监管之启示》,《中国法学》2009 年第 3 期,第 91-105 页。

济结构。在此背景下,虚拟经济“点式星状”立法格局存在的多种弊端,致使目前的虚拟经济立法并无统一的概念、范畴和理论作指导,银行法、证券法、期货法及其相关的立法,仍然是点式展开,星状分布,结果是各自为政,多头规范,九龙治水,在理念、原则及具体规定方面多有脱节和冲突。而且目前已经到了“点式星状”立法向统一立法转型的时代。在这一背景下,虚拟经济有限发展法学理论的提出,具有重要的意义,主要表现在两个方面:①将以前分别看待、分别研究、分别立法的银行业、货币业、证券业、期货业、金融衍生品等统一起来,以实现虚拟经济立法概念的提升与整合,为统一、系统地研究和对待以上各行业提供了思维工具;②虚拟经济有限发展法学理论可以推进虚拟经济与传统的以劳动价值理论为基础的实体经济相对,使人们对人类社会历史上经济模式的演变以及当今社会经济格局的认识实现法哲学化迈进。

基于上述分析可见,我们应当在肯定虚拟经济发展的前提下,基于社会整体利益的需要和发展的动态需求,在规模上强调虚拟经济的发展与实体经济相匹配,在价值上强调虚拟经济发展的实质公平,在理念上强调虚拟经济发展的边界及法律底线,并在此基础上提炼出一个统一而能指导全局的虚拟经济立法理论,指导和推动传统虚拟经济“点式星状立法”格局向系统的虚拟经济立法模式跨越,旨在维护虚拟经济的安全、有效和可持续发展。

三、虚拟经济有限发展法学理论的定位及其相对性

内涵解读与特征分析,应该说已经能够说明虚拟经济有限发展法学理论所指何物了。但是,由于虚拟经济仍然是个新的概念,尤其在法学界并不为学者普遍知晓的背景下,我们又提出一个全新的虚拟经济有限发展法学理论,事实证明这会给许多哪怕是法学的同行也带来认知上的困惑。因此,在课题的论证中我们发现这一理论要让一般的读者充分了解,必须要增加额外的解释成本,而一个加深虚拟经济有限发展法学理论认知的简单方法,

就是从更广阔的维度去讲清这一理论的定位及其提出的相对性。

(一)虚拟经济有限发展法学理论的定位

虚拟经济有限发展法学理论的定位是理论得以准确认知和落地的前提,需要以体系性为视角进行解读。以下将从法学理论、中国法学理论,再到法哲学理论、部门法理论,再到经济法理论、经济法分论、虚拟经济有限发展法学理论的逻辑链的视角,对虚拟经济有限发展法学理论进行定位,具体见图 4.1。

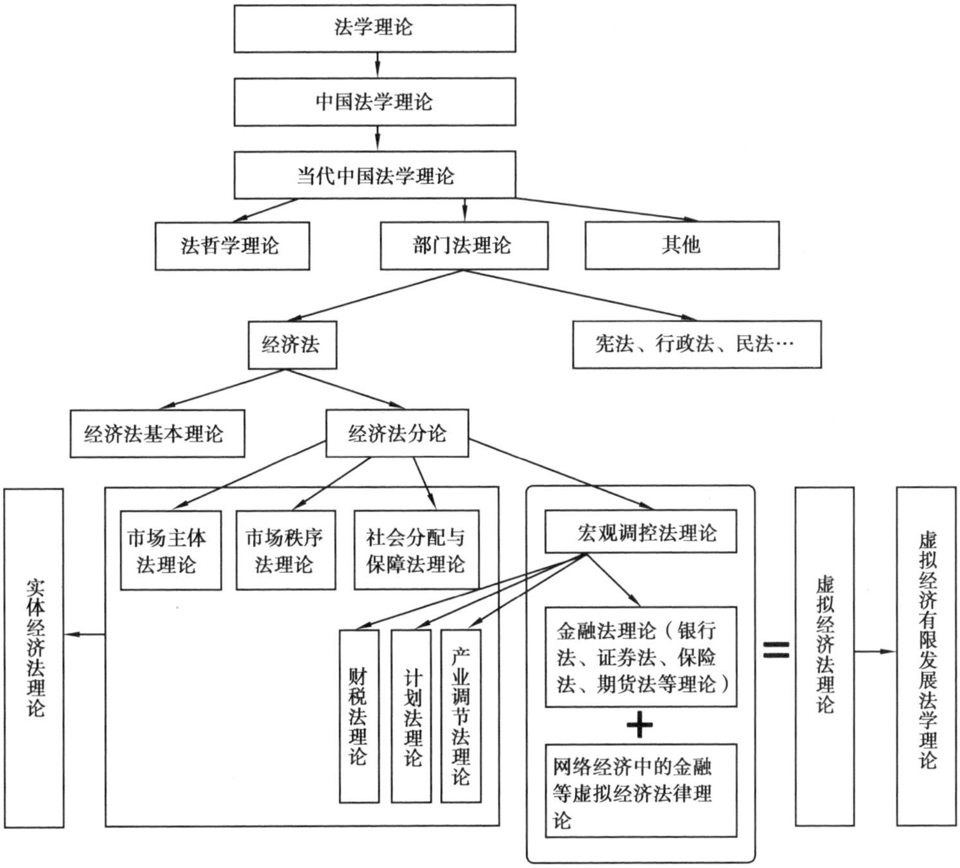

图 4.1　虚拟经济有限发展法学理论定位图示

资料来源:作者归纳整理制作

从宏观视角上看，虚拟经济有限发展法学理论属于法学理论而非经济学等其他学科的理论，从而与经济学划清了界线。事实上，虚拟经济是经济学界提出的一个全新范畴，指证券、期货、金融衍生品的交易，由于这些交易要以标准化规范化的方式进行，因而需要经济法予以确认和规范。① 但因为虚拟经济立法尚没有统一立法，是由无数个单行法构成的集合，而目前每个单行法规则又比较简单，相互间也存在协调的问题，这就会出现立法漏洞、调整真空和法律冲突。因此，市场经济的特点和经济立法目前的格局决定了经济法更要倚重经济法理论的研究和构建。②

从中观视角来看，在中国它又属于中国法学理论中的当代中国经济法理论的范畴，从而划清了它与外国法学、中国古代和近代法学以及中国当代法学中其他部门法学之间的界线。也就是说，我们提出虚拟经济有限发展法学理论旨在作为部门法的经济法领域进行的理论创新，为虚拟经济的发展提供限度及各种法律约束条件，换言之，虚拟经济立法的全部意义，在于为虚拟经济定制一个安全、有效和可持续发展的笼子，因此，它只能属于经济法学中的一种新的理论创设。

从微观视角来看，虚拟经济有限发展法学理论可归属于经济法分论的理论体系之中。从经济法学界的一般分类来看，经济法学的体系可分为经济法总论和经济法分论两大部分。经济法总论，或称经济法基础理论，是经济法学总体上的、具有共通性的理论。经济法分论，是对经济法各类具体制度的基本原理和基本理论的分析与解读。经济法的各类具体制度主要分为两类，一类是宏观调控制度；另一类是市场规制制度。③ 此外，还包括社会分配与社会保障法理论等。虚拟经济有限发展法学理论主张将银行法、证券

---

① 胡光志：《虚拟经济法的价值初探》，《社会科学》2007 年第 8 期，第 105-113 页。

② 李拥军：《中国特色社会主义法学理论发展的动力与机制》，《法制与社会发展》2013 年第 2 期，第 29-37 页。

③ 《经济法学》编写组：《经济法学》，高等教育出版社，2016，第 3-4 页。

法、期货法、保险法以及网络经济中的金融等虚拟经济法律部分,整合为虚拟经济法,或者叫虚拟经济立法。在经济法分论部分,根据二元经济结构的格局,我们主张将整合出的虚拟经济立法,与实体经济立法相对分立,将市场秩序法、宏观调控法、社会保障法重新整合为实体经济法与虚拟经济法两大板块,是我们整个研究的目标之一。这是法律及法学从个别到一般,从细分到统合的一种必然发展趋势,也是因为对于经济法学这样的新学科应当遵循先研究分论后研究总论的顺序,先就个别的突破传统部门法的新法律现象逐个展开研究,有了一定的学术积累,再从若干个案研究中抽象出共性的原理和规则,研究总论的问题。[①]

(二)虚拟经济有限发展法学理论的相对性

强调理论原创的相对性,不仅意味着我们要根据我们自己的所长和所能去选择适合我们开拓的理论层面和理论空间,在相互对立的端点之间辩证地保持着自主的思考张力,提倡不同理论之间的对话[②],更意味着它能揭示这一理论提出的针对性和逻辑边界。我们认为,虚拟经济有限发展法学理论的相对性问题包括学科相对性、学理相对性以及时间维度的相对性等。

第一,虚拟经济有限发展法学理论是相对于民法理论而提出的。民法以"经济自由"为根本价值取向,其对公平、效益等价值的追求是为了构建以自由为核心的规范体系。[③] 民法重在构建市场和提供交易规则,其意义主要是构建市场和保障其运行。民法虽是国家干预经济的手段之一,但民法形式的干预主要在于确认私权及在一般意义上保障私权的交易,并向社会民众提供一种形式上的公平,从而提升效率,它是经济法干预的前提之一;而

---

① 王全兴:《社会法学研究应当吸取经济法学研究的教训》,《浙江学刊》2004 年第 1 期,第 26-30 页。

② 金健人:《理论原创的相对性》,《学术月刊》2007 年第 2 期,第 11-13 页、第 16 页。

③ 程宝山:《经济法与民法的价值比较》,《郑州大学学报》(哲学社会科学版)2001 年第 5 期,第 96-99 页。

经济法形式的干预则主要在于限制、保障及服务私权,从而提升效率、提供安全和在一定程度上保障公平。[①] 具体而言,虚拟经济有限发展法学理论是以经济法国家干预理论为指针,主张对虚拟经济进行适度干预,主要是通过国家权力监管、调控和防控市场风险,其意义是克服市场缺陷,在保障市场运行安全的同时,追求整体效率和可持续发展。在虚拟经济有限发展法学理论视域下,虚拟经济立法的发展方向将从认可、激励、放任,转向引导、限制、控制(规模、速度、投机、违法、风险等),即走向"虚拟经济有限发展"。因此,民法上不可能提出有限发展法学理论,有限发展的提出恰恰是从经济法角度研究虚拟经济治理的一种结果。

第二,虚拟经济有限发展法学理论是相对于经济学理论而提出的。首先,经济学理论如西方政府管制理论以市场经济效率为分析前提,认为政府管制的目标在于克服市场缺陷和维护市场秩序,以保证市场经济效率的发挥。[②] 追求效率的经济学理论对虚拟经济偏离性、投机性、掠夺性、高风险性、风险传导性等问题难以实现有效矫正,而虚拟经济立法以虚拟经济安全为核心价值[③],由此发展出的虚拟经济有限发展法学理论以整个经济的运行安全为根本目标,为虚拟经济发展提供自由的限度及各种约束条件。其次,我们研究项目中的专题"虚拟经济立法的历史演进"和"近现代经济危机中虚拟经济立法的过与功"已经总结了缺乏法律约束的虚拟经济引发的历次经济危机,及其给经济社会造成的巨大破坏,这些惨痛教训要求我们必须寻求兴利除弊的约束条件。虽然经济学理论如制度经济学、法律经济学理论为此进行了探索,但与之相比,注重公平正义的法律,包括虚拟经济法学理

---

① 应飞虎、王莉萍:《经济法与民法视野中的干预——对民法与经济法关系及经济法体系的研究》,《现代法学》2002 年第 4 期,第 116-125 页。

② 马方方:《金融监管的经济学理论基础及启示》,《首都经济贸易大学学报》2008 年第 1 期,第 38-42 页。

③ 胡光志:《虚拟经济法的价值初探》,《社会科学》2007 年第 8 期,第 105-113 页。

论,则将对虚拟经济的关注重点直接放在了虚拟经济的风险和危机控制方面,具有更加直接、有力的兴利除弊之功效。最后,要走出虚拟经济立法的恶性循环,也必然要求虚拟经济法学理论首先进行理论革新。传统虚拟经济立法态度的恶性循环:宽松、放任的虚拟经济立法——虚拟经济过度发展——孕育、爆发经济危机——政策收缩甚至偏向严苛的虚拟经济立法。能否走出这一陷阱,使虚拟经济立法从因应型、被动型、被绑架型、风险型转向主动型、规范型、约束型、引导型和安全型,本身也是法学界面临的重大历史课题。

第三,虚拟经济有限发展法学理论是相对于实体经济发展模式而提出的。在二元经济时代,实体经济与虚拟经济同时存在,对于实体经济与虚拟经济的发展方向、限度问题,有一点是十分明确的:实体经济的发展方向为多样化、高质量发展,不存在有限发展的说法,而虚拟经济必须以实体经济为依托,在实体经济的许可范围或承载能力范围内有限发展,必须反对虚拟经济“脱实向虚”,防止资本的野蛮生长和无序扩张。例如,在我国,国家向来主张要把高质量发展着力点放在实体经济上,强调要大力发展实体经济,破除无效供给,培育创新动能,降低运营成本,推动制造业加速向数字化、网络化、智能化发展。对于实体经济,要实现的是高质量发展而非有限发展,要加快财税、金融、科研制度改革,推动劳动力、资本、技术等要素跨区域自由流动和优化配置。相对而言,虚拟经济必须为实体经济服务,并受实体经济发展规模、质量和速度的制约,这种运行规律及法律对虚拟经济的管控规律都要求虚拟经济只能在实体经济的承载范围内适度发展,这就是有限发展的真正渊源。虚拟经济有限发展法学理论认为需要设定虚拟经济发展规模、广度和速度的红线,并对超越实体经济承载能力的情况进行监测、预警与管控。近年来,中央经济工作会议对此也作了要求,例如 2021 年中央经济工作会议指出要为资本设置“红绿灯”,依法加强对资本的有效监管,防止资本野蛮生长。

第四,虚拟经济有限发展法学理论具有时空相对性。按马克思主义的观点,实体经济将伴随人类始终,也就是说将永远存在,而虚拟经济只是一个历史现象,它是实体经济发展到一定阶段(如商品经济相对发达)的产物,并在市场经济相对发达的阶段才得以勃兴的,而且在按需分配的共产主义时代到来时它就必然走向消亡。因为资本驱动下的旧体系和旧秩序所造成的“弱肉强食”乃至分裂状态是不符合世界历史的发展规律的,必然会被历史所淘汰,这既是历史发展的必然,也象征着共产主义因素在资本主义世界的积累与生长。[①] 由此,货币、银行、证券、保险、期货等虚拟经济只能是一定历史阶段的存在物,而不会伴随人类社会的始终。很明显,虚拟经济有限发展法学理论强调虚拟经济发展的有限性,也充分展示了虚拟经济发展的时空相对性和历史局限性。

第三节　虚拟经济有限发展法学理论的论证过程

虚拟经济有限发展法学理论的论证,如图 4.2 所示,总的是“1+9”模式,即一个总纲,九个专题,最后定型为十部专著。这十部专著,从逻辑上分为四个板块:板块一即“虚拟经济有限发展法学理论总说”,其著作也就是“1+9”中的“1”,《虚拟经济有限发展法学理论研究总说》,它既是整个研究的总纲,即总设计图或者总路线指引图,也是对整个研究成果的全面总结和提炼。板块二至板块四则包含于 9 部专著之中。具体而言,板块二是“虚拟经济有限发展法学理论及其证成”,旨在立论和证明,包括《虚拟经济有限发展法学理论及其根源》《虚拟经济立法的历史演进:从自由放任到有限发展》和《近现代经济危机中虚拟经济立法的过与功——虚拟经济有限发展法学理论的例证》三部著作的内容,分别从立论及其理论解析、历史归纳和案例证

① 张斌、侯怡如:《资本逻辑批判与共产主义演进发展》,《当代经济研究》2020 年第 10 期,第 34-42 页。

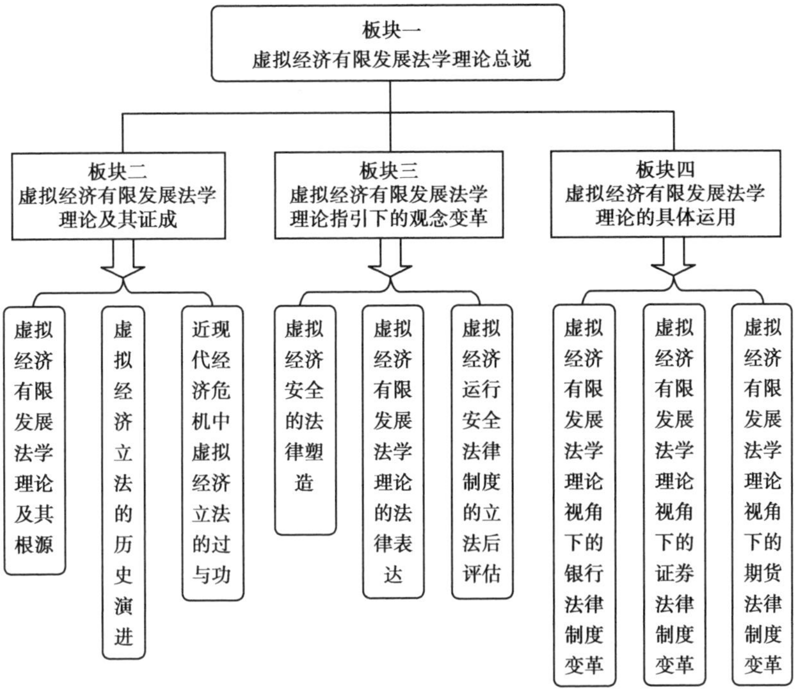

图 4.2 虚拟经济有限发展法学理论的论证与展开思路

资料来源:作者归纳整理制作

明的角度,提出并证明虚拟经济有限发展法学理论。板块三是“虚拟经济有限发展法学理论指引下的观念变革”,主要包括《虚拟经济安全的法律塑造》《虚拟经济有限发展法学理论的法律表达:立法模式与体系建构》《虚拟经济运行安全法律制度的立法后评估:以中国为样本》三部著作,旨在揭示虚拟经济有限发展法学理论与国家整体安全观的内在关联,讨论虚拟经济有限发展法学理论对我国传统金融立法模式变革的意义与具体策略,剖析虚拟经济运行安全法律制度的立法后评估以保证立法质量的问题。这一部分的特点在于,它既是虚拟经济有限发展法学理论的应用,又是虚拟经济有限发展法学理论的进一步证明,是介于理论证成与实践应用之间的一个板块,对我国虚拟经济立法的价值、原则、模式、体系及立法质量的提升与检测,具有根本的指导意义。板块四是虚拟经济有限发展法学理论的具体运用,包括

《虚拟经济有限发展法学理论视角下的银行法律制度变革》《虚拟经济有限发展法学理论视角下的证券法律制度变革》《虚拟经济有限发展法学理论视角下的期货法律制度变革》三部著作，试图以此三个典型领域为例，揭示虚拟经济有限发展法学理论在银行、证券和期货立法方面的具体应用。下面将按此四个板块的逻辑思路，对虚拟经济有限发展法学理论的论证过程进行简要的介绍。

一、板块一：虚拟经济有限发展法学理论总说

前曾述及，这一板块是全面描述和介绍研究项目的，既是整个研究的总纲，即总设计图或者总路线指引图，也是对整个研究成果的全面总结和提炼，因此称之为"虚拟经济有限发展法学理论总说"。一方面，它凝结了课题组对整个课题的宏观思考和总体布局，是后面三个板块九个子专题布局的依据，也是后面三个板块九个子专题展开研究的行动指南；另一方面，它也是对后面三个板块九个专题最终成果的高度概括与提炼，能够反映整个研究最终成果的全貌。因此，它也是最终成果的提要或简介，可以说是整个课题成果的浓缩或压缩版。因此，后面三个板块的九本著作都无法取代它的统率地位，而它的高度浓缩性与压缩性也决定了它同样不能取代后三个板块中的任何一部著作。

二、板块二：虚拟经济有限发展法学理论及其证成

"虚拟经济有限发展法学理论及其证成"是虚拟经济有限发展法学理论之总论部分，对开放经济条件下虚拟经济运行安全与法律保障问题进行基本理论方面的研究，将虚拟经济运行安全保障法律制度的研究视野从封闭或半封闭条件下的虚拟经济拓展到开放经济条件下的虚拟经济，对现行虚拟经济安全保障法律制度进行重新审视，指明我国未来虚拟经济安全保障法律制度的价值选择和制度完善方向，为虚拟经济有限发展法学理论的提

出与基本证明。本部分包括三个方面的内容。

(一)虚拟经济有限发展法学理论及其根源

这是关于虚拟经济有限发展法学理论的建构,属于立论部分,也是整个研究的逻辑起点,主要阐明虚拟经济有限发展法学理论的内涵与外延,以及提出该理论的理论与实践依据。

人们之所以重视理论和注重理论的推陈出新,正是看到了理论部分植根于时代的客观性和部分超越时代的穿透性,因为好的理论总是让决策者看到很多看不到的东西,预示还未呈现出的未来图景。什么是虚拟经济的理想图景?虚拟经济的发展是否存在一个限度?国家应当如何来发展虚拟经济?虚拟经济为何要有限发展?虚拟经济为何只能有限发展?虚拟经济如何才能实现有限发展?虚拟经济将向何处去?诸如此类的问题,既是当今时代需要着力予以回应的重大现实问题,也是理论研究展示其解释力的重要方式。

基于此,本部分按照如下路径展开:首先,对虚拟经济的基本范畴进行了界定。虚拟经济的范畴非常宽广,但是虚拟经济的本质特性和虚拟经济的价值所在才是其最基本的范畴,因为这是解释虚拟经济是什么和只能是什么的重要理论前提。从虚拟经济的本质特性来看,作为所有权虚化的产物,虚拟经济以"交易—再交易"为主要运动形式,既具有高风险性,也具有弱寄生性。从虚拟经济的价值表现来看,作为现代实体经济发展的资本积聚器,虚拟经济既是保持实体经济活力的发动机,也是国家升级现代产业结构的助推器,既是一种环境友好型的经济形态,也是人类应对经济危机的重要手段。在此基础上,本部分提出了虚拟经济有限发展法学理论,并从政府与市场方面入手,揭示了虚拟经济有限发展的二元向度。其次,本部分对"度"之厘定进行了探索,即"如何衡量虚拟经济是否实现了有限发展"。因为虚拟经济是否实现了有限发展,核心问题就在于虚拟经济的发展是否适度。就虚拟经济的市场逻辑而言,我们既看到虚拟经济对价值规律的异化,也看到其对需求定律的扭曲;既要看到虚拟经济对市场经济非自洽性的放大,也要看到其引发的脱实就虚的发展风险。就虚拟经济的政府规制而言,一方面,保障虚拟经济的持续发展和遏制虚拟经济的异化均需要政府规制;另一方面,作为虚拟经济安全运行的兜底措施,政府规制既能实现虚拟经济和实体经济的有机联动,也是保障投资者权益的重要举措。虽然“度”的把握是一个非常艰难的问题,但它是我们在现实中不得不认真对待的问题。具体而言,“度”应有三个衡量标准:①虚拟经济中市场主体的权益保护是否充分;②虚拟经济中公权力机构的责任配置是否恰当;③虚拟经济的制度架构体系化是否充分。在开放经济条件下,我们必须立足本国,放眼全球,特别是在当今逆全球化的语境下,如何来发展好本国的虚拟经济,真正实现本国虚拟经济的有限发展从而促进国家经济的进一步发展,更是需要以一种系统的思维、整体的思维、镜鉴的思维、发展的思维来对虚拟经济之发展进行多角度和多层次的检视。伟大的行动需要伟大的理论,伟大的理论势必是符合世界潮流、契合本国国情、具有本国特色的时代精华。最后,本部分对虚拟经济有限发展的进路选择进行了宏观建构,其最终研究成果形成了专著《虚拟经济有限发展法学理论及其根源》,成为虚拟经济有限发展法学理论的本体论基石。

(二)虚拟经济立法的历史演进:从自由放任到法律上的有限发展

正如托马斯·霍布斯所言,“为了懂得法律是什么,我们必须懂得它曾经是什么和将要是什么”。虚拟经济立法的产生、发展以及出现的许多问题都不是突然发生的,它有一个历史的脉络。理论的深化必须回到历史的逻辑中去。正如列宁指出的:最可靠、最必须、最重要的就是不要忘记基本的历史联系,考察每个问题都要看某种现象在历史上是怎样产生,在发展中经过了哪些主要阶段,并根据它的这种发展去考察这一事物现在是怎样的。

正是出于这样的目的,我们应当尽力尝试将虚拟经济立法放回到历史场景中,梳理其历史演变过程,分析虚拟经济立法的历史原因,总结其中的经验得失,明辨虚拟经济立法的时代意义,为当代虚拟经济立法的发展提供历史和经验的借鉴。系统地考察世界范围内的虚拟经济立法演变史,其实也就是考察主要国家虚拟经济立法的变化史。有鉴于此,本部分将目光投向历史的深处,通过对域外主要国家和我国虚拟经济立法的历史考察,找寻虚拟经济立法的历史演进规律,总结虚拟经济立法的历史经验与教训,发现虚拟经济立法以确立有限发展法学理论为指导思想的历史必然。在域外方面,本部分将主要考察20世纪30年代经济大危机之前的虚拟经济立法、从大危机到20世纪70年代初的虚拟经济立法、20世纪70年代末到2008年全球金融危机之前的虚拟经济立法、2008年全球金融危机以来的虚拟经济立法。就我国而言,本部分将主要考察古代虚拟经济立法(1840年第一次鸦片战争爆发以前)、近代虚拟经济立法(1840—1949年新中国成立)、现代虚拟经济立法(1949年至今)的演进规律。研究发现,虚拟经济立法的历史经验是:虚拟经济立法是促进虚拟经济发展的有力保障;历史教训是:虚拟经济立法规制缺位或滞后,容易导致虚拟经济自由放任发展;历史怪圈是:放任—管制—再放任—再管制。为打破这种历史怪圈,本部分提出了针对性的破解之路:确立以有限发展理论为虚拟经济立法的指导思想,从制度层面确保虚拟经济发展以服务实体经济为限、以经济安全为限。本部分的最终研究成果,形成了专著《虚拟经济立法的历史演进:从自由放任到法律上的有限发展》,成为虚拟经济有限发展法学理论的演进归纳。

(三)近现代经济危机中虚拟经济立法的过与功——虚拟经济有限发展法学理论的例证

历史上经济危机的现实案例不胜枚举,从萌芽期的荷兰郁金香危机、英国南海泡沫危机,到发展期的大萧条、亚洲金融风暴与次贷危机,经济危机伴随资本主义深化发展而不断展现出新的形式与影响力。如果说早期的经济危机还主要表现为市场对新生事物、新型制度运行方式的排斥,那么伴随金融市场的深化发展,经济危机的复杂性与系统性得到广泛的认可。从类型上看,经济危机有全球性与区域性之分,区域一体化与全球一体化进程的发展为经济危机的传播创造了先决条件。由此,这一部分主要选取近代以来对全球和区域经济社会发展具有较大影响力的经济危机案例作为研究范本,通过典型案例的追溯,提炼经济危机发展变迁中的虚拟经济立法运动。具体而言,这一部分从经济危机与虚拟经济立法的实践互动出发,结合经济危机演变的"过程化"逻辑,考察了"大萧条"——20 世纪 30 年代资本主义世界经济危机及其立法应对、20 世纪 90 年代亚洲金融危机及其立法应对、次级贷款危机——2008 年全球经济危机及其立法应对、欧洲主权债务危机及其立法应对等典型案例,揭示了经济危机与虚拟经济立法的理论关联,并结合金融市场未来发展的关键要素展开了深入研究,形成专著《近现代经济危机中虚拟经济立法的过与功——虚拟经济有限发展法学理论的例证》。

三、板块三:虚拟经济有限发展法学理论的观念转变

这一板块是虚拟经济有限发展法学理论"基本观念的转变"部分,主要由下面三个部分组成。

(一)虚拟经济安全价值的法律塑造

整体国家安全观既是开放经济条件下我国虚拟经济立法变革的顶层政策依据,也是虚拟经济有限发展法学理论的一个有力印证。这部分从国家整体安全观出发,论证了虚拟经济有限发展法学理论的安全理念、价值及其构建策略。

虚拟经济法律制度是调整虚拟经济关系的法律规范的总和。虚拟经济法律制度的价值内涵及其功能是立法者希望通过制定这些法律规范得以实

现的目的,即虚拟经济法律制度的作用。立法目的,或者说法律制度的功能,是构建法律规范体系的约束性条件,决定着法律规范的构成及其相互关系。在开放经济条件下,虚拟经济法律制度的功能定位应当包括规范保障虚拟经济的运行安全,保障虚拟经济的健康发展,维护国家经济主权,扩大在国际虚拟经济事务中的话语权和影响力,保障我国市场经济安全和社会稳定。而在虚拟经济不断扩张的背景下,通过法治方法划定虚拟经济发展的安全边界是必然选择。由此可见,对虚拟经济安全价值的法律塑造,在整个虚拟经济法律制度中起到基础性作用。而"层面4"的具体展开,将从如下方面着手:首先,从新时代国家安全战略和虚拟经济安全理念、开放经济条件和虚拟经济安全理念、国家治理能力和虚拟经济安全理念三个视角,对虚拟经济安全理念的宏观背景进行了考察。在此基础上,进一步对虚拟经济安全理念的话语表达与要素进行了明确,提炼出了虚拟经济安全理念的四大要素:虚拟经济结构的协调、政府的监管、市场机制的规范、外部环境的适应。接着,这一部分基于法权结构理论的分析,探讨虚拟经济安全的法理构造,提出了法权理论下虚拟经济风险防范路径的优化框架。同时,基于监管组织设计的原理与框架,对虚拟经济安全保障的主体构造进行探讨,提出了虚拟经济监管组织构建及运行框架设计的思维路径:①多中心监管组织构建的实践路径。②监管组织跨部门协调机制建立的实践策略。③提升监管组织专业化能力的实践方案。④风险评估机构组织设计的实践路径。⑤该部分从虚拟经济风险预警角度,对虚拟经济安全保障的策略进行了论证,从而构成了专著《虚拟经济安全价值的法律塑造》的全部内容。

(二)虚拟经济有限发展法学理论的法律表达——立法模式与体系建构

这是开放经济条件下我国虚拟经济立法变革的顶层设计之一。随着虚拟经济的发展和独立经济形态的最终形成,实质意义上的虚拟经济立法蓬勃发展，日益成熟和健全的虚拟经济立法体系和模式则保障着虚拟经济健康、稳定、安全和富有效率地运行。立法模式的选择从本质上说就是监管模式在法律层面的集中反映，从世界范围内来看，在不同的历史时期和地域，虚拟经济立法模式选择有着明显的不同。一般来说，虚拟经济立法在监管体制上基本可以分为自律型监管模式和立法型政府监管模式，分别以英国和美国最具代表性，在自由主义和国家干预主义盛行的时期，国家对于虚拟经济的立法有着明显的不同，这也在一定程度上反映了国家干预和自由竞争在虚拟经济发展过程中的矛盾冲突及此消彼长的互动关系。但是，随着虚拟经济的全球化，这两种立法模式也开始出现相互渗透的趋势，究竟应如何选择虚拟经济立法模式，如何对我国现有虚拟经济立法模式进行完善优化，是一个非常值得探讨的命题。从这个角度上，也足以彰显出本专题的研究价值。总体而言，专著《虚拟经济有限发展法学理论的法律表达：立法模式与体系建构》，从虚拟经济的立法体制和法律规范体系的角度出发，以虚拟经济有限发展法学理论为指导，分析我国虚拟经济分散立法模式的不足，并提出构建新的立法模式及虚拟经济法律规范体系建设的设想。具体而言，这一部分首先对虚拟经济立法模式、立法体制、法律规范体系、我国虚拟经济立法模式的选择等虚拟经济立法模式进行了基本解读。然后，对虚拟经济基本法律制度、虚拟经济立法模式变革、互联网时代虚拟经济法律制度创新、虚拟经济特别主体保护法律制度、虚拟经济刑事责任立法制度等提出了建设性意见，成为虚拟经济有限发展法学理论的立法指引图。

（三）虚拟经济运行安全法律制度的立法后评估：以中国为样本

这部分的主旨是探讨我国虚拟经济运行安全法律制度的经验与不足，并为今后的立法质量提供参考标准，而要完成这一目标就必须借助立法后评估的方法和工具。不言而喻，对我国现行虚拟经济立法进行系统总结和评估是向前迈进的基础，此谓不破不立。我国现行虚拟经济立法都是在我国经济从封闭到开放的转化过程中制定的,其功能定位、制度体系均是根据当时的政治、社会、经济条件确定,我们必须在系统总结我国现行虚拟经济法律制度的立法背景、立法理念、立法体系、制度设计的基础上,对现行虚拟经济立法的施行效果进行客观准确的评估,总结经验并检视其不足,进而发现不适应开放经济条件的立法理念、立法体系与制度设计,为适应开放经济条件下虚拟经济法律制度的变革奠定基础。故此,专著《虚拟经济运行安全法律制度的立法后评估:以中国为样本》的论证思路依照立法后评估的内在逻辑展开,具体分为"评估的框架"—"评估的参照"—"评估的准备"—"评估的展开"—"评估后的展望"五个部分。

立法后评估制度是检验法律实施效果的重要制度。客观地说,改革开放以来我国虚拟经济立法是从封闭、高度控制向逐渐开放、适度放松逐渐转型的,但是,几十年来我们在引进市场机制时,吸取西方资本主义国家经济危机的教训,从未放松过对虚拟经济市场的监管,从而在各种金融或经济危机中,巍然屹立,稳如泰山,这一经验值得我们珍惜,也值得我们发扬。同时,也应当看到,随着我国虚拟经济的发展,对外开放的深化,风险和问题将日益增多,也日益复杂,法律制度的需求也越来越多,如何保证法律制度的合理性、及时性和有效性,做到从单纯地追求虚拟经济立法数量到确保法律制度有效规制虚拟经济安全运行,更好地实现其经济与社会功能,成为法学界面临的时代课题。因此,"虚拟经济运行安全法律制度的立法后评估"的目标是通过立法后评估,促进我国虚拟经济领域国家治理体系的完善,即促进虚拟经济法制的体系化、安全化和规范化,针对虚拟经济无序、失衡、无限发展等问题努力寻求最优治理方案。

综上所述,对于虚拟经济有限发展法学理论之基本观念转变部分的论证与研究,其意义在于:①完成了开放经济条件下我国虚拟经济立法变革的顶层设计。包含立法理念、立法价值、立法功能、立法原则、立法模式、管理体制、制度体系等的设计和论证。②力图解决开放经济条件下的虚拟经济运行安全问题、开放型经济新体制下国家干预问题、开放经济条件下我国虚拟经济运行安全保障法治化问题、开放经济条件下我国虚拟经济安全保障法律制度完善及质量保障问题等，从而为后面板块四“主要制度的回应”奠定部分基础。

四、板块四：虚拟经济有限发展法学理论的制度回应

本部分的论证，主要围绕虚拟经济有限发展法学理论的具体运用，由三个方面的内容组成：虚拟经济有限发展法学理论视角下的银行法律制度变革、虚拟经济有限发展法学理论视角下的证券法律制度变革和虚拟经济有限发展法学理论视角下的期货法律制度变革。

（一）虚拟经济有限发展法学理论视角下的银行法律制度变革

在宏观上研究虚拟经济法治转型之后，从本书开始，将针对虚拟经济重点行业的具体制度变革问题展开具体而深入的研究。总体上，本板块拟针对开放经济条件下我国银行货币业运行安全所面临的挑战与风险，分析我国银行货币业运行安全法律保障的重点：建立银行货币安全网，确保国家经济安全；健全立法，保护金融消费者权益。同时，对完善我国银行货币业运行安全法律保障体系进行探索；创新和改革开放经济条件下我国银行货币业运行安全法律保障权力运行机制；丰富和完善开放经济条件下我国银行货币业运行安全法律保障的基本制度构架。由于在开放经济条件下，我国宏观经济结构调整、地方财政压力积聚、金融国际化程度上升、网络金融迅猛发展、金融市场化改革加快等因素，在给我国银行货币业运行安全形成相当大机遇的同时，也带来了挑战。银行货币业运行安全法律保障制度的建立，既需要迎接上述挑战，更需要抓住机遇。需在对我国银行货币业运行安全法律保障立法的结构性缺陷和保障机制实施不足的问题进行深入分析之后，提出完善我国银行货币业运行安全法律保障的具体建议。具体来说，本

板块关注虚拟经济的基础性支撑——银行货币业的运行安全,并构建开放经济条件下的法律保障体系。本部分拟从银行货币业运行安全法律保障的理论基础、开放经济条件下银行货币业运行安全所面临的主要挑战、后危机时代银行货币业运行安全法律保障的域外考察及借鉴、我国银行货币业运行安全法律保障的实证研究、开放经济条件下我国银行货币业运行安全法律保障体系的完善等五个方面展开,从而形成专著《虚拟经济有限发展法学理论视角下的银行法律制度变革》。该专著结合我国银行业开放以及监管的重点,立足有限发展理论,对银行业与虚拟经济有限发展、虚拟经济有限发展法学理论视域下的中央银行法律制度、虚拟经济有限发展法学理论视阈下的商业银行法律制度、虚拟经济有限发展法学理论视域下的政策性银行法律制度等进行了深入研究,提出了建立银行业风险防范化解长效机制、加快出台金融控股公司监督管理试行办法、制定系统重要性金融机构监管实施细则、完善金融基础设施监管制度、推动修订《中国人民银行法》《商业银行法》等基础性银行法律法规、加强打击非法金融活动立法等具体方案。

(二)虚拟经济有限发展法学理论视角下的证券法律制度变革

随着商品经济的发展和日益细致的分工,出现了以公司债券和股票的发行、流转、买卖为内容,以投资人、发行人、证券交易机构和监督机构为主体的证券行业,也由此衍生出诸多错综复杂的法律及利益关系。[①] 证券市场是发行和交易股票、金融债券、公司债券、政府债券、期货及其他金融衍生品的场所,本质是借助各类证券产品的发行和交易来募集和融通资金,为实体经济发展提供资金助力,并为广大投资者带来预期利益。[②] 证券业自由发展以及市场化过程中必然产生诸多问题,需对证券业自由发展做一定程度的限制,政府应采取一定的措施约束证券业发展的过度自由化和市场化,当

---

① 王连洲、文海兴、穆益斌:《中华人民共和国证券法实务全书》,中国法制出版社,1999,第 697 页。

② 刘春梅:《证券市场的违法行为及法律规制》,《理论探索》2004 年第 5 期,第 105-106 页。

然,政府限制手段的适度采用要平衡好证券业市场化与金融安全之间的关系,最终才能促进证券业的稳健发展。因此,本板块关注开放经济条件下证券业运行安全,论证和完善当前我国金融业对内对外开放、深化改革发展的背景下,证券业依法安全高效运行所不可或缺的法律制度供给。这部分立足证券业的运行逻辑进行论证和研究,论证了虚拟经济有限发展法学理论与证券业立法之间的关系,检视了虚拟经济有限发展法学理论视域下的证券市场主体制度变革,审视了虚拟经济有限发展法学理论视域下的证券发行上市制度、证券交易市场制度、证券市场信息披露制度等证券交易制度的改革方向,反思了虚拟经济有限发展法学理论视域下的证券监管制度,并对证券监管制度提出完善对策。最后,针对目前证券业危机预警机制存在的不足,从完善证券危机预警指标体系、科学设定预警指标的临界值、建立预警反馈机制、建立危机预警处置机制等几方面入手,提出了虚拟经济有限发展法学理论视域下的证券业危机预警及防治机制的完善路径。总之,专著《虚拟经济有限发展法学理论视角下的证券法律制度变革》论证了虚拟经济有限发展法学理论与证券业规范运行之间的理论关联,并在虚拟经济有限发展法学理论指导下,对证券业运行制度进行了实践反思与制度重构。

(三)虚拟经济有限发展法学理论视角下的期货法律制度变革

其论证思路是:在开放经济条件下结合期货业自身特点,以及与现货市场、金融市场高关联度的特点,综合运用理论与实证分析的方法,借鉴外国期货业运行安全的法律保障经验,以期货业运行安全面临的挑战为中心,结合期货市场主体规制、非法期货交易行为规制、期货交易风险防范、期货市场监管与期货交易权利救济之间的内在作用机理,构建开放经济条件下期货业运行安全的法律保障体系。在此思路上,“虚拟经济有限发展法学理论视角下的期货法律制度变革”对期货业运行安全法律保障制度进行了专门研究。具体而言:专著《虚拟经济有限发展法学理论视角下的期货法律制度变革》首先论证了虚拟经济有限发展法学理论与期货业发展史的契合性，认为期货的功能特性决定期货业的发展要以实体经济为限；期货自身的风险性决定期货业的发展要以经济安全为限。其次，本部分从期货市场引入机构投资者的正当性、期货市场引入机构投资者的主要法律障碍、期货市场引入机构投资者的法律制度准备、投资者结构变迁下非专业投资者权益的保护等方面入手，探讨了交易主体制度变革：期货市场投资者结构的法律控制。再次，本部分从英国、美国、日本等国家期货交易品种上市模式及其比较为基础，对我国期货新品种上市模式进行定位，并提出了我国期货品种上市法律制度的具体设计。复次，本部分对高频交易的特征、功能及其发展趋势、高频交易的风险及其有限发展的必要性、域外高频交易有限发展的制度实践进行分析，并基于这些分析，探讨我国对高频交易有限发展的制度现状及其完善路径。最后，为了更好地促进我国期货市场的有限开放，本部分提出并论证了我国期货市场的对外开放应该在我国资本市场总体开放战略的框架下有节制地、循序渐进地进行的观点。总之，本部分主要是在虚拟经济有限发展法学理论的支撑下探析我国期货法律制度的变革。从有限发展的理论出发，立足于我国期货业对外开放的现实，从期货市场主体到期货品种上市模式探究，最后再到期货业有限开放的风险管理，以及期货品种上市前的规制到上市后的监管，本部分都给出了一些改进措施，相信对于我国期货业的法律制度的发展和完善会起到一定的指引作用。

需要说明的是，在整个课题的论证过程中，除了以上四个板块的内容外，原还设定有“开放经济条件下新兴金融交易方式运行安全法律问题研究”，但随着课题的推进，我们及时调整了一些内容。新兴金融交易方式包括除银行货币业、证券业、期货业之外的新的虚拟经济形式，如新兴保险业务、金融衍生品、互联网金融、影子银行、民间金融等。我国现阶段的新兴金融交易方式大多起步不久，缺乏切实有效的规范甚至是没有任何规范，其运行安全少有法律保障，经常引发经济、社会、法律方面的问题。在开放经济条件下,这些虚拟经济形式面临的挑战与风险更为突出,出现运行安全问题的可能性更大,一旦出现危机而传染到银行货币业、证券业、期货业,就会引发严重的经济、政治、社会问题。因此,对开放经济条件下其他虚拟经济形式的运行安全问题应极为重视,在制度设计时除了接受我国虚拟经济安全法律制度的功能定位、价值选择、制度理念、制度框架的约束之外,还应当以制度措施阻断或减轻其危机传染效应。新兴金融交易方式在某种程度上可以说是虚拟经济领域最为活跃的部分,而开放经济条件这一时代性背景的嵌入,为新兴金融交易方式带来新发展机遇的同时,也为虚拟经济的发展带来更为复杂的新挑战。事实上,在开放经济时代的背景下,新兴金融交易方式本身就是一个内涵与外延都不断拓展的问题,学术界也并没有一个权威甚至统一的定义。因此,基于课题研究的时限性及解决现实问题的基本思路,我们仅仅撷取新兴金融交易方式中的几种典型形式。例如,对互联网金融、影子银行、金融衍生品交易等领域中涉及资产虚拟化的部分进行研究,而不是企图研究所有的新兴金融交易方式。此外,西方一些发达国家新兴金融交易方式种类繁多,内容复杂,且不断扩张,但对于其中一些过于复杂、风险过高,又不适应我国经济发展水平和状况的衍生交易方式,在保障我国虚拟经济总体运行安全的前提下,在我们的研究中可能会以安全为指向为之设定法律底线,甚至不排除对其作出否定性评价和禁止性规定,这也是法律追求虚拟经济有限发展的一种体现。

在上述思路的指导下,我们首先在专著《虚拟经济有限发展法学理论的法律表达:立法模式与体系建构》中,设立专章对互联网时代虚拟经济法律制度创新进行了研究,包括互联网经济、数字经济、金融消费者立法等,分析了互联网时代虚拟经济法律制度的实践问题,明确了互联网时代虚拟经济法律制度创新的主要内容。其次,在《虚拟经济有限发展法学理论视角下的银行法律制度变革》中,通过专章探讨虚拟经济有限发展法学理论视阈下的影子银行法律制度,包括对影子银行进行法律调整的必要性分析、对影子银行法律制度的现状与问题分析、虚拟经济有限发展法学理论下影子银行立法重塑的思考、对规制影子银行相关法律制度的完善建议等。再次,在《虚拟经济有限发展法学理论视角下的证券法律制度变革》中,通过专节对证券业场外衍生交易市场规制进行探讨,包括场外交易市场基础理论、我国场外交易市场存在的问题、我国场外交易市场法律规制建议等。做了上述分散处理后,原板块五"开放经济条件下新兴金融交易方式运行安全法律问题研究",就不再做集中式的专题讨论了。

第五章　虚拟经济有限发展法学理论的基本价值

虚拟经济有限发展法学理论来源于实践并具有鲜明的时代特征，对开放经济条件下的虚拟经济治理、虚拟经济安全运行、虚拟经济立法等具有重要的价值。该理论是在充分总结人类历史上虚拟经济发展基本规律、虚拟经济过度发展与经济危机之间的关系等基础之上提出的，具有高度的实践性。同时，该理论紧密结合了开放经济条件这一时代背景；结合了国内外虚拟经济发展的近期现状，具有较强的时代特征；结合了近年我国金融领域的供给侧结构性改革，以及近期面对世界经济局势，吸收了以畅通国民经济循环为主，国内国际双循环相互促进、重塑国际合作与竞争新优势的“双循环”新发展格局的核心内容。特别是2020年底中央经济工作会议中提出的要健全金融机构治理，促进资本市场健康发展，防止资本无序扩张，金融创新必须在审慎监管的前提下进行等，既是虚拟经济有限发展法学理论的思想来源，又是虚拟经济有限发展法学理论最终的目标诉求。该理论以虚拟经济安全为核心追求，致力于通过协调虚拟经济结构、提升虚拟经济领域政府监管的有效性、虚拟经济市场运行机制的有效性、虚拟经济外部环境的适应性、增加虚拟经济领域法律制度供给及变革的高效性、加强虚拟经济司法打击虚拟经济违法犯罪行为等，实现虚拟经济的安全发展。

第一节　虚拟经济有限发展法学理论对于虚拟经济治理的价值

虚拟经济治理是国家治理现代化的重要组成部分。党的十八届三中全会提出国家治理体系和治理能力的现代化；党的十九届四中全会通过《中共中央关于坚持和完善中国特色社会主义制度 推进国家治理体系和治理能力现代化若干重大问题的决定》；党的十九届五中全会提出“十四五”时期“加快建设现代化经济体系，加快构建以国内大循环为主体、国内国际双循环相互促进的新发展格局，推进国家治理体系和治理能力现代化，实现经济行稳致远。”[①]从顶层设计上看，推进国家治理体系和治理能力现代化已然成为当前的一项重要任务。无论是国家治理体系还是国家治理能力，在以经济建设为中心的国度内，经济的治理能力、治理方法和制度建构都是极为关键的因素。

从经济发展与治理的成就看，自改革开放以来，我们已经取得了将我国建设成世界第二大经济体的巨大成功，甚至被誉为“中国发展模式”，让不少国家景仰。但是，在虚拟经济方面，我国的改革开放相对慎重保守，呈现出两大特点：一是长期“摸着石头过河”，小心试点、长期观看，求稳不求快；二是对内对外采取封闭或半封闭的策略，通过设立准入限制、身份限制、行业限制，建立防火墙、防波堤等，树立壁垒、封闭运行。这一策略在我国虚拟经济从无到有的历史条件下，针对我国无基础、无样板、无实感、无经验的客观状况，应当说是正确的，也是成功的。但随着我国经济的飞速发展、改革开放的深化、国内国际经济发展态势的变化，是否还要继续实施这种策略便成为值得讨论的问题。

当下，我国实体经济的发展成就与开放程度已达到较高水平，我国建设

① 《中国共产党第十九届中央委员会第五次全体会议公报》，新华网2020年10月29日。

开放经济的首要任务不在实体经济而在虚拟经济。到目前为止,我国虚拟经济的开放状态仍未根本改变,与实体经济相比,我国虚拟经济是需要开放的最大的也是最后的一块经济领地。然而,虚拟经济的运行远比实体经济复杂,在开放经济条件下,虚拟经济又会面临国内国际更加复杂的、前所未有的矛盾和风险,因此,建设开放型经济意味着我国国家治理体系和治理能力将迎来全新的、更加严峻的挑战。正是如此,我国在虚拟经济领域,既要求"健全对外开放安全保障体系",也要求"有效防范化解金融风险"。

一、虚拟经济治理的基本内涵与典型特征

在通往经济善治的过程中,虚拟经济治理占据着极其重要的位置。虚拟经济治理的效果直接关系着一国经济运行的安全,甚至在经济高度全球化的今天,开放经济条件下,一国虚拟经济治理体系和治理能力的高低,关系着全球经济运行的安全与稳定。而一个不可忽视的现实是,虚拟经济的有效治理离不开一定的理论为之提供指导,即虚拟经济的安全、高效发展具有相应的理论需求。从逻辑上审视,想要在理论上构建起符合虚拟经济治理体系和治理能力现代化的治理架构,首先需要明确虚拟经济治理的基本内涵和典型特征,在此基础上才能提炼出符合虚拟经济治理规律的理论,作为虚拟经济治理的指导。

(一)虚拟经济治理的基本内涵

治理理论主要创始人詹姆斯·N.罗西瑙认为:治理是通行于规制空隙之间的那些制度安排,或许更重要的是当两个或更多规制出现重叠、冲突时,或者在相互竞争的利益之间需要调解时才发挥作用的原则、规范、规则和决策程序。[①] 全球治理委员会认为,治理是或公或私的个人和机构经营管

① 詹姆斯·N.罗西瑙:《没有政府的治理》,张胜军、刘小林译,江西人民出版社,2001,第9页。

理相同事务的诸多方式的总和。它是使相互冲突或不同的利益得以调和并且采取联合行动的持续的过程。它包括有权迫使人们服从的正式机构和规章制度,以及种种非正式安排。而凡此种种均由人民和机构或者同意,或者认为符合他们的利益而授予其权力。[①] 与统治、管制不同,治理指的是一种在共同目标支持下的多元利益协调活动。

改革开放以来,我国市场经济的发展改变了政府、市场和社会的传统关系格局,传统政府干预范式失去了生存土壤,加之市场经济条件下单一治理主体的"失灵"困境和多元治理主体的产生等原因,向多元主体参与的协同治理转变不断被理论和实务所强调。[②] 那么,究竟何为经济治理?对此,有学者从经济学的角度作出了初步的回应,指出"经济治理是指政府、社会组织、公民个人等社会主体,通过一定形式的组织和制度安排,平等、共同地处理经济事务的过程。"[③]经济治理这一动态经济利益实现的过程以公共经济风险为基本理论依据,需要政府、市场、社会组织和公民个人等经济法主体共同参与,以实现经济健康发展和维护社会公平正义。[④] 经济活动的信息是分散不完整的,这些信息都存在于相互独立的个体之中,中央规划者并不能完全占有这些有效信息。[⑤] 因此,经济的有效治理应当依靠各种治理主体的共同作用,这也就决定了经济领域由经济管理到经济治理的必然性。

以治理理论为基本视角,虚拟经济治理本质就是政府、市场、社会组织及个人等社会主体,通过一定形式的组织和制度安排,平等、共同地处理虚

---

① 俞可平:《治理与善治》,社会科学文献出版社,2000,第270-271页。

② 刘晓:《协同治理:市场经济条件下我国政府治理范式的有效选择》,《中共杭州市委党校学报》2007年第5期,第64-70页。

③ 朱尔茜:《经济治理的理论内涵及实施路径》,《海南大学学报》(人文社会科学版)2016年第2期,第68-73页。

④ 杨三正、苟学珍:《论基于经济治理的经济法软法之治》,《重庆大学学报》(社会科学版)2019年第5期,第179-187页。

⑤ Hayek F A. The use of knowledge in society. Knowledge Management and Organizational Design. Amsterdam: Elsevier, 1996: 7-15.

拟经济领域的各项事务,创造虚拟经济发展的环境和条件,防范和化解虚拟经济风险,进而促进虚拟经济安全和高质量发展的动态过程。该理论一方面强调治理过程的多主体参与,即倡导虚拟经济领域的多元合作共治模式;另一方面致力于协调各参与治理主体间利益的冲突或治理手段、工具等的重叠使用。由此,治理理论不仅为我国虚拟经济风险治理提供了较强的理论解释力,而且可以作为协调各主体在虚拟经济风险治理过程中利益和政策冲突的基本依据。

(二)虚拟经济治理的典型特征

由于虚拟经济自身产生、发展和运行中所具有的不同于实体经济的典型特征,使得虚拟经济的治理也颇具特殊性,具有不同于实体经济治理的特征。而虚拟经济治理的这些典型特征,则直接决定了实现虚拟经济安全运行的组织和制度安排,构成虚拟经济安全运行法律制度的源头活水,成为虚拟经济安全运行学术理论提炼的实践基础。

首先,虚拟经济"交易—再交易"主要运动形式的特征,决定了其治理是一个复杂的技术和法律过程。从表面来看,虚拟经济主要表现为有价证券的买卖行为。整体遵循实际资本的虚拟化—虚拟资本与所有权证的交换过程(即虚拟资本的再运动)—虚拟经济变现的过程。从虚拟经济的交易主体来看,推动虚拟经济持续运作的动力之一就是投资者的理性评估。这种理性评估既是虚拟经济运行的关键性动力,也是虚拟经济非理性波动的助推因素。正因为有投资者的存在,以股票市场为例,新股票的发行才能实现分散风险、稳定价格的目标。由此看来,虚拟经济以"交易—再交易"为主的运动形式实现虚拟经济的发展和繁荣。但与此同时,如果出现投资者过度的投机行为,甚至是庄家非法操纵市场的行为,加之虚拟经济市场的增长速度本身就快于实体经济,其结果很可能就是虚拟经济市场爆发较为严重的动荡,进而对实体经济和社会总体福利造成很大的伤害。正是虚拟经济这一主要依赖于投资者理性的“交易—再交易”过程，使其风险随时处于一种不确定的变动中，加剧了对其治理的难度，决定了虚拟经济的治理必然是一个复杂而又艰难的技术和法律过程。

其次，虚拟经济的高风险属性，决定了对其的治理是以防范和化解经济（金融）风险为重中之重。虚拟经济能够促进资本要素有序的自由流动和高效利用，在更高层次上完成资源的优化配置。但是，虚拟经济同时也存在高风险性、不稳定性、脆弱性等诸多弊病。虚拟经济高风险的原因主要是，虚拟交易客体本身就是一种没有价值（或价值甚微）的资本凭证，如股票、债券等；虚拟经济资本化的定价方式，与一般定价规律不同，其价格的确定与波动，既不取决于交易客体的价值，也不取决于人们对物质的供求变化，而主要取决于信用、信息以及信心等因素的综合。[①] 虚拟经济依赖于信用、信息及信心的主观性，使其具有较大的波动性和高风险性的特征，如滋生泡沫经济并导致危机、自我异化进而产生高风险等。虚拟经济的高风险性主要体现为风险的系统性、风险的关联性、风险的内在性以及虚拟经济的弱寄生性等几个层面。尤其是虚拟经济具有日益偏离实体经济运行的趋势，因而可能导致经济结构失衡，使金融体系变得脆弱。在开放经济条件下，还会受到投机资本的干扰、外国资本的冲击、国际游资的影响及国外政治经济社会动荡的威胁。虚拟经济所具有的“双刃剑”特点，使得当今时代所爆发的经济危机大都导源于虚拟经济。从实证的视角来考察就会发现，1997 年东南亚金融危机、2007 年美国次贷危机、2015 年中国 A 股股灾等，均是源自虚拟经济领域，且基于其高风险性和世界性等特征，使风险具有极高的传导性。尽管我国由于独特的市场经济环境和经济运行机制，历次经济（金融）危机对我国的影响均控制在一个相对较小的范围，但并不代表没有影响。因此，不管接受与否，现实告诉我们虚拟经济的治理已然成为一国防范和化解经济

① 胡光志：《虚拟经济及其法律制度研究》，北京大学出版社，2007，第 71 页。

危机的重中之重。如何在保障虚拟经济健康发展的同时,避免其高风险及其可能导致的危机,已经成为各国需要尽快解决的世界级难题。

最后,我国虚拟经济迎接开放经济的能力与制度供给经验的不足,使其治理呈现出不断探索和试错的特征。我国改革开放前是典型的封闭经济,改革开放后长期注重的是实体经济的发展,因而我国虚拟经济兴起的时间不长、开放性不足,只能算是还没有学会走路的“孩童”。我国传统的一些经济理念和经济措施,在经济开放过程中逐渐显现出与虚拟经济不匹配的情形。典型的例证如,我国前些年拼命积累美元等外汇,结果在国际上美元一再贬值、人民币升值压力不断增大的情况下,我国的外汇储备损失惨重;事实上,我国改革开放十多年了,开放却主要停留在实体经济领域,我国的虚拟经济至今还是处于未开放或者开放严重不足的状态。之所以出现这种局面,主要原因在于我们没有先例,没有知识和经验。为了取得经验,特别是为了保障安全,我国选择了较为稳妥的方式,即试验性发展和治理方式,也就是通常所说的试点、试验或者叫“摸着石头过河”策略。这一做法尽管有助于我国虚拟经济安全,但长此以往的结果是我国的一些做法和制度脱离了国际上的通例,造成开放经济条件下我们一时难以与国际规则对接并适应国际规则的困局。

二、虚拟经济有限发展法学理论应用于虚拟经济治理的优势

党的十九届五中全会提出“十四五”时期经济社会发展的主要目标,即“经济发展取得新成效,在质量效益明显提升的基础上实现经济持续健康发展,增长潜力充分发挥,国内市场更加强大,经济结构更加优化。”[①]其中实现这一目标的一个主要保障便是“推动经济体系优化升级,坚持把发展经济着力点放在实体经济上”。这反映了从顶层设计上对经济结构的优化,对实体

① 《中国共产党第十九届中央委员会第五次全体会议公报》,新华网2020年10月29日。

经济的重视。而这种对实体经济与虚拟经济关系的要求,与虚拟经济有限发展法学理论的宗旨不谋而合。不管是对优化经济结构的重视,还是把发展着力点放在实体经济上的要求,都体现了在虚拟经济和实体经济的关系中,虚拟经济如何发展,其发展的限度在哪里。换言之,虚拟经济要发展不是问题,但是,虚拟经济如何发展却不仅是一个理论问题,也是一个实践问题。事实上,来源于实践并高于实践的虚拟经济有限发展法学理论,恰恰能够回答这一理论和实践问题。具体而言,虚拟经济有限发展法学理论在虚拟经济的治理中具有如下优势。

(一)切合虚拟经济发展与治理的历史规律

虚拟经济有限发展法学理论并不是一种"办公室学术"般的主观臆测,或者纯粹理论的思维游戏,而是基于对虚拟经济发展历史的一种现实观照,是对虚拟经济发展及其风险的规律性总结,是对虚拟经济发展中"治乱循环"实践的一种克服思维。理想与现实的差距迫切需要我们探索系统、长效的虚拟经济风险治理机制和对策,以破解传统治理理念和方法无法为虚拟经济安全提供保障的困局,而虚拟经济安全的客观需要决定了虚拟经济只能在法律的约束下有限发展。考察虚拟经济的产生过程就可以发现,现实的客观需要决定了虚拟经济只能有限发展。回顾虚拟经济的发展历程,我们会发现,"历史本身就是一种力量,就是理性的源泉"[①]。以虚拟经济最典型的代表——证券业的发展历史为例,我们会发现,虚拟经济有限发展法学理论在一定程度上就是对证券业发展实践的经验总结。证券业的发展经历了从初级萌芽阶段的自由放任发展,到全面刺激阶段风险频频暴露,再到虚实相容阶段的安全与有限发展三个大的历史阶段。

初级萌芽阶段的自由放任发展。15—19 世纪这一时期,是股票、有价证

① 程燎原、江山:《法治与政治权威》,清华大学出版社,2001,第 13 页。

券等逐渐产生的阶段,也正是股票及证券交易大大促进了经济发展,为西方国家积累了大量的原始资本,工业革命随之爆发,机器工业生产逐渐替代了传统的手工业,商品经济得到了极大的发展。以英国和后来居上者美国为主导,证券业在这一时期经历了一个自由放任发展的黄金期,成了其基础设施建设和经济发展的助推器。

全面刺激阶段风险频频暴露。进入 20 世纪,自 1920 年开始,美国高速发展的经济刺激了股票市场,使美国进入飞速发展阶段,到 1929 年 9 月,道琼斯指数上升了 468% 。[①]美国经济到达"巅峰"后,商品价格出现下降,个人收入和工业产值开始停止增长。股票牛市结束,股灾爆发,投资损失惨重,实体经济商品积压,股市和银行出现危机,实体经济难以获得融资通道,经济不景气,美国经济开始崩溃。1932 年,银行纷纷倒闭,成为世界史上第一次规模巨大的经济危机。1933 年,罗斯福政府对经济加以干预,对证券监管体制做了相应的变革,从法律制度的完善与建立、监管制度的构架等方面开启了金融资本市场的新篇章。20 世纪 70 年代以后,虚拟经济再一次在世界范围内快速发展,期权、期货、互换等金融衍生工具大量涌现,远远超出了实体企业发展本身所具有的实体资本规模,房地产抵押融资、信用等级赋予等演变为虚拟经济的投机方式,美国、日本等都出现过房地产泡沫危机,其中 2007 年因次级贷款引发的金融危机快速波及全球,敲响了人们对虚拟经济谨慎对待的警钟。

虚实相容阶段的安全与有限发展。美国次贷危机爆发以后,给全世界带来了深刻的反思。虚拟经济尤其股市是国民经济的"晴雨表",应有限发展,也就是要与实体经济的发展相协调,且为实体经济发展服务。尽管虚拟经济的运行规律表明其可以独立存在,但其本身的价值无法摆脱实体经济

---

① 洪艳蓉:《论公司债券市场化治理下的投资者保护》,《兰州大学学报》(社会科学版)2020 年第 6 期,第 69-77 页。

而存在。当前，各国都特别注重虚拟经济与实体经济的协同发展，我国政府在众多文件及法律制度中都充分体现了发展虚拟经济的态度和主张，对那些纯粹炒作虚拟经济的行为予以规制，通过政策约束、制度引领的方式理性对待虚拟经济发展。未来这种协同、安全和有限发展的理念想必是社会经济平稳发展的主流。

（二）能够正确处理“发展与安全”之间的关系

从核心要义看，虚拟经济有限发展法学理论首先是肯定虚拟经济发展。该理论既不是否定虚拟经济的极端主张，也不是限制虚拟经济发展的消极主张，而是赞同、支持并强调通过法律来保障虚拟经济发展的主张。其次是强调通过设定虚拟经济发展的限度来确保其安全运行。尽管对虚拟经济的态度是积极的、支持的，但鉴于其弱寄生性、高风险性等诸多特征，需要保障其发展与实体经济大体相匹配、确保其运行处于相对安全的范围、促使其发展能够促进社会正义，这些目标的实现就需要虚拟经济的有限发展。最后是强调通过法律制度来确保虚拟经济有限发展。事实证明，虚拟经济的安全运行须臾也离不开法律制度的促进、保障和规范作用。而法律制度的主要功能在于为虚拟经济的有限发展设定出限度、铺设出安全的“轨道”、设计出安全运行的“信号灯”。

从发展的角度审视，虚拟经济有限发展法学理论对虚拟经济的发展持肯定的态度，即虚拟经济需要发展。如果不强调虚拟经济的发展，事实上就是无视虚拟经济作为实体经济重要辅助手段的功能和价值，无视虚拟经济是现代社会价值运动的重要形式和载体，无视所有权的财产性价值在现代社会占据的日益重要的地位等基本事实，这显然是行不通的。不管是源自历史的经验，还是当下虚拟经济对促进一国经济甚至全球经济发展的重要推动作用，都告诉我们发展虚拟经济是历史的必然趋势，是符合客观规律的一种经济形式，我们不可能也无法禁止或取消虚拟经济的发展。我们倡导虚拟经济的有限发展,也并不是处处、时时都要限制虚拟经济的发展。在具体情况下,到底是偏重发展还是有限发展,也需要因时因势地客观分析具体判断。

从安全的角度审视,虚拟经济自身的高风险性决定了虚拟经济是且只能是有限发展,而不是放任自流的无限发展。虚拟经济天然具有扩张性、高流动性和世界性,不控制其发展很容易造成重大的系统性风险,从而影响虚拟经济乃至整个国家经济的持续发展。可以说,虚拟经济须有限发展,才能从根本上保障虚拟经济的运行安全;反之,要保障虚拟经济的运行安全,就必须实现虚拟经济的有限发展。虚拟经济有限发展法学理论下,虚拟经济的安全,可通过适度控制虚拟经济发展规模、通过有序规范虚拟经济交易体系、通过构建完备的虚拟经济法律规范体系等方式,确保虚拟经济在发展的同时,实现安全的目标。

(三)能够正确处理"实体经济与虚拟经济"的关系

不加限制任其自由发展的虚拟经济极容易产生"脱实向虚",进而产生一系列风险。其一,虚拟经济引发的"脱实向虚"会造成就业问题这样的社会风险。在虚拟经济领域,资本追逐利益的行为,并不总是有利于公共利益的实现。根据资本的流动规律,其会大量流向那些所谓的高价值领域,如金融资本市场等。因此,虚拟经济的过度发展所导致的"脱实向虚"问题不仅是国民经济结构的虚化,更是对就业的重大威胁。其二,虚拟经济引发的"脱实向虚"会导致经济进一步虚化,并且很难再工业化。一个国家的经济一旦完成"脱实向虚"之后,那么,根据资本的逐利惯性,这个国家要再工业化几乎就只存在理论上的可能性了。因为对资本而言,工业制造领域这些低附加值的行业,资本在市场机制中的运作就是逃离。其三,虚拟经济引发的"脱实向虚"会引发一个国家的贸易收支失衡,甚至引发巨大的贸易逆差。经济的"脱实向虚"引发的贸易收支不平衡是一个生动的历史教训。根据学者的研究，随着美国的去工业化特别是经济虚拟化，在主要依靠金融房地产这样的虚拟经济的今天，美国已经由世界最大的债权国、顺差国沦为世界最大的债务国、逆差国。[①] 其四，虚拟经济引发的“脱实向虚”会增加经济的不确定性，加重经济治理的负担，进一步加大风险发生的可能。一旦放任虚拟经济过度发展，就会出现减少实体经济的资本供给、影响实体经济的运行秩序、加剧金融的脆弱性和不稳定性、诱发市场失灵等诸多危害。

虚拟经济有限发展法学理论下，虚拟经济的核心定位便是在确保自身安全和发展的同时服务于实体经济。虚拟经济有限发展不是盲目发展，不是毫无节制和底线的发展，而是应当以服务实体经济发展为基本底线。在规模上强调虚拟经济的发展与实体经济相匹配，在价值上强调虚拟经济发展的实质公平，在理念上强调虚拟经济发展的边界及法律底线。虚拟经济的有限发展，需要通过法律来为其发展设定一个相对的参照体系，构建一个相对明晰的制度框架。具体而言，就是在规模上整体与实体经济保持相对平衡的前提下，通过法律对国家干预虚拟经济市场限度的确认、建立有效的虚拟经济监管机制、设定保障虚拟经济交易安全和秩序的规则、建立风险预警和防治制度等，来确保虚拟经济的有限发展。

更进一步，之所以说虚拟经济有限发展法学理论能够正确处理“实体经济与虚拟经济”的关系，是因为虚拟经济有限发展，一个重要的判断基准就是虚拟经济与实体经济间的关系。以实体经济为参照，才能确定虚拟经济是否得到了发展，以及是否得到了有限发展。以实体经济为参照，主要是因为虚拟经济是由实体经济发展衍生出来的经济形式，具有服务实体经济的根本职能，实体经济是虚拟经济能够健康发展的基础，虚拟经济在合理范围内发展能够推进实体经济的持续健康运行，但畸形发展可能会产生经济泡

① 成思危：《虚拟经济概览》，科学出版社，2016，第 71 页。

沫,严重的则会引发经济危机。[①] 对于虚拟经济的合理范围,根据虚拟经济有限发展法学理论的核心内容,一方面虚拟经济的发展必须有一定的上限,也就是不能任由其"脱实向虚",不能超出一国实体经济的可承载规模;另一方面,虚拟经济的发展必须要有一定的下限,即虚拟经济必须要发展,而不能是停滞的状态。我们知道,正是基于"在自发的市场机制作用下,虚拟经济的发展总是要么'过头',导致所谓的'脱实向虚',要么'不足',难以发挥其提高资源配置效率和降低风险的作用"[②]。这样的一个现实,所以才需要通过法律等手段对之予以适当的干预,进而首先确保其发展,能够发挥其提高资源配置、服务实体经济的功能,其次保证其有限发展,而不至于"脱实向虚"进而引发风险。

三、虚拟经济有限发展法学理论助益于虚拟经济治理的路径

经济善治语境下,治理现代化既包括治理体系的现代化,也包括治理能力的现代化。前文已述,虚拟经济治理本质就是政府、市场、社会组织及个人等社会主体,通过一定形式的组织和制度安排,平等、共同地处理虚拟经济领域的各项事务。根据这一概念,虚拟经济的治理,整体上也分为两个部分,体现为组织和制度安排的治理体系现代化,体现为平等和共同处理虚拟经济事物动态治理过程的治理能力现代化。因此,虚拟经济有限发展法学理论助益于虚拟经济治理的路径也主要体现在两个方面:一方面助益于虚拟经济治理体系,特别是虚拟经济法律制度体系的完善;另一方面助益于虚拟经济治理能力,特别是虚拟经济法律制度体系"变现"能力的构建与提升。

(一)虚拟经济治理体系的完善

现代国家治理体系是一个有机、协调、动态和整体的制度运行系统,就

---

① 赵亚楠:《我国虚拟经济与实体经济发展关系研究》,天津师范大学硕士论文,2020,第1-41页。

② 冯金华:《正确处理虚实关系 推动经济高质量发展》,《学术研究》2019年第12期,第81-88页、第177-178页。

是规范社会权力运行和维护公共秩序的一系列制度和程序。包括规范行政行为、市场行为和社会行为的一系列制度和程序。更进一步说，国家治理体系是一个制度体系，分别包括国家的行政体制、经济体制和社会体制。[①] 在此意义上，党的十八届三中全会提出的“国家治理体系”更多指向了国家的制度体系及其构建，而“国家治理能力”则指向了制度执行能力。在国家治理体系之下，经济治理体系则主要指向了国家经济制度的建立及完善，虚拟经济治理体系也就特指虚拟经济领域的一系列制度安排。更进一步，在虚拟经济治理体系中，虚拟经济的制度体系主要体现为各个经济部门和领域的各种具体的规章制度，其中最为核心的便是虚拟经济法律制度。

治理体系现代化语境下，虚拟经济治理体系的完善，体现在虚拟经济法律制度领域，就是虚拟经济相关法律制度内容的充实、结构的优化、体系的完备等方面，即虚拟经济的安全、高效运行需要完备的法律制度体系作为外部支持与保障。而虚拟经济法律制度体系的构建与完善，需要明确虚拟经济发展的目标与限度所在、虚拟经济的价值与缺陷所在、虚拟经济与实体经济关系限度所在、虚拟经济立法思想与指导原则所在、虚拟经济既有法律制度的优势与不足所在，而这些既需要根据虚拟经济的现实状况进行决策，也需要相应的理论作为指引。

虚拟经济有限发展法学理论之于虚拟经济治理的主要价值在于指导虚拟经济法律制度的变革与完善。“制度是一个社会的游戏规则，是为决定人们之间的相互关系而人为设定的一些制约。制度构成了人们在政治、社会或经济方面发生交换的激励结构。”[②]有效的制度供给既是虚拟经济安全运行与健康发展的前提，也是虚拟经济有效监管、虚拟经济领域投资者保护、

---

① 俞可平：《国家治理体系的内涵本质》，《理论导报》2014 年第 4 期，第 15-16 页。

② 道格拉斯・C. 诺思：《制度、制度变迁与经济绩效》，刘守英译，上海三联书店，1994，第 3 页，转引自胡光志：《虚拟经济及其法律制度研究》，北京大学出版社，2007，第 132 页。

虚拟经济领域打击违法犯罪的重要保障。虚拟经济有限发展法学理论之所以对虚拟经济治理具有重要的价值,就是因为其在总结虚拟经济治理两方面经验的基础上,以虚拟经济安全为核心目标,以优化虚拟经济法律制度为主要治理方式,通过树立全新的虚拟经济立法指导思想、立法原则,更新虚拟经济法治理念,确立符合虚拟经济运行规律和安全要求的立法技术和模式,并能够对诸如银行法律制度、证券法律制度、期货法律制度以及虚拟经济领域的司法制度等的变革提供理论的指引,进而构建起一套符合虚拟经济运行规律,有助于正确处理虚拟经济与实体经济关系,促进虚拟经济安全、高效发展的法律制度体系。鉴于对虚拟经济法律制度体系的完善、虚拟经济监管制度体系的完善、虚拟经济司法制度体系的完善,在虚拟经济有限发展法学理论的应用场域(本书第六章)将展开专门论述,所以此处不再赘述。

(二)虚拟经济治理能力的提升

善治语境下,国家治理能力,即是国家通过制定、执行规则和提供服务而与社会实现"双赢"的能力。[①] 换言之,国家治理能力就是制度的执行能力,或者说将既有的国家治理体系(特别是制度体系)"变现"的能力。治理能力是一个具有多维特质的概念,在虚拟经济风险治理中,最为重要的三种能力包括金融法律制度供给能力、金融相关政策执行能力以及社会动员能力。[②] 从内在关系看,以上三种能力环环相扣、缺一不可。因此,虚拟经济治理领域,国家虚拟经济治理能力,集中体现为制度供给能力、政策执行能力和社会动员能力,这些因素都会影响到虚拟经济整体治理能力的提升。防

---

① 薛澜、张帆、武沐瑶:《国家治理体系与治理能力研究:回顾与前瞻》,《公共管理学报》2015 年第 3 期,第 1-12 页、第 155 页。

② 关于制度供给、政策执行、社会动员三维架构的金融风险治理路径,主要思路参见孙德超、周媛媛:《国家治理能力现代化视域下防范化解金融风险的困境与路径选择》,《行政论坛》2019 年第 4 期,第 93-100 页。

范化解虚拟经济风险的时代情势对国家治理能力提出新的要求和挑战，通过构建制度供给能力、政策执行能力、社会动员能力的三维架构，可以对防范化解虚拟经济风险的现实困境进行清晰的展现。但当前的国家治理能力在防范化解虚拟经济风险过程中面临制度供给层面的基础性困境、政策执行层面的运行性困境以及社会动员层面的参与性困境。[①] 这就需要从这几个方面的变革开始，提升国家虚拟经济治理能力。而虚拟经济有限发展法学理论对于虚拟经济国家治理能力的提升具有重要的价值。

首先，虚拟经济有限发展法学理论有助于加强虚拟经济制度供给能力，增强制度供给的协调性、开放性与创新性。虚拟经济有限发展法学理论开宗明义主张通过构建完备的虚拟经济法律体系，通过发挥法律制度的作用来保障虚拟经济运行的安全。制度供给属于基础性能力，有效的制度供给是虚拟经济风险治理的前提。制度供给也是虚拟经济风险治理的一般前提，而治理能力提升则是预期结果，协调互补的制度供给能够有效促进治理能力的提升。虚拟经济有限发展法学理论视野下，在虚拟经济法律制度供给方面，需要对现行制度进行检视，对其中不符合虚拟经济安全、高效发展的法律制度进行变革。具体而言，需要从现行法律制度是否关注虚拟经济规模与实体经济的匹配、是否构建了完善的虚拟经济监管体制机制、是否有利于保障投资者合法权益的实现、是否明确规定政府干预虚拟经济的权责利、是否厘清安全与效率、防范与控制间关系等几个方面检视现行法律制度，并以此为标准完善虚拟经济具体法律制度。

其次，虚拟经济有限发展法学理论有助于提高虚拟经济政策执行能力，优化政策执行主体及执行过程。虚拟经济有限发展法学理论在强调法律制度供给的重要性时，也强调合理、科学、高效的虚拟经济监管架构、司法架

---

① 孙德超、周媛媛：《国家治理能力现代化视域下防范化解金融风险的困境与路径选择》，《行政论坛》2019 年第 4 期，第 93-100 页。

构、组织体系、协调体系、执行体系等对于虚拟经济安全的重要性。政策执行属于关键性能力，良好的政策执行能力能够直接促成预期的治理效果。政策的执行能力，在虚拟经济有限发展法学理论视野下，属于虚拟经济风险治理中的核心环节，因为政策的执行实际上是将良好的制度供给转化为预期治理效果的一个动态过程。政策执行能力表现为风险预判、制度选择、方案拟定、程序确立、资源调动、协调组织等各方面的能力，提升能力的关键在于对政策执行主体素质和能力的建设，也就是治理基础知识的提升，包括强化虚拟经济法律意识、风险意识、程序意识以及责任意识等，规范政策执行过程、控制政策执行的程序、强化问责机制等。同时，随着科技创新，科技赋能虚拟经济治理能力提升也具有现实可能，例如，作为一种新兴的治理资源，大数据在推进国家治理现代化上前景广阔，利用大数据可以提升国家的智慧决策水平、公共服务能力、防治腐败水平和虚拟经济风险治理能力。①

最后，虚拟经济有限发展法学理论有助于激发社会动员能力，创新社会动员策略及传导机制。虚拟经济有限发展法学理论主张改变传统单一的自上而下的经济管理体制，建立一种多元合作共治模式，以此来强化虚拟经济治理，确保虚拟经济运行安全。社会动员属于补充性能力，成功的社会动员能够及时整合有效资源、增强社会凝聚、保障法律执行。治理理论的兴起是与政府的失效和市场的失效联系在一起的，是为补充政府管理和市场调节的不足应运而生的一种社会管理方式。它强调政府与公民社会的合作、强调自上而下的管理和自下而上的参与相结合、强调管理主体的多样性。② 该理论一方面强调治理过程的多主体参与，即倡导虚拟经济领域的多元合作共治模式；另一方面致力于协调各参与治理主体间的利益冲突或治理手段、

---

① 郭建锦、郭建平：《大数据背景下的国家治理能力建设研究》，《中国行政管理》2015 年第 6 期，第 73-76 页。

② 李景鹏：《关于推进国家治理体系和治理能力现代化——“四个现代化”之后的第五个“现代化”》，《天津社会科学》2014 年第 2 期，第 57-62 页。

工具等的重叠使用。虚拟经济有限发展法学理论视角下，社会动员能力体现为调动社会主体参与虚拟经济风险治理、整合各类有益的治理资源和经验的能力。在动员能力提升上，可改变以往宣传式的动员，实施参与式的动员，让社会成员通过参与治理过程，在观念和情感上得到转变，进而调动其积极性。①

第二节　虚拟经济有限发展法学理论对于虚拟经济安全的价值

2017 年全国第五次金融工作会议提出了“金融安全是国家安全的重要组成部分”“健全金融法治，保障国家金融安全，促进经济和金融良性循环、健康发展”②，金融安全已经被视为保障国家安全中的重要一环。应当健全金融监管体系，守住不发生系统性金融风险的底线，化解重大风险攻坚战，其中，重点是防控金融风险。党的十九届五中全会指出，“统筹发展和安全，建设更高水平的平安中国。坚持总体国家安全观，实施国家安全战略，维护和塑造国家安全，统筹传统安全和非传统安全，把安全发展贯穿国家发展各领域和全过程，防范和化解影响我国现代化进程的各种风险，筑牢国家安全屏障。要加强国家安全体系和能力建设，确保国家经济安全，保障人民生命安全，维护社会稳定和安全。”③从国家顶层设计看，虚拟经济安全运行，守住不发生系统性金融风险的底线已然上升到全新的高度。社会主义进入新时代，防范和化解虚拟经济风险，保障虚拟经济安全运行具有时代迫切性和必要性。对此，各学科在理论研究层面理应给出积极的回应，为国家虚拟经济安全运行提供智力支撑。

---

① 胡光志、苟学珍：《论地方政府参与金融风险治理的法治困境及出路》，《现代经济探讨》2020 年第 10 期，第 112-119 页。

② 《第五次全国金融工作会议在北京召开》，江西省发展和改革委员会，2017 年 7 月 18 日。

③ 《中国共产党第十九届中央委员会第五次全体会议公报》，新华网 2020 年 10 月 29 日。

一、虚拟经济安全运行的内涵、特征与理论需求

虚拟经济作为与实体经济相对应存在的一种经济形态，具有自身独特的、有别于其他经济形态的运行机制、运行特征，当然其安全运行也离不开科学的理论支撑。

（一）虚拟经济安全运行的内涵

安全通常被视为一种实质性价值，即社会关系中的正义所必须设法增进的东西，最为直接的表现就是确保主体没有受到威胁。国家经济安全，主要指向经济全球化时代一国保持其经济存在和发展所需资源有效供给、经济体系独立稳定运行、整体经济福利不受恶意侵害和非可抗力损害的状态，也就是一个国家在经济发展过程中能够确保国家主权不受分割，消除和化解潜在风险，抵抗外来冲击，确保国民经济健康发展的一种能力。总体而言，经济的安全运行首先体现为国家经济主权的独立，即主权国家对国内经济实务的自主决策权；其次表现为正常的资源需求得到稳定供给，市场机制得以有效运转；再次表现为经济基础稳定与持续增长，经济结构合理，能够经受国际经济动荡的冲击；最后表现为政府具有相应的经济治理能力。

虚拟经济安全运行，一定意义上就是国家在发展虚拟经济过程中，能够确保虚拟经济的核心功能和目标能够服务于实体经济，确保虚拟经济与实体经济规模的大体相当，确保虚拟经济在发展过程中能够及时有效地消除和化解潜在的经济风险，确保虚拟经济的制度安排和监管体系具有抗拒国际虚拟经济市场冲击的能力。当具备这些抗拒虚拟经济风险的能力时，虚拟经济的持续、高效和安全发展才具有现实可能性。在虚拟经济领域，鉴于金融是现代经济的核心，因此金融安全已是主权国家经济安全的核心组成部分。历史上历次金融危机证明了虚拟经济风险具有快速传染性、突发性、高度破坏性以及频繁性等特征。而虚拟经济风险的传导性，使得其对金融

市场、汇率稳定、外汇资产价值等构成严重威胁，容易造成严重的经济损失，甚至引发社会问题。

（二）虚拟经济安全运行的特征

虚拟经济作为市场经济的产物，它是以货币为基本动力，单一利润最大化行为，心理预期影响正反馈效应，价格失去自动调节供求稳定状态，从而具有内在不稳定性的特殊运行方式。虚拟经济同时也是一种受货币推动，相对脱离了实体经济，通过资产价格上涨、金融资产数量膨胀、重复交易额膨胀等，以及与各类债务相关的创造货币财富和货币收入的货币现象。与实体经济相比较，虚拟经济的重要特征包括社会心理因素，即强调心理预期的资本化定价的行为基础；货币利润最大化，即追逐货币利润最大化的行为基础；单一非对称市场波动性，即独特"单一非对称性"的运行方式等。在此基础上，虚拟经济呈现自我膨胀与收缩、货币与实体经济和虚拟经济关系互动、货币中性与货币非中性共存经济运行三大理论机制。[①]

相对于传统的实体经济而言，虚拟经济有其自身独特的运行规律。虚拟经济在给社会创造巨大的财富时，也随时可能给整个社会经济的发展带来巨大的灾难。虚拟经济运行中，最大的特征在于以资本化定价为其运行的行为基础。[②] 就其具体运行特征而言：首先，在虚拟经济中，用于交易的客体本身是没有价值的货币符号，甚至是没有价值的资本凭证。诚如有研究指出"虚拟资产产生于各类债务关系的证券化，理论上可以被无限量地设计出来，它的产生是不依赖于实际资产而被凭空'创造'出来的，甚至根本就是头脑中'想象'出来的"[③]。其次，虚拟经济具有非常强的"弱寄生性"，一旦

---

① 刘晓欣、刘骏民：《虚拟经济的运行方式、本质及其理论的政策含义——马克思逻辑的历史延伸》，《学术月刊》2020 年第 12 期，第 42-56 页。

② 刘晓欣：《虚拟经济运行的行为基础——资本化定价》，《南开经济研究》2003 年第 4 期，第 42-45 页。

③ 孟颖：《虚拟经济运行的独立性特征研究》，《开放导报》2009 年第 3 期，第 32-36 页。

形成,就会脱离实体经济,而呈现出独立运行的趋势。再次,虚拟经济运行中奉行的不是一般的价值规律,而主要是一种资本化定价,其价格的确定与波动,既不取决于交易客体的价值,也不取决于人们对物质(生产生活资料等)的供求变化,而主要取决于人们的心理预期,取决于人们对经济状况、时事政治等的信心以及对未来收益(获利)的期待。最后,虚拟经济由于相对脱离实体经济,依靠人们的信心、信息、信用等心理预期进行运作,具有很强的波动性,容易滋生泡沫,诱发经济危机。① 以美国为例,其虚拟经济运行的独立性增强导致美国虚拟经济与实体经济发展的严重失衡,进而导致美国次贷危机并引发世界性金融危机。

(三)虚拟经济安全运行的理论需求

虚拟经济运行中呈现出的独有特征,决定了其对新的符合自身规律的理论的需求。首先,虚拟经济资本化定价的运行方式,决定了其安全运行需要适度的规模,因此需要在宏观上构建一个虚拟经济有限发展的理论,这便是虚拟经济有限发展法学理论得以产生的重要前提。因为虚拟经济以资本化定价为其运行的行为基础和行动逻辑,使得其脱离了一般价值规律的属性,其价格的形成和波动对心理预期的高度依赖,使得其成为典型的信用、信心和信息"三信"产业,一旦发生较大的波动,将会产生极其严重的后果,为此需要适度控制其规模。其次,虚拟经济运行的弱寄生性、高风险性、易泡沫化等特征,决定了其在规模上要与实体经济大体相当,且其服务实体经济的价值定位也决定了其规模的适度性,而实现规模适度性的有效方式,便是坚持有限发展,这也是虚拟经济有限发展法学理论得以产生的前提之一。最后,虚拟经济的上述特征,使得其安全运行须臾也无法离开法治的促进和保障作用,因此虚拟经济有限发展的理论应该与法学相结合,在法学层面构

① 胡光志:《虚拟经济及其法律制度研究》,北京大学出版社,2007,第71-72页。

建起符合虚拟经济安全运行的理论。

虚拟经济安全运行对法治的依赖,催生了对虚拟经济有限发展法学理论的现实需求。虚拟经济的安全运行,需要完备的法律规范体系、科学高效的监管体系、公正严明的违法犯罪惩治体系、激励相容的守法体系,而这都离不开科学的理论作为指导。实现虚拟经济安全、有限发展的方式有很多,但法律制度的作用却是其他任何方式无法替代的。无数鲜活的历史事实证明,虚拟经济的安全运行须臾也离不开法律制度的促进、保障和规范作用。"法律的金融"理论也认为,金融是依据法律构建的,不能独立于法律之外,法律作为金融运行的基本规范,不仅决定着金融的现存状态,也决定着金融未来发展的方向及风险发生、发展的可能性,金融风险发生有着法律上的根源。[①] 因此,虚拟经济的安全运行,既然无法离开法律的作用,那么构建与之相对应的法学理论便是理论研究的重心。

二、虚拟经济有限发展法学理论应用于虚拟经济安全的优势

虚拟经济有限发展法学理论主张通过法治化路径推动虚拟经济健康有序地发展,并从两个层面设计其实现路径:①顶层设计上应该重点关注虚拟经济安全理念的法律重塑,包括将安全理念贯穿于法权配置、组织设计、保障机制等多个方面;②具体制度上需要不断优化银行法、证券法、期货法的内容,切实体现虚拟经济有限发展法学理论的内在要求,以此建立逻辑自洽、体系完整、彼此协调的虚拟经济运行安全法律制度体系。结合虚拟经济安全运行的特征,虚拟经济有限发展法学理论在虚拟经济安全运行中的核心优势有:①该理论在宏观上能够为虚拟经济安全运行提供指导思想、价值指引、指导原则;②该理论在微观上能够具体指导虚拟经济法律制度的变

---

① 靳文辉:《法权理论视角下的金融科技及风险防范》,《厦门大学学报》(哲学社会科学版)2019 年第 2 期,第 1-11 页。

革,进而为虚拟经济安全运行设定出限度,铺设出安全的“轨道”,设计出安全运行的“信号灯”。

虚拟经济有限发展法学理论能够在宏观上为虚拟经济安全运行提供思想指导、价值指引、基本原则。第一,虚拟经济有限发展法学理论作为虚拟经济法治的指导思想,具体表现在明确国家干预与市场决定相结合的虚拟经济发展目标、虚拟经济有限发展需要在规模上实现与实体经济的匹配、维持以银行为中心的虚拟经济资源配置体制、坚持审慎监管为特色的虚拟经济监管体制、注重直接融资市场发展的边界等几个方面,这与我国这几年强调扭转“脱实向虚”政策目标具有内在的契合性。第二,虚拟经济有限发展法学理论重塑了虚拟经济安全理念,并借此指导整个虚拟经济法律制度的完善和优化,主要着力点在于:在法权结构上注重安全保障,在组织设计中侧重风险防范,以法制逻辑来强化风险预警,用协同治理来改进风险处置,通过初步的立法评估发现我国的相关立法存在的规范性问题。指出将来的虚拟经济立法应该注重吸收我国现有的成功经验,同时也要不断补齐规范性短板。第三,虚拟经济有限发展法学理论提出了虚拟经济法律制度变革的基本原则,将安全保障原则作为虚拟经济法律制度供给及变革的首要原则,将利益保障原则[①]作为虚拟经济法律制度供给及变革的价值指引,将依法审慎监管原则作为虚拟经济法律制度供给及变革的底线思维。

虚拟经济有限发展法学理论能够在微观层面指导虚拟经济具体法律制度的变革。具体法律制度的构建和完善,是虚拟经济得以安全运行的现实依托,也是虚拟经济法律相关理论的试金石。有限发展法学理论在虚拟经济安全运行中的优势在于:①阐释了银行法律制度,并指出应该如何在法治框架下推动银行业的有限发展问题,主要是侧重于中央银行的货币政策运

---

① 利益保障原则下,虚拟经济法律制度所要追求的利益主要包括投资者利益、经营者利益、消费者利益、社会公共利益等几类。

用、宏观审慎监管、“最后贷款人”制度和商业银行的市场准入、功能监管和消费者保护等内容;②依照虚拟经济有限发展法学理论,提出了证券业有限发展的标准,检视了现行证券法律制度的具体问题,提出了证券法律制度变革的基本原则,并以此为基础讨论了法律制度的变革问题;③围绕虚拟经济有限发展法学理论就期货法律制度的问题提出了具体的改进措施及应对策略;④主张通过强化司法防范和化解虚拟经济风险的作用,将虚拟经济风险的防范和化解从业务前端延伸至诉讼后端;⑤主张建立更加科学、合理的虚拟经济运行安全法律保障制度、风险预警制度、法律责任制度,建立相应的中小投资者保护机制和金融消费者保护机制,从而可以为我国虚拟经济领域中的大众投资者、金融消费者等提供更有利的发展机遇以及更充分的权利保护。

三、虚拟经济有限发展法学理论助益于虚拟经济安全的路径

从技术层面看,促进虚拟经济安全运行的方式有很多,法律只是比较有效的方式之一,虚拟经济有限发展法学理论不会故意夸大法律制度的作用。但虚拟经济有限发展法学理论视野下,虚拟经济的安全运行,却需要完备的法律规范体系、科学高效的监管体系、公正严明的违法犯罪惩治体系(司法体系)、有效激励的守法体系,以此来形成一个虚拟经济安全运行的法治生态,进而保障虚拟经济的安全运行,促成虚拟经济价值的发挥,实现各种利益的协调与保护,这也决定了虚拟经济有限发展法学理论助益于虚拟经济安全运行的路径理应聚焦于此。

第一,以虚拟经济有限发展法学理论为指导构建完备的虚拟经济法律规范体系。法律制度之于虚拟经济安全运行的重要性自是不必多言,但同时还应该更为深刻地看到,虚拟经济本身也是法律和社会发展到一定阶段

的产物。[①] 与其他因素相比，制度是影响经济发展水平、经济增长率和经济增长速度的易变动的更重要的因素。[②] 为此，需要以虚拟经济有限发展法学理论为指导，对虚拟经济相关法律制度（包括虚拟经济发展的法律环境和法律制度）进行检视，对照有限发展的具体要求，变革其中不适宜虚拟经济安全运行的法律、政策，使其符合虚拟经济发展的历史规律，符合虚拟经济安全的制度需求。从实践层面看，构建完备的虚拟经济法律规范体系，首先需要考虑制定一部虚拟经济基本法，起到统领作用，其次需要整合现行法律制度，对现行法律制度（主要指银行法律制度、证券法律制度、期货法律制度、金融衍生品法律制度等）进行体系化的构建和完善，最后，需要查漏补缺，对虚拟经济立法存在的空白进行填补。

第二，以虚拟经济有限发展法学理论为指导构建科学高效的虚拟经济监管体系。虚拟经济的监管则是实现该领域有限发展的一个重要环节，脱离了监管，有限发展便失去了实施的基础。从历史的经验以及中国虚拟经济监管的实践看，虚拟经济要实现安全运行的状态，行之有效的监管是须臾不可“离场”的。虚拟经济有限发展法学理论对构建科学高效的虚拟经济监管体系的作用，主要体现为指导虚拟经济监管依据的合理性与合法性、虚拟经济监管机构的优化设置、虚拟经济监管权的优化配置、虚拟经济监管对象的科学界定、虚拟经济监管程序的科学设置、虚拟经济监管中判断标准的科学设置等。事实上，从实践视角审视，虚拟经济有限发展法学理论提出的整合现有监管机构、构建更高层级的监管统筹协调机构的监管构想目前在我国已基本实现，当下我国虚拟经济监管体系已然形成了颇具中国特色的“一委一行两会”新格局。

---

① 胡光志：《虚拟经济及其法律制度研究》，北京大学出版社，2007，第 177 页。

② 楼朝明：《制度在促进经济发展中的相对重要性》，《宁波大学学报》（人文科学版）2005 年第 4 期，第 123-128 页、第 132 页。

第三，以虚拟经济有限发展法学理论为指导构建公正严明的虚拟经济违法犯罪惩治体系（司法体系）。虚拟经济领域的违法犯罪活动，通过破坏市场秩序、损害投资者（消费者）权益、阻碍资本市场健康发展等方式，阻碍虚拟经济有限发展的实现。因此，构建一个公正严明的虚拟经济违法犯罪惩治体系，对保障虚拟经济有限发展具有重要的意义。虚拟经济有限发展法学理论指导虚拟经济违法犯罪惩治体系构建的基本路径，主要体现为：①在宏观上明确以投资者（消费者）为核心的虚拟经济领域违法犯罪法律责任的价值取向与目标遵循。②厘清各种法律责任之间的关系并构建责任一体化实现方式。从责任实现的角度看，证券法上民事责任、行政责任以及刑事责任有着各自的产生前提与存在基础，要建构科学合理的证券法律责任体系，就要从法律责任体系意义上进行通盘考虑，用系统论的观念，全面考虑不同责任种类间的界限、各责任种类间的衔接以及各种责任的协调与平衡的问题。[①] 明确各种法律责任的功能，在此基础上考虑其结构的安排，实现责任系统内部整体的协调统一。③对民事、刑事、行政责任进行合理化配置，实现法律责任间的协调，在此基础上进一步完善救济机制，拓展诉讼渠道，完善诸如集体诉讼等制度。

第四，以虚拟经济有限发展法学理论为指导构建有效激励的守法体系。在虚拟经济安全运行的法律制度构建中，守法是一个老生常谈但却又最容易被忽视的领域。虚拟经济领域，各主体的守法自觉会影响虚拟经济领域投资者、消费者利益的实现、虚拟经济市场秩序的健康、虚拟经济交易活动的正常进行等，进而影响虚拟经济的安全运行。同时，违法者与守法者之间的冲突，也是诱发虚拟经济领域社会不公平现象的主要因素。投机是虚拟经济运行过程中的天然副产品，而投机过程中难免会出现败德行为与违法

---

① 中国社会科学院课题组、陈甦：《证券法律责任制度完善研究》，《证券法苑》2014 年第 1 辑，第 481-516 页。

操作,编造财务报表、不如实陈述、虚假信息公开、内幕交易、市场操纵、欺诈客户等违法行为,对虚拟经济安全运行与社会公平都有显著影响。[①] 对此,除了科学的监管体系和严厉的违法犯罪惩治体系外,构建一个行之有效的守法激励制度体系具有重要意义。虚拟经济有限发展法学理论下,可构建一个激励相容的守法激励制度体系,具体而言,通过设计一个利益博弈的支付函数来改变人们行为选择的激励,使得人们的行为实现立法者的目标。[②]也就是一定的工具选择对虚拟经济市场经济活动中各主体施加一种正向奖励或负向刺激,借助于制度激励改变各主体利益博弈的支付函数,以此来间接引导人们的行为选择,进而实现守法目标。其本质属于一种“软法”性规范,立法者的主要目标在于设计一种能够给予相关主体足够激励的制度条件。[③]

第三节　虚拟经济有限发展法学理论对于虚拟经济立法的价值

虚拟经济有限发展法学理论,是根据虚拟经济自身运行规律,从法律自身的宗旨和价值出发,主张法律在保障虚拟经济发展的同时,为预防与克服其负面效应,而将其置于可控的安全范围内运行的一种法学思想。其主旨有二:一是保障虚拟经济发展;二是设定其发展限度,保障其与实体经济的大体匹配、运行安全,尽力促进社会正义。法律制度的主要功能恰恰在于为虚拟经济的发展设定限度、安全的轨道。因此,虚拟经济有限发展法学理论的应用,在理论层面可助益树立全新的虚拟经济法治指导思想,确立安全为虚拟经济立法的首要原则,并可指导构建符合虚拟经济有限发展的立法

---

① 胡光志:《虚拟经济及其法律制度研究》,北京大学出版社,2007,第120-122页。

② 丁利:《制度激励、博弈均衡与社会正义》,《中国社会科学》2016年第4期,第135-158页、第208页。

③ 苟学珍:《激励性法律规制:面向要素市场化的高校教师流动治理策略》,《中国高教研究》2021年第8期,第92-99页。

模式。

一、虚拟经济立法的内涵、特征与理论需求

从内涵上审视虚拟经济立法,可得出以下结论:①虚拟经济立法是虚拟经济在法律上的反映。与其他任何法律一样,虚拟经济立法也是调整特定领域社会关系的法律,这一特定领域就是虚拟经济。当然,虚拟经济立法并不能反映虚拟经济的方方面面,而只是对其中可模式化和需要模式化的基本运行规律的确认。②虚拟经济立法是关于虚拟经济的法律规范。法律规范是法律所确认的人的行为模式,虚拟经济立法同样是虚拟经济活动的模式化,既是对虚拟经济运行客观规律的反映,又是对虚拟经济运行秩序的一种法律保障。③虚拟经济立法是虚拟经济法律规范的体系。“独木难以成林”,只有当大量的同类性质的法律规范已经出现,且这些法律规范之间具有全面性、层次性和系统性时,才能称之为规范体系,虚拟经济领域的立法概莫能外。④虚拟经济立法也是虚拟经济法律化的过程。立法一方面指具体法律的制定,即通常所说的立法活动或立法过程;另一方面也指法律现象,即立法活动所形成的结果,在此意义上,虚拟经济立法是一种虚拟经济法律化的过程。[①]

从特征上审视虚拟经济立法,我国虚拟经济立法是在特定的政治、经济和法律因素的共同作用下形成的。与改革需求相适应的虚拟经济法立法处于一个不断完善和革新的发展阶段,构建起了我国虚拟经济法制的整体框架,总体上呈现出“点式星状”、无统一的概念与原则、立法体系多元平行等特征。所谓虚拟经济“点式星状”立法模式,又被称为“分散、个别”的立法模式,是指国家立法机关依据立法权限,按不同虚拟经济业分别进行虚拟经济立法的模式,具体由点式展开,呈星状分布。“点式星状”立法存在割裂问

---

① 胡光志:《虚拟经济及其法律制度研究》,北京大学出版社,2007,第 207-209 页。

题,不同的虚拟经济立法立足于不同的概念、原则,不同立法结果之间也难以提炼出统一的、普遍适用的概念和原则。我国在虚拟经济领域的立法基本表现为就事论事的“树木立法”或个别立法,即针对虚拟经济的某一类型单独立法,如我国针对银行、证券、期货等进行了分别的立法。这种传统虚拟经济立法模式及体系为我国早期的虚拟经济发展提供了重要的制度基石,有利于服务实体经济并促进国家经济整体发展,有利于构筑虚拟经济有限发展的法治之墙,有利于保护金融消费者的合法权益。但在虚拟经济有限发展法学理论视野下,这种传统虚拟经济立法模式具有一定的时代局限性,存在着部分不利于虚拟经济安全运行的隐患。

从理论需求上审视虚拟经济立法,科学合理的理论可为虚拟经济立法提供指导,进而助益于开放经济条件下虚拟经济的安全运行。从形式与实质的辩证关系出发,虚拟经济有限发展法学理论与虚拟经济立法的关系主要体现在三对关系范畴之中:①指导思想与规范表达的关系。虚拟经济有限发展法学理论立足虚拟经济发展与虚拟经济安全的二元向度,在一种综合调适的场域下促进虚拟经济的持续健康发展,是虚拟经济立法的指导思想,而虚拟经济立法是虚拟经济有限发展法学理论的规范表达。②核心内容与外在形式的关系。一方面,根据虚拟经济发展及其风险防范化解的历史规律,虚拟经济有限发展法学理论从特定时期经济发展的具体状况出发,反映和尊重经济发展规律,为虚拟经济法律制度的建构提供了上层建筑,理应成为虚拟经济立法的核心内容。另一方面,根据法律的治理功能,虚拟经济立法应该是虚拟经济有限发展法学理论的外在表达。③立法变革与立法传统的关系。虚拟经济有限发展法学理论,可从虚拟经济整体发展和规范的角度明确虚拟经济立法的保障机制,并在此基础上确定虚拟经济立法的基本原则,构建虚拟经济法律规范的基本制度,进而促进虚拟经济法律制度的变革。

二、虚拟经济有限发展法学理论对传统经济立法模式和立法体系的影响

虚拟经济有限发展法学理论与虚拟经济立法之间存在紧密的关系，二者相互依存。从形式与实质的辩证关系来看，虚拟经济有限发展法学理论与虚拟经济立法的关系主要体现为：指导思想与规范表达的关系、核心内容与外在形式的关系、立法变革与立法传统的关系。简言之，虚拟经济有限发展法学理论对虚拟经济立法具有指导作用，这种指导体现为宏观上的法治思想、法治原则，也体现为微观上的法治实践路径及其展开；体现为形式上的立法模式和立法体系的科学安排，也体现为实质上的立法内容变革。

（一）虚拟经济有限发展法学理论对传统经济立法模式的影响

虚拟经济有限发展法学理论对传统经济立法模式的影响，主要体现为以该理论为基本遵循，对传统虚拟经济立法模式进行变革，以顺应新时代开放经济条件下虚拟经济安全运行的时代呼唤。

我国传统“点式星状”的经济立法（模式）尽管在特定时期，特定背景下对虚拟经济的安全运行发挥了极大的作用，但也存在一些需要检视并完善的问题，具体体现为：①点线发展使得经济立法欠缺前瞻性，无法将整个实体经济与虚拟经济立法作为镜鉴，在两者齐头并进之间带来了协调性难题。②板块分割形成了内耗，因为目前经济立法立足于行业，进行行业立法，并按行业施以监管，这种板块分割格局具有很强的专业性和针对性，但是其最大的缺陷在于容易形成监管漏洞和监管协调难题。③立法理念存在先天缺陷，我国对于经济的立法基本上是单纯的就事论事“树木立法”或个别立法，即针对具体经济领域的某一类型单独立法。这种立法模式未形成虚拟经济与实体经济的二元格局，也难以为立法模式及立法体系的转型升级提供理论支撑。这些问题的存在，会直接对虚拟经济立法宗旨带来消解。

面对传统经济立法模式存在的上述问题,虚拟经济有限发展法学理论对传统经济立法模式的影响,主要体现在三个方面:

第一,虚拟经济有限发展法学理论对传统实体经济立法模式进行扬弃,明确虚拟经济立法与实体经济立法的联系和区别,确立虚拟经济与实体经济立法分离且对应的理念。客观而言,虚拟经济与实体经济相区别,虚拟经济有不同于实体经济的特性,其运行机制也并不一致,虚拟经济已经偏离实体经济成为现代经济运行中一道新的独特的风景线。[①] 因此,对虚拟经济的法律规制显然不能用实体经济立法的同一模式,需要基于虚拟经济的特性,确立虚拟经济与实体经济立法分离性。而确定虚拟经济立法与实体经济立法的相对性,可从以下方面入手:①要在虚拟经济上层立法中明确虚拟经济的概念和基本范畴。②要明确虚拟经济立法的体系架构。③要在立法中明确虚拟经济与实体经济的相互关系。④由于虚实二元的经济构造可以涵盖一国经济的基本形态,虚拟经济立法又离不开实体经济立法的相互关照,因此也要明确虚拟经济与实体经济立法的对应性。虚拟、实体经济立法之间之所以会形成对应与关联,是因为虚拟经济发展与实体经济发展之间休戚相关。无论是虚拟经济发展的历史事实,还是虚拟经济立法同频虚拟经济发展"治乱循环"的周期性特征、"脱实向虚"现象,都表明虚拟经济发展应当以服务实体经济发展为使命与担当。因此,虚拟经济立法既需要相对独立于实体经济,也需要与实体经济相对应,进而形成一种虚拟经济与实体经济立法分离且对应的理念。

第二,虚拟经济有限发展法学理论主张改变传统经济立法点线发展、板块分割的立法现状,确立"大一统"为虚拟经济领域未来立法的基本方向。关于虚拟经济立法,有研究指出,从虚拟经济法律关系出发,主要研究虚拟

---

① 刘晓欣、宋立义、梁志杰:《实体经济、虚拟经济及关系研究述评》,《现代财经》(天津财经大学学报)2016 年第 7 期,第 3-17 页。

经济法律关系的主体、客体和内容。[①] 虚拟经济有限发展法学理论下，虚拟经济立法模式的重构，应该确立虚拟经济统一立法的模式。虚拟经济统一立法模式是指国家立法机关依法对虚拟经济服务和监管进行统一立法，即从单纯就事论事的“树木立法”或个别立法转向“森林立法”或统一虚拟经济立法。传统分别立法模式缺少对虚拟经济基本特征和整体状态的回应，且数量众多的虚拟经济法律规范之间缺少关联性和协调性。鉴于虚拟经济分别立法模式面临的局限和难题，可以通过虚拟经济统一立法和一体化监管解决。事实上，2008 年金融危机后，制定统一适用于所有金融服务的英国或日本的金融服务法成为学者们津津乐道的话题，似乎统一规制和统一监管能够成为化解和防范金融危机的灵丹妙药。[②] 尽管统一立法也并不能解决虚拟经济领域的全部问题，笔者也无意夸大统一立法的优势，且统一立法本身也面临着诸多困境，我国也不可能一蹴而就，完全放弃按照银行、证券、期货、保险和信托等不同虚拟经济行业进行规制的分业监管模式目前并不现实，但为虚拟经济的安全运行，可先确立虚拟经济立法大一统的指导思想，而后逐步过渡到统一立法模式，进而构建起符合虚拟经济运行规律、防范和化解风险现实要求的法治保障。需要说明的是，虚拟经济统一立法并不意味着要事无巨细地涵盖虚拟经济运行事项，而是通过提取“公因式”的方式，在正确把握虚拟经济运行基本规律和虚拟经济法理的基础上，确立符合虚拟经济安全运行的龙头法。

第三，虚拟经济有限发展法学理论主张通过制定虚拟经济基本法为虚拟经济立法模式转变的切入口。立法体制是关于立法权、立法权运行和立法权载体诸方面的体系和制度所构成的有机整体。虚拟经济有限发展法学理论主张，虚拟经济立法模式的重构，应该以制定虚拟经济基本法为立法模

---

① 刘少军：《规范虚拟经济的法律思考》，载王卫国主编《金融法学家》，法律出版社，2010，第 219 页。

② 冯果：《金融服务横向规制究竟能走多远》，《法学》2010 年第 3 期，第 129-134 页。

式转变的切入口。虚拟经济基本法一方面可以体现虚拟经济法的统一性，将证券、期货、金融衍生品等法律制度纳入统一的法律体系之中；另一方面可强调虚拟经济法的相对独立地位，即将虚拟经济法与实体经济法作为两个平行的构成部分。通过制定虚拟经济基本法，准确把握其目标定位，对有效解决虚拟经济活动的基本问题能起到促进作用。虚拟经济基本法之要旨，应当包括保障虚拟经济安全、维护虚拟经济市场秩序、强化对弱势群体的权益保护、落实监管主体的职权等。虚拟经济基本法的构造路径，应当是制定虚拟经济基本法反映虚拟经济的特性，统合虚拟经济不同组成部分，形成与实体经济法律规范对应的虚拟经济法律规范体系；通过法律的立、改、废、释等形式实现安全、效率和公平的平衡；结合时代特征，尤其是互联网信息技术创新对虚拟经济发展的促进和挑战，制定和完善虚拟经济领域的专门立法。

（二）虚拟经济有限发展法学理论对传统经济立法体系的影响

虚拟经济有限发展法学理论对传统经济立法体系的影响，主要体现为以该理论为基本遵循，对传统虚拟经济立法体系进行检视与变革，进而构建起现代化虚拟经济治理的立法体系，以促进和保障开放经济条件下虚拟经济的安全运行。

一方面，虚拟经济有限发展法学理论对传统虚拟经济立法原则的变革有显著的影响。虚拟经济有限发展法学理论视野下，虚拟经济立法应当坚持三项基本原则：①外部层面实现虚拟经济与实体经济的协调发展原则。既有研究指出，为了保障实体经济的健康发展，政府应该采取切实行动确保虚拟经济不会过度发展而成为泡沫经济，即虚拟经济只有保持为实体经济提供融资服务的基本目标方能实现两者的协调发展。[1] 为此，立法应当与时

① 王守义、罗丹：《推进我国实体经济与虚拟经济协调发展》，《红旗文稿》2017 年第 12 期，第 19-20 页。

俱进，在虚拟经济立法的外部层面注重与实体经济立法的协调与互动，使得虚拟经济在安全运行的情况下发挥其服务实体经济的功能。②内部层面确立虚拟经济大一统的立法原则。虚拟经济市场先天不成熟、市场化约束机制欠缺以及司法支持环境弱化等因素决定了打破现有虚拟经济法律框架，完全重新创制一部统一适用于所有虚拟经济业务和活动的虚拟经济法在短时间内是不现实的。同理，无视虚拟经济机构混业经营的总体趋势，简单地就具体新问题、新领域制定新法律，也不利于虚拟经济创新与安全运行。可行的思路是，目前暂时保留虚拟经济领域分别立法的现有框架，针对银行、证券、期货、保险和信托等单行虚拟经济法的共性，通过功能性规范推进虚拟经济监管的协调和整合，制定一部超越银行法、证券法、期货法、保险法和信托法等虚拟经济业别的统一的虚拟经济基本法。③立法核心应该坚持虚拟经济有限发展这一原则。坚持这一原则的原因，上文已有详细论述，此处不再展开。

另一方面，虚拟经济有限发展法学理论对构建虚拟经济法治体系具有重要的影响。笔者在之前的研究中曾指出："虚拟经济是与实体经济相对应的一种经济形态，而不同的经济形态需要不同的法律加以规制。从这一立场出发，我们应该重新考虑虚拟经济法在经济法中的地位，并重新构造我国经济法的体系。"[①]虚拟经济有限发展法学理论视野下，虚拟经济法制体系，应该构建起一个以虚拟经济基本法为统领，以虚拟经济行业法为核心构成和支柱，以虚拟经济外围法为有力支撑的虚拟经济法治体系。因此，就需要在条件成熟时制定虚拟经济基本法，进而对整个虚拟经济的法治建设起到统领性作用。与此同时，通过立、改、废、释等方式，完善虚拟经济现行立法，并完善互联网时代虚拟经济的专门立法、完善虚拟经济刑事立法、参与虚拟经济国际立法、规范虚拟经济地方立法、完善虚拟经济的配套立法。

---

① 胡光志：《虚拟经济及其法律制度研究》，北京大学出版社，2007，第225页。

三、虚拟经济有限发展法学理论对虚拟经济立法指导思想和立法技术的影响

虚拟经济有限发展法学理论对虚拟经济立法的影响,主要体现在其能够帮助立法者树立全新的虚拟经济立法指导思想,确立安全为虚拟经济立法的首要原则,构建符合虚拟经济有限发展的立法模式和体系。

(一)树立全新的虚拟经济立法指导思想

迈入新时代的中国经济由高速增长阶段向高质量发展阶段转变。高质量发展的本质是以人民为中心,实现公平、公正、高效、可持续的发展。而扭转资金“脱实向虚”是促进经济高质量发展的重要环节之一。[①] 只有正确处理虚拟经济与实体经济之间的关系,才能实现虚拟经济的有限发展。通常意义上,指导思想是指人们用人脑中占压倒性优势的想法去开展某项工作或者从事某种实践活动。这也是人们从事某项活动所遵循的总的原则、要求和方略,是设计任何具体目标、政策措施的依据和总纲。指导思想一般包括行动指南、行动方法、任务和目标四个层面。虚拟经济立法指导思想也不例外,其实质就是虚拟经济立法所遵循的原则、要求和方略。历史和现实均已充分证明虚拟经济的安全、高效发展离不开制度的支撑,离不开法治的保障,而虚拟经济领域法制的供给,自然也需要有属于自身的、符合虚拟经济发展规律的指导思想。我们知道,建立在货币化、货币资本化和资本虚拟化基础上的金融化催生了脱离实体经济的虚拟经济的发展,从而使“脱实向虚”问题进一步得到凸显[②],虚拟经济有限发展势在必行,而虚拟经济有限发

① 白雪洁、张哲:《促进虚拟经济与实体经济良性互动》,《中国社会科学报》2020年5月27日第003版。

② 陈享光、黄泽清:《金融化、虚拟经济与实体经济的发展——兼论“脱实向虚”问题》,《中国人民大学学报》2020年第5期,第53-65页。

展法学理论，因具有较强的问题导向和高度的实践性品格，可以作为虚拟经济立法的一种指导思想，指导虚拟经济的安全、高效发展。

虚拟经济安全的实现需要虚拟经济有限发展法学理论作为其立法指导思想。虚拟经济领域的立法需要贯彻虚拟经济有限发展法学理论，将有限发展作为虚拟经济法治的指导思想。我们通过对全球范围内虚拟经济发展规律与经济（金融）危机之间的关系、虚拟经济立法的历史演进、经济危机的法律应对等问题的历史梳理与考察，结合我国虚拟经济运行的现实需求，在进行充分研究和论证的基础上，审时度势地提出了“虚拟经济有限发展法学理论”。基于开放经济的背景以及虚拟经济的重要性，认为在我国甚至世界范围内虚拟经济首要目标是发展；以虚拟经济特殊性为前提，提出虚拟经济的发展必须是有限的，必须是在法律设定的安全轨道和边界中有限发展。（历史的经验告诫我们，如果坚持虚拟经济有限发展，都有助于促进经济运行的安全；而放任虚拟经济过度发展，都会对经济和社会造成相应的损害。）特别是回溯虚拟经济立法的历史，立法放纵虚拟经济的发展，迟早会导致灾难，会导致法律匆忙收缩，而短期的法律收缩一旦被冲破，又会出现放任发展的局面，彼时法律又需要匆忙收缩。为防止陷入这一历史的怪圈，走出虚拟经济法治历史陷阱的有效方法就是在虚拟经济立法中引入并坚持虚拟经济有限发展法学理论。总的来说，虚拟经济不能不发展，必须要发展，但也不能放任其发展，虚拟经济的发展必须是有度的，必须避免“脱实向虚”，必须避免虚拟资本的无序扩张，而法律的作用就是为其有限发展设置信号灯，设置限度。因此，虚拟经济法治的核心目标便在于通过法律的强制、指引、评价、教育等规范作用和其特定的社会作用来促进虚拟经济的安全发展，这与虚拟经济有限发展法学理论的主张一致，作为一种法学思想，虚拟经济有限发展法学理论可以、也应当作为虚拟经济立法的一种指导思想。

法律制度不仅是虚拟经济发展有力的推进器，也是虚拟经济发展最好的冷却剂。但就传统虚拟经济立法而言，“宽松”与“严格”就像潮水一般时涨时落。在虚拟经济发展相对滞后的时候,法律监管规则就比较宽松,以便促进虚拟经济发展;而虚拟经济发展较盛的时候,相关法律监管规则就变得比较严格,目的是防范金融风险的爆发和传导。这种时严时宽的立法思路使得虚拟经济运行缺乏一种常态化的、可靠的法律理论引领。而虚拟经济有限发展法学理论正是试图改变这种时宽时严、"变动不居"的立法模式,努力建构一种"宽严相济"、常态化、激励相容的虚拟经济法律监管规范体系。

虚拟经济有限发展法学理论作为指导思想,主要体现和落实在虚拟经济立法以及原有法律制度变革的行动指南、行动方法、任务和目标之中。虚拟经济的立法及法律制度变革,应该以虚拟经济有限发展法学理论为指导,既要着眼于国内经济大循环的畅通,也要以开放经济条件为背景,站在世界的高度确立"国际化水准",以"与国际虚拟经济市场法律规范接轨"为目标。一方面在畅通国内经济大循环的同时顺应开放经济的时代潮流,坚持与国际虚拟经济法律规范接轨,掌握虚拟经济领域国际"游戏规则"的话语权,进而避免陷入被动局面;另一方面需要以虚拟经济有限发展为基本遵循,坚持虚拟经济有限发展法学理论,将虚拟经济的运行安全作为立法首要原则和追求目标,通过法律为虚拟经济的安全与发展设定限度,正确理解和处理虚拟经济领域安全与效率之间①、防范与控制之间的关系,坚持"安全与效率并举,安全优于效率""防范与控制并举,防范优于控制"。

(二)确立安全为虚拟经济立法的首要原则

法律原则是为法律的各种要素提供本源或基础的综合性出发点或者原理,其集中反映了法的一定内容,也体现了法律所确认的国家活动及社会生活的规律性要求,贯穿各种具体的法律规范之中。因此,我们也可以说法律

---

① 具体内容可参见佘俊臣:《效率、安全与公平的对话——市场经济与法治国家关系之反思》,《江南社会学院学报》2002 年第 2 期,第 42-45 页;彭琳娜、王春月:《金融效率与开放经济条件下维护我国金融安全的对策》,《经济论坛》2006 年第 5 期,第 109-110 页。

原则在法律结构中居于核心地位，是法之要旨与目的凝练 ，是法律规则的塔基或本源。[①] 而与具体的法律规范相比，法律原则能够更加直观地体现法的本质与内容，也能反映社会生活的规律、要求及趋势。就制定法律的视角而言，法律原则对具体法律制度的内容与性质起到决定性的作用，集中体现了法律精神，所以在某种程度上也可以说法律原则建构了法律制度之理论基础。从法律实施的层面而言，法律原则对法律推理和法律解释起着指导作用，在出现立法漏洞时起到填补漏洞的作用。具体到司法层面，法律原则划定了自由裁量权行使的合理边界，可以起到防止适用不合理规则的重要作用。虚拟经济领域的法律制度供给，需要有确定的法律原则作为整体性的指导原理，作为虚拟经济安全、有限发展的理论基础和价值取向，保障虚拟经济法律制度内部的和谐统一，并对虚拟经济法律制度的变革提供导向。

我国在经济转型的过程中，尽管取得了巨大的经济成就，同时也埋下了诸多经济安全隐患，致使未来面临更加复杂的转型风险，特别是虚拟经济风险是影响经济安全转型的主要风险。[②] 从虚拟经济有限发展法学理论视阈审视，虚拟经济的安全分为宏观、中观和微观三个层面。虚拟经济有限发展法学理论下宏观虚拟经济安全在积极意义上表现为促进整体经济的发展，紧跟世界经济发展的节奏；在消极意义上表现为通过防范、抑制和化解经济风险来保障整体经济不受外部环境干扰，进而实现整体经济安全。虚拟经济有限发展法学理论下中观虚拟经济安全的内涵可以被界定为虚拟经济市场发展的有限性。如果将虚拟经济市场视为一个大系统，证券、期货、金融衍生品等市场则可以被视为子系统，那么虚拟经济有限发展法学理论下虚拟经济安全强调各子系统在运行过程中应该在既定的发展边界内运行，既

① 庞凌：《法律原则的识别和适用》，《法学》2004 年第 10 期，第 34-44 页。

② 朱楠、任保平：《虚拟经济系统性风险背景下的我国国家经济安全机制的构建》，《福建论坛》（人文社会科学版）2015 年第 10 期，第 29-34 页。

要避免因为逾越边界而抑制其他子系统的发展，又要避免因为发展不足而导致整个虚拟经济市场失衡。如果将整个市场视为一个系统，那么虚拟经济有限发展法学理论下虚拟经济安全强调虚拟经济市场作为一个子系统，在运行过程中应该在其既定的发展边界中运行，既要避免因为过度发展虚拟经济市场而对实体经济市场产生抑制，又要重视以发展虚拟经济市场来促进实体经济市场，最终实现两者的有机协调和统一。虚拟经济有限发展法学理论下微观虚拟经济安全的内涵应围绕保障交易安全而展开，具体体现为对虚拟经济市场中合法权利的保护和合法权力的适当限制。从本质看，虚拟经济安全是一种客观存在的经济状态，虚拟经济有限发展法学理论始终贯穿虚拟经济安全的始终；虚拟经济安全是一种综合的经济状态，它始终与实体经济安全紧密联系，要实现虚拟经济安全必须保证虚拟经济服务于实体经济运行；虚拟经济安全是一种发展的经济状态，不同时代背景下虚拟经济安全有不同的侧重，以虚拟经济有限发展促进社会经济发展始终是中心。

虚拟经济安全是虚拟经济法的首要价值。之所以说虚拟经济安全是虚拟经济法的首要价值①，主要理由在于虚拟经济安全是虚拟经济秩序和效率的前提，是虚拟经济法追求的首要目标。第一，虚拟经济安全是虚拟经济秩序与效率的前提。在经济领域中秩序和效率始终与持续性紧密联系，安全是秩序和效率得以持续存在和发展的前提。在虚拟经济领域也是如此，没有虚拟经济安全，虚拟经济秩序与效率难以存在。第二，虚拟经济安全是虚拟经济法的首要目标。这主要是由于“秩序与效率虽然也是虚拟经济法的基本价值，但它们还不足以解释虚拟经济法的根本动因”②。虚拟经济的产生和发展伴随着一系列不安全因素，如由虚拟资本不稳定性所引发的经济波动、由市场主体投机行为所引发的交易风险以及由违法行为所致的其他

---

① 罗杭春：《论国家经济安全是经济法的首要价值》，《湖南社会科学》2009 年第 4 期，第 62-64 页。

② 胡光志：《虚拟经济法的价值初探》，《社会科学》2007 年第 8 期，第 111 页。

安全问题等。虚拟经济法正是在这些不安全因素中产生和发展的,从最初的非正规规则发展到正规规则,均是为了保障虚拟经济安全。

综上,虚拟经济有限发展法学理论视阈下,应确立虚拟经济安全为虚拟经济立法的首要原则。由于虚拟经济安全是国家经济安全中的重心,而虚拟经济立法是保障国家经济安全的重要手段和途径,那么保障虚拟经济安全则是虚拟经济立法的核心任务和内容。这主要是因为目前世界范围内经济"脱实向虚"现象日益明显,虚拟经济安全和实体经济安全之间又相互作用和影响,因此在国家经济安全中虚拟经济安全扮演着越来越重要的角色。那么从虚拟经济安全在国家经济安全中的地位出发考察①,保障虚拟经济安全则必然是虚拟经济立法的核心内容。同时,从实践层面看,虚拟经济安全也是虚拟经济发展的实践需要。这主要是由于:第一,从虚拟经济的发展历程看,虚拟经济安全是虚拟经济发展的基础条件。成思危先生曾将虚拟经济的产生和发展概括为五个阶段,包括闲置货币的资本化、生息资本的社会化、有价证券的市场化、金融市场的国际化和国际金融的集成化。从这五个阶段不难看出,人类社会中的虚拟经济产生并发展于实体经济运行的夹缝之中,如果虚拟经济安全得不到保证,其必然不会存续至今并成为"市场经济的最高表现形式"②。当前中国经济进入了构建"双循环"新发展格局的阶段,必须重新考虑虚拟经济安全在虚拟经济立法中价值的顺序,明确认识到保障虚拟经济安全是虚拟经济法的首要价值。第二,从历次经济动荡的原因看,安全是发展的实践需要。研究表明,历次金融危机的爆发都与虚拟经济过度发展相关,应该把握虚拟经济发展的规模和程度。因此,虚拟经济的立法,应该将虚拟经济安全确立为首要原则。

---

① 许圣道、王千:《虚拟经济全球化与国家经济安全研究》,《中国工业经济》2009 年第 1 期,第 65-74 页。

② 胡光志、雷云:《法律制度供给与地方虚拟经济立法问题》,《重庆社会科学》2008 年第 9 期,第 57 页。

(三)构建符合虚拟经济有限发展的立法模式和体系

立法模式,是直接从立法原理派生的范畴,与立法本质、立法目的、立法任务和立法原则等同属第二层次的范畴。截至目前,我国学理研究并没有清晰而确定的立法模式定义。有观点将立法模式的选择视为“立法技巧”。如《政府与社会资本合作(PPP)模式立法研究》以“基本理论是立法依据,制度设计是立法内容,模式选择是立法技巧”为逻辑,提出我国政府与社会资本合作(PPP)以统一立法为基础,相关法律、法规和规章相结合的立法模式选择。[①] 一般而言,立法模式,是指以某一类利益的保护或权利的生成和规范为出发点,国家通过立法规范某一类自然权利或基本权利的具体方式或策略选择。如《人格与人格权立法模式探讨》一文,将人格利益的立法模式归纳为以下几种:①法国民法对纯自然理性的保护;②德国民法对人的伦理价值的保护;③《瑞士民法典》将伦理人格法律化;④埃塞俄比亚民法正式使用人格权的概念;⑤俄罗斯民法典将人格权放置于权利客体部分规定。[②] 我国《民法典》采用将人格权独立成编的立法模式,体现出对人的尊严和自由的高度重视。从立法模式的特点看,立法模式是可以在多个层面展开的体现立法的某种选择或安排的形式、方式和策略。立法模式不仅是技术层面的,更是立法原理层面的。立法模式理论的拓展,有利于立法模式选择价值的认识和具体立法模式选择的指引。而立法模式的选择,也会影响法律的规范功能和权威性。无论从立法传统、立法宗旨、还是立法技术层面看,立法模式的最终选择都深受各国具体情况和法治实践的影响。每一种立法模式的确定都是反复衡量不同影响因素的选择与结果。更为重要的是,对社会现象本质的认识和立法宗旨的准确把握通过立法模式最终影响立法质量

---

① 陈婉玲、汤玉枢:《政府与社会资本合作(PPP)模式立法研究》,法律出版社,2017,第312页。

② 马俊驹:《人格与人格权立法模式探讨》,《重庆大学学报》(社会科学版)2016年第1期,第184-196页。

和法律法规的实施效果。

虚拟经济有限发展法学理论视阈下，虚拟经济立法的根本是落实虚拟经济发展的“限度”，即以虚拟经济运行安全为中心，通过虚拟经济法律制度为虚拟经济运行划定边界。在法律制度的创设过程中，立法模式的选择至关重要。一般意义上，立法模式受一国多方面因素影响，在立法的多个层面和多个环节中需要特别选择和运用的与法律体系、法律部门、法律形式、法律制度、法律来源和法律实施效果等密切相关的形式。以某一类利益的保护或权利的生成和规范为出发点，国家通过立法规范某一类自然权利或基本权利的具体方式或策略选择。立法模式不仅影响法律的规范功能和权威性，也影响具体法律的实施效果。因此，选择什么样的立法模式，不仅影响着立法发展方向的科学化，而且关系到法律的精准执行和社会治理的最终效果。虚拟经济立法模式选择，需要考虑国内法律制度建构的重要价值和影响因素，借鉴吸收域外经验，考虑国际层面的交易便捷与制度接轨，为虚拟经济立法模式选择提供借鉴，以保障虚拟经济法律规范能够得到有效的遵守，符合虚拟经济有限发展立法的本意。

从部门法的角度看，虚拟经济有限发展的立法模式可以分为统一立法模式和分别立法模式。分别立法模式是当下我国虚拟经济立法的基本模式。然而，这一模式仅仅回答了虚拟经济不同行业分别选择何种方式进行立法的问题，并没有对我国虚拟经济有限发展法律体系的建设问题进行回应。从虚拟经济法律体系的角度看，虚拟经济立法涉及多个层面的立法模式的选择和改进问题。虚拟经济有限发展法学理论视阈下的立法，需要从我国虚拟经济工作的原则出发，完善虚拟经济法律体系，坚持虚拟经济立法保障虚拟经济运行安全、服务实体经济发展的基本理路，更加重视虚拟经济法律法规的统一与规范。①确立虚实二元结构分别立法模式。②制定统一的虚拟经济基本法以反映虚拟经济的特性，统合虚拟经济不同组成部分，形成与实体经济法律规范对应的虚拟经济法律体系。③继承虚拟经济有限发展分别立法模式的合理成果。以我国现行的虚拟经济法律规范为基础,进一步完善虚拟经济按行业分别立法。通过虚拟经济有限发展立法的顶层设计,增强虚拟经济法的系统性并提高虚拟经济法律规范的统合性。④协调创新虚拟经济单行法。尊重我国虚拟经济法律规范现实,通过虚拟经济法律规范的立、改、废、释等多种形式保障虚拟经济创新发展与开放。具体而言:

第一,虚实二元结构分别立法模式,是指国家以虚拟经济与实体经济二元框架为前提,通过制定统一的虚拟经济基本法以弥补虚拟经济领域分别立法的局限性,最终形成与实体经济法律体系对应的虚拟经济法律体系的立法模式。完善我国虚拟经济有限发展的立法模式,需要以认识虚拟经济与实体经济的差异和联系为前提,构建与实体经济法对应的虚拟经济法框架。

第二,完善我国虚拟经济有限发展立法模式的可行思路是:保留虚拟经济领域分别立法的现有框架,针对银行、证券、期货、保险和信托等单行虚拟经济法的共性,通过功能性规范推进虚拟经济监管的协调和整合,制定一部超越银行法、证券法、期货法、保险法和信托法等虚拟经济业别的统一的虚拟经济基本法。从虚拟经济产品的无形性、专业性、收益性和风险性等特点入手,规范虚拟经济产品销售、提升虚拟经济服务品质和保护金融消费者的权利,最终形成虚拟经济立法与实体经济立法二元并列,虚拟经济基本法统领、由虚拟经济分别立法构成的伞形虚拟经济法律规范体系。

第三,坚持虚拟经济有限发展分别立法模式,必须尊重市场规律,反映虚拟经济关系,合理配置虚拟经济主体的职责权限和权利义务。我国虚拟经济发展过程中,虚拟经济立法基本是虚拟经济实践创新的被动和因应。每出现一种新的虚拟经济形式,国家立法机关就制定相应的虚拟经济法律规范,设置或明确相应的虚拟经济监管主体。如此往复,渐次形成了我国的虚拟经济法律规范群,也逐渐形成了我国虚拟经济有限发展的分别立法模式。

第四，之所以强调协调创新虚拟经济单行法，是因为现实所需。虚拟经济产生和发展的渐进历程在一定程度上塑造了我国虚拟经济分别立法的框架模式。作为虚拟经济立法过程中的被动选择，不同虚拟经济领域的分别立法及时地解决了虚拟经济创新发展过程中的诸多实践性难题。我国虚拟经济有限发展的分别立法模式，虽然具有灵活、务实、简便等优点，但由于缺乏总则的统率，难以收到纲举目张之效果，使单个的虚拟经济法变成了孤立、单一的法律，不能形成虚拟经济法内在应有的体系。这既不利于我国虚拟经济的有限发展，也不利于虚拟经济关系的统一规制，更无助于对虚拟经济法律原则、基本制度和规则的统一理解，难以避免虚拟资本和虚拟产品设计过程中监管套利和风险放大等现象的产生。

第六章　虚拟经济有限发展法学理论的应用场域

虚拟经济有限发展法学理论最终目标在于回归实践并更好地指导实践。虚拟经济的治理已然是我国国家治理体系和治理能力现代化的重要组成部分,但虚拟经济治理在开放经济条件下尚无经验可言。而虚拟经济有限发展法学理论的积极探索,可以为我国今后一段时期内推动国家治理体系和治理能力现代化的重要决策提供参考。其较强的现实指引与长远预期,是其能够对当下乃至更长时期内虚拟经济的安全与发展提供指导的重要依据。从实践的应用场域看:

第一,能够指导虚拟经济法律制度的有效供给及变革。在虚拟经济有限发展法学理论的指导下,通过应然的立法建构要求及立法后评估的方式对我国现有虚拟经济的法律进行系统的检讨并提出完善之策,对虚拟经济安全价值进行重塑。在此基础上,对银行法律制度的变革、证券法律制度的变革、期货法律制度的变革提出了基本路径,为我国虚拟经济立法变革的具体路径提供具体的思路和方案,可为立法实践与决策提供具有现实意义的参考。

第二,可指导虚拟经济安全运行中政府的职能定位。理论的积极探索,可以为我国今后一段时期内推动国家经济治理体系和治理能力现代化的重要决策提供参考,为虚拟经济实务部门的监管提供决策参考。虚拟经济有限发展法学理论在坚持虚拟经济有限发展的前提下,对虚拟经济运行安全法律保障制度进行了较为充分的研究，致力于为如何保障我国虚拟经济的运行安全提出相应的对策建议，可为我国虚拟经济实务部门的监管提供决策参考，为我国经济管理部门提供预防和遏制金融危机、守住不发生系统性风险的底线提供重要的建议。特别是我们通过对虚拟经济有限发展法学理论、虚拟运行安全制度的理性建构，提出的整合现有监管机构、构建更高层级的监管统筹协调机构的监管构想在我国已基本实现，当下我国虚拟经济监管体系已然形成了颇具中国特色的“一委一行两会”新格局。

第三，可指导司法防范和化解虚拟经济风险实践的展开。在传统的经济风险治理体系中，处于后端机制的司法作用往往容易被忽视，但司法在虚拟经济治理中却起着至关重要的作用。虚拟经济有限发展法学理论提出重视并发挥司法在打击虚拟经济领域犯罪、保障虚拟经济安全、消费者保护、中小投资者保护等方面的积极作用，特别是在互联网金融创新中消费者（中小投资者）的保护方面有重要的实践价值。①

第一节　指导虚拟经济法律制度的有效供给及其科学变革

虚拟经济安全必须以制度为依托，而制度的供给既需要充分性也需要均衡性。

首先，虚拟经济制度供给充分性的意义在于通过规定权利义务、权力责任、行为模式以及实体法规范和程序法规范等形式，将虚拟经济制度和相关创新要素大致确定，使其逻辑明确，内容科学、体系协调，为市场交易主体提供行为准则，为规制主体提供权力运行的边界，稳定市场秩序，提高交易效率。

---

① 胡光志、周强：《论我国互联网金融创新中的消费者权益保护》，《法学评论》2014 年第 6 期，第 135-143 页。

其次,虚拟经济制度供给也必须均衡。按照制度经济学的观点,社会的经济运行是在特定的制度变迁的框架内展开,因此,由制度短缺到制度供给,再到供给与需求之间的平衡,便成为制度变迁的基本规律。为此,有研究者站在制度需求的角度上建立了与制度供给均衡相关的分析模型:从需求层面而言,新制度的需求与客观因素和主观因素的改变均有关联,在现存制度具有未实现利益的情况下,便激发了成员改变现有制度,从而谋求潜在的利益的动机。[①] 从虚拟经济及其制度的发展历程来看,虚拟经济及其制度总是在寻求二者的最佳契合点,即平衡;当然,二者的均衡总是短暂的,实践中的不均衡是常态,需要不断地进行制度改革来达到制度与虚拟经济的平衡;因此,不断的发展和制度变革使得虚拟经济及其制度最终达到平衡,进而促进虚拟经济的发展和经济社会的进步。笔者曾指出,我国虚拟经济制度模式供给的转变应该从以强制性供给为主到强制性与诱致性供给并重,从以中央政府为主到倡导多元供给主体,从以改革目标为主到以市场目标为主,从以政策为主到以法律为主。[②] 这不仅包括虚拟经济与其法律制度之间的平衡,还包括虚拟经济法律制度与实体经济法律制度的平衡;不仅包括静态的平衡,还包括长期发展状态下的动态平衡。

一、虚拟经济法律制度供给及变革的整体构思

不同的经济形态需要不同的法律加以规制。虚拟经济作为一种与实体经济相对应的经济形态,需要有与之相对应的虚拟经济法律的有效供给与变革,而制度的供给与变革往往需要理论的指导。虚拟经济有限发展法学理论以虚拟经济安全为基本起点到最终追求的理论塑造,决定了该理论的实践价值在于通过指导虚拟经济法律制度的供给及变革来实现虚拟经济制

---

① 胡光志:《虚拟经济及其法律制度研究》,北京大学出版社,2007,第132-133页。

② 胡光志:《虚拟经济及其法律制度研究》,北京大学出版社,2007,第133-146页。

度供给的充分与均衡。虚拟经济有限发展法学理论是对反映虚拟经济运行规律,调整虚拟经济关系的法律规范体系的理论化提炼,能够在整体上、原则上对虚拟经济法律制度的供给及变革提供指导,进而发挥法律为虚拟经济的有限发展设定边界、划定轨道、提供信号灯等功能。虚拟经济有限发展法学理论在指导法律制度的供给时,评判的依据集中体现为法律制度是否有利于保障虚拟经济秩序、是否有利于保障虚拟经济效率和虚拟经济安全三个方面,其中秩序和效率是虚拟经济法的基本价值,而安全则是虚拟经济法的核心价值。[①] 具体而言,如何判断虚拟经济法律制度的供给是否助益于有限发展,可从虚拟经济中市场主体权益保护、虚拟经济中公权力机构责任的配置、虚拟经济市场机制运行的规范与否、虚拟经济监管体制是否得当、虚拟经济结构是否协调、虚拟经济外部环境的适应性等方面展开。从具体制度供给的路径层面看,虚拟经济有限发展法学理论可指导虚拟经济法律制度的检讨(如立法后评估)、指导虚拟经济法律安全的法律塑造、指导虚拟经济立法模式及立法技术的展开,并通过宏观调控法律制度、危机预警和化解制度、银行法律制度、证券法律制度以及期货法律制度的变革,将有限发展的理念贯彻到具体法律制度之中。

虚拟经济有限发展法学理论视阈下,虚拟经济法律制度的供给及变革应以虚拟经济安全与稳定为基本目标,通过法律的立、改、废等形式满足虚拟经济运行、风险管理及监督等方面的制度需求。法律现实主义者的主要追求之一是使法律更多地回应社会需要,随着社会的不断发展变化,反映并用以调整社会关系的法律制度也应进行相应调整。在这种情况下,法律制度的预测筹划便显得至关重要。对此,伯克利学派的塞尔兹尼克尝试用“迈向回应型法”回答这个问题。虽然此回答的合理性论证本身尚需要进一步思考,但“回应型法”这一概念的提出,积极探索了法律应积极回应社会需求

① 胡光志:《虚拟经济法的价值初探》,《社会科学》2007 年第 8 期,第 105-113 页。

与解决社会问题,尝试着塑造法律制度自我修正的品格,在维护法律权威的同时,对于保持法律的弹性与开放性亦具有重要意义。开放性、能动主义和认知能力等,一起构成法律回应社会需求之基础。[①] 尽管"回应型法"易受社会影响,但其在社会问题的处理方面更具有效性。事实上,回应性应当是虚拟经济法律制度的典型特征,基于该制度"干预之法"之本质、"问题导向"之品格、应对"双重失灵"的责任以及对市场高度的敏感性及适应性等,使其在力求发展、风险防范与监管等需求的变革中,比其他法律制度更加迅速和敏锐。将经济、社会等变革所引发的外在张力视作认知的来源和自我矫正的机会是虚拟经济法律制度所具有的典型品格与特征。

虚拟经济有限发展法学理论视阈下,虚拟经济法律制度的供给及变革是一个复杂的过程。程序上包括对既有法律制度的评估(如立法后评估等),对与虚拟经济有限发展不相适应的法律制度进行变革,使之适应新的发展需求。从内容上看,首先需要对政府干预虚拟经济进行必要的限制,也就是实现宏观调控的法治化运行。尽管虚拟经济运行中的安全主要在于国家的监管和干预,但国家的干预同样存在失灵的情况,因此,宏观调控的法治化运行必不可少。其次,要建立确保虚拟经济安全的危机预警及危机化解法律制度,以此来使得虚拟经济领域的法律既具有"回应型法"的典型特征,同时也具有"前瞻性"的品质,特别是虚拟经济安全发展中的政府,理应是"弹性政府"与"前瞻型政府"的有机体。再次,最主要也最为直接的,就是对与宏观调控法相关的银行、证券、期货等领域的具体法律制度进行检视与完善,使之既有利于规范虚拟经济的安全高效发展、维护社会经济秩序,也有助于该领域投资者与消费者的保护。

---

① 诺内特、塞尔兹尼克:《转变中的法律与社会:迈向回应型法》,张志铭译,中国政法大学出版社,2004,第73-132页。

二、指导宏观调控法律制度的供给及变革

从本质上看,作为控权法的宏观调控法,并非经济政策法抑或对市场进行调控之法。宏观调控法应该是宏观调控法治化之表达样式,对调控权力进行配置,并对宏观调控行为以及相关实施程序进行司法审查应是其重点内容。[①] 虚拟经济有限发展的实现,需要政府进行必要的宏观调控,而政府在虚拟经济领域进行宏观调控之行为,才是引致宏观调控关系产生、变更以及消灭之法律事实,也是宏观调控法进行规制的对象。具体而言,政府为保障虚拟经济的有限发展,应通过多种手段对虚拟经济进行调整。同时,宏观调控法还应注意在宏观调控的过程中可能出现的政府调控失灵等情形,保障宏观调控关系的规范、科学和高效。[②] 在追求虚拟经济有限发展的过程中,核心任务是政府宏观调控的权力配置、实施程序、责任机制的科学设置。开放经济条件下虚拟经济的有限发展,虚拟经济安全的实现,要面对国内虚拟经济的不确定性和全球虚拟经济风险的挑战,特别是根据整体形势进行宏观调控更具有因时、因势而动的适时性与灵活多变性,使得法治化之路变得尤为艰难,但艰难并不意味着无法实现或者就不去实现。[③]

宏观调控与一国经济的整体发展密切相关,是对全局性的经济发展进行的规划、调节与控制,它不仅涉及国民经济整体利益、社会公共利益,也涉及个体的根本利益。政府宏观调控很有可能"一着不慎,满盘皆输",也正基于该缘由,在虚拟经济领域中,调控权之行使应按集权原则进行,决策权主体"只能集中在中央政府,对特别重大的宏观调控措施,决策权则应交由全

---

① 胡光志、靳文辉:《金融危机背景下对宏观调控法治化的再思考》,《西南民族大学学报》(人文社会科学版)2011 年第 3 期,第 99-104 页。

② 胡光志:《宏观调控法研究及其展望》,《重庆大学学报》(社会科学版)2008 年第 5 期,第 110-113 页。

③ 靳文辉、苟学珍:《构建"双循环"新发展格局的经济法回应》,《重庆大学学报》(社会科学版)2021 年第 1 期,第 27-38 页。

国人大或人大常委会”,而不是“乡长,村长也可以进行所谓的‘宏观调控’”①。当然,宏观调控决策权不只是集中行使的问题,为选择最优调控手段与方案,决策过程还应当有专家的参与。同时,也需要通过大众的参与,来保证调控目标不会发生严重偏离,从而增加宏观调控决策可被接受的程度。无论如何,宏观调控决策是“人”的事业,优化宏观调控决策主体,对于保障宏观调控行为的科学性与规范性具有重要意义。宏观调控之实施是宏观调控决策的延伸,二者对于宏观调控目标的实现都具有重要作用,决策行为决定了宏观调控的方向与性质,但是未得到准确实施的宏观调控,自然无法实现宏观调控的预期效果。基于宏观调控实施的主体、程序、权责等的多样性,宏观调控实施中的“一致行动”原则尤为重要。各个执行机关在宏观调控实施过程中能否做到“一致行动”,是衡量宏观调控实施行为是否通畅和有效的标准,也决定了宏观调控行动的成败。最后,责任机制是衡量宏观调控法治化的重要指标。而宏观调控可诉性可以使得宏观调控行为“接近司法”,对于宏观调控法治化进程也具有重要意义。

从理想层面而言,宏观调控必须法治化。我们需要通过宏观调控法,明确政府在宏观调控虚拟经济过程中的权力、行为和责任。首先,宏观调控决策权配置的法治化。客观而言,“法治化”不仅是一种过程性的描述,也是将政府调控经济的权力纳入法治轨道的一种美好设想。即便宏观调控已完成法治化,作为控权法、程序法和政府行为规范法,本身也不会事先规定国家在宏观经济调控过程中该选择什么手段以及如何对这些手段进行组合。而宏观调控的主体运用符合规范要素的宏观调控手段②,如通过货币、财税、汇率等手段等进行宏观经济调控,依然是一个相机抉择的过程。从现实层面而言,弹性政府在风险社会具有独特优势,决定了在虚拟经济领域,政府进

① 李昌麒、胡光志:《宏观调控法若干基本范畴的法理分析》,《中国法学》2002 年第 2 期,第 3-15 页。

② 徐澜波:《论宏观调控法的调整方法——从经济法的调整方法切入》,《法学》2020 年第 7 期,第 84-99 页。

行宏观调控应吸收弹性政府之优势。尤其在目前经济大环境下看得见的风险以及其他不确定因素面前，我们更期待的是一个具有弹性、能够相机抉择的法治政府。宏观调控法治化，包括宏观调控决策权配置、实施及相关责任的法治化等，但置于宏观调控法治化之下的政府，应具有弹性，在宏观调控法强制性规范和程序性规范的约束下，更加灵活地应对经济形势的变化，在法治框架内进行调控手段的灵活选择以及调控政策的组合。

然而，宏观调控的法治化并非易事。“法制化”是“法治化”的必要但非充分条件，宏观调控“法治化”以“法制化”为前提。故而，在短期内无法制定宏观调控基本法的条件下，从一般意义上完善宏观调控法律制度，不仅符合虚拟经济有限发展的现实需求，也具有现实可能性。虚拟经济有限发展的实现，需要在有限发展法学理论的指导下，建立危机预警和化解的法律制度，不断完善金融相关法律制度，特别是银行法律制度、证券法律制度以及期货法律制度，进而发挥其应有的治理功能。

三、指导风险预警和化解制度的供给及变革

虚拟经济的安全运行，需要做到未雨绸缪、及早规划，建立危机预警制度、设计相应的风险预警法律制度；与此同时，需要建立一套行之有效的危机化解制度，进而做到当出现局部性危机隐患，甚至发生一些不可预测的风险事件时，有相应的风险化解制度作为支撑，不至于陷入因为没有制度支撑而无法应对风险的僵局。

（一）虚拟经济风险预警制度的供给及变革

一般认为，虚拟经济风险预警是在虚拟经济系统运行过程中，识别风险发生的诱因，评估和预报可能发生的风险和损失以及虚拟经济体系遭遇破坏的程度并及时发出警示的机制。虚拟经济风险预警对一国虚拟经济的健康具有重要作用，“一个国家金融风险的防御能力，主要取决于是否具有一

套正确反映金融体系健康与稳定的金融预警制度"[①]。随着虚拟经济在经济领域中位置的凸显,以及政府在各类风险防治中的角色定位,使得政府对虚拟经济风险的规制成为现代政府的重要职能之一。多年来,理论界围绕金融危机的爆发原因、形成机理和防范路径展开了广泛的研讨,其中对虚拟经济风险预警的研究,始终是金融学、管理学等学科研究的热点之一。然而遗憾的是,法学界对虚拟经济风险预警法律制度建构的研究并不多见,在我国,除少量几篇文章外,对虚拟经济风险预警法律制度的建构原理和框架等问题,近乎集体失语。在"危险防止型行政"[②]的要求下,作为虚拟经济风险监管核心环节的虚拟经济风险预警,理应成为国家虚拟经济监管的重要内容,虚拟经济风险预警法律制度是"金融监管制度构建中必须慎思、明辨、笃行的重大问题"[③]。缺乏虚拟经济风险预警的虚拟经济监管制度是不完整的,虚拟经济风险预警法律制度的缺位会让政府的虚拟经济监管陷于功亏一篑的境地。

如果从整体主义的角度考虑,虚拟经济风险预警的有效性不仅要考虑虚拟经济风险预警技术和方法本身的正当性,还要考虑虚拟经济风险预警组织构造的合理性;更要立足于特定的政治和社会环境,考虑虚拟经济风险预警评估体系的科学性。笔者认为,它们均和制度相关,具体而言,和所有的风险一样,虚拟经济领域的"风险"固然是一个科学意义上的概念[④],科学意义上的"风险"并不能包含风险发生的全部内容,虚拟经济风险预警方法、预警指标选取和预警系统的构造等预警技术和方法,会导致虚拟经济运行

① 董小君:《建立有效的金融风险预警机制》,《金融时报》2004 年 11 月 17 日。

② 王贵松:《行政裁量权收缩之要件分析——以危险防止型行政为中心》,《法学评论》2009 年第 3 期,第 111-118 页。

③ 黎四奇:《对我国金融危机预警法律制度构建的思考》,《甘肃政法学院学报》2010 年第 1 期,第 79-85 页。

④ 伊丽莎白·费雪:《风险规制与行政宪政主义》,沈岿译,法律出版社,2012,第 14-15 页。

中权力、权利关系的变化和利益结构的调整，预警技术和方法的运用与法律制度间存在着彼此关联、相互塑造的关系，法律制度会对其产生直接的引领和矫正作用，是判断虚拟经济风险预警技术和方法“良善”的重要工具。同时，有效的虚拟经济风险预警必然涉及预警的组织架构和管理体制等问题，它关系着虚拟经济风险预警行为的效率和秩序，同样需要法律制度的规范。另外，虚拟经济风险尽管是发生于特定领域的社会现象，但其终究是“风险”之一种，其绝非仅由经济领域的“事件”所造成，而需要通过政治、社会的要素加以衡量和建构。与之同理，对虚拟经济风险的预警也就不是仅通过对虚拟经济体系本身的分析即可成就的事业，其必然是一个与政治和社会要素相关联的行动，虚拟经济风险预警的政治和社会的判断和考量不可避免。因此，超越传统虚拟经济风险预警仅着眼于虚拟经济活动，从政治和社会的角度对虚拟经济风险预警评估体系的合理设定并通过法律制度加以确认，明确虚拟经济风险预警评估体系的内容，是保证虚拟经济风险预警行为具有社会有用性的关键环节。基于此，笔者对虚拟经济风险预警技术和方法层面的预警指标选取和预警模型建构的法律制度保障，预警组织层面的组织形态和组织结构及其法律规范，政治和社会层面的预警评估系统及法制实现等内容进行了研究，以期为虚拟经济风险预警实践提供明确的法律制度保障，对于保证我国虚拟经济风险预警的法治化和规范化提供参照。具体而言：

首先，从虚拟经济风险预警技术和方法的规范要求及制度落实看，以技术和方法为核心的虚拟经济风险预警并不总是完备的，依旧需要发挥法律制度的作用。法律制度是维系预警系统合理性和权威性的关键力量，在任何情况下，“法律制度都可用以维系科学的权威”[①]。虚拟经济风险源的多环

① Jasanoff S. Law's knowledge: science for justice in legal settings. American journal of public health, 2005, 95(S1): S49-S58.

节、多样化为技术运用的偏差提供了形成空间,极可能导致对虚拟经济风险预警价值准则和道德意义的忽视,缺乏制度规范的预警系统构造,无法为国家的虚拟经济风险干预活动提供正当性依据。同时,通过制度促使预警主体在指标数据提供和使用中强化自身管理,也是实现虚拟经济风险预警效率的关键。确认预警指标选取原则和选取范围,制定预警信息采集和使用方案,是法律制度规范虚拟经济风险预警指标选取的重点所在。

其次,从虚拟经济风险预警组织形态、结构及制度规范看,虚拟经济风险预警的组织以及其所赋予成员的身份意识、角色定位和行为要求需要法律制度来塑造,社会所期待的虚拟经济预警组织规范与高效运行等均需要法律制度来保障。基于虚拟经济风险预警组织形态的开放性、独立性等特征,其法律制度应赋予虚拟经济风险预警组织更充分的自主性、授权金融稳定发展委员会可根据具体情势设立虚拟经济风险预警议事机构、确保虚拟经济风险预警组织人员构成弹性化、通过法律明确预警机构的主体地位、保障虚拟经济预警组织规则制定权、独立的财政保障制度以及预警责任豁免等制度。基于虚拟经济风险预警组织存在横向和纵向两种结构形态的特点,虚拟经济风险预警组织的纵向制度设计可按现有科层制建构的原理和经验来进行,虚拟经济风险预警组织横向协调制度保障首先需要发挥国务院金稳会的组织协调功能,在此基础上通过法律确认各参与主体的权责边界,并建立沟通机制、合作机制、制衡机制、反馈机制,对组织系统进行整合、调节和控制。

最后,从国家经济安全和社会认知框架下虚拟经济风险预警评估体系及其法治保障看,国家经济安全的保障体现在虚拟经济领域,需要建立虚拟经济基础设施和基础能力评估制度、系统性虚拟经济风险评估制度、外源性虚拟经济风险评估制度。同时,在社会认知框架下,公众对虚拟经济风险的认知有时会脱离虚拟经济状态本身,成为诱发虚拟经济风险的一个重要变量。因此,把握社会公众对虚拟经济风险的认知状态,监测虚拟经济市场中舆情走向，对特定时段社会公众对虚拟经济风险情绪、态度和情感等认知状态的准确评估，通过制度设计对舆情的收集、分析等行为及执行策略予以规范，对于虚拟经济风险的准确预警极为必要。

（二）虚拟经济风险化解制度的供给与变革

通常意义上，风险化解是指针对不同类型、不同规模、不同概率的风险，采取相应的对策、措施或方法，使风险损失降到最低限度的一种操作。而风险化解的方法则主要有风险预防、风险规避、风险分散、风险转嫁、风险抑制和风险补偿等。在开放经济条件下，虚拟经济运行的安全与否，关系到一国对抗外部冲击的能力，关系到国民经济稳定增长与国民福利的改进，虚拟经济的风险如果不加以防范和化解，可能会酿成经济更大的社会危机。因此，虚拟经济有限发展法学理论的实现，需要建立相应的虚拟经济风险化解机制，并进行相应的制度供给。而虚拟经济风险的化解，其实质就是针对虚拟经济领域由不同原因诱发的不同风险，采取一定方法，从而预防、规避风险，或者把已经发生的风险的损失降到最低，避免诱发系统性金融风险。[①] 从逻辑上看，虚拟经济风险化解需要依靠制度，但制度的供给与变革更需要对症下药，也就是必须厘清虚拟经济风险发生的原因；只有清楚地知道诱发风险的原因，才能在风险化解的制度供给以及实践中做到有的放矢，游刃有余。

根据既有研究以及实践经验的总结，虚拟经济风险的成因主要源自四个方面：其一，实体经济赢利能力的不确定性。实体经济领域效益不确定性，决定着虚拟经济领域虚拟资本价格的变化。其二，虚拟经济的投机性。虚拟经济的本质决定了其具有投机性，无论是温和投机，还是过度投机，亦或者是恶性投机，都会在一定程度上产生相应的风险。其三，信息不对称性。信息流动激励不足导致与虚拟经济相关的信息供给不充分、投机者鉴

---

① 部分内容参见陆岷峰、徐阳洋：《从战略上探讨成长链金融风险的化解方法》，《宁夏大学学报》（人文社会科学版）2016 年第 5 期，第 131-136 页。

别真实信息能力不强、部分投机者恶意歪曲信息,都会因为信息不对称而产生风险。其四,虚拟经济体系中的制度性风险。虚拟经济活动以信用作为产权交易的保障,信用手段虽有利于降低短期风险,但是虚拟经济的运行秩序还受诸多不确定因素的影响,加之虚拟经济活动通常涉及大宗业务,一旦长期无法按预定合约进行,必然导致更大的风险损失。同时,从主体视角看,各主体在虚拟经济风险制造中也扮演着不同的角色。其中,政府对虚拟经济的适度干预是必要的,但盲目与过度的干预则会影响到虚拟经济的良性发展,一方面使虚拟经济全面缩水,另一方面损害部分交易者的利益;中介机构如银行、证券交易所和投资基金等都会因为其行为而引发虚拟经济风险;个体投机者往往被看作风险的制造者。

虚拟经济风险的化解,需要加强制度供给与变革。构建科学有效的制度体系,是应对各种风险挑战的根本保障。在虚拟经济有限发展法学理论下,根据虚拟经济风险发生的不同原因与运作机理,虚拟经济风险化解的制度供给需要做到对症下药,分别按照不同的原因、不同的主体所引发的风险及其可能性,进行相应的制度设计。当然,所有制度的供给及其变革都须以有限发展为根基,以虚拟经济安全为目标,以虚拟经济发展为归宿。在制度设计中,要坚持底线思维,做好防范于未然,尤其在风险的化解上,要更好发挥制度优势,建立健全化解各类风险的体制机制,通过延长处理时间减少一次性风险冲击力度,如果有发生系统性风险的威胁,就要果断采取外科手术式的方法进行处理。制定政策措施,作出决策部署时,要考虑到方方面面的因素,充分估计最坏的可能性、最严重的后果。同时要实事求是、有针对性地提出应对方案,做到有备无患。

从诱发虚拟经济风险的原因层面看,虚拟经济风险化解的制度供给应分别从这几个方面进行:①强化调整经济结构降低实体经济赢利能力不稳定的制度供给。特别在产业结构、所有制结构、城乡结构、地区结构等方面,更好地提供适合实体经济与虚拟经济共同繁荣发展的公共政策,检视并完善相应的法律法规，为实体经济的持续向好发展提供有力的制度支撑。②加强虚拟经济监管的制度供给及变革。在全面依法治国的今天，合理的监管体系及其执行系统均需要得到法律的确认，虚拟经济领域的各种创新活动总是走在法律制度的前面，因此制度的供给必须及时和有效，方可应对随时出现的各种不确定性。③为促进信息高效流动提供法律支撑。虚拟经济领域信息流动不畅的原因在于信息披露的激励机制与约束机制不健全，同时投资者教育机制尚未普及。因此，应当借助于信息工具的作用，在法律制度中不断强化信息工具，建立信息流动的法律机制。当然，从主体角度看，政府、中介机构以及个体投资（机）者在风险引发中的作用不同，因而其风险化解的责任也不尽相同，法律制度的设计要根据主体的能力、主体可选择的风险化解手段及策略、主体的知识，有区别地进行相应的制度设计，以确保风险的化解形成一种多元共治的协同治理格局。

四、指导银行法律制度的供给及变革

从银行业与虚拟经济有限发展的关系来看：①银行业是虚拟经济有限发展的基础和条件。一个稳定而健康的银行业为经济活动提供了必要的流动性支持，创造了有效的风险管理机制，以及多元化的市场交易模式，成为虚拟经济有限发展的物质基础，也是保持实体经济，乃至整个国民经济增长的重要保障。统一的货币发行、稳定的货币价值和有效的货币供给都促进和保障了虚拟经济的有限发展。在市场与技术的双重推动下，银行业围绕着风险管理，在业务经营、技术水平以及安全保障等方面，为实现虚拟经济的有限发展提供了丰富的风险管理手段、科学的风险定价机制和多元化的市场交易模式。与此同时，大型银行逐渐演化为全能型金融集团，其业务范围囊括商业银行、证券、保险、资产管理以及金融租赁等不同类型的金融服务，银行业内部分工更加精准，出现了大量锁定特定目标市场，专门从事诸如小微企业贷款、住房抵押贷款、结算等特色业务的专业化银行，这些为虚拟经济的有限发展提供了多元化的市场交易模式。②银行领域的"市场失灵"与"调控失灵"并存是对虚拟经济有限发展的极大挑战。激烈的市场竞争让银行更倾向于对规模经济和监管套利的追求,进一步推动了银行机构之间、银行机构与非银行机构之间的重组,而规模庞大且多元化经营的大型银行监管难度更大,银行的"野蛮生长"也"内化"为资产负债表的急速扩张,并最终成为危机的"导火索"。银行领域的市场失灵为实施宏观调控提供了必要的正当性基础,而调控的失灵则体现了国家干预的局限性。③虚拟经济有限发展语境下银行业开放的路径,整体上可遵循虚拟经济有限发展应平衡银行业的创新激励与风险防控、协调银行业的内部治理与外部约束、完善银行业的法律体系与监管体制、兼顾银行业的国内规制与国际合作等方面。④虚拟经济有限发展法学理论,可从引导银行法律制度变革的理念变迁、强调银行法律制度变革的系统协调、关注银行法律制度变革的利益平衡、注重银行法律制度变革的结构优化、重视银行法律制度变革的风险治理等方面实现银行业法律制度的有效变革,进而实现有限发展。

从中央银行法律制度[①]变革视角看:虚拟经济有限发展法学理论视阈下,需在信用货币发行、宏观审慎监管、"最后贷款人"制度等方面进行制度的思考与变革。首先,就信用货币的发行来说,中央银行作为天然的货币发行者,面对"迷失"的信用货币下挥之不去的通货膨胀阴影,如何在制度上回应回归金本位的尝试,以及数字货币的兴起代表着货币发行的发展方向,其中数字货币的"野蛮生长"也许是虚拟经济最重要的时代特征,也可能是中央银行的一种"自我救赎"。其次,就宏观审慎监管而言,需要转向以风险为导向的监管理念。2008 年金融危机所引发的系统性风险让各国金融监管当

① 中央银行法律制度大致包括中央银行的地位、组织结构、职能等相关的法律制度的总称,关于我国中央银行法律制度的历史变迁,可参见常健、饶常林:《我国中央银行法律制度:历史考察与特点分析》,《中国矿业大学学报》(社会科学版)2014 年第 3 期,第 21-30 页。

局和国际组织意识到过于依赖微观审慎监管，只关注单个金融机构的稳定，已不足以应对已经或未来可能出现的危机。宏观审慎被更多地引入金融监管体制改革以应对系统性金融风险，逐步确立中央银行在宏观审慎管理和系统性风险防范中的核心作用，即肩负货币稳定与金融稳定的双重职责，这对于已经高度虚拟化的现代经济而言是至关重要的，也是虚拟经济有限发展的内在要求。我国宏观审慎监管需要从明确监管目标、加强宏观审慎监管立法工作、完善宏观审慎监管体制等方面进行系统性构建。最后，“最后贷款人”制度的检视与完善是虚拟经济有限发展对中央银行制度变革的基本要求。这就需要依法明确最后贷款人的功能定位、加强最后贷款人职责与其他监管政策间的协调性、完善最后贷款人管理体制。

从商业银行法律制度变革视角看：虚拟经济有限发展法学理论视阈下，需要从市场准入制度、消费者保护制度、功能监管制度等三个方面进行制度的变革。以维护国家安全为逻辑前提，坚持良好善治为目标，体现内外有别、有进有退，建立一个“宽严相济”的市场准入制度，有效平衡全面开放与风险防范之间的矛盾；以强化消费者保护为监管目标，健全统一保护与行为监管相结合的消费者保护机制、完善立法，强化商业银行的主体责任、建立相对独立的替代性纠纷解决机制，夯实商业银行的信用基石；以混业经营趋势下的风险管理为导向，进一步推进监管体制改革，完善功能监管制度，不仅有利于提升我国商业银行竞争力，维护市场秩序，促进银行业健康发展，也是实现虚拟经济有限发展的前提和保障。

从影子银行法律制度的变革视角看：虚拟经济有限发展法学理论视阈下，影子银行制度的变革需要从影子银行有限发展的必要性、虚拟经济有限发展法学理论对影子银行的立法重塑与完善等方面着手。由于影子银行及其业务的本质是一种金融活动，因此影子银行法律制度价值目标的内容与一般金融法律制度调节的作用目标类似，包含金融安全、金融稳定、金融效率、金融公平等。伴随着影子银行业务的发展，银行金融业所面临的系统性风险规模更大、波及面更广,在审慎监管理念下所构建的风险隔离“墙”也越来越脆弱,亟须将影子银行纳入法律监管范围内。影子银行“脱媒”性能具有提高金融服务质量、促进金融资源配置效率和活跃金融市场等优势①,因此对影子银行的法律监管应平衡效率与安全目的。另外,影子银行面对的金融市场、运行机制有别于正规的银行金融机构,金融消费者对影子银行发挥金融资源配置效率至关重要。因此,新的影子银行法律监管制度应突出金融消费者保护的理念。

从政策性银行法律制度的变革视角看:虚拟经济有限发展法学理论视阈下,政策性银行法律制度的变革应从政策性银行在虚拟经济中的定位、我国政策性银行发展转型面临的困境以及制度完善等层面展开。国务院对三大政策性银行改革实施总体方案的批复内容强调和突出了政策性银行的政策性回归。这种政策性回归实质是由于政府职能内容变化而对政策性银行所追求的社会效益的重新定位。新定位的内容可从三个方面来看:①政策性银行改革的背景已经发生质的变化,政策性银行功能也由之前市场培育向市场填补、市场开发、市场诱导、逆周期调节等功能转向。②政策性银行资金投向的范围也由之前单一的公共产品供给向多样化的公共服务内容转变。③运作机制市场化。政策性银行是国家宏观经济调控的重要工具,作为财政投融资机构,是财政政策与货币政策协调框架内政府干预经济的重要手段,是以金融形式进行的特殊财政活动。其功能与职能范围受国家经济形势、金融行业发展水平的影响。② 在我国经济向新的高质量发展阶段转型、金融供给侧结构性改革的大背景下,政策性银行面临着转型发展,而其转型发展的路径依赖应该是市场化运作。基于此,虚拟经济有限发展法学

① 刘习习、王壬玚、李宝伟:《金融脱媒与影子银行:来自微观层面的经验证据》,《经济问题探索》2020年第2期,第183-190页。

② 易信、刘磊:《以“三大转变”推动经济高质量发展》,人民网2019年2月2日。

理论视阈下政策性银行制度的完善可从法律制度体系完善、内部治理机制构建、外部监管机制构建三个方面进行。

五、指导证券法律制度的供给及变革

证券市场目前已成为我国虚拟经济市场的重要组成部分，其在快速发展的同时也出现了许多对社会产生负效应的问题，诸如虚假陈述、内幕交易、欺诈客户以及操纵市场等。因此，证券市场的良性发展需要政府的干预。更为重要的是，证券业作为虚拟经济领域的分支行业，其市场风险较其他金融行业（如银行、保险公司等）的风险更大，它具有系统风险和非系统风险，特别是在全球化进程中它的风险更具有突发性强、传递快和影响广的特征。不管是克服其对社会产生的负面效应还是风险防范的现实需求，证券市场的发展都需要践行有限发展的理论。证券市场的有限发展有利于维护市场秩序、保障广大投资者权益、提高证券市场效率、有效控制风险。虚拟经济有限发展法学理论视阈下，证券业发展的目标表现为：维护合法的证券交易活动，保护投资者利益，证券中介依法经营，防止人为操纵、欺诈等违法行为，维护证券市场的正常秩序。[①] 为了实现上述目标，国家根据经济发展的情况，灵活运用法律所赋予的各种方式去引导投资流向，充分运用和发挥证券市场机制的积极作用，使证券市场适应实体经济发展。证券业有限发展的核心是在证券业自由发展的前提下对其施以一定程度的限制和调整，减少证券市场的无序发展。同时，政府对证券市场的干预也要限制在一定程度上，以防止权力滥用阻碍证券市场的自由发展。综上所述，虚拟经济有限发展法学理论视阈下，证券法律制度的变革可从证券经营机构制度、证券发行上市制度、证券交易市场制度、信息披露制度、市场监管制度以及危机

① 曾冠：《证券监管的法理分析》，《太原理工大学学报》（社会科学版）2006 年第 3 期，第 77-80 页；陈岱松：《关于证券监管理念的法理分析》，《兰州学刊》2009 年第 05 期，第 124-128 页、第 141 页。

预警和防治等方面展开。

第一,证券经营机构制度层面的变革。虚拟经济有限发展法学理论视阈下,证券经营机构的变革可从规制证券公司的制度变革、规制信托公司的制度变革以及证券经营机构行为规制变革三个方面展开。具体来说:首先,规制证券公司的制度,包括证券公司类型制度和设立制度两个层面的变革。类型制度层面,在明确证券公司权利义务后,需针对不同的类型(如证券自营商、证券承销商、证券综合商)进行相应的规制制度设计。设立制度层面,设立证券公司要受到证券法和公司法的约束。在二者的适用上,证券法在设立证券公司上有直接的规定,就适用证券法的规定;如果证券法对证券公司的设立没有特殊规定,就适用公司法的一般规定。同时,证券有限责任公司与证券股份有限公司等不同类别的设立限制也不尽相同,需要具体制度予以变革适应。其次,规制信托公司的制度,重点是完善立法。我国目前的信托立法比西方国家晚,从制度层面来说仍然存在很多的问题,尽管已经出台了不少有关信托方面的法律法规,但从根本上讲相关的立法没有形成体系,导致我国的信托法律显得比较松散,一些法律法规在内容上可能存在重复或冲突。所以,把我国的信托法律变得更具体以及填补法律漏洞成为当务之急。最后,证券经营机构行为规制制度的变革,需要从报告制度、保证制度和禁止制度三个层面展开。财务保证制度的内容变革主要包括净资本规则、投资者保护规则、提存保证金规则以及最低资本额限制等;禁止制度的变革主要包括禁止不当投资劝诱行为、禁止经纪业务与自营业务混合、禁止接受客户的全权委托、禁止对投资者作出利益承诺等。

第二,证券发行上市制度的变革。证券发行上市过程中,需注重有限性发展理念,即在符合社会经济发展需求追求利益的最大化的同时,也要符合法律法规的强制性规定,不能做出有损社会公共利益的行为,切实履行法律规定的义务,服从证券发行上市监管机构的监管,保障证券发行上市的有限性。从发行视角,即从保护投资者利益、维护证券市场秩序、减少系统性风险三个方面看，证券发行必须要以这三大目标作为其限度的考量。同时，针对核准制的局限性与不足，需要对注册制的成功改革予以更多的关注，我国股票发行制度随市场变化而变迁演进，从审批制到核准制，并经由核准制逐步过渡到注册制经历了长期的论证、研讨和试点。尽管已经实行注册制，但也还要进一步完备相关制度。注册制的推进与完善，需要配套的法律与制度建设，这是一个相当复杂的系统工程。目前，我国发审委制度实行已有28年，现在除了沪深主板仍旧由发审委审核外，科创板和创业板的审核权均由证监会下放给沪深交易所，但是股票最终能否发行尚需证监会予以批复，我国的股票发行注册制度任重而道远。从核准制过渡到注册制是一个制度变迁的过程，不能一蹴而就。需要进一步转变证监会职能、强化交易所的自律性、强化追责机制、加强公司治理。从上市制度的变革看，股票上市制度可在严格停牌期间的信息披露要求、适当放宽终止重大资产重组后的承诺、强化监管细则三个层面进一步完善；债券上市规则可从加强一线监管、规范债券预审核规程、健全信息披露和存续期管理安排、规范债券停复牌行为等方面完善。

第三，证券交易市场制度的变革。放宽限制不意味着放弃监管，部分国家虽然对自由市场做出了授权性的让步，甚至调整了原有的证券立法，但政府仍保留了相关的权限，特别是加强对投资者的立法保护，对证券市场中欺诈行为、内幕交易加以监管。我国目前仍处于市场经济的起步阶段，证券交易市场不完善、不成熟，还必须秉承有限度的发展理念，甚至由于证券业的虚拟经济属性，在未来，证券业也需要予以适度的限制。顺应证券业的有限发展，对于证券交易场所的规制进路，可从公司制改革、专业化自律监管等方面完善相关制度。同时，针对场外交易法律规范模糊、监管制度不足的问题，可从明确场外交易市场的法律地位、界定场外交易市场的交易方式方面予以完善。针对证券交易市场国际化的规制建议，由于我国证券市场起步晚，尚未与国际通行的证券市场惯例接轨，所以政府在推进证券市场现代化的进程中,要采取积极且稳妥的政策,即保证政府对证券市场的干预也限制政府的干预权力。在此过程中,政府要逐步深化对外开放政策,逐步开放国内资本市场,也要逐步结合先进的经验有效控制证券交易市场国际化进程中的各项风险。

第四,信息披露制度的变革。针对当下信息披露中存在的证券信息披露制度欠缺、证券监管制度不完善、信息披露责任制度不健全、退市制度规范性差(如退市标准不清晰、退市程序不规范)、中介机构作用被弱化等问题,信息披露制度可在借鉴域外经验的基础上:①通过保证证监会的独立性以及改变监管方式,适度限制政府对信息披露的监管权;②完善信息披露监管体系,具体包括完善证券交易所的监管(如划清证监会、证交所与市场的边界、授予证券交易所适当的行政执法权等)、强化中介机构的监督作用(如建立信息披露质量评价体系、加强中介机构的内部管理等)、强化上市公司的内部约束作用(如完善上市公司的内部治理结构、健全信息披露制度体系等);③完善信息披露规则,具体包括明确证券信息披露规则、进一步增强法律的时效性与前瞻性;④从退市标准和退市程序等层面完善退市制度;⑤从构建简洁的网络信息披露平台、明确信息披露责任制度等方面加强对投资者利益的保护。

第五,市场监管制度的变革。证券市场之所以需要监管,主要基于信息偏在突出、市场波动危害大以及市场过于逐利等因素。虚拟经济有限发展法学理论视阈下的证券市场监管制度变革,主要可从证券业自律监管、监管边界以及监管制度具体设定三个层面展开。自律监管层面,为了建成符合我国实际国情的自律管理体系,践行证券业的有限发展,应当在分析现实情况的基础上,将自律监管的范围扩大化,不仅局限于证券交易所等行业组织机构的自律,还应该让证券行业内部自身也充分运行自律监管的模式。具体而言,可通过加强证券交易所的自律监管地位、赋予证券交易所上市准入权、强化证券交易所的监督权、加强救济保护措施等方面的制度改进来完善证券交易所的证券管理机制;通过强化自律意识、提供准确信息、加强国际合作与交流等加强证券业协会的管理职能。监管边界方面,政府对证券业的监管,实际上是政府作为外部力量干预证券市场的体现,因此应当明确监管的目标,划定一个相对的监管边界,其中政府的职责定位应该限于弥补证券市场调节的局限、限制证券发展的过度自由、规范自身监管的不当行为、平衡证券市场调节与监管等方面。监管的具体制度设定,可从放宽准入条件、强制信息披露、分配监管权限三个方面进行制度的完善。

第六,危机预警和防治制度。近些年来,我国证券业在危机预警方面不断进步,目前基本已建立较为完善的危机预警机制。我国危机预警机制主要分为四个层次:第一层次,证券、期货、基金公司层面的业务危机预警;第二层次,交易所层面的交易危机预警;第三层次,专业危机监控机构的市场危机预警;第四层次,监管部门的系统危机预警。尽管我们正在逐步构建系统化的危机预警,但目前整个行业在危机预警过程中还存在许多问题,这些问题表现为缺乏危机预警意识、危机预警联动机制尚未形成、危机预警的及时性有待提高、危机预警的透明度不够高。基于此,在虚拟经济有限发展法学理论视阈下,危机预警和防止制度在五个层面进行相应的变革,具体包括将规模、互相关联性、透明度、充分体现自身市场的特点、符合我国的国情、具有一定的前瞻性等方面作为完善证券危机预警指标体系的主要标准;通过科学设置指标的上下限、分级设置预警指标以及危机等级转化等,科学设定预警指标的临界值;通过内外部反馈联动、重视信息披露建立预警反馈机制;通过定期开展测试、适时进行检查,建立危机测试和检查机制;通过完善危机预警处置机制的制度性安排、注意危机处置的方式方法、尊重市场规律平稳处置危机、改进危机处置思路,建立危机预警处置机制。

六、指导期货法律制度的供给及变革

期货属于金融衍生品中的一员，杠杆率可达20倍①，高杠杆率意味着高风险，同时，随着程序化交易、高频交易的开展，期货交易速度越快，风险越难掌控。因此，如何构建与期货市场风险匹配的风控法律制度是理论界与实务界普遍关注的热点。期货作为典型的虚拟经济，虚拟经济与实体经济的关系同样适用于期货与实体经济的关系。虚拟经济的有限发展理论对于期货业也同样适用，这是由期货业的功能以及自身的风险性决定的。无论是商品期货还是金融期货都具有服务实体经济的功能，若是健康安全发展，都对实体经济有一定的促进作用。同时期货自身的风险性也决定了期货业的发展要以经济安全为限。无论是商品期货还是金融期货都具有不同风险，商品期货具有违约风险、操作风险；金融期货除了也具有违约风险、操作风险外，还具有更强的流动性风险。由此可见，由于期货自身的高风险性，如果与实体经济发展不协调，就会制约实体经济的发展，甚至可能会给实体经济带来毁灭性打击。因此，期货业的发展也必须在虚拟经济有限发展法学理论指导下坚持经济安全的发展理念，避免期货行业内的风险，更要防范风险的传递和蔓延。具体而言，虚拟经济有限发展法学理论视阈下期货法律制度的变革，可从交易主体制度变革、品种上市制度变革、交易行为制度变革以及涉外制度变革几方面展开。

交易主体层面即“期货市场投资者结构的法律控制”。期货市场需要发展就意味着对机构投资者尤其是金融机构进入期货市场的禁令逐渐解除，投资者种类不断扩容，数量也随之增大，因此有必要在投资者进入前、中、后期，通过各项法律制度予以有效衔接。当前，针对越来越多的机构投资者参

① 刘慧：《走向大国金融——访国务院发展研究中心金融研究所副所长张承惠》，《中国经济时报》2011年7月7日第01版。

与期货市场、已有不少法律法规规范机构投资者行为。但期货市场引入机构投资者的法律依然存在立法中法律层次较低、限制性条款多、侵权认定较狭窄、期货市场还有一定的封闭性等问题。对此，期货市场引入机构投资者的法律制度准备，需要做好机构投资者培育工作、加快制定《期货法》、降低准入门槛、完善侵权救济制度、完善投资者保障基金制度等。投资者结构变迁下非专业投资者权益的保护也值得关注。当前，期货市场投资者保护法律制度存在明显不足，如复杂与否判断标准模糊、客户分类标准不科学、执行标准不完备、违反适当性义务责任追究机制不合理。在投资者结构变化下，上述问题逐渐浮出水面，需要积极应对，从细化复杂产品识别标准、建立科学的客户分类标准、健全执行标准、违反适当性义务法律责任追究机制的完善等角度发力。

品种上市制度层面即期货交易品种上市模式定位与变革。期货品种上市模式的合理有效、制度的有效供给，可以从源头把控期货市场的风险，提升期货市场的经济活力，保障和促进期货交易的效率。我国期货新品种上市经过 30 年的探索和发展，先后经历了探索和混沌时期、整顿和调整时期、稳定和发展时期三个阶段。目前我国期货新品种上市条件逐渐标准化、程序化、规范化，取得了阶段性的成效。但是不得不说，从操作方式来看，我国当前期货新品种上市模式有点过于“严格”，不利于期货市场服务实体经济。因此，我们可以在借鉴国外先进经验的基础上，立足于我国国情和期货市场的发展实践，从问题出发，完善我国期货市场的新品种上市模式。当前期货新品种的上市程序存在期货新品种上市干预过多、控制过严、新品种上市的标准不明确、缺乏具体的上市审批程序等问题，导致期货品种上市程序繁琐，耗时长，效率低，不利于我国期货的有限健康发展。因此，为了更好地服务实体经济发展，期货上市模式和相关法律制度必须做出调整，一是要合理界定政府与市场在品种上市中的作用边界，二是明确期货品种上市的标准，三是优化期货新品种上市的程序，从实体到程序，完善我国期货交易的品种上市模式。①

交易行为制度即期货高频交易的法律控制。以高频交易为例,高频交易过于依赖于交易速度,因此程序或者操作错误引发的系统风险就会使得交易风险更为严重;同时高频交易还有利用幌骗等手法进行市场操纵、利用信息优势损害市场公平、利用跨市套利引发的市场崩溃的风险。这些风险都使得期货交易市场极具不稳定性和风险,甚至对期货市场的公平公正造成危害。利用幌骗等手法进行市场操纵再利用高频交易特征使得市场价格朝着对高频交易者有利的方向修正,阻碍了普通交易者的成交,损害了普通交易者的利益。利用信息优势损害市场公平交易与公平竞争,当然会损害市场机制,市场公平交易与公平竞争都是建立在信息公开的基础之上的,因而公平交易和公平竞争都离不开市场信息的公开透明。针对我国期货交易中出现的高频交易的问题,一是要设定高频交易订单的最低停留时间;二是要明确禁止操纵型高频交易策略;三是建立高频交易风险管控工具;四是合理配置高频交易监管权。通过这些举措,我国期货市场就可以在坚持有限发展的理念下,对高频交易严加管控,促进我国期货市场健康平稳运行。

涉外制度变革即期货业对外开放的法律策略。期货业的开放程度可以从三个方面来把握:一是期货制度是否与国际接轨,二是投资者是否能实现国际化,三是交易品种是否具有全球投资价值。我国期货业有限开放的举措,在“引进来”方面,应该宽准入,严监管;而在“走出去”方面,应该积极引导,跨境合作。关于我国期货业有限开放的制度因应,主要是三个方面的举措:一是要完善期货市场的主体制度,集中于中国期货投资者的保护制度、完善期货经纪人制度和完善期货公司的风险管理制度三个方面;二是要严格规制期货交易违法行为,主要是加强对欺诈性期货交易行为、期货内幕交

① 唐波:《美国期货品种上市机制的反思与启示——以比特币期货上市为视角》,《东方法学》2019 年第 1 期,第 113-122 页。

易行为、期货交易价格操纵行为的监管和规制；三是要完善期货市场信息的公开制度，在此过程中不仅要坚持利益平衡原则，还要框定期货市场信息公开的合理范围、建立期货交易信息的监测体系和完善期货交易所信息的公开机制。通过这三个方面的努力，以期使我国的期货业在期货业有限发展的理论下合理有限开放。

第二节　指导虚拟经济安全运行中政府职能的正确定位

虚拟经济作为一种高风险经济形态，在运行过程中，其自身完成财富积累的同时，也给实体经济带来了巨大的好处，但其风险性亦不容忽视，尤其是从根源上可能引致泡沫经济。政府作为人类社会发展至今最权威的组织形式和统治方式，它天然地负有促进经济发展、保障经济安全、维护市场秩序、增进社会福利的基本责任。特别是在市场经济中，政府往往需要用其“有形之手”来弥补市场自发机制的失灵，虚拟经济领域也不例外，虚拟经济自身处于无限的扩张状态，无法实现有限发展，而虚拟经济的有限发展必须依靠政府的外部力量来实现。在理论逻辑上，干预需求是因市场资源配置的失灵状态所致。而作为国家体制下第一次人性大解放法律表彰的民法①，因其人性最大化解放理路下所主张的高度意识自治，对于市场失灵问题的处置并非总是奏效。由此，国家权力干预手段的运用与“入场”成为对私法自治所不及场域的必要补充举措，而这种弥合成为市民社会和政治国家分道扬镳后，政府对市场再次进行干预的当然理由。同样地，政府在干预经济过程中自身也存在失灵的问题，但面对虚拟经济这种新的经济形态，政府应有所作为。

根据新制度经济学的观点，国家是重要的制度供给者，在任何长期制度

① 胡光志：《人性经济法论》，法律出版社，2010，第51-55页。

变迁的理论分析中,国家所彰显的独特地位都决定着“国家模型”占据核心位置。一般意义而言,国家的职能主要包括:①作为制度最大供给者的国家,如何有效提供相应的制度;②作为产权界定和保护者的国家,如何提供有效的产权制度;③作为制度实施者的国家,如何有效地实施制度;④作为不同利益集团之间矛盾平衡者的国家,如何有效地协调各种利益矛盾。[①] 结合新制度经济学关于国家职能的界定,以及虚拟经济有限发展对政府干预的现实需求,在虚拟经济安全运行过程中,政府干预不可或缺,其职能主要体现在促进虚拟经济高效与有限发展、扮演对虚拟经济适度干预的有为政府角色、保障虚拟经济背景下的社会公平以及为虚拟经济的有限发展提供源源不断的制度供给。

一、承担虚拟经济监管及其改革的重任

(一)政府监管的虚拟经济有限发展法学理论指导虚拟经济的可能

虚拟经济安全运行与健康发展离不开有效的监管。以史为鉴,从美国1929年经济危机以来的虚拟经济监管历程看,随着实体经济和虚拟经济发展的起伏波动,虚拟经济的监管先后经历了“自由放任—加强监管—金融创新—加强监管—放松监管”等反复轮回。从这种反复轮回的历程可以得出一种结论:在实体经济与虚拟经济并存发展又有所偏离的经济金融市场,金融监管体制必须与时俱进,切忌在金融的每次创新中得意忘形,要做到在整个金融市场领域不留监管真空,应对风险适时全面覆盖。现代虚拟经济领域是一个极其复杂的体系,任何一个金融机构不管拥有多少先进的风险管理手段,也不能全然避免源于机构内部原因或市场外部的变化而遭受风险事件的影响。这是由虚拟经济市场的高不对称性、高杠杆率、高度关联等特

① 卢现祥、朱巧玲:《论新制度经济学中国家的四大职能》,《湖北经济学院学报》2006年第3期,第12-17页。

征所决定的。美、英、日等国在过去几十年虚拟经济的立法中，历次法律制度变革都显示了先前制度在监管上的不足，尽管如今他们的法律制度和监管机制较过去已成熟和完善了太多，但由于其先天对经济金融奉行的“自由主义”理念，使他们在法律制度及监管机制的变革上始终留有“自由”的影子，对强调自由市场的他们来说，监管好似是强加在其身上的“重石”。所以在监管立法、监管实践中，他们总是有畏首畏尾的担忧，也正是如此，世界历史上惨重的经济（金融）危机几乎都来源于这些国家。① 正因如此，对虚拟经济进行合宜的监管才实属紧要和迫切。

对于虚拟经济监管实践的展开以及监管的变革，离不开虚拟经济有限发展法学理论的指引。虚拟经济有限发展法学理论的提出，是基于虚拟经济天然具有扩张性、高流动性和世界性的特征，不控制其发展很容易造成重大的系统性风险，从而影响虚拟经济乃至整个国家经济的持续发展。只有虚拟经济有限发展，才能从根本上保障虚拟经济的运行安全。而虚拟经济的监管则是实现该领域有限发展的一个重要环节，脱离了监管，有限发展便会失去实施的基础。从历史的经验以及中国虚拟经济监管的实践看，虚拟经济要实现安全运行的状态，行之有效的监管是须臾不可“离场”的。基于此，作为一种高度凝练的理论创新并来源于对实践经验总结升华的——虚拟经济有限发展法学理论，可以更好地指导虚拟经济监管实践的展开。将有限发展的法学理论嵌置于虚拟经济的监管中，可以为监管者提供一定的判断标准和监管依据，进而在具体监管活动中确保虚拟经济与实体经济之间的关系，避免过度的“脱实向虚”，通过行之有效的监管规则制定、监管活动展开，可以通过国家（政府）的“有形之手”来弥补市场自发的不足，进而保障虚拟经济的有限发展、安全发展。

---

① 胡光志：《中国预防与遏制金融危机对策研究 以虚拟经济安全法律制度建设为视角》，重庆大学出版社，2012，第 102 页。

(二)政府监管职能转变对虚拟经济的影响:以私募基金监管为例

我们知道,当下中国经济已由高速增长阶段转向高质量发展阶段,并将"稳中求进"作为治国理政的工作总基调。在该基调下,经济工作会将防范化解重大风险作为重点,防范风险重在防控金融风险,引导经济"脱虚向实"。[①] 根据2018年底中央经济工作会议精神,去杠杆、控制金融风险仍将是近期金融监管的主要方向,金融行业监管将保持高压态势,金融企业展业难度和风控压力继续增大。

2019年底中央经济工作会议指出要加快金融体制改革,完善资本市场基础制度。在"风云变幻"的2020年,面对国内外经济环境的变化,全球产业链、供应链和创新链断链等问题,该年年底开展的中央经济工作会议进一步提出:要健全金融机构治理,促进资本市场健康发展,提高上市公司质量,防止资本的无序扩张,金融创新必须在审慎监管的前提下进行。如同法律的回应机制一样,政府职能的延展变化也在因时因事而易。在历史视野下审视我国的"政府—市场"关系,其变迁过程大致是一个"政府有序退出市场、还权于市场"的过程,此间政府角色的转换沿循"控制→管理→治理"的理路,这样的角色转换正是对"从干预型政府向规制型政府转变"的深刻解读,即政府逐渐减少对经济的直接干预,而代之以为市场经济的有效、有序运转提供适宜的规制。

虚拟经济有限发展法学理论视阈下,政府经济职能,特别是虚拟经济监管职能的转变,对虚拟经济的有限、安全发展都会产生较大的影响。以私募基金领域的监管为例,中央监管政策的转变势必会对私募基金监管带来一定的影响。在私募基金领域,2017年以来各类监管法规不断出台,对私募基金行业提出了更高的合规要求并规定了更严格的行政处罚。伴随着整个金

① 五矿经济研究院:《2018年金融经营环境展望》,搜狐网2018年2月12日。

融及大资产管理行业的监管力度不断强化,私募基金在取得阶段性成绩的同时,也面临所有业务监管合规审查和持续生存发展的双重考验。随着私募基金“分类经营”监管的不断推进,对私募基金的专业化和合规性将会有更高的要求。在这样严监管的重压下,各类私募基金如何快速找到自身发展定位以及如何与各类机构展开合作,将成为新时代下私募基金行业的又一重要课题。

从生成方式看,私募基金的产生基于市场自发性,完全是一种市场的自主行为,因此政府在监管中要更加尊重市场规律;从运作模式看,私募基金主要受信托契约或公司章程等内在规制的约束,政府监管本质是为了使内部机制有效发挥作用,因此应更加注重行业自律性;从监管模式上看,金融监管领域央地关系出现了一些新变化,正经历着“金融体系局部地方化态势”“金融风险治理中地方职责强化”“地方金融立法的现实需求增加”[①]等方面,正如第五次全国金融会议所指出的“地方政府要在坚持金融管理主要是在中央事权的前提下,按照中央统一规则,强化属地风险处置责任”[②]。故而,作为政府经济职能的私募基金监管必然会受政府职能转变的影响。

近年来,互联网金融在我国出现了井喷式增长,一方面,“蓬勃兴起的互联网金融成了终结‘金融抑制’格局的市场自发力量,股权众筹亦不例外。在高度监管的证券市场上,众筹融资模式一定程度上架空了监管者对证券发行的实质性审批权力。”[③];另一方面,随着互联网时代融资模式的更新,互联网平台的股权众筹等实现了融资活动的普罗大众化,同时借助互联网平台降低了信息成本,实现了信息的基本对称状态,从而使得股权众筹等开始冲击证券法的立法理念:由人数多寡划分公募与私募的界线逐渐显得不合

① 黄韬:《金融管理:从中央事权到央地分权》,《检察风云》2017 年第 24 期,第 36-37 页。

② 夏蜀:《完善党对地方金融机构的领导体制》,《人民日报》2017 年 09 月 18 日,第 7 版。

③ 黄韬:《股权众筹的兴起与证券法理念的更新》,《银行家》2015 年第 6 期,第 92-94 页。

时宜。鉴于证券投资基金的投资对象仅限于股票、债券以及国务院证券监督管理机构规定的其他证券及衍生品种，所以股权众筹在当下还不属于证券投资基金。从实践上看，应将股权众筹单独列为一类证券融资模式，并有待《证券法》进一步规范。故而，放宽证券法对资金募集的监管，将基于互联网平台的股权众筹活动也列为证券法发行注册的豁免情形之一，将成为《证券法》未来的一项任务。

自2013年6月新《基金法》和中央编制办明确将各类私募基金纳入证监会监管以来，证监会于2014年4月成立专门的私募基金日常监管部门，专职履行私募基金监管职责，不断结合私募基金特点探索不同于持牌金融机构的监管方式，搭建起行政监管与自律管理相结合的监管框架体系及系统内外“多位一体”监管协作体系，对私募基金实施适度监管和底线监管。[①] 然而近年来，私募基金欺诈发行、误导销售、利益输送、挪用资金等侵害投资者合法权益的金融乱象和行为风险高发频发，既反映出当前行业秩序亟须引导规范，也侧面暴露出行为监管的有效供给不足和穿透式监管的未完全确立。关于行为监管供给不足，主要是因为我国私募基金正式纳入监管的时间不长且缺乏成熟理论指导，监管存在许多短板与不足，集中体现为法律规范和信用体系不够完善、行为监管与审慎监管的关系不明、保护投资者利益的监管理念缺乏、监管手段和资源不足与日益繁重的监管任务之间矛盾突出、监管协调协作机制不够完善。[②] 关于穿透式监管，结合穿透式监管作为一项原则在私募基金适用的可行性，来审视穿透式监管原则主要通过信息披露的方式穿透核查多层嵌套私募产品最终投资者是否适格以及底层资产去向的适用效果已经初步形成。但仍需从统一私募基金监管标准、决定穿透式监管适用“度”的监管成本与监管收益、监管底线与行为底线等影响因

---

① 王鹏飞:《我国私募基金行为监管研究》,《现代管理科学》2018年第8期,第82-84页。

② 王鹏飞:《我国私募基金行为监管研究》,《现代管理科学》2018年第8期,第82-84页。

素，来完善穿透式监管原则在私募基金监管中的适用，推动私募基金走向规范化发展。[①]

构建符合我国国情的私募基金监管体系应促进私募基金管理人规范经营、投资者合法权益得到保护，尊重微观市场主体活力和行业发展客观规律，采取更主动的、介入式的深度监管：①完善监管法规体系，夯实监管制度基础。完善私募基金管理人规范执业经营的相关规定，明确监管依据，稳定投资者权益保护预期，织密扎紧法治化笼子，取消碎片化的监管制度安排，提升法律层级，提高规避监管的成本。②完善监管理念，更加重视行为监管。③加强私募基金行为检查执法，强化违法违规惩戒效应。④加快优化完善制度机制，强化各方监管协作。⑤加强投资者宣传教育与保护，提升投资者信心。[②]"类私募证券型基金"监管：当前市场上存在的大量未注册备案的民间私募证券投资基金，有研究者把这些类型的私募证券基金界定为"类私募证券型基金"，即其属于阳光私募基金的一种另类形式，其特征与海外对冲基金也有很多相似之处，对 A 股市场流动性和活跃度产生了积极影响；在对"类私募证券型基金"监管上，可从简政放权与职能转变促进监管机构监管效率，进一步官方化界定与正确宣传类私募证券型基金，加强网络在线举报，完善监管制度和监测力度，逆周期监管和营造公平的市场环境，明确不同类型投资者的投资范围和分工等六个方面进行。[③]

二、促进虚拟经济的高效、有限发展

政府促进虚拟经济的高效与有限发展，可以看作一个问题的两个方面。一方面，人类经济发展到当代，虚拟经济不仅是历史逻辑演进的必然，而且

---

① 郭艳芳：《穿透式监管的定性与适用——基于私募基金监管视角》，《现代经济探讨》2019 年第 6 期，第 42-48 页。

② 王鹏飞：《我国私募基金行为监管研究》，《现代管理科学》2018 年第 8 期，第 82-84 页。

③ 李锦成：《类私募证券型基金：起源、现状、发展与监管》，《武汉金融》2018 年第 4 期，第 53-60 页。

已经成为市场经济高度发达的象征和高级表现形态,因此政府必须促进虚拟经济高效发展,政府的扶持与推动是虚拟经济高效发展的推动力;另一方面,基于虚拟经济的高风险性特征以及历史上经济(金融)危机的鲜活例证,政府必须确保虚拟经济有限发展,避免过度的"脱实向虚"。

(一)政府促进虚拟经济高效、有限发展的主要依据

在虚拟经济萌芽与成长的历程中,虚拟经济往往有一个自然发展的过程,尽管这一过程由于规模和影响的限制,在当时并未引起政府的足够重视,但我们必须注意到这些事实:①虚拟经济发展是一个由小到大、由弱到强的过程,西方发达国家虚拟经济的规模发展至今,并非一日之功,而是数百年来虚拟经济长期积累的过程;②虚拟经济发展至今,实体经济的倒金字塔结构表明,虚拟经济是当代市场经济的最高表现形态;③虚拟经济在全球范围内的发展是极不平衡的,主要表现在发达国家与欠发达国家之间虚拟经济发展的差距;④在全球化过程中,虚拟经济成了发达国家在全球积聚财富的主要手段,发达国家通过虚拟经济领域的国际运作,大量攫取其他国家的财富;⑤尽管虚拟经济过度发展可能会引发风险,但虚拟经济的发达程度往往和抗击经济危机的能力成正比,虚拟经济落后的国家不仅无法抵御国际投机资本的攻击,而且一旦遭遇经济动荡或经济危机,就可能导致经济的全面崩溃。[①] 因此,发展虚拟经济既是经济现代化的标志,也是作用于一国财富聚集和经济地位的核心考核指标,在经济全球化日益深化发展、开放经济逐渐升级发展的情势下,对虚拟经济进行充分的发展是参与国际经济竞争与合作的必由之路,对欠发达国家尤其如此。

当前,我国虚拟经济的发展非常迅速,从规模上可以说创造了虚拟经济发展史上的一个奇迹,但发展质量整体不高,同时积聚的风险较多,需要重

① 胡光志:《中国预防与遏制金融危机对策研究 以虚拟经济安全法律制度建设为视角》,重庆大学出版社,2012,第49页。

新定位政府职能、以积极的政策推动虚拟经济高质量有限发展。具体而言："政府要建立良好的风险投资环境为虚拟经济创造条件；政府要加快发展实体经济，以促进虚拟经济健康发展；政府要发展和健全我国现代金融体系和现代金融制度；要加强金融监管，防范和化解金融风险。"[①]同时，必须清醒地认识到实体经济是国民经济的根基和主业，虚拟经济既起源于实体经济，又具有反噬和统制实体经济的自发倾向，而"好的虚拟经济"当以助益壮大实体经济为旨归。由此，虚拟经济与实体经济发展关系的协调与统合成为应然之理，而以虚拟经济发展振兴实体经济是当前我国经济发展中亟待政府发挥其经济（干预）职能解决的关键问题。[②]经验告诉我们，任何一个负责的政府，任何一个引领人民走现代化道路的国家，面对新的经济形势，在发展虚拟经济中都会有所作为。而政府积极主动地推动虚拟经济的发展，是缩小发展差距、节约发展时间的最好策略。我国虚拟经济发展的实践充分证明，政府的扶持与推动是虚拟经济发展的主要推动力，也是虚拟经济实现跨越的根本保障。[③] 政府在保障虚拟经济高效发展的同时，也必须为虚拟经济的发展设定一定的限度，以确保其有限发展，进而保障虚拟经济安全。

（二）政府促进虚拟经济高效发展的途径

虚拟经济有限发展法学理论的一个基本前提就是承认并支持虚拟经济的高质量发展，而不是限制其发展。目前，正确评价我国虚拟经济发展水平，找到我国虚拟经济发展中存在的问题与差距，进一步扶持虚拟经济的发展，无疑是一个十分重要的经济发展战略。就目前情况看，要促进虚拟经济

① 郑克岭、刘宏凯：《虚拟经济发展中政府的职能定位》，《哈尔滨工业大学学报》（社会科学版）2007 年第 2 期，第 91-94 页。

② 王守义、陆振豪：《以虚拟经济促进我国实体经济发展研究》，《经济学家》2017 年第 8 期，第 12-18 页。

③ 胡光志：《中国预防与遏制金融危机对策研究 以虚拟经济安全法律制度建设为视角》，重庆大学出版社，2012，第 49 页。

高效发展,政府应当从政策、体制着手,尽量消除虚拟经济发展中的障碍,为其高质量发展提供良好的社会与经济环境。具体而言:

①进一步放松经济控制,倡导经济自主、市场自主,充分发挥市场在资源配置中的决定性作用和更好地发挥政府作用。开放经济背景下,虚拟经济的发展需要有效利用国内国际市场,实现两种资源在不同市场间的合理配置,因此需要发挥市场在资源配置中的决定性作用,实现要素的市场化流动。从国内市场角度而言,需要不断推进要素市场化改革,以《中共中央、国务院关于构建更加完善的要素市场化配置体制机制的意见》等为依据,坚持"市场决定、有序流动;健全制度、创新监管;问题导向、分类施策"。从国际市场角度而言,需要进一步扩大高水平对外开放。持续推动营商环境的市场化、法治化、国际化建设,吸引要素的流入。②保护合同自由、强化诚实信用。一方面,合同自由是经济自由的最高原则,也是市场经济的灵魂;另一方面,诚实信用又是合同自由的保障,也是合同自由获得旺盛生命力的源泉。虚拟经济正是借助于合同自由而诞生的。因为只有在合同自由的旗帜下,人们不仅可以交换实物商品,还可以交换无形资产;不仅可以交换有价值的财富,亦可交换本身没有价值的投资凭证,诸如证券等。③发展多层次资本市场。培育和壮大股权投资和证券市场,特别是在"双循环"新发展格局下,在重点培育与科技创新相适应的股权投资和证券市场,同时加大资本市场的对外开放。④大力发展银行业务、鼓励金融创新。银行服务业的兴盛、信用业务的扩张及衍生工具的创新,对虚拟经济的发展有十分重要的意义;同时,金融的创新已然成为虚拟经济发展的主要引擎,因此要不断推动金融的创新。[①]

---

① 胡光志:《中国预防与遏制金融危机对策研究 以虚拟经济安全法律制度建设为视角》,重庆大学出版社,2012,第50-52页。

（三）政府保障虚拟经济有限发展的途径

尽管虚拟经济有限发展法学理论并不是要限制或者抑制虚拟经济的发展，但既往的惨痛教训——放任虚拟经济肆意扩张所造成的严重后果也一再告诫我们，虚拟经济的确需要发展，然而其发展只能是有限的，不能脱离实体经济而肆意发展。市场的天然属性在于其逐利性，因而市场自身不会为虚拟经济的发展踩刹车，这就需要国家（政府）通过“有形之手”，以法律、行政、经济等手段为虚拟经济的发展设置信号灯、设定边界，需要将其发展放在法律为其预设的安全的轨道内。

政府保障虚拟经济有限发展的途径就是对虚拟经济运行状态的主动干预。从资本的概念本身来看，资本具有摆脱一切物质束缚而实现自由逐利的欲望，即通过自主化运动逐渐远离价值增殖的物质基础。[①]作为当下市场经济的最高表现形式，虚拟经济具有市场的一切特征，具有市场的一切优点与不足。因此，虚拟经济不仅没有克服传统市场经济的弊病，相反在一些方面甚至集中或者放大了市场的缺陷使市场失灵表现得更为充分。如它在充分发挥个体效益的同时，无法顾及市场的整体效益，不能顾及市场的总供需，不能把握市场的总运行方向，缺乏抑制恶意操作的强制力等。特别是，虚拟经济具有高风险性，这些风险的防范与控制，单靠虚拟经济市场自身无法完成。虚拟经济不可能在自己的运行中产生强大的自控力量，这就必须在虚拟经济自身之外寻求一种力量来抑制和克服其弊端。历史已经充分证明，来自市场之外的力量，除了国家，并无更合适的选择。这是因为一方面国家本来就具有发展经济、管理经济的职能，另一方面国家拥有统领全局的

---

① 李连波：《虚拟经济背离与回归实体经济的政治经济学分析》，《马克思主义研究》2020 年第 3 期，第 87-95 页。

庞大而强有力的组织系统——国家机器,有能力履行干预市场的功能。[①]

三、确保虚拟经济中的政府是“有为政府”

如上所述,虚拟经济的有限发展只能通过政府发挥“有形之手”的作用。换言之,虚拟经济的发展既需要有效的市场,更需要有为的政府,且在更多情形下,有限发展只能靠政府的干预之手来实现。依照新结构经济学的观点,“有为政府”的“为”是在经济发展结构转型过程中,软硬基础设施的完善。出现市场失灵时,为了使无效的市场变成有效市场而采取的因势利导的行动,让政府不会因为无知而“无为”或因无知而“乱为”。[②]一般而言,国家不可能等到基础设施、营商环境、制度供给、法律保障均完善后再发展虚拟经济,而此时便需要政府有所作为:一方面推动市场化进程,深化“放管服”改革,更好实现简政放权、创新监管和优化服务;另一方面需要克服因外部性、信息不对称、垄断与公共物品等造成的虚拟经济领域的市场失灵。进而言之,有为政府就是在需要政府介入市场的时间和领域,依法积极介入,在不需要政府介入的时间和领域,政府不“乱为”。总之,政府需要在尊重市场规律的基础上,优化经济结构,营造稳定的宏观经济环境,用改革激发市场活力,用政策引导市场预期,用规划明确投资方向,用法治规范市场行为。具体而言,虚拟经济有限发展中政府(国家)干预虚拟经济的主要职责包括以下几个方面。

(一)虚拟经济有限发展中“有为政府”的职能定位

第一,虚拟经济宏观调控功能。虚拟经济的急速发展使得宏观调控越来越复杂。以货币调控为例,虚拟经济规模的扩张,加大了其分流、吸纳货

---

① 胡光志:《中国预防与遏制金融危机对策研究 以虚拟经济安全法律制度建设为视角》,重庆大学出版社,2012,第52-53页。

② 林毅夫:《为什么是“有为政府”而非“有限政府”?》,中国风险投资网2016年11月10日。

币的能力，原本在金融机构与实体经济之间形成的闭合的、单一货币环流已被金融机构与实体经济、金融机构与虚拟经济、实体经济与虚拟经济之间开放的、三角形货币环流所取代，打破了货币供应与实体经济之间原有的对应和平衡关系，也意味着传统货币调控范式的终结。[①] 因此，宏观经济运行是否平稳，更多地体现在虚拟经济系统是否平稳，在整个宏观经济政策决策过程中，虚拟经济成为越来越重要的决策变量。鉴于虚拟经济是一种由心理支撑的价格系统，具有突出的敏感性、波动性和高风险性，特别是它极易滋生经济泡沫并有演化为泡沫经济的倾向，是发生经济危机的主要经济领域。所以确保虚拟经济有限发展的宏观调控可从四个方面着手：①确保实体经济的健康发展。只有实体经济稳定、健康和可持续发展，才能为虚拟经济提供坚实的基础，宏观经济的安全运行也才有物质保障。②应科学界定与控制实体经济与虚拟经济发展的比例。虚拟经济面临最大的问题就是与实体经济协调发展及其比例关系，尽管虚拟经济与实体经济之间保持何种比例是比较安全的状态难以界定，但防止过度“脱实向虚”，确保虚拟经济有限发展的基本理念和原则应当得以确立，也是虚拟经济有限发展法学理论的核心任务，尤其在新发展格局的构建中，需要推动金融更好服务于实体经济，健全现代流通体系。③要建立新的平衡观，追求虚拟经济条件下的新平衡。即总供需之间的平衡、实体经济与虚拟经济间的平衡与协调发展、实体经济供需平衡、虚拟经济供需平衡。④建立虚拟经济风险防范与控制的调控机制。[②] 如，以结构性调整举措整顿现行金融体系，着力提高金融市场直接融资的比重，不仅将助益于“双循环”新发展格局的构建，更能够对防范和化解金融风险提供重要支撑。

---

① 冯中圣：《虚拟经济发展与完善宏观调控——关于虚拟经济的思考之四（续完）》，《宏观经济管理》2004 年第 10 期，第 44-46 页。

② 胡光志：《中国预防与遏制金融危机对策研究 以虚拟经济安全法律制度建设为视角》，重庆大学出版社，2012，第 55-56 页。

第二,虚拟经济市场监管职能。在虚拟经济领域,政府应当建立科学的监管体制,设定监管模式,组建监管机构,划定监管范围,确定监管职责,规定监管程序,处罚不法行为。特别是健全金融监管体制,守住不发生系统性金融风险的底线。以法学视野观之,“对经济活动进行监管的规则体系属于经济法范畴,而执行、监管权力及其控制则应是行政法的体系范围”①。一般而言,“市场”之要素包含三部分内容:①市场主体,市场主体是市场的核心组成部分,在相当程度上市场正是由市场主体构成、塑造和决定的;②商品和服务,商品和服务是市场主体的作用对象,市场主体往往只是商品或者服务的携带者,因此,市场中“见物不见人”成为常态,而在虚拟经济领域,“既不见物也不见人”更为普遍;③市场行为,正是借助市场行为,市场主体才能展开商品的流通、服务的提供、虚拟经济的交易。以市场三要素的内容为对象,市场监管的实施表征于三个面向:市场主体准入方面的监管、市场主体生产与交易活动方面的监管、市场行为方面的监管。对于市场主体准入方面的监管,党的十九大报告中有着较为详细的陈述,如“全面实施市场准入负面清单制度”“放宽服务业准入限制”;关于生产经营活动的监管,实施“双随机、一公开”新型监管方式②;对于市场行为方面的监管,在坚持行之有效的传统监管举措下,还有着一系列新型监管举措的运用,如坚持综合监管、分类执法,运用科技进行智慧监管等。而从监管方式的变革来看,在要素市场化配置的基础上,为了更好地促进各要素便宜进入市场、自由高效流转、正向高能产出,由传统的事前审批向事中事后监管转变成为必由之路。③

第三,保障干预适度性的职责。之所以要对虚拟经济适度干预,主要原

---

① 陈婉玲:《法律监管抑或权力监管——经济法“市场监管法”定性分析》,《现代法学》2014年第3期,第187页。

② 张茅:《深入贯彻落实党的十九大精神 努力开创新时代工商和市场监管工作新局面——在全国工商和市场监管工作会议上的讲话》,《中国市场监管研究》2018年第1期,第4-13页、第21页。

③ 洪银兴:《基于完善要素市场化配置的市场监管》,《江苏行政学院学报》2018年第2期,第47-56页。

因有三:①市场运行与国家干预的两面性。市场渴望自由,但也需要监管。可以说没有自由就没有市场,同样,缺乏监管的市场,其自利性、盲目性以及相应的市场风险又会引发市场混乱甚至失灵。与此同时,政府干预也是一柄双刃剑。监管适度,利大于弊;监管过度,就危及市场运行;监管不足,又达不到克服市场弊病的功效。②实践证明,在国家对虚拟经济的干预过程中,干预不足与干预过度是一种常见现象。恰如其分的干预是监管者应当努力的目标,但在实践中往往难以确保。③更为根本的是,国家的干预本身也可能失灵。干预失灵的典型表现为目的的超经济性、寻租、决策失误、高成本以及结果的不确定性,而造成政府失灵的原因也较多,从人性角度看,人性中的"强""群""乐"等是政府失灵发展和演化更为深刻的原因。政治人对政治权力的追求、政治人的归属感以及政治人的享乐追求构成了国家干预中政府失灵的主要缘由。[1]

(二)"有为政府"在虚拟经济发展中的作为:以绿色债券领域的规制为例[2]

作为一个基本常识,我们知道金融市场的健康发展既依赖于要素的市场化配置,更需要政府行之有效的规制。以绿色债券领域既有的法律、政策为基础,分析要素市场化背景下绿色债券制度供给的现状,发现以政策导向和制度激励为主要特征的激励性机制在我国绿色债券的市场规则和风险监管的制度体系中扮演了重要角色。不同于国际绿色债券市场中各参与主体共同合力推动,自下而上地形成"软法"规则的过程[3],我国绿色债券制度体系呈现遵循以政府为主导、自上而下的激励性特征,政策导向和制度激励推

---

① 胡光志、靳文辉:《国家干预经济中"政府失灵"的人性解读及控制》,《法学评论》2009 年第 6 期,第 32-37 页。

② 苟学珍:《激励性规制与中国绿色债券制度体系的构建》,《上海法学研究》(集刊)2021 年第 11 卷,第 130-141 页。

③ 黄韬、乐清月:《中国绿色债券市场规则体系的生成特点及其问题》,《证券市场导报》2018 年第 11 期,第 41-49 页、第 58 页。

动了我国绿色债券市场规则和监管规则的形成。激励性机制在绿色债券市场的发展过程中得到了充分的适用,在有效促进我国绿色债券市场发展的同时,也建立起了绿色债券的市场规则体系和风险规制的法律体系。尽管激励性机制有自身的不完备性和适用时空的有限性等诸多缺陷,但政策导向和制度激励的规制实践却成为我国绿色债券市场的典型特征,有效促进了我国绿色债券市场的发展。

1. 政策导向:中国绿色债券市场的"信号器"

政策作为国家为实现一定的政治、经济、文化等目标任务而确定的行动指导原则与准则,多是宏观的、原则性的,依据社会发展需要及时出台的一种"软法"规范。[①] 因为具有较强的针对性、灵活性和应时性等特征,能够反映国家在一段时期内的工作重心,因而政策对相关主体的行为选择具有较大的引导和激励作用。我们正经历从"金融抑制"到"金融深化"的过程,如果政策导向了放松规制,那么对于金融市场化的走向是极为有利的,反之则不然。通过梳理绿色证券相关政策(见表 6.1)可知,我国绿色债券市场受政策影响颇深,从整个市场过程看,几乎是遵循了"政策导向—制度激励—市场参与"的生成机理。

表 6.1　中国绿色债券市场发展的政策支持体系

时间	政策来源	发布主体	主要内容
2015.01	《关于推行环境污染第三方治理的意见》	国务院	强化政策引导和支持;鼓励金融服务模式创新
2015.04	《关于加快推进生态文明建设的意见》	中共中央、国务院	健全价格、金融、财税政策;引导各类主体积极投身生态文明建设;鼓励、支持符合条件的项目通过资本市场融资

① 刘长秋:《从政策引导到法律主导:我国基本医疗服务政策法律化问题研究》,《中南大学学报》(社会科学版)2018 年第 5 期,第 58-66 页。

续表

时间	政策来源	发布主体	主要内容
2015.09	《生态文明体制改革总体方案》	中共中央、国务院	加大绿色金融扶持力度；研究发行绿色债券；鼓励绿色信贷资产证券化
2016.03	《十三五规划纲要》	全国人大	建立绿色金融体系，发展绿色债券
2016.08	《关于构建绿色金融体系的指导意见》	人行、发改委等	降低绿色债券融资成本，积极支持符合条件的绿企上市融资和再融资，支持开发绿色债券指数
2016.12	《生态文明建设目标评价考核办法》	中共中央、国务院	对考核等级为优秀、生态文明建设工作成效突出的地区，给予通报表扬
2017.05	《金融行业标准化体系建设发展规划（2016—2020）》	央行、银监会等	制定绿债信息披露标准；建立标准与监管政策联动；制定绿色债券产品标准
2017.10	《党的十九大报告》	中共中央	构建市场导向的绿色技术创新体系，发展绿色金融
2018.03	《2018 年政府工作报告》	国务院	深化多层次资本市场改革，推动债券、期货市场发展
2019.03	《2019 年政府工作报告》	国务院	加快发展绿色金融，培育一批专业化环保骨干企业，提升绿色发展能力
2019.11	《党的十九届四中全会公报》	中共中央	发展绿色金融，推进以市场为导向的绿色技术创新

资料来源：根据公开资料整理。

基于对绿色发展理念的贯彻，绿色债券成为国家着力发展的对象。换言之，绿色债券在我国直线上升式的发展显然是借了生态文明建设的“东风”。国家层面有意通过发展绿色债券满足环保融资的现实需求，市场层面有通过投资绿色债券以获取可预期稳定收益的动机,二者在“各取所需”的默契之下达成了高度一致。一方面,国家层面不断出台各种政策文件,明文鼓励和支持绿色债券市场的发展,接连为绿色债券背书;另一方面,市场也及时嗅到了发展的机遇期,于是各路资本纷至沓来,通过各种途径进入绿色债券市场,从而促成了我国绿色债券市场的繁荣景象。因此,在宏观层面,政策的导向成为了绿色债券激励性机制的“信号器”,及时为市场传递出了有效的信号。

2. 制度激励:中国的绿色债券市场的“发动机”

对政府而言,调动市场主体积极性与实现有效规制往往显得同等重要。“一个健全而进步的社会既需要集中控制,也需要个人和群体的积极性:没有控制,会出现无政府状态;没有积极性,则会出现停滞。”[①]而绿色债券市场的激励性规制似乎是对“有效规制下的积极性”较为深刻的诠释。绿色债券市场的发展一定程度上验证了“我国以政府/监管机构主导‘绿色发展’,有效的制度安排能够充分发挥引导、规范和促进市场繁荣发展的积极作用。”[②]紧随政策导向,我国各金融监管机构以及行业自律组织紧锣密鼓地主导了绿色债券市场规则体系和风险规制体系的形成,短期内实现了有效的法律制度供给(见表6.2),使得这一领域呈现出了典型的“自上而下”的制度生成机制。

表6.2 中国绿色债券市场发展的法律制度体系

时间	制度来源	制定主体	主要内容
2015.12	《关于在银行间债券市场发行绿色债券有关事宜的公告》	人民银行	金融机构发行绿色债券的条件,流程

① 伯兰特·罗素:《权威与个人》,储智勇译,商务印书馆,2012,第71页。

② 洪艳蓉:《中国绿色公司债券的制度挑战与改进》,《证券市场导报》2016年第9期,第4-12页。

续表

时间	制度来源	制定主体	主要内容
2015.12	《绿色债券发行指引》	国家发展改革委	明确绿色企业债项目适用范围,支持重点;审核流程及政策安排
2016.03	《关于开展绿色公司债券试点的通知》	上交所深交所	绿色公司债券上市条件;存续期间资金使用、披露情况;绿色产业项目进展情况和环境效益;第三方评估认证等
2017.03	《关于支持绿色债券发展的指导意见》	证监会	"绿色通道""即报即审";评估认证机构的要求;鼓励市场主体及管理的产品投向绿色公司债券
2017.03	《非金融企业绿色债务融资工具业务指引》	中国银行间市场交易商协会	发行前披露环境效益;鼓励第三方机构披露绿色程度;绿色债务融资工具可纳入绿色金融债券的投资范围;绿色通道
2017.12	《绿色债券评估认证行为指引》(暂行)	人民银行证监会	规范绿色债券评估认证工作;对机构资质、业务承接、业务实施、报告出具、监督管理等的规定
2018.03	《关于加强绿色金融债券存续期监督管理有关事宜的通知》	人民银行	存续期募集资金使用的监督核查;信息披露的监测评价;存续期间信息披露规范;违规问题的督促整改
2018.07	《公司债券优化融资监管指南和持续融资监管指南》	上交所	对符合条件的公司申请发行公司债券简化审核,优化融资监管
2018.09	《上市公司治理准则》	证监会	将绿色发展融入公司治理过程
2018.11	《绿色投资指引(试行)》	中国基金业协会	绿色投资内涵、投资目标、原则;开展绿色投资的方法;绿色投资评价和监管
2018.12	《绿色熊猫债券指南》	人民银行	为境外发行人在境内发行人民币绿色债券提供指南

资料来源:根据公开资料整理

在我国绿色债券市场规则体系和风险规制体系中，几乎所有的法律制度均包含大量的激励性规范。从市场准入到日常监管，甚至退出机制都呈现出了一种放松管制的趋势，包括放宽市场准入条件、简化审核流程、免税贴息等措施。总体而言，发行条件的放松、市场的深化以及监管部门陆续出台的标准，为我国绿色债券的发展提供了有力的制度支持。[①] 这些激励性法律制度的出台，使国家层面宏观的政策导向有了具体的制度支撑，如果说政策导向是国家对绿色债券的政策背书，那么制度激励则成了对这一领域的法律背书。通过法律制度来落实对绿色债券市场的激励，使看似具有“水中月和镜中花”特色的政策导向从“信号器”变成了伸手便可触及的现实红利，相关市场主体自然不会坐视不理。从规制手段看，现有的激励性机制包括经济激励、声誉激励、监管激励等主要措施。经济激励主要体现为投资补助、担保补贴、债券贴息、基金注资、赋予绿色债券灵活用途、税收减免等方面。如对企业从事符合条件的环境保护、节能节水项目的所得规定了“三免三减半”的税收优惠政策。声誉激励通常以信息公开、信息披露等为主。如规定证券交易所加强绿色公司债券推广及优秀案例宣传，通过正面宣传进行声誉激励。绿色债券市场的监管激励一般包括市场准入条件的放松、申报流程的减少、市场退出机制的便利等方面。如规定发行人发行的绿色金融债券，可以按照规定纳入中国人民银行相关货币政策操作的抵(质)押品范围。

在生态文明建设如火如荼的背景下，绿色债券践行“绿水青山就是金山银山”的理念，其发展不仅能够缓解环保企业、组织等融资的难题、助益于金融机构业务空间的拓展和绿色金融市场的发展，而且能够为政府环境治理注入持续可观的资金流。正因如此，引导社会资本进入绿色投资领域则成为了解决当前政府投资不足的主要措施。将具有天然逐利性的资本灵活运

---

① 王遥、徐楠:《中国绿色债券发展及中外标准比较研究》,《金融论坛》2016 年第 2 期,第 29-38 页。

用到绿色投资领域，必然要以释放市场红利为基础。激励性规制在绿色债券市场领域无疑取得了历史性的成功，一年时间内跃居世界首位的发行量足可证明这一点。在政策导向和制度激励双重作用下，对市场主体而言，既有源自国家层面的“政治激励”，又有源自监管机构的制度背书。特别是一系列放松规制的制度，从根源上降低了市场主体进入绿色债券市场的时间成本和经济成本，大大提高了资源配置效率。以此为依据，我国绿色债券领域的“金融深化”之路用了五年时间，远远走在了整个金融市场的前面。绿色债券市场激励性规制的事实证明，虚拟经济领域的“有为政府”不是一种对政府职能的美好期待和想象，而是一种能够实现的政府职能。在虚拟经济有限发展法学理论的指导下，虚拟经济领域的“有为政府”一方面可因势利导，积极作为，为虚拟经济有限发展的实现提供必要的激励、监管和制度供给，同时也要避免“不为”和“乱为”现象的出现。

四、保障虚拟经济背景下的社会公平

广义的社会公平不仅仅代表社会层面的公平问题，也指向个人层面的公平问题。社会公平理念因弱者权利保护而诞生，并由此成为法律社会化运动的指导思想，社会公平同时也决定着弱者权利法律保护的方向，使人类趋向于更为正义的分配方式。[①] 在实体经济时代，由于资源的稀缺与有限性，在市场机制下，资源和财富总是流向能充分利用它的那一部分主体。因此，市场的外部性之一就是导致一部分人对另一部分机会与财富的剥夺。在虚拟经济条件下，社会不公平问题不仅没能得到解决，相反还有扩大之势，特别是贫富悬殊与两极分化问题将会不可避免地发生在市场领域。这些不公平有的表现在市场内部，有的则表现在市场外部。虚拟经济有限发展法学理论，以开放经济条件下虚拟经济运行安全为基本依归，在寻求虚拟

---

① 胡玉鸿：《正确理解弱者权利保护中的社会公平原则》，《法学》2015 年第 1 期，第 91-102 页。

经济安全运行的过程中更加注重人文关怀。不仅关注虚拟经济市场的安全、高效和健康发展,也更加注重虚拟经济领域的不公平问题,诸如虚拟经济领域弱者的保护、各投资者之间利益冲突的解决等。以虚拟经济领域弱者保护为例,通过对中小投资者、消费者的有效保护,既可以解决公平问题,也可以提振投资(消费)信心,进而助益虚拟经济的进一步良性发展。

(一)虚拟经济背景下的不公平现象

以利益冲突为视角,可将虚拟经济背景下社会的不公平归纳为五个方面:

第一,贫富分化与贫富之间的利益冲突。由于在本质上虚拟经济是一种虚拟价值的市场化运动,具有寄生经济的典型特质,特别是虚拟经济参与者往往是富余财富者。而虚拟经济适用的是资本化定价方式,其价格是靠观念和信心支撑的,其运行特征使价格具有更大的波动性或者弹性,一旦出现风险,未能及时出手者将可能被立即套牢而被淘汰出局,甚至可能一朝沦为乞丐。因此,有人指出虚拟经济是一种适者生存的速度经济,是贫富差距不断扩大的经济。虚拟经济的持续发展可能会使得富者越富,贫者越贫。第二,违法者与守法者之间的利益冲突。投机是虚拟经济运行过程中的天然副产品,而在投机过程中难免会出现败德行为与违法操作等。虚拟经济领域的各种违法犯罪行为,不单单是破坏市场秩序那么简单,在负外部性作用下,其危害具有溢出效应,不仅有损于其他市场主体的合法利益,还徒增市场运行和监管的成本负担。第三,大投资者与中小投资者之间的利益冲突。在虚拟经济市场,规模庞大、经济实力显著的个人或组织能够凭借规模优势或资本实力掌握相关市场控制权,这种绝对优势效应不仅影响甚至可以控制虚拟经济的运行,这不仅能够帮助其自身攫取暴利,更是助其规避法律监督、监管控制的利器。在这样的市场"游戏"博弈中,中小投资者常常以被动参与者的姿态出现,且往往只是待"资本"收割的"羔羊"。在大投资者与中小投资者的竞争中，胜利者永远是大投资者。因此，在虚拟经济领域，初次分配因总是向大投资者倾斜而呈现不公。第四，不同身份的投资者之间的利益冲突。以股票市场为例，在法律制度的严格规定与监管体制的针对性设计下，股票市场的投资者种类各异，在差异化分类情形下，各异的投资者之间参与分配的机会并不平等、投资人的分配受其身份影响较大、国内外投资者的利益分配有时可能也不均衡。第五，投资者与利益相关者之间的利益冲突。在虚拟经济市场内外，存有市场投资者与民众这一利益相关者群体，二者的利益分配方面有着复杂、隐蔽的冲突构造，如直接冲突和间接冲突。直接冲突如投资者与公司、企业中的经营管理者以及职业劳动者之间的冲突，间接冲突如投资者与其他普通社会成员之间的冲突。①

（二）虚拟经济有限发展法学理论视阈下社会不公平的解决路径

尽管上述五个方面的冲突可能与实体经济也具有较大的关联，但主要还是虚拟经济自身缺陷及其负外部性的体现，是虚拟经济背景下存在的社会不公平。面对此类问题，需要政府发挥其积极作用。具体而言：

第一，进一步构建充分有效的社会保障体系。虽然就历史的逻辑来看，社会保障本身不是因为虚拟经济的出现才产生的制度，但该制度对于解决虚拟经济引发的贫富分化问题、弱势群体问题及破产中的负效应等，同样具有重大的意义。社会保障制度自产生以来，其性质和功能先后发生了较大变化，但无论如何变化，其最根本的价值，即保障社会公平未曾发生过变化。第二，惩戒违法犯罪主体，对合法经营者的利益予以有效保障。违法犯罪者的违法行为不仅会戕害合法经营者的合法利益，也是对虚拟经济价值与秩序的严重挑战，更是对虚拟经济法律制度的根本背离，这是市场监管和法律制度所不欲也不能容忍的。基于此，预防、控制、处置与打击违法犯罪行为，

---

① 胡光志：《中国预防与遏制金融危机对策研究 以虚拟经济安全法律制度建设为视角》，重庆大学出版社，2012，第 61-65 页。

既是有效保障合法经营者合法利益、维护广大投资者以及金融消费者基本权益的必然要求，也是打造有序运作之市场的应有之义，从而，达致虚拟经济安全高效发展的根本目的。第三，推进统一市场机制的建设，建立健全平等保护各类投资者的法律制度。确保各类市场主体间的地位平等是市场经济法律制度设计的最低目标，所有投资者的平等参与，受到平等对待是虚拟经济领域实践社会公平的重要环节。但信息时代的投资者平等保护变得更为艰难，以证券市场为例，在智能化时代背景下，数据的爆炸式增长加剧了证券市场的信息不对称问题，“算法不公正”“大数据杀熟”等现象愈演愈烈，证券投资者的平等权利愈发难以得到保护。[①]因此，建立统一市场、解决信息时代日益加剧的信息偏在问题，将是今后立法必须关注的一个重点。第四，注重实质公平、加强中小投资者的利益保护。虚拟经济领域的形式公平并不能有效保护中小投资者，这就需要从实质层面出发，从制度视角赋予中小投资者更多权利和救济时适当增加大投资者的义务。第五，关心、协调利益相关者的利益。以利益法学为归旨，以利益相关者理论为补充借鉴之泉源，通过创新性的制度设计，协调好虚拟经济领域投资者与其他利益相关者的关系。第六，合理设计税制，平衡市场内外的利益冲突。通常而言，有异于其他冲突的解决机制，消弭投资者与非利益相关者之间的冲突，一般只能采取间接的方式，诸如虚拟经济市场中的税收以及后续的财政政策等。[②]

五、承担起虚拟经济法律制度创制的重任

虚拟经济的安全、高效发展需要创制与供给源源不断的“新”制度予以回应性的治理。在制度经济学家的宏见中，制度是一个社会的游戏规则，是

---

① 黄健傑：《论智能化时代的证券投资者平等保护》，《财会月刊》2020年第17期，第112-118页。

② 胡光志：《中国预防与遏制金融危机对策研究 以虚拟经济安全法律制度建设为视角》，重庆大学出版社，2012，第66-70页。

为决定人们的相互关系而人为设定的一些制约，构成人们在政治、社会或经济方面发生交换的激励结构。[①] 制度源于实践的需要，按照制度经济学的观点，一个社会的经济运行，总是在制度变迁的框架内进行，而制度变迁的基本规律就是从制度短缺到制度供给，再到制度供给与制度需求之间的平衡。一般来说，在虚拟经济的萌芽时期，制度供给的途径主要以诱致性供给为主，这是因为此时虚拟经济尚处于一种自发的发展状态，交易主要存在于民间的私人之间，规模不大，许多规则还不明确，政府进行制度供给的条件既不成熟也没有必要。到了后期，随着虚拟经济的不断发展，诸多矛盾和问题凸显，风险性也开始不断增大，此时从客观上形成了新的制度需求，而诱致性的制度供给是一个渐进的过程，无法及时满足虚拟经济发展的需求，如果不进行强制性制度供给，就会产生经济与社会风险。由于强制性制度供给需要有强大的强制力作为后盾，因而国家也就成了强制性制度供给的最主要主体。从我国的实际情况看，自我国虚拟经济恢复以来，政府就高度重视其制度供给，有效的制度供给也为虚拟经济的持续发展壮大创造了良好的制度环境，但同时也存在问题。因此，以虚拟经济有限发展法学理论为基本指引，全面检视虚拟经济领域既有制度供给的现状，在此基础上总结经验与不足，进而适时调整制度供给模式，将有助于推动虚拟经济的安全发展。

就我国虚拟经济制度而言，现行制度供给可以概括为以国家主义为中心，以行政控制为主导的强制性供给模式逐渐转向以转换政府角色、尊重市场规律、多元开放和法治的供给模式。首先，制度的供给方式上，现阶段尽管形成了市场在资源配置中起决定性作用和更好地发挥政府作用的政府与市场关系模式，但虚拟经济领域的制度供给依然遵循了以强制性制度供给为主，诱致性供给为辅的基本方式。其次，制度供给主体上，我国虚拟经济法律制度的供给基本上依旧属于“自下而上”的强制性制度变迁，以中央政

---

① 道格拉斯·C. 诺斯:《制度、制度变迁与经济绩效》，刘守英译，上海三联出版社，1994，第3页。

府为主,以其他主体为辅,在很大程度上忽视了市场、社会组织等“自下而上”的制度供给。再次,制度价值取向层面,正在经历由“以改革目标为主,以市场目标为辅”到以市场目标为主,尊重市场规律以及市场对制度需求的现实。最后,从治理手段看,正在经历从“以政策管制为主,以法律管制为辅”到强调法治但政策和法律并用的阶段,政策的主导性或者政策导向的特征比较明显。以我国绿色债券领域的制度体系为例,以该领域既有的法律、政策为基础,分析要素市场化背景下绿色债券制度供给的现状,发现不同于国际绿色债券市场中各参与主体共同合力推动,自下而上地形成“软法”规则的过程[①],以政策导向和制度激励为主要特征的激励性规制,在我国绿色债券的市场规则和风险监管的制度体系中扮演了非常重要的角色。但这种政府主导、自上而下的激励性规制在该领域的成就恰恰反映了我国虚拟经济市场的不完全转型;激励性规制的大规模适用既体现了市场资源配置能力的不足和政府的过度干预,也显现了单一规制工具过度适用的缺陷。

虚拟经济有限发展法学理论视阈下,宏观上看,政府保障虚拟经济制度供给的方式需要进一步转变,在进一步强化要素市场化情形下,构建以市场为核心,市场主导、政府有为的虚拟经济制度供给模式。从制度供给的路径层面看,虚拟经济有限发展法学理论可指导虚拟经济法律制度的检讨(如立法后评估)、指导虚拟经济法律安全的法律塑造、指导虚拟经济立法模式及立法技术的展开,并通过银行法律制度、证券法律制度以及期货法律制度的变革,将有限发展的理念贯彻到具体法律制度之中。具体而言:制度供给的方式需要强制性供给与诱致性供给并重,在发挥强制性供给高效率特征的同时注重诱致性供给关注现实需求的特点。制度供给的主体也需要改变,打破(中央)政府主导,“下上而下”的制度供给模式,进一步实施多元制度

---

① 黄韬、乐清月:《中国绿色债券市场规则体系的生成特点及其问题》,《证券市场导报》2018 年第 11 期,第 41-49 页、第 58 页。

供给模式，充分挖掘信息时代碎片化权威之下规制空间的各种有益资源，让真正了解市场需求的市场主体以及社会组织参与到制度的供给之中。只有形成一个开放、多元和协调的制度供给主体体系，我国虚拟经济的制度变迁才能适应虚拟经济发展和风险防控的现实需求。制度供给的价值取向需要进一步市场化，充分尊重市场运行规律，发挥市场在资源配置中的决定性作用，虚拟经济领域要素市场化改革是虚拟经济发展的现实需求。当然，治理手段也需要走向规则化和法治化，由政策主导到法律治理的转变，建立真正符合市场自身逻辑的法律制度，实现虚拟经济市场治理的法治化，特别是随着近年来虚拟经济法律制度的高质量供给以及 2019 年《证券法》的修订，使得虚拟经济领域依法治理有了坚实的法律基础。

第三节　指导司法防范和化解虚拟经济风险的功能提升

“任何社会的实存状态，总是游走于无序与有序之间，而在社会的无序状态与有序状态之间无疑存在着某种控制力，这种控制力的大小、强弱决定着社会实际的存在和运行状态。就整体功能而言，司法是这种控制力有机构成的一部分，虽然不能说它是人类社会由无序走向有序状态唯一起作用的结构，但说它是其中不可缺少的主导性结构则是恰如其分的。”[①]在虚拟经济安全保障过程中，除了依托实体法的相关规定外，司法的功用自然不应该被漠视。虚拟经济有限发展法学理论视阈下的司法，应发挥其引导和规范虚拟经济交易、防范和化解虚拟经济风险、切实保障虚拟经济安全的功能。尽管司法机构自身以及社会媒介对司法权保障虚拟经济安全的功能已经进行了充分的肯定，但司法保障虚拟经济安全的正当性问题依然值得说明，只

---

① 程竹汝:《社会控制:关于司法与社会最一般关系的理论分析》,《文史哲》2003 年第 5 期，第 151-157 页。

有在正当性得到论证后,方可进行相应制度、方案的设计。因此,虚拟经济有限发展法学理论视阈下,司法确保虚拟经济的有限发展的实现可从可行性和正当性两个层面展开。具体而言:

一、司法防范和化解虚拟经济风险的可行性

司法防范和化解虚拟经济风险,实现虚拟经济的有限发展,不仅具有理论的可行性,在实践中也已得到部分运用。具体而言:

(一)司法防范和化解金融风险的理论可能

司法在虚拟经济安全运行中的作用不容忽视。以金融风险的防范为例,处于后端机制的金融审判往往容易被忽略。但司法手段作为完善金融风险防控体系中不可或缺的组成部分,在风险防控过程中往往起到重要的补充作用,可以有效弥补金融监管的不足。以 2017 年 8 月最高院发布的《关于进一步加强金融审判工作的若干意见》(法发〔2017〕22 号)为标志,近年来我国越来越关注金融风险的司法规制,各级法院大都出台相关“意见”,强调应当规范金融司法并发挥金融司法对于金融风险防范的重要作用;同时,司法实践中相关判决在一定程度上也逐渐反映了当下金融司法审判的监管化趋势。[①]

现有的法律实践已经充分证明,在虚拟经济风险的防范中,仅靠行政手段早已不能实现风险的有效监管。特别是随着互联网金融的发展,打开了庞大的金融长尾市场,进而在追逐市场红利的过程中逐渐脱离了本应具有的“信息服务中介”性质,部分平台甚至异化为“信用中介”[②],这在无形中增加了监管的难度。此情形下,我们不得不考虑构建“行政监管”+“司法防范”的虚拟经济风险防控体系。而“公共政策法院”恰恰是中国式司法能动

---

① 俞蔚:《论金融风险防范化解中司法规制的逻辑与进路》,《南海法学》2019 年第 5 期,第 77-78 页。

② 许恋天:《互联网金融穿透式监管:逻辑机理与规范运用》,《税务与经济》2019 年第 3 期,第 1-10 页。

的表征和对"法律工具论"的扬弃，随着社会经济的发展，在风险社会，法院以司法裁判、司法解释和司法审查等方式越来越多地参与到公共政策的制定中。[①] 根据全国金融工作会议的精神以及金融审判的实际情况来看，当下我国金融风险防控逐渐由事先监管向事后纠错转变，防控金融风险已经从业务前端延伸至诉讼后端。这种转变将有助于完善我国金融风险防控机制，进一步发挥司法的能动性，用金融司法手段弥补金融监管的不足。如，设置专门的金融法院处置专业性、复杂性的金融"问题"；积极构建人民法院与金融监管机构的协同监管机制，使金融监管机构高效发挥行政监管的事前监管优势、使人民法院有效发挥司法监管的事后监管优势。

虚拟经济有限发展法学理论能够指导虚拟经济司法实践的展开。随着司法防范和化解虚拟经济风险功能的日渐突出，其重要性不得不重视，从此种意义上看，虚拟经济有限发展的实现也离不开司法的助力。而司法助力虚拟经济安全就需要将虚拟经济有限发展法学理论融入司法实践，并指导司法的具体运作过程。具体而言，虚拟经济有限发展法学理论作为高度概念化、原则化的理论凝练，尽管不能在个案中予以直接体现，但可以将其作为虚拟经济司法的一般性指导原则或者一种审判理念，也就是将其作为一种虚拟经济司法的基础知识（价值知识或者方法知识），如此便可以贯穿整个司法过程。在涉及虚拟经济的司法裁判、司法解释和司法审查中都可运用虚拟经济有限发展的思维，特别是在司法解释中，可以充分发挥法院公共政策的创制功能，而在司法裁判环节这种经过最高院司法解释的公共政策则可以顺利进入案件裁决过程，进而指导司法实践的具体运作，充分发挥司法防范化解虚拟经济风险，特别是守住金融风险领域不发生系统性金融风险的底线。

---

① 赵杰：《商业银行市场退出中的公共政策法院——以金融风险的司法预防与处置为视角》，《法律适用》2019 年第 20 期，第 101-110 页。

(二)司法防范和化解金融风险的实践:以最高法民终41号民事判决为例

2012年底,江西正拓实业发展有限公司(以下简称"正拓公司")对民生银行南昌分行有7 000余万元的逾期贷款无法归还,江西省地方有色金属材料有限公司(以下简称"有色金属公司")及正拓公司实际控制人罗某某向民生银行南昌分行提出,由有色金属公司向上海红鹭国际贸易有限公司(以下简称"红鹭公司")购买阴极铜,以商业承兑汇票形式支付货款,再由红鹭公司持该票据向民生银行申请贴现,罗某某承诺会确保红鹭公司将所得贴现款用于归还正拓公司的逾期贷款。2012年9月,民生银行南昌分行按照上述方式办理了商业承兑汇票贴现业务,正拓公司所欠民生银行南昌分行的逾期贷款也用票据贴现款归还。2013年6月,票据到期,民生银行南昌分行向有色金属公司账户扣收余款遭拒付,遂引发诉讼。2013年7月22日,民生银行南昌分行向江西省高级人民法院(以下简称"江西高院")起诉请求:一、判令有色金属公司、红鹭公司立即支付票款65 098 080.30元,并承担迟延还款利息、罚息22 917 558.63元,共计88 015 638.93元(利息、罚息暂计至2016年2月15日,实际金额计算至还清款项之日止);二、判令陶某某、罗某某对有色金属公司、红鹭公司的前述债务承担连带清偿责任。民生银行南昌分行认为本案是因有色金属公司拒绝向民生银行南昌分行支付票据款项,对申请贴现人红鹭公司进行追索提起的诉讼,应为票据追索权纠纷。

江西高院经审理认为,从三方合作协议内容以及民生银行南昌分行诉请及诉请理据看,认定本案为票据追索权纠纷更符合本案事实,民生银行南昌分行是合法的票据权利人,红鹭公司应对此笔贴现款承担支付责任,陶某某、罗某某应对贴现款项下的主债务承担担保责任,民生银行南昌分行在明知正拓公司、有色金属公司尚欠29 327 513.03元未归还情况下仍授信1.1亿元给有色金属公司,且对有色金属公司、红鹭公司提供不真实材料申请贴现时审查不严，对有色金属公司、红鹭公司到期不能支付票据款项构成违约负有责任，其主张按合作协议约定支付票据款利息罚息理由不充分，不予支持。有色金属公司先后于2014年4月14日、2015年10月27日归还票据款1 500万元、2 990万元，共计4 490万元，应从票据款中扣除。遂作出（2016）赣民初5号民事判决。

民生银行南昌分行、红鹭公司不服，上诉至最高人民法院。最高院经审理认为，民生银行南昌分行与有色金属公司在本案中的真实意思表示是借款；案涉票据活动是各方通谋虚伪行为，所涉相关民事行为应属无效，民生银行南昌分行依法不享有票据权利；本案应按虚假意思表示所隐藏的真实法律关系处理。原审判决关于本案《贴现宝合作协议》《贴现申请书》为有效合同、民生银行南昌分行是本案票据的合法权利人、刑事判决不影响民生银行南昌分行行使票据权利、红鹭公司应对本案票据承担支付责任，以及有色金属公司与陶某某、罗某某不承担本案借款利息责任的认定，均属适用法律不当，故予以纠正。遂依照《中华人民共和国民事诉讼法》第一百七十条第一款第二项规定，撤销原判，依法改判。

该案以最高院终审判决而终结，却对金融实务界产生了较大的影响。在该案中，最高院运用穿透式审判思维，通过查明案件事实，依据当事人的协商过程、事实发生结果、诉讼中双方陈述等，准确认定本案票据活动为各方通谋虚伪行为，探究当事人的真实意思表示是民生银行南昌分行与有色金属公司之间的借款关系，并以真实法律关系即借款关系确定各方当事人的权利义务，借款人应当按照实际取得的借款金额向出借人偿还借款本金及法定利息。纵观最高院对该案的分析过程可知，在司法实务中，特别是法院在对金融案件的审理过程中，已经逐步走向穿透式事实认定的方式，选择透过金融纠纷的外在形式，探寻其本来面目，进而发挥司法在金融风险防范中的积极作用。在后续的金融案件审判中，运用穿透式金融审判理念和模式审理的案件逐步增多，以至于一种新的审判技术和司法方式得到确立。

穿透式金融审判在司法实践中的成功运用，一方面，体现了法院在金融审判领域逐渐严格、谨慎的司法态度；另一方面，也充分反映了金融审判在金融风险防范、服务实体经济、深化金融改革中将长期扮演重要角色。穿透式金融审判对于当前银行等金融机构的很多业务或管理具有较大警示意义，如明股实债、抽屉协议、阴阳合同、违规开展票据承兑及贴现业务等行为，通过穿透式事实认定方式均可还原其真实目的。

二、司法权保障虚拟经济安全的正当性

在国家的政治制度安排中，司法权具有事后性行使、被动性启动的特质，如果认为司法机关具有创制虚拟经济安全政策的功能，三权分立的政治理论学说当是其首要的理论源泉。“司法权不与立法权、行政权相分开，自由也就不存在，如果司法权与立法权结合在一起，由于法官是立法者，则公民的生命和自由将处在专横和权力之下。”[①]按照这个思路，在权力—权利、权利—权利的两造中，司法机关当是处于“中庸”的位置，其司法中立性的发挥有赖于司法机关不偏不倚地居中审判，在此际，司法权运行的权限与边界由立法者通过法律制度构造。不仅如此，在现实中司法权的运行范围常常小于法律授权，呈现出一种更为谨慎、收缩的形态。比如在美国，宪法第二条第一款规定：“司法权的适用范围，应包括在本宪法、合众国法律和合众国已订的及将订的条约之下发生的一切涉及普通法及衡平法的案件，一切有关大使、公使及领事的案件，一切有关海上裁判权的案件；合众国为当事一方的诉讼，州与州之间的诉讼，州与另一州公民之间的诉讼，一州公民与另一州公民之间的诉讼，同州公民之间为不同所让与之土地而争执的诉讼，以及一州公民或其公民与外国政府、公民或其国民之间的诉讼。”但是实际情

① 孟德斯鸠：《论法的精神》，张雁深译，商务印书馆，1961，第156页。

况却是如此:“法院并未行使宪法条文赋予的如此宽泛的管辖权”[①],“最高法院以所提出的问题不适于司法裁定为由,有意而持续不断地回避宪法规定中的很多内容”[②]。在现代社会,这种传统的司法审判职能受到了日益严峻的挑战,司法权出现了重要的转型。法官不仅应用法律于具体的案件中,而且通过他的裁决对法律的发展作出贡献。[③] 法院势必在政策的制定中起到作用,并且,“通过适时地提供判决,并且因此通过参加该制度政策产品的创制,司法机构维持了自身的存在和它在社会中的持久作用”[④]。而不证自明的是,宏观经济管理职能是国家权力扩张的结果,这种权力的扩张不仅表现在行政权和立法权的扩张,也表现在司法权的不断扩张。因此,在虚拟经济安全领域,司法权具有创制国家虚拟经济安全政策的功能以及落实虚拟经济安全政策的功能便也不足为奇。

其一,司法权具有创制国家虚拟经济安全政策的功能。社会情势的发展决定司法权出现了重要的转型,司法权仅仅作为一种中立的判断权的时代已然远去,司法机关“创制法律”的类立法权功能日益彰显,这种趋势在经济领域尤为明显。

“最小的国家”或者“守夜人式的国家”成为往昔市场理论中的美好想象,市场治理规则、制度的供给由市场自发秩序的生成向国家之手的伸张,已经成为现实的图景。所谓出自国家之手,实际上就是出自分散知识场域下信息、知识、视角和立场偏狭、单一的一帮凡人之手。因而,市场越是欲求更多的制定法,立法机关智识的缺陷就越加凸显。虚拟经济的易变性、脆弱性和高风险性使得一国宏观经济情势的不确定被放大,仅仅凭借规则之

---

① 王玄玮:《司法能够在多大程度上过问政治?》,《读书》2009 年第 7 期,第 49-55 页。

② 罗伯特·麦克洛斯基:《美国最高法院》,任东来译,中国政法大学出版社,2005,第 15 页,转引自王玄玮:《司法能够在多大程度上过问政治?》,《读书》2009 年第 7 期,第 49-55 页。

③ 加达默尔:《真理与方法》,洪汉鼎译,上海文艺出版社,2004,第 49 页。

④ 埃尔曼:《比较法律文化》,贺卫方、高鸿钧译,上海三联出版社,1990,第 162-163 页。

治——在司法实践中“投进去的是诉讼费,吐出来的是判决”的严格形式主义“大抵都失败了”,此乃规则之治的失灵。社会情势变化的迅速和法律稳定性之间的矛盾决定了法律具有天然的滞后性,而这种行政规制的不足为司法规制所内含的——法院创设公共政策——提供了一个恰切的缘由。此外,权利平衡视野下,现代国家体制中立法权、行政权的“膨胀”和扩大化,需要法院创制公共政策这一司法权扩张的主要表现作为抗衡,而“公共政策法院”恰恰是中国式司法能动的表征和对“法律工具论”的扬弃。随着社会经济的发展,在风险社会,法院以司法裁判、司法解释和司法审查等方式越来越多地参与到公共政策的制定中。

其二,司法机关具有落实虚拟经济安全政策的功能。在达玛什卡看来,纠纷解决型程序和政策落实型程序是司法程序中最主要的两种类型,并认为政策落实型程序当“服务于国家政策”。[①]这两种类型有着诸多相异之处,比如,政策性落实型司法中的司法者表达出致力于实施国家政策的司法程序之审判理念的是一个追求真理的而不是公允的决策者形象。但能动型司法与回应型司法的逐渐融合,使得适应于回应型国家之司法的竞争性程序形式在能动主义立场取得优势的领域呈现出逐渐退缩或变质之势。也就是说,现代国家的司法程序尽管因国情、法律传统存在着千差万别的形态,但纯粹的单一形式极为鲜见,无论在哪个国家,政策落实型司法程序都是司法活动中一个逼真的存在。如是观之,作为一个国家公共政策中重要组成部分的虚拟经济安全政策,借由司法机关的审判实践活动予以保障,便成为理论选择的应然之理。在现实情境中,通过司法机关的审判实践活动去落实国家虚拟经济安全政策,以促进其良好运转,已经得到实践的充分检验。如,为应对1929年经济危机,美国司法机关经历了从抵触到积极参与的过

① 米尔伊安·R.达玛什卡:《司法和国家权力的多种面孔:比较视野中的法律程序》,郑戈译,中国政法大学出版社,2004,第131页。

程，且最终美国司法机关为其经济复苏提供了强有力的保障和支持。

三、司法权保障虚拟经济安全的技术和路径

前文对司法权保障虚拟经济安全的可能性以及正当性作出分析，主要是想说明在司法保障国家虚拟经济安全的情形下（甚至存在比较优势），如何结合实际虚拟经济运行与司法制度运行的实际情况，用相对制度化的方式来确保司法作用的充分发挥。具体而言，可从技术和路径两个层面展开：

（一）司法权保障虚拟经济安全的技术：以穿透式金融审判为例

1. 穿透式金融审判的核心范畴

穿透式金融审判在我国尚属一个全新的概念，从理论来源上看，穿透式审判直接源自穿透式监管，追本溯源，穿透式监管也不是国内首创，其概念源起于美国《1940 年投资公司法》以及《1940 年投资顾问法》中的“穿透性条款”，两部法律中的“穿透性条款”共同构成了监管领域的“穿透规则”（Look Through Provision），随着《格拉斯—斯蒂格尔法案》的颁布以及后续《多德—弗兰克法案》的正式实施，其金融监管中穿透审核的理念逐渐被确立。[①] “从制度定位来看，‘穿透式’监管的本质并不是金融监管，而是‘事实的发现’。其核心功能并非对金融产品施加新的‘监管’，更非取代现行的功能监管和行为监管，而是通过‘发现事实’，促进功能监管或行为监管的实施。”[②]2016 年 10 月国务院办公厅印发的《互联网金融风险专项整治工作实施方案》中首次提出了采用穿透式监管方法，这标志着互联网金融监管领域“实质重于形式”的监管模式的确立。也就是所谓的“穿透”互联网金融的

---

① 白牧蓉：《穿透式监管的理论探讨与制度检视——私主体权利实现的视角》，《兰州大学学报》（社会科学版）2020 年第 3 期，第 65-75 页。

② 王妍、赵杰：《“金融的法律理论”视域下的“穿透式”监管研究》，《南方金融》2019 年第 5 期，第 92-98 页。

外在"形式",直接认定其"实质"内核。随后穿透式监管的适用扩张至资产管理业务领域,业界对资管业务实施穿透式监管也已达成共识。[①] 2018 年 3 月,为进一步规范金融机构资产管理业务,由中国人民银行联合证监会、银保监会等机构发布了《关于规范金融机构资产管理业务的指导意见》,其中第二十七条第二项将穿透式监管作为一种监管原则。[②] 随着穿透式监管作为一种方法或原则在我国金融监管领域的正式确立,其影响也逐渐扩展至金融审判等领域,并被逐渐吸收和转化。在金融审判领域,穿透式金融审判这一概念的雏形则直接缘起于 2017 年 8 月最高院发布的《关于进一步加强金融审判工作的若干意见》(法发〔2017〕22 号,以下简称《金融审判意见》)以及近年来最高院审理的几起"同谋虚伪"合同无效的典型金融案例。

《金融审判意见》指出:"对以金融创新为名掩盖金融风险、规避金融监管、进行制度套利的金融违规行为,要以其实际构成的法律关系确定其效力和各方的权利义务。"与此同时,《金融审判意见》也高度关注涉及私募股权投资、委托理财、资产管理等新型金融交易的案件,对此类纠纷严格按照合同法、公司法、合伙企业法、信托法等法律规范,确定各方当事人的真实权利义务。尽管这一规定全文并未直接提及"穿透"二字,但其实际内涵却与穿透式监管所强调的"事实发现"并无二致,因此这一规定便成为穿透式金融审判的直接来源。从审判实务上看,最高院以"穿透性标准"认定构成"通谋虚伪"及合同无效的几起典型金融诉讼案例则为进一步将"穿透"模式引入金融审判奠定了实践基础,其中以最高人民法院民事判决书(2017)最高法

① 白雪:《穿透式监管与资产管理研究》,《中国商论》2019 年第 7 期,第 159-160 页;龚剑锋:《资产管理的穿透式监管》,《青海金融》2018 年第 3 期,第 29-32 页;苟文均:《穿透式监管与资产管理》,《中国金融》2017 年第 8 期,第 17-20 页。

② 《关于规范金融机构资产管理业务的指导意见》第二十七条第(二)项:实行穿透式监管,对于多层嵌套资产管理产品,向上识别产品的最终投资者,向下识别产品的底层资产(公募证券投资基金除外)。

民终 529 号、(2017)最高法民终 41 号、(2017)最高法民终 965 号三个典型案例为代表。

2019 年 7 月,全国法院民商事审判工作会议提出,对金融创新业务,要按照穿透监管要求,正确认定多层嵌套交易合同下的真实交易关系,打破刚性兑付。会议也进一步指出,妥善审理商事交易类案件,要树立穿透式审判思维,在准确揭示交易模式的基础上,探究当事人真实交易目的,根据真实的权利义务关系认定交易的性质与效力。2019 年 11 月最高人民法院出台的《全国法院民商事审判工作会议纪要》中则明确规定:“注意处理好民商事审判与行政监管的关系,通过穿透式审判思维,查明当事人真实意思,探求真实法律关系。”穿透式审判理念的确立,意味着法院在审理金融案件时要穿透案件外在形式的束缚,深入案件争议的最本质来重新确立涉案当事人之间真正的权利义务关系,即透过现象看本质。概言之,穿透式金融审判就是指:各级人民法院在审理金融案件过程中,运用穿透式思维,对各类金融违规行为进行深入分析,刺破外在交易形式上的障衣,将其所掩盖的实际法律关系作为根本依据,以界定争诉各方当事人之间的真实权利义务关系,并以此作为事实发现和裁判依据来审理案件的一种审判技术或者事实认定方式。

2. 穿透式金融审判的价值所在

近年来,我国越来越关注金融风险的司法规制,各级法院大都出台相关“意见”,强调应当规范金融司法并发挥金融司法对于金融风险防范的重要作用,将提升金融审判能力水平作为努力的方向,为经济社会健康发展提供有力司法保障;同时,司法实践中相关判决在一定程度上也逐渐反映了当下金融司法审判的监管化趋势。[①] 尤其是随着互联网金融的快速发展,创新了

① 俞蔚:《论金融风险防范化解中司法规制的逻辑与进路》,《南海法学》2019 年第 5 期,第 77-88 页。

金融业务和交易模式，降低了投资成本，提高了融资效率，促进了金融业的繁荣发展，但与此同时互联网金融也带来了极大的风险，这些风险比传统金融风险更加具有复杂性和不确定性。防范化解金融风险，要求司法必须发挥重要作用，充分发挥法院的公共政策作用。具体而言，司法主要通过审判执行工作，肩负着化解经济纠纷、调节经济运行、保障经济发展的重要职责，起到对包括政府、企业、公民在内的市场主体的行为进行规范、引导的作用。金融审判作为一种典型的司法行为，特别是最高人民法院所审理的相关金融典型案件，对整个金融活动都具有较强的规范指引功能。当下穿透式事实认定方式在金融审判中的运用，直接表明了法院在审理金融案件时坚持的审判理念和坚决态度。金融领域虚假创新或违规创新业务，不仅会面临严格的监管问责，而且有可能在诉讼中被法院认定为无效，而导致银行等金融机构在同业、投金等创新业务发生较多的领域无法通过原业务法律关系最大化地实现权利。对于非法集资、金融诈骗等涉嫌犯罪行为，更是会受到严厉打击和依法严惩。

(1)完善金融风险防控体系的重要举措。司法手段作为完善金融风险防控体系不可或缺的组成部分，在防控过程中更多是处于后端，起到重要的补充作用。现有的法律实践已经充分证明在金融风险的防范中，仅靠行政手段早已不能实现风险的有效监管，特别是随着互联网金融的发展，一定程度上打破了我国金融业长期存在的抑制现象，打开了庞大的金融长尾市场，进而在追逐市场红利的过程中逐渐脱离了本应具有的“信息服务中介”性质，部分平台甚至异化为“信用中介”。① 这在无形中增加了监管的难度。人

① 许恋天:《互联网金融“穿透式”监管:逻辑机理与规范运用》,《税务与经济》2019 年第 3 期,第 1-10 页。

民法院作为唯一代表国家行使审判权的机关，根据《人民法院组织法》第二条[①]，在金融审判领域，人民法院防范金融风险的主要功能有二：一为通过审判具体金融案件保护当事人合法权益、维护金融安全、服务实体经济发展；二为通过审判活动及案件的判决结果对社会广大民众进行一定的警示和金融违法宣传教育，充分发挥法律的预测、指引和评价等功能。“公共政策法院”是中国式司法能动的表征和对“法律工具论”的扬弃，随着社会经济的发展，在风险社会，法院以司法裁判、司法解释和司法审查等方式越来越多地参与到公共政策的制定中。[②] 金融审判作为典型的金融司法行为，虽然无法将其归类到金融监管领域，但可从广义上将其归入金融风险防控的范畴。根据全国金融工作会议精神以及金融审判的实际情况来看，当下我国金融风险防控逐渐由事先监管向事后纠错转变，防控金融风险已经从业务前端延伸至诉讼后端。这种转变将有助于完善我国金融风险防控机制，进一步发挥司法的能动性，用金融司法手段弥补金融监管的不足。而穿透式金融审判理念进入理论研究和司法实践之后，可从根本上对各类金融活动违法、违规行为进行司法监督。

(2)应对金融审判实践的应有之义。近年来，随着互联网金融的兴起和发展，金融领域形形色色的涉法纠纷也层出不穷，如民间融资、银行衍生产品交易、担保物权的实现以及保险等，给金融审判工作带来了困难和挑战。特别是近年来互联网金融案件数量激增(主要集中在 P2P 领域)、涉众案件多、民刑交叉普遍[③]，给审判工作造成了一定的压力。实践中，一些市场主体

---

① 《人民法院组织法》第二条：人民法院是国家的审判机关。人民法院通过审判刑事案件、民事案件、行政案件以及法律规定的其他案件，惩罚犯罪，保障无罪的人不受刑事追究，解决民事、行政纠纷，保护个人和组织的合法权益，监督行政机关依法行使职权，维护国家安全和社会秩序，维护社会公平正义，维护国家法治统一、尊严和权威，保障中国特色社会主义建设的顺利进行。

② 赵杰：《商业银行市场退出中的公共政策法院——以金融风险的司法预防与处置为视角》，《法律适用》2019 年第 20 期，第 101-110 页。

③ 文小梅：《互联网金融审判模式之构建和程序规范》，《云南社会科学》2020 年第 3 期，第 95-103 页。

以各种金融手段为掩盖，借以开展融资租赁、商业保理、票据等金融业务名义引诱投资，严重危害金融交易秩序和安全，如E租宝事件等以金融创新为名行庞氏骗局之实的互联网金融风险事件频频发生。商事交易活动天然地涵盖有多方当事人的多个交易行为，再加上当事人有时为了逃避监管经常采用多层嵌套、循环交易、虚伪意思表示等方式进行交易，人为增加了法院查明事实和认定真实法律关系的难度。司法实践中出现的各类金融案件愈发复杂，传统的审判模式已经难以适应和解决大量的此类问题。为了积极应对金融司法审判实践，准确适用法律规定，人民法院在审理金融案件时，需要坚持穿透式审判技术，运用穿透式事实认定方式，通过案件表面现象深入分析实质内容，揭示虚假意思表示下隐藏的真实的交易模式和法律关系。

（二）司法权保障虚拟经济安全的基本路径遵循

虚拟经济有限发展法学理论视阈下的虚拟经济司法，至少可从诉讼过程诉诸集体主义与注重和监管机构的沟通、重视司法解释与指导性案例的发布、注重审判的知识来源和加强虚拟经济审判专业化建设等几个方面实现司法权对虚拟经济安全的保障。

1. 诉讼过程诉诸集体主义并加强与监管机构的沟通

和传统的司法案件不同的是，法官在审理与虚拟经济相关的案件，特别是虚拟经济监管类案件时，可能面临更大的风险和问题。毕竟涉及虚拟经济的审判是一个更为专业、而且与一国宏观经济情势或者地方经济利益密切相关的领域，如果把握不好，不仅法官自身面临很多风险，也不利于虚拟经济安全的实现。此情形下，一方面，可诉诸集体主义，比如借助审判委员会作为审判工作的一个集体领导机构，在讨论、决定重大、疑难案件，总结审判经验和其他有关审判工作方面的积极作用；另一方面，需要加强与监管部门的沟通，如2017年8月最高院发布的《关于进一步加强金融审判工作的若干意见》中指出：加强与金融监管机构的协调配合，探索建立人民法院与金融监管机构之间的沟通机制，定期通报涉及金融风险防范与金融安全的重要案件情况，强化金融监管和金融审判的衔接配合。

2. 重视司法解释与指导性案例的发布

司法解释是应对法律的稳定性和社会情势的变动性的主要工具，也是相应经济政策进入审判过程的重要渠道。无论从灵活性的角度，还是对经济政策落实的方便性而言，司法解释具有充分的优势。对于法官而言，具有明确性、具体性特征的司法解释有助于法官对虚拟经济监管相关案件的审理活动，以司法解释指引法官在审理实践中落实国家经济政策，在国内外都有大量的实践。虚拟经济监管固然是现代市场经济条件下国家的一种常态行为，但是监管的领域、方向和手段会随着经济社会情势的变化而变化，规制之治的不足使得司法解释的弥补作用具有了生存空间。因着最高院司法解释的"回应性"存在，公共政策可以大张旗鼓地进入司法裁判中去，司法解释的作用在我国得到了充分的肯定。与此同时，最高院发布的指导性案例也具有较为重要的意义，特别是最高人民法院所审理的相关金融典型案件，对整个金融活动都具有较强的规范指引功能。因为法律具有相对稳定性的品格，通常情况下，从一个金融案件的处理结果可以预测相当长一段时期内类似案件的结果，此时金融审判的指引、规范、教育、警示等作用就凸显了出来。

3. 重视审判的知识来源并加强虚拟经济审判的专业化建设

司法解释对虚拟经济的监管固然重要，但在进入具体案件的审理中，基于虚拟经济的专业性、特殊性、复杂性等特征，使得该活动具有严格"技艺"属性，这就有必要扩展审判知识的来源，例如引入专家证人制度和"法庭之友"制度。在虚拟经济审判中，相关案件的处理专家证人制度需要给予充分的重视，特别是虚拟经济诉讼中的证据和依托的知识；同时，虚拟经济案件的专业性和政策性决定了需要有专业的人员参与，这就为虚拟经济的审判引入"法院之友"奠定了基础。重视审判知识的来源固然重要,但审判活动毕竟还是需要法官自身完成,因此,虚拟经济领域加强审判的专业化建设也值得关注。一直以来,我国金融审判作为商事审判的重要组成部分,其业务工作主要由各级人民法院的商事审判部门承担。随着金融业务的不断创新,金融纠纷案件随之增多,对法院的专业性和高效性要求凸显。金融审判领域的专业化改革至少有提升金融案件审理专业化、克服司法地方保护主义和维护金融安全三个方面的积极作用。[①] 为应对日益复杂且专业的金融纠纷案件,就人民法院金融审判领域专业性审判智识上的不足作出革弊,加强金融审判的专业化改革、专业化建设,成为必由之路。金融审判组织的设立要立足当地金融司法实践,符合当地金融业发展水平和行业发展情况,因地制宜、因时制宜。以金融安全为例,为应对日益复杂且专业的金融纠纷案件,人民法院必须进行金融审判领域的专业化改革,加强金融审判机构和人员的专业化建设。机构方面,例如上海浦东新区于2008年就在全国率先设立金融审判法庭,广东高院民二庭设立了金融审判合议庭,广州中院设立了金融审判庭,2010年重庆市设立了西部地区第一家金融审判庭,同时突破了单纯民商事审判,而是实施民商事、刑事、行政案件的"三合一"审判模式,2018年上海成立了我国第一家金融法院。人员方面,各级人民法院需要立足司法实践,优化整合司法资源,加强金融审判队伍复合型知识体系的构造,着力建设既具备法律素养又掌握金融专业知识的高素质队伍。

4. 注重金融审判延伸职能的有效发挥

其一,密切关注金融案件的动态,通过审理金融案件分析总结其特点,注重审理规则的确立,提供审理思路,统一裁判尺度,及时公布典型案例、指导性案例,发挥司法的指示引导作用。其二,关注金融市场的法律风险,通

---

① 黄韬:《专业性金融审判组织的理论剖析》,《上海金融》2012年第1期,第88-91页、第118页。

过司法调研和大数据分析，加强信息的搜集总结和分析预测。通过发放司法意见白皮书、风险预防提示书等方式，对企业金融风险提出针对性的解决建议，对金融产品创新提出建议，充分发挥司法的预警作用，对市场主体积极预防金融风险作出良好指引，对政府依法行政作出有效规训并促进有效地化解金融风险。其三，主动加强与银行、证券、保险等金融机构及金融监管部门、行业协会的常态化良好交流互动，共同探讨金融行业发展中的问题，掌握金融市场、金融监管的前沿动态，明确各自的职权及工作方向，积极建设和完善金融风险防控机制，引导金融市场健康发展。其四，通过司法打击金融领域的违法犯罪等，进而在维护虚拟经济安全的同时，实现虚拟经济领域中小投资者的保护。

结 语

尽管我们在研究中恪尽职守以无愧于学术良心，但我们也深深体会到，现实生活总是走在法律的前面，时代的变迁往往超出人们当初的预期而无情地碾压既有法律的预设，任何学者的研究都可能存在不足或盲点，而学者间针对同一问题的视角差异始终不会消除，学术论争也永远不会断绝。尤其是，任何一种理论创新都来之不易，既不可能一蹴而就，也不可能天生完美。在这套丛书的写作中，我们也同样如履薄冰。现虽出炉，仍深感冒昧，诚惶诚恐。就目前来看，我们的研究仍存在着一些不足，主要表现在：

首先，相关数据和资料有待进一步补充完善。虚拟经济涉及证券业、期货业、银行业等多个领域，需要做大量的实证研究，虚拟经济有限发展法学理论的构造也应以现实中的具体问题为对象。虽在课题研究中已经掌握了大量的文献资料及数据资料，但由于虚拟经济有关数据资料多涉及商业秘密等因素，实践调研资料的检索与获取存在着一定的难度，且与国内外机构和专家学者面对面的交流也受到了一定的限制，这些都可能造成资料不够全面、实践素材不够充分等问题。

其次，跨学科的研究方法运用不够成熟。由于虚拟经济有限发展法学理论是跨学科研究，涉及法学、经济学、管理学、社会学等多个学科，课题组成员构成上尽管安排了多位法学、经济学、金融学和管理学的成员，但受学科知识体系的限制，课题研究中整合性研究仍然相对不足，多个学科的交叉性研究尚需进一步优化和深化。在下一步的研究中，我们将加快推进虚拟经济有限发展法学理论在经济学、管理学、法学和社会学各学科的贯彻,改善虚拟经济有限发展法学理论多学科的贯通式研究,尤其是要充分运用管理学、经济学、社会学中的知识和分析方法论证虚拟经济有限发展法学理论,以增强该理论的解释力和普适性。

再次,某些内容的研究或论证尚不够全面充分。宏观上,原拟开展专题研究的“保险法律制度变革”“新型金融衍生品法律制度变革”等内容,因考虑到课题的体系太过庞大以及银保监会也已合并等,将货币、外汇和保险法律制度的变革归并到“银行法律制度变革”专题研究之中;考虑到“新型金融衍生品法律制度变革”主要涉及我国虚拟经济立法的适应性和前瞻性问题,而将其主要内容放到了“虚拟经济有限发展法学理论的法律(立法)表达”专题研究之中。微观上,各研究专题也主要集中于重大和主要的问题展开,某些相对次要的问题可能没有涉及,即使涉及也多是点到为止。所有这些,虽然符合抓住主要矛盾和矛盾主要方面的思维规则和研究习惯,也不影响本课题的主要思路和结构,但毕竟留下了一定的薄弱环节,尚待以后有机会再行弥补。

最后,某些观点和表达前后可能存在一定的差异。本课题的研究成员由中国人民大学、中国政法大学、西南政法大学、重庆大学等十余所高校的科研人员构成。研究成员除来自法学学科外,还来自经济学、管理学、金融学等学科。由于时空距离和学科差异,不同的子课题数据来源渠道不一致,不同的研究人员在表达方式和表达习惯上存在不同,导致了研究成果在表达上存在风格不统一、在观点上存在前后有一些差异的情况。我们在后期统稿时尽量做到丛书主要思路和观点的统一,但出于尊重作者的原因,对一些局部的、个别制度上的观点差异,没有绝对地做到统一。

学术的魅力不仅在于努力创新的过程,也体现在学界的争辩、质疑和批判之中。任何致力于社会科学研究的学者,所提出的观点或理论,都很难尽善尽美。正如前言中所说,学术正是在这种不完善、不完美之中求得点滴的进步从而蹒跚前行的。为此,我们诚挚欢迎学界诸君的坦诚批评和不吝赐教,并致诚挚谢忱。

参考文献

一、中文类参考文献

（一）著作类

[1] 路易斯·罗斯、乔尔·塞里格曼:《美国证券监管法基础》,张路译,法律出版社,2008,转引自鲍颖焱:《中国证券监管权配置、运行及监督问题研究》,华东政法大学博士论文,2019。

[2] 乔尔·塞里格曼:《华尔街的变迁:证券交易委员会及现代公司融资制度演进》,徐雅萍译,中国财政经济出版社,2009,转引自鲍颖焱:《中国证券监管权配置、运行及监督问题研究》,华东政法大学博士论文,2019。

[3] 斯蒂格利茨:《经济学(第二版)上册》,梁小民、黄险峰译,中国人民大学出版社,2000。

[4] E. 博登海默:《法理学:法律哲学与法律方法》,邓正来译,中国政法大学出版社,2017。

[5] 埃尔曼:《比较法律文化》,贺卫方、高鸿钧译,上海三联出版社,1990。

[6] 伯兰特·罗素:《权威与个人》,储智勇译,商务印书馆,2012。

[7] 陈婉玲、汤玉枢:《政府与社会资本合作(PPP)模式立法研究》,法律出版社,2017。

[8] 成思危:《虚拟经济概览》,科学出版社,2016。
[9] 成思危:《虚拟经济论丛》,民主与建设出版社,2003。
[10] 程燎原、江山:《法治与政治权威》,清华大学出版社,2001。
[11] 道格拉斯·C. 诺斯:《制度、制度变迁与经济绩效》,刘守英译,上海三联出版社,1994。
[12] 高鑫:《虚拟经济视角下的金融危机研究》,人民出版社,2015。
[13] 哈耶克:《自由秩序的原理》,邓正来译,新知三联书店,1997。
[14] 胡滨、尹振涛、郑联盛:《中国金融监管报告(2018)》,社会科学文献出版社,2018。
[15] 胡光志:《内幕交易及其法律控制》,法律出版社,2002。
[16] 胡光志:《人性经济法论》,法律出版社,2010。
[17] 胡光志:《虚拟经济及其法律制度研究》,北京大学出版社,2007。
[18] 胡光志:《中国预防与遏制金融危机对策研究》,重庆大学出版社,2012。
[19] 黄毅:《银行监管与金融创新》,法律出版社,2009。
[20] 加达默尔:《真理与方法》,洪汉鼎译,上海文艺出版社,2004。
[21] 科林·斯科特:《规制、治理与法律:前言问题研究》,安永康译,清华大学出版社,2018。
[22] 李昌麒:《经济法学(第三版)》,法律出版社,2016。
[23] 刘骏民:《从虚拟资本到虚拟经济》,山东人民出版社,1998。
[24] 罗伯特·吉尔平:《世界政治中的战争与变革》,中国人民大学出版社,1994。
[25] 罗伯特·麦克落斯基:《美国最高法院》,任东来译,中国政法大学出版社,2005,转引自王玄玮:《司法能够在多大程度上过问政治?》,《读书》2009 年第 7 期。
[26] 罗斯科·庞德:《通过法律的社会控制》,沈宗灵、董世忠译,商务印书

馆,2010。

[27] 马工程教材编写组:《经济法学》,高等教育出版社,2016。

[28] 孟德斯鸠:《论法的精神》,张雁深译,商务印书馆,1961。

[29] 米尔伊安·R.达玛什卡:《司法和国家权力的多种面孔——比较视野中的法律程序》,郑戈译,中国政法大学出版社,2004。

[30] 宁晨新、刘俊海:《规范的证券市场:证券的法律分析》,贵州人民出版社,1995。

[31] 诺内特、塞尔兹尼克:《转变中的法律与社会:迈向回应型法》,张志铭译,中国政法大学出版社,2004。

[32] 庞德:《通过法律的社会控制:法律的任务》,沈宗灵、董世忠译,商务印书馆,1984。

[33] 王连洲:《证券法实务全书》,中国法制出版社,1999。

[34] 魏德士:《法理学》,吴越、丁晓春译,法律出版社,2013。

[35] 杨星:《股指期货》,广东经济出版社,2002。

[36] 伊丽莎白·费雪:《风险规制与行政宪政主义》,沈岿译,法律出版社,2012。

[37] 俞可平:《治理与善治》,社会科学文献出版社,2000。

[38] 詹姆斯·N.罗西瑙:《没有政府的治理》,张胜军、刘小林等译,江西人民出版社,2001。

[39] 张守文:《当代中国经济法理论的新视域》,中国人民大学出版社,2018。

[40] 张文显主编《法理学(第五版)》,高等教育出版社,2018。

[41] 周旺生:《立法学教程》,北京大学出版社,2006。

(二)论文类

[42] B.梅德韦杰夫、阎洪菊:《俄罗斯经济安全问题》,《国外社会科学》

1991 年第 1 期。

[43] 安东:《论法律的安全价值》,《法学评论》2012 年第 3 期。

[44] 安毅、王军:《与〈期货法〉立法相关的若干重要问题探讨》,《证券市场导报》2015 年第 1 期。

[45] 白牧蓉:《穿透式监管的理论探讨与制度检视——私主体权利实现的视角》,《兰州大学学报》(社会科学版)2020 年第 3 期。

[46] 白雪:《穿透式监管与资产管理研究》,《中国商论》2019 年第 7 期。

[47] 白雪洁、张哲:《促进虚拟经济与实体经济良性互动》,《中国社会科学报》2020 年 5 月 27 日第 3 版。

[48] 卜学民:《论区块链对中央对手方结算的挑战及其应对》,《北方法学》2019 年第 6 期。

[49] 曹凤岐:《从审核制到注册制:新〈证券法〉的核心与进步》,《金融论坛》2020 年第 4 期。

[50] 曹凤岐:《改革和完善中国金融监管体系》,《北京大学学报》(哲学社会科学版)2009 年第 4 期。

[51] 曹凤岐:《金融国际化、金融危机与金融监管》,《金融论坛》2012 年第 2 期。

[52] 曹凤岐:《美国金融监管改革法案的启示》,《中国中小企业》2010 第 9 期。

[53] 曾冠:《证券监管的法理分析》,《太原理工大学学报》(社会科学版)2006 年第 3 期。

[54] 曾婕:《虚拟经济演进机制研究》,浙江大学硕士论文,2009。

[55] 常健、饶常林:《我国中央银行法律制度:历史考察与特点分析》,《中国矿业大学学报》(社会科学版)2014 年第 3 期。

[56] 常健:《“后危机”时代我国金融监管体系的完善——以中央银行为核心的思考》,《华中科技大学学报》(社会科学版)2010 年第 1 期。

[57] 常健:《论金融稳定与货币稳定的法律关系——兼评〈中国人民银行法〉相关规定》,《法学评论》2015 年第 4 期。
[58] 陈斌、程永林:《中国国家经济安全研究的现状与展望》,《中国人民大学学报》2020 年第 1 期。
[59] 陈大鹏、吴舒钰、李稻葵:《中国构建开放型经济的经验和对新发展阶段的启示——政府与市场经济学的视角》,《国际经济评论》2021 年第 6 期。
[60] 陈岱松:《关于证券监管理念的法理分析》,《兰州学刊》2009 年第 5 期。
[61] 陈放:《我国金融安全面临的挑战及其政府治理创新策略》,《探索》2021 年第 5 期。
[62] 陈晗、刘玄:《金融衍生品与货币政策》,《中国金融》2015 年第 1 期。
[63] 陈少云:《期货监管立法研究》,中国政法大学博士论文,2007。
[64] 陈婉玲:《法律监管亦或权力监管——经济法"市场监管法"定性分析"》,《现代法学》2014 年第 3 期。
[65] 陈享光、黄泽清:《金融化、虚拟经济与实体经济的发展——兼论"脱实向虚"问题》,《中国人民大学学报》2020 年第 5 期。
[66] 陈永蓉:《浅析股指期货交易的三方监管主体制度》,《时代金融》2008 年第 11 期。
[67] 成思危:《虚拟经济的基本理论及研究方法》,《管理评论》2009 年第 1 期。
[68] 成思危:《虚拟经济探微》,《管理评论》2005 年第 1 期。
[69] 成思危:《虚拟经济与金融危机》,《管理科学学报》1999 年第 1 期。
[70] 程宝山:《经济法与民法的价值比较》,《郑州大学学报》(哲学社会科学版)2001 年第 5 期。
[71] 程竹汝:《社会控制:关于司法与社会最一般关系的理论分析》,《文史

哲》2003 年第 5 期。

[72] 丛屹、田恒:《房地产"双重效应"下的实体经济与虚拟经济失衡分析及对策》,《新疆师范大学学报》(哲学社会科学版)2017 年第 5 期。

[73] 戴文华、夏峰:《关于中国证券市场 20 年发展的基本分析与思考》,《证券市场导报》2014 年第 1 期。

[74] 戴赜、彭俞超、马思超:《从微观视角理解经济"脱实向虚"——企业金融化相关研究述评》,《外国经济与管理》2018 年第 11 期。

[75] 单超:《资本主义的虚拟经济与经济危机》,《黑龙江社会科学》2015 年第 4 期。

[76] 丁利:《制度激励、博弈均衡与社会正义》,《中国社会科学》2016 年第 4 期。

[77] 董彪:《金融衍生品风险与责任配置的法律分析——以"原油宝"事件为例》,《南方金融》2020 年第 9 期。

[78] 窦鹏娟:《金融衍生品投资者适当性的制度改进与规则完善》,《证券市场导报》2016 年第 6 期。

[79] 范如国:《"全球风险社会"治理:复杂性范式与中国参与》,《中国社会科学》2017 年第 2 期。

[80] 范卫国、周锐:《经济虚拟化条件下金融危机发生机制的新变化》,《当代经济》2012 年第 4 期。

[81] 冯登艳:《虚拟经济必须依托本国实体经济:冰岛危机的启示》,《商业研究》2010 年第 6 期。

[82] 冯果、武俊桥:《由"类推监管"到"网络导向监管"——论网络信息时代证券信息披露监管制度的建构》,《现代法学》2010 年第 2 期。

[83] 冯果:《金融服务横向规制究竟能走多远》,《法学》2010 年第 3 期。

[84] 冯辉:《论经济法学语境中的"经济国家"》,《法学家》2011 年第 5 期。

[85] 冯金华:《正确处理虚实关系 推动经济高质量发展》,《学术研究》2019

年第 12 期。
[86] 冯琦:《论金融危机背景下我国虚拟经济发展的必要性》,《湖北社会科学》2009 年第 7 期。
[87] 冯中圣:《虚拟经济发展与完善宏观调控——关于虚拟经济的思考之四(续完)》,《宏观经济管理》2004 年第 10 期。
[88] 付子堂、胡仁智:《论法律的社会功能》,《法制与社会发展》1999 年第 4 期。
[89] 甘强:《体系化的经济法理论发展进路——读〈欧洲与德国经济法〉》,《政法论坛》2018 年第 5 期。
[90] 高德步:《虚拟经济的起源》,《南开经济研究》2002 年第 4 期。
[91] 龚剑锋:《资产管理的穿透式监管》,《青海金融》2018 年第 3 期。
[92] 荀文均:《穿透式监管与资产管理》,《中国金融》2017 年第 8 期。
[93] 荀学珍:《激励性法律规制:面向要素市场化的高校教师流动治理策略》,《中国高教研究》2021 年第 8 期。
[94] 荀学珍:《激励性规制与中国绿色债券制度体系的构建》,《上海法学研究(集刊)》2021 年第 11 卷。
[95] 顾海兵、沈继楼、周智高等:《中国经济安全分析:内涵与特征》,《中国人民大学学报》2007 年第 2 期。
[96] 郭道成:《我国金融行业的发展趋势——银行和保险业混合经营》,《四川经济研究》2005 年第 1 期。
[97] 郭建锦、郭建平:《大数据背景下的国家治理能力建设研究》,《中国行政管理》2015 年第 6 期。
[98] 郭艳芳:《穿透式监管的定性与适用——基于私募基金监管视角》,《现代经济探讨》2019 年第 6 期。
[99] 何德旭、郑联盛:《从美国次贷危机看金融创新与金融安全》,《国外社会科学》2008 年第 6 期。

[100] 何文龙:《经济法的安全论》,《法商研究》(中南政法学院学报)1998年第6期。
[101] 何一鸣:《论股指期货风险的法律监管》,中国政法大学硕士论文,2004。
[102] 贺小丽:《我国金融监管法立法目的条款的问题及完善》,《甘肃社会科学》2016年第5期。
[103] 洪艳蓉:《论公司债券市场化治理下的投资者保护》,《兰州大学学报(社会科学版)》2020年第6期。
[104] 洪艳蓉:《中国绿色公司债券的制度挑战与改进》,《证券市场导报》2016年第9期。
[105] 洪银兴:《基于完善要素市场化配置的市场监管》,《江苏行政学院学报》2018年第2期。
[106] 洪银兴:《虚拟经济及其引发金融危机的政治经济学分析》,《经济学家》2009年第11期。
[107] 侯东德、薄萍萍:《证券服务机构IPO监督机制研究》,《现代法学》2016年第6期。
[108] 胡滨:《完善金融监管与立法积极应对金融危机》,《中国金融》2009年第8期。
[109] 胡光志,雷云:《法律制度供给与地方虚拟经济立法问题》,《重庆社会科学》2008年第9期。
[110] 胡光志、荀学珍:《论地方政府参与金融风险治理的法治困境及出路》,《现代经济探讨》2020年第10期。
[111] 胡光志、靳文辉:《国家干预经济中"政府失灵"的人性解读及控制》,《法学评论》2009年第6期。
[112] 胡光志、靳文辉:《金融危机背景下对宏观调控法治化的再思考》,《西南民族大学学报》(人文社会科学版)2011年第3期。

[113] 胡光志、雷云:《法律制度供给与地方虚拟经济立法问题》,《重庆社会科学》2008 年第 9 期。

[114] 胡光志、屈淑娟:《经济法在依法治国中的时代使命》,《江西财经大学学报》2015 年第 1 期。

[115] 胡光志、杨署东:《完善地方立法促进重庆虚拟经济发展的思考》,《中国西部科技》2008 年第 31 期。

[116] 胡光志、周强:《论我国互联网金融创新中的消费者权益保护》,《法学评论》2014 年第 6 期。

[117] 胡光志:《宏观调控法研究及其展望》,《重庆大学学报》(社会科学版)2008 年第 5 期。

[118] 胡光志:《内幕交易及其法律控制》,西南政法大学博士论文,2002。

[119] 胡光志:《虚拟经济法的价值初探》,《社会科学》2007 年第 8 期。

[120] 胡光志:《中国虚拟经济制度供给模式之转变》,《西南民族大学学报》(人文社科版)2006 年第 9 期。

[121] 胡红、李海潮:《国家经济安全视域下做强实体经济的路径选择》,《经济研究导刊》2017 年第 28 期。

[122] 胡红:《防止实体经济与虚拟经济撕裂倾向的机制研究》,《经济研究导刊》2017 年第 9 期。

[123] 胡乃红:《政府保护下的道德风险影响机制分析》,《金融研究》2000 年第 3 期。

[124] 胡玉鸿:《正确理解弱者权利保护中的社会公平原则》,《法学》2015 年第 1 期。

[125] 黄爱学:《论我国期货法的调整范围》,《学术交流》2014 年第 1 期。

[126] 黄爱学:《论我国期货法的立法目的》,《学术交流》2013 年第 3 期。

[127] 黄健傑:《论智能化时代的证券投资者平等保护》,《财会月刊》2020 年第 17 期。

[128] 黄韬、陈儒丹:《完善我国期货市场交易信息披露法律机制的研究》,《上海财经大学学报》2012 年第 4 期。

[129] 黄韬、乐清月:《中国绿色债券市场规则体系的生成特点及其问题》,《证券市场导报》2018 年第 11 期。

[130] 黄韬:《股权众筹的兴起与证券法理念的更新》,《银行家》2015 年第 6 期。

[131] 黄韬:《股权众筹兴起背景下的证券法律制度变革》,《北京工商大学学报》(社会科学版)2019 年第 6 期。

[132] 黄韬:《金融管理:从中央事权到央地分权》,《检察风云》2017 年第 12 期。

[133] 黄韬:《专业性金融审判组织的理论剖析》,《上海金融》2012 年第 1 期。

[134] 黄锡富:《从金融危机看实体经济与虚拟经济在国民经济中的地位及其作用》,《学术论坛》2013 年第 3 期。

[135] 季小立:《美国次贷危机的虚拟经济理论解读》,《经济纵横》2010 第 1 期。

[136] 江涌:《国家安全体系建构的困境、挑战与忧思》,《人民论坛 · 学术前沿》2014 年第 11 期。

[137] 姜哲:《境内期货市场双向开放问题探讨》,《证券市场导报》2019 年第 4 期。

[138] 蒋大兴:《隐退中的"权力型"证监会——注册制改革与证券监管权之重整》,《法学评论》2014 年第 2 期。

[139] 金建人:《地下金融期货交易的刑事评价》,《国家检察官学院学报》2010 年第 1 期。

[140] 金健人:《理论原创的相对性》,《学术月刊》2007 年第 2 期。

[141] 靳文辉、苟学珍:《构建"双循环"新发展格局的经济法回应》,《重庆

大学学报》(社会科学版)2021 年第 1 期。

[142] 靳文辉:《法权理论视角下的金融科技及风险防范》,《厦门大学学报》(哲学社会科学版)2019 年第 2 期。

[143] 靳文辉:《互联网金融监管组织设计的原理及框架》,《法学》2017 年第 4 期。

[144] 靳文辉:《金融风险预警的法制逻辑》,《法学》2020 年第 11 期。

[145] 靳永茂:《〈资本论〉语境中信用与货币的逻辑关系演进——兼论虚拟经济同实体经济动态发展的历史生成》,《内蒙古社会科学》2020 年第 2 期。

[146] 赖文燕:《虚拟经济与实体经济发展中存在的问题及对策》,《金融与经济》2009 年第 2 期。

[147] 蓝寿荣:《论金融法的市场适应性》,《政法论丛》2017 年第 5 期。

[148] 冷静:《注册制下发行审核监管的分权重整》,《法学评论》2016 年第 1 期。

[149] 黎四奇:《对美国救市法案之评价及其对我国之启示》,《法律科学》(西北政法大学学报)2009 年第 1 期。

[150] 黎四奇:《对我国金融危机预警法律制度构建的思考》,《甘肃政法学院学报》2010 年第 1 期。

[151] 黎四奇:《金融创新与金融法律创新互动关系的法理学视角分析——兼评我国的金融实践》,《湖南公安高等专科学校学报》2007 年第 4 期。

[152] 黎四奇:《我国银行业有效监管的瓶颈与对策——以“中国银行监督管理委员会”为视角的分析》,《国际经贸探索》2007 年第 1 期。

[153] 黎四奇:《析银行有效监管中“结构化早期介入”机制法律问题》,《湖南大学学报》(社会科学版)2008 年第 5 期。

[154] 李爱君:《互联网金融的本质与监管》,《中国政法大学学报》2016 年

第 2 期。
[155] 李爱君:《互联网金融的法治路径》,《法学杂志》2016 年第 2 期。
[156] 李宝伟、张云:《全球金融危机发展与政府干预的演进》,《郑州大学学报》(哲学社会科学版)2009 年第 1 期。
[157] 李宝伟:《经济虚拟化下金融稳定与虚拟经济管理——基于次贷危机的启示》,《亚太经济》2009 年第 1 期。
[158] 李宝伟:《经济虚拟化与政府的金融稳定策略选择》,《社会科学》2009 年第 1 期。
[159] 李宝伟:《美国的金融自由化与经济虚拟化》,《开放导报》2010 年第 1 期。
[160] 李宝伟:《虚拟经济管理初探》,《中国行政管理》2007 年第 8 期。
[161] 李宝翼:《虚拟经济和虚拟财富的内涵——与刘骏民等学者商榷》,《南开经济研究》2005 年第 2 期。
[162] 李飚、孟大虎:《如何实现实体经济与虚拟经济之间的就业平衡》,《中国高校社会科学》2019 年第 2 期。
[163] 李昌麒、胡光志:《宏观调控法若干基本范畴的法理分析》,《中国法学》2002 年第 2 期。
[164] 李凤雨、翁敏:《英国金融监管体制改革立法及对我国的借鉴》,《西南金融》2014 年 11 期。
[165] 李海海:《效率与安全:金融制度的选择困境——来自美国的经验与教训》,《中央财经大学学报》2011 年第 5 期。
[166] 李冀、杨忠孝:《政府干预在证券市场强制信息披露中的边界》,《南方金融》2017 年第 2 期。
[167] 李健:《优化我国金融结构的理论思考》,《中央财经大学学报》2003 年第 9 期。
[168] 李锦成:《类私募证券型基金:起源、现状、发展与监管》,《武汉金融》

2018 年第 4 期。
[169] 李景鹏:《关于推进国家治理体系和治理能力现代化——“四个现代化”之后的第五个“现代化”》,《天津社会科学》2014 年第 2 期。
[170] 李连波:《虚拟经济背离与回归实体经济的政治经济学分析》,《马克思主义研究》2020 年第 3 期。
[171] 李强:《法律环境的不确定性制约我国股指期货的推出》,《北京工商大学学报》(社会科学版)2008 年第 1 期。
[172] 李世美、沈丽:《虚拟经济与货币供给的交互影响——基于货币“脱实向虚”与经济“虚实背离”的视角》,《金融经济学研究》2018 年第 6 期。
[173] 李曙光:《论互联网金融中的法律问题》,《法学杂志》2016 年第 2 期。
[174] 李文华:《基于监管角度进一步完善〈证券法〉的思考》,《财会月刊》2014 年第 2 期。
[175] 李文莉、杨玥捷:《智能投顾的法律风险及监管建议》,《法学》2017 年第 8 期。
[176] 李文莉:《证券发行注册制改革:法理基础与实现路径》,《法商研究》2014 年第 5 期。
[177] 李晓安:《开放与安全:金融安全审查机制创新路径选择》,《法学杂志》2020 年第 3 期。
[178] 李晓西、杨琳:《虚拟经济、泡沫经济与实体经济》,《财贸经济》2000 年第 6 期。
[179] 李旭章:《金融腐败:金融风险的“催化剂”》,《人民论坛》2019 年第 23 期。
[180] 李亚奇:《我国金融监管体制改革的驱动与路径》,《青海社会科学》2016 第 5 期。
[181] 李拥军:《中国特色社会主义法学理论发展的动力与机制》,《法制与

社会发展》2013 年第 2 期。

[182] 李有星、康琼梅:《论证券信息自愿披露及免责事由》,《社会科学》2020 年第 9 期。

[183] 李长友、吴文平:《政府干预经济行为法治化之探究》,《吉首大学学报》(社会科学版)2014 年第 4 期。

[184] 李智勇、刘任重:《我国场外金融衍生品市场监管问题探讨》,《中国软科学》2009 年第 10 期。

[185] 廖志彬:《股指期货监管制度的比较研究》,暨南大学硕士论文,2005。

[186] 林春、康宽、孙英杰:《普惠金融与就业增加:直接影响与空间溢出效应》,《贵州财经大学学报》2019 年第 3 期。

[187] 林东:《论中央银行的宪法地位:制度反思与规范建构》,《河北法学》2019 年第 12 期。

[188] 林铁钢:《金融支持区域经济转型升级的着力点》,《中国金融》2013 年第 15 期。

[189] 凌胜利、杨帆:《新中国 70 年国家安全观的演变:认知、内涵与应对》,《国际安全研究》2019 年第 6 期。

[190] 刘澄、黄翔:《金融发展与二元经济转型》,《山东大学学报》(哲学社会科学版)2010 年第 5 期。

[191] 刘春梅:《证券市场的违法行为及法律规制》,《理论探索》2004 年第 5 期。

[192] 刘道云:《关于完善期货法立法的导向性建议》,《证券市场导报》2017 年第 11 期。

[193] 刘凡:《矛盾尖锐、全局可控——论全面开放条件下我国经济安全面临的问题与对策》,《河南社会科学》2020 年第 6 期。

[194] 刘辉:《金融禀赋结构理论下金融法基本理念和基本原则的革新》,《法律科学》(西北政法大学学报)2018 年第 5 期。

[195] 刘慧:《走向大国金融——访国务院发展研究中心金融研究所副所长张承惠》,《中国经济时报》2011 年 7 月 7 日第 01 版。

[196] 刘骏:《金融制度的地方性供给:源自民间金融的制度经验》,《社会科学》2018 年第 8 期。

[197] 刘骏民、李凌云:《世界经济虚拟化中的全球经济失衡与金融危机》,《社会科学》2009 年第 1 期。

[198] 刘骏民、王国忠、王群勇:《心理支撑与成本支撑价格系统的实证分析——虚拟经济与实体经济价格波动性的比较》,《经济学动态》2004 年第 9 期。

[199] 刘骏民、王国忠:《虚拟经济稳定性、系统风险与经济安全》,《南开经济研究》2004 年第 6 期。

[200] 刘骏民、王兴:《美国货币政策冲击的非对称影响分析——基于实体经济和虚拟经济二分法的视角》,《当代财经》2014 年第 9 期。

[201] 刘骏民、张国庆:《虚拟经济介稳性与全球金融危机》,《江西社会科学》2009 年第 7 期。

[202] 刘骏民:《财富本质属性与虚拟经济》,《南开经济研究》2002 年第 5 期。

[203] 刘骏民:《经济增长、货币中性与资源配置理论的困惑——虚拟经济研究的基础理论框架》,《政治经济学评论》2011 年第 4 期。

[204] 刘骏民:《虚拟经济的理论框架及其命题》,《南开学报》2003 年第 2 期。

[205] 刘庆飞:《系统性金融风险监管的立法完善》,《法学》2013 年第 10 期。

[206] 刘少军:《"虚拟经济法"的理论思考》,《中国政法大学学报》2009 年第 6 期。

[207] 刘少军:《〈商业银行法〉改为"银行业法"的总体构想》,《中国政法大

学学报》2016 年第 6 期。

[208] 刘少军:《国际化背景下人民币基础法规完善研究》,《北方法学》2015 年第 5 期。

[209] 刘伟:《论法的安全价值》,《江苏第二师范学院学报》2017 年第 3 期。

[210] 刘习习、王壬玚、李宝伟:《金融脱媒与影子银行:来自微观层面的经验证据》,《经济问题探索》2020 年第 2 期。

[211] 刘晓:《协同治理:市场经济条件下我国政府治理范式的有效选择》,《中共杭州市委党校学报》2007 年第 5 期。

[212] 刘晓欣、刘骏民:《虚拟经济的运行方式、本质及其理论的政策含义——马克思逻辑的历史延伸》,《学术月刊》2020 年第 12 期。

[213] 刘晓欣、宋立义、梁志杰:《实体经济、虚拟经济及关系研究述评》,《现代财经》(天津财经大学学报)2016 年第 7 期。

[214] 刘晓欣、田恒:《中国经济从"脱实向虚"到"脱虚向实"——基于马克思主义政治经济学的分析视角》,《社会科学战线》2020 年第 8 期。

[215] 刘晓欣、张艺鹏:《虚拟经济的自我循环及其与实体经济的关联的理论分析和实证检验——基于美国 1947—2015 年投入产出数据》,《政治经济学评论》2018 年第 6 期。

[216] 刘晓欣:《虚拟经济运行的行为基础——资本化定价》,《南开经济研究》2003 年第 4 期。

[217] 刘妍芳:《开放经济条件下的金融创新与风险控制》,《新视野》2012 年第 1 期。

[218] 刘燕、楼建波:《金融衍生交易的法律解释——以合同为中心》,《法学研究》2012 年第 1 期。

[219] 刘银喜、徐天骄:《凯恩斯政府干预理论对化解全球金融危机的启示与借鉴》,《内蒙古大学学报》(哲学社会科学版)2010 年第 2 期。

[220] 刘长秋:《从政策引导到法律主导:我国基本医疗服务政策法律化问

题研究》,《中南大学学报》(社会科学版)2018 年第 5 期。

[221] 刘志伟:《金融法中混业“但书”规定之反思》,《法学研究》2019 年第 6 期。

[222] 刘志友:《我国金融监管制度的有效性分析》,《审计与经济研究》2005 年第 1 期。

[223] 柳辉、吕天宇:《扩大内需: 我国经济安全的战略选择》,《华东经济管理》2001 年第 4 期。

[224] 楼朝明:《制度在促进经济发展中的相对重要性》,《宁波大学学报》(人文科学版)2005 年第 4 期。

[225] 卢现祥、朱巧玲:《论新制度经济学中国家的四大职能》,《湖北经济学院学报》2006 年第 3 期。

[226] 卢映西、陈乐毅:《经济脱实向虚倾向的根源、表现和矫正措施》,《当代经济研究》2018 年第 10 期。

[227] 鲁品越:《虚拟经济的诞生与当代精神现象》,《哲学动态》2015 年第 8 期。

[228] 陆岷峰、徐阳洋:《从战略上探讨成长链金融风险的化解方法》,《宁夏大学学报》(人文社会科学版)2016 年第 5 期。

[229] 罗富政、罗能生、侯志鹏:《货币供给与通货膨胀的背离——基于虚拟经济虹吸效应的解释》,《经济学动态》2019 年第 5 期。

[230] 罗杭春:《论国家经济安全是经济法的首要价值》,《湖南社会科学》2009 年第 4 期。

[231] 罗培新:《美国金融监管的法律与政策困局之反思——兼及对我国金融监管之启示》,《中国法学》2009 年第 3 期。

[232] 马方方:《金融监管的经济学理论基础及启示》,《首都经济贸易大学学报》2008 年第 1 期。

[233] 马红、侯贵生、孟凡斌:《虚拟经济非协调发展与企业实业投资获利能

力:异质性与影响机制》,《商业研究》2019 年第 12 期。
[234] 马俊驹:《人格与人格权立法模式探讨》,《重庆大学学报》(社会科学版)2016 年第 1 期。
[235] 孟飞:《地方金融监管立法:纽约州的经验及启示》,《上海金融》2019 年第 10 期。
[236] 孟祥青:《关于 21 世纪初我国国家安全战略选择的几点思考》,《当代世界与社会主义》2001 年第 6 期。
[237] 孟颖:《虚拟经济运行的独立性特征研究》,《开放导报》2009 年第 3 期。
[238] 缪因知:《国家干预的法系差异——以证券市场为重心的考察》,《法商研究》2012 年第 1 期。
[239] 宁薛平、何德旭:《新时代我国的金融安全风险防范》,《甘肃社会科学》2018 年第 5 期。
[240] 牛正浩、赵晨光:《论中国公司债券制度的立法重构——以〈公司法〉〈证券法〉联动修改为背景》,《江西财经大学学报》2020 年第 3 期。
[241] 庞凌:《法律原则的识别和适用》,《法学》2004 年第 10 期。
[242] 裴惠宁、成延洲:《〈证券法〉与证券投资安全》,《兰州大学学报》2000 年第 3 期。
[243] 彭琳娜、王春月:《金融效率与开放经济条件下维护我国金融安全的对策》,《经济论坛》2006 年第 5 期。
[244] 彭岳:《场外衍生品金融监管国际方案的国内实施与监管僵化》,《上海财经大学学报》2016 年第 5 期。
[245] 钱小安:《金融开放条件下的金融安全问题》,《管理世界》2001 年第 6 期。
[246] 钱学锋、裴婷:《国内国际双循环新发展格局:理论逻辑与内生动力》,《重庆大学学报》(社会科学版)2021 年第 1 期。

[247] 秦晓:《金融业的“异化”和金融市场中的“虚拟经济”》,《改革》2000 年第 1 期。
[248] 邵文郁:《经济法与虚拟经济法的思考》,中国政法大学硕士论文,2009。
[249] 佘俊臣:《效率、安全与公平的对话——市场经济与法治国家关系之反思》,《江南社会学院学报》2002 年第 2 期。
[250] 沈伟:《银行的影子:以银行法为中心的影子银行分析框架》,《清华法学》2017 年第 6 期。
[251] 盛学军、杨贵桥:《道德维度与法律思维的错位——对金融法学中“金融道德风险论”的批判》,《天津师范大学学报》(社会科学版)2015 年第 1 期。
[252] 施春红:《近代中国金融法规研究——以 1931 年、1947 年颁布的〈银行法〉为例》,东华大学硕士论文,2012。
[253] 石少侠、罗曦:《论场外金融衍生产品交易民事救济之合同责任——以英美法为视角》,《现代法学》2013 年第 4 期。
[254] 史忠良:《参与经济全球化必须注意国家经济安全》,《经济经纬》2002 年第 1 期。
[255] 舒展、刘墨渊:《国家经济安全与经济自主性》,《当代经济研究》2014 年第 10 期。
[256] 斯文:《金融危机后全球场外衍生品市场监管改革及借鉴》,《南方金融》2013 年第 3 期。
[257] 宋汉光:《为开放型经济转型升级提供高效金融服务》,《中国金融》2012 年第 12 期。
[258] 宋丽智、胡宏兵:《美国〈多德-弗兰克法案〉解读——兼论对我国金融监管的借鉴与启示》,《宏观经济研究》2011 年第 1 期。
[259] 孙德超、周媛媛:《国家治理能力现代化视域下防范化解金融风险的

困境与路径选择》,《行政论坛》2019 年第 4 期。

[260] 孙守纪、方黎明:《新就业形态下构建多层次失业保障制度研究》,《中国特色社会主义研究》2020 年第 Z1 期。

[261] 孙韦、郑中华:《金融创新、虚拟经济与金融危机》,《生产力研究》2010 年第 6 期。

[262] 谭振波:《国际金融危机语境下的相关法律问题探讨》,《河北法学》2009 年第 8 期。

[263] 唐波:《交易所对金融衍生品市场的自律监管——兼评新修订的证券法相关规定》,《法学》2005 年第 12 期。

[264] 唐波:《金融衍生品交易的监管理念》,《华东政法学院学报》2006 年第 4 期。

[265] 唐波:《美国期货品种上市机制的反思与启示——以比特币期货上市为视角》,《东方法学》2019 年第 1 期。

[266] 田超、隋立祖:《金融衍生品创新的内涵和产出函数模型》,《当代经济科学》2005 年第 2 期。

[267] 汪小亚、何正启:《〈商业银行法〉修订应关注的几个问题》,《金融论坛》2016 年第 6 期。

[268] 王爱俭:《关于虚拟经济几个重要问题的再讨论》,《现代财经》(天津财经大学学报)2008 年第 2 期。

[269] 王爱俭:《金融创新与中国虚拟经济发展研究》,《金融研究》2002 年第 7 期。

[270] 王德凡:《金融创新、金融风险与金融监管法的价值选择》,《国家行政学院学报》2018 年第 3 期。

[271] 王贵松:《行政裁量权收缩之要件分析——以危险防止型行政为中心》,《法学评论》2009 年第 3 期。

[272] 王国刚:《关于虚拟经济的几个问题》,《东南学术》2004 年第 1 期。

[273] 王国忠,、王群勇:《经济虚拟化与虚拟经济的独立性特征研究——虚拟经济与实体经济关系的动态化过程》,《当代财经》2005 年第 3 期。

[274] 王国忠:《当代经济的“二分法”:基于经济虚拟化的思考》,《财经研究》2005 年第 11 期。

[275] 王腊梅:《我国地方政府金融监管价值理念重塑》,《改革与战略》2017 年第 4 期。

[276] 王磊、刘骏民:《关于行业增长拉动就业的特点分析——基于美国虚拟经济、实体经济和一般服务业的视角》,《现代管理科学》2015 年第 2 期。

[277] 王鹏飞:《我国私募基金行为监管研究》,《现代管理科学》2018 年第 8 期。

[278] 王全兴:《社会法学研究应当吸取经济法学研究的教训》,《浙江学刊》2004 年第 1 期。

[279] 王少国:《金融发展与二元经济转型》,《经济评论》2003 年第 1 期。

[280] 王守义、陆振豪:《以虚拟经济促进我国实体经济发展研究》,《经济学家》2017 年第 8 期。

[281] 王伟:《日本资本市场的投资者适当性制度》,载《创新与发展:中国证券业 2012 年论文集》。

[282] 王晓丹:《中国政府股票市场救助行为研究——基于 2015 年救市行为的分析》,山东大学博士论文,2020。

[283] 王玄玮:《司法能够在多大程度上过问政治?》,《读书》2009 年第 7 期。

[284] 王妍、赵杰:《“金融的法律理论”视域下的“穿透式”监管研究》,《南方金融》2019 年第 5 期。

[285] 王旸:《英美法系的衍生工具交易商法律制度》,《金融研究》2008 年第 7 期。

[286] 王遥、徐楠:《中国绿色债券发展及中外标准比较研究》,《金融论坛》2016 年第 2 期。

[287] 王怡:《论金融风险防范视阈下的金融立法》,《广西社会科学》2014 年第 3 期。

[288] 王煜宇、何松龄:《金融监管腐败:结构性制度成因与供给侧结构性改革》,《现代法学》2018 年第 5 期。

[289] 王煜宇:《我国金融监管制度供给过剩的法经济学分析》,《现代法学》2014 年第 5 期。

[290] 王元龙:《关于金融安全的若干理论问题》,《国际金融研究》2004 年第 5 期。

[291] 卫兴华:《社会主义市场经济与法治》,《经济研究》2015 年第 1 期。

[292] 文小梅:《互联网金融审判模式之构建和程序规范》,《云南社会科学》2020 年第 3 期。

[293] 吴弘、裴斐:《我国股指期货风险的法律控制——从宏观控制角度》,《政治与法律》2008 年第 5 期。

[294] 吴建刚:《中国衍生品市场概况与未来发展》,《金融与经济》2009 年第 11 期。

[295] 吴凌翔:《关于完善我国期货市场法制的几点思考》,《新金融》2017 年第 8 期。

[296] 吴庆荣:《法律上国家安全概念探析》,《中国法学》2006 年第 4 期。

[297] 吴晓灵:《金融市场化改革中的商业银行资产负债管理》,《金融研究》2013 年第 12 期。

[298] 吴元元:《认真对待社会规范——法律社会学的功能分析视角》,《法学》2020 年第 8 期。

[299] 吴志攀:《华尔街金融危机中的法律问题》,《法学》2008 年第 12 期。

[300] 武俊桥:《论证券信息披露简明性规则——以网络时代为背景》,《证

券市场导报》2011 年第 11 期。

[301] 相天东、严明义:《我国股票市场金融衍生工具实践研究》,《河南社会科学》2016 年第 12 期。

[302] 向军:《对我国金融衍生产品市场的立法思考》,《政治与法律》1998 年第 2 期。

[303] 向新柱:《期货交易立法相关问题探讨》,《江汉论坛》2001 年第 10 期。

[304] 肖磊:《信用创造、虚拟资本与现代经济运行——兼论我国实体经济与虚拟经济的关系》,《当代经济研究》2019 年第 12 期。

[305] 谢鸿飞:《论创设法律关系的意图:法律介入社会生活的限度》,《环球法律评论》2012 年第 3 期。

[306] 谢梅、巫文勇:《期货交易纠纷解决机制的拓展与创新》,《西部法学评论》2011 年第 3 期。

[307] 邢会强:《国务院金融稳定发展委员会的目标定位与职能完善——以金融法中的“三足定理”为视角》,《法学评论》2018 年第 3 期。

[308] 邢会强:《论金融法的法典化》,《首都师范大学学报》(社会科学版)2016 年第 1 期。

[309] 邢会强:《我国〈证券法〉上证券概念的扩大及其边界》,《中国法学》2019 年第 1 期。

[310] 熊玉莲:《美国场外金融衍生品规则演变及监管改革》,《华东政法大学学报》,2011 年第 2 期。

[311] 徐冬根:《论法律语境下的金融科技与监管科技——以融合与创新为中心展开》,《东方法学》2019 年第 6 期。

[312] 徐澜波:《论宏观调控法的调整方法——从经济法的调整方法切入》,《法学》2020 年第 7 期。

[313] 徐孟洲:《金融立法:保障金融服务实体经济——改革开放四十年中

国金融立法的回顾与展望》,《地方立法研究》2018 年第 6 期。
[314] 徐诺金:《加快推进中国特色社会主义金融治理体系和治理能力现代化的思考》,《征信》2020 年第 1 期。
[315] 徐文鸣、刘圣琦:《新〈证券法〉视域下信息披露"重大性"标准研究》,《证券市场导报》2020 年第 9 期。
[316] 许恋天:《互联网金融"穿透式"监管:逻辑机理与规范运用》,《税务与经济》2019 年第 3 期。
[317] 许平祥:《经济虚拟化与传统金融危机理论的困境——基于美国金融危机的启示》,《东岳论丛》2011 年第 7 期。
[318] 许圣道、王千:《虚拟经济全球化与国家经济安全研究》,《中国工业经济》2009 年第 1 期。
[319] 宣蓓:《国际虚拟经济立法规制问题研究》,南京财经大学硕士论文,2010。
[320] 宣頔:《金融法重构之社会基础:金融利益关系统合化运动》,《中南大学学报》(社会科学版)2015 年第 2 期。
[321] 薛澜、张帆、武沐瑶:《国家治理体系与治理能力研究:回顾与前瞻》,《公共管理学报》2015 年第 3 期。
[322] 闫海:《论我国货币政策决策体制的法治化——基于建构原则的检省与重构》,《甘肃社会科学》2017 年第 5 期。
[323] 闫夏秋:《发达国家和地区银行法律比较述评》,《现代经济探讨》2017 年第 3 期。
[324] 闫妍:《欧美场外金融衍生品监管启示》,《中国金融》2017 年第 22 期。
[325] 杨东:《互联网金融风险规制路径》,《中国法学》2015 年第 3 期。
[326] 杨峰:《我国实行股票发行注册制的困境与路径分析》,《政法论丛》2016 年第 3 期。

[327] 杨琳:《从几次金融危机看虚拟经济与实体经济关系》,《中国金融》2009 年第 5 期。
[328] 杨秋华:《我国期货市场法制化建设中的问题及对策》,《河北法学》2004 年第 3 期。
[329] 杨三正、苟学珍:《论基于经济治理的经济法软法之治》,《重庆大学学报》(社会科学版)2019 年第 5 期。
[330] 杨松、张永亮:《金融科技监管的路径转换与中国选择》,《法学》2017 年第 8 期。
[331] 杨永清:《期货交易中法律问题研究综述》,《法律适用》1998 年第 1 期。
[332] 杨运星:《论虚拟经济的稳定性、系统风险与经济安全》,《商业时代》2013 年第 24 期。
[333] 杨子晖、周颖刚:《全球系统性金融风险溢出与外部冲击》,《中国社会科学》2018 年第 12 期。
[334] 杨宗杭、吴晶:《金融业开放新形势下资本市场的机遇与挑战》,《证券市场导报》2018 年第 6 期。
[335] 叶林、钟维:《核心规制与延伸监管:我国〈期货法〉调整范围之界定》,《法学杂志》2015 年第 5 期。
[336] 尹振涛:《中国近代证券市场监管的历史考察——基于立法与执法视角》,《金融评论》2012 年第 2 期。
[337] 尹灼:《英国新金融监管体系述评》,《农村金融研究》2004 年第 1 期。
[338] 应飞虎、王莉萍:《经济法与民法视野中的干预——对民法与经济法关系及经济法体系的研究》,《现代法学》2002 年第 4 期。
[339] 游家兴、张哲远:《金融发展和危机传染:基于“法与金融”的研究视角》,《国际金融研究》2020 年第 6 期。
[340] 余绍山、陈斌彬:《从微观审慎到宏观审慎:后危机时代国际金融监管

法制的转型及启示》,《东南学术》2013 年第 3 期。
[341] 余臻:《我国资本市场开放的现状与展望》,《经济体制改革》2019 年第 1 期。
[342] 俞可平:《国家治理体系的内涵本质》,《理论导报》2014 年第 4 期。
[343] 俞蔚:《论金融风险防范化解中司法规制的逻辑与进路》,《南海法学》2019 年第 5 期。
[344] 袁国敏、王亚鸽、王阿楠:《中国虚拟经济与实体经济发展的协调度分析》,《当代经济管理》2008 年第 3 期。
[345] 袁申国、刘兰凤:《金融开放与实体经济和虚拟经济产出非平衡增长》,《国际经贸探索》2019 年第 5 期。
[346] 岳彩申:《理论的解释力来自哪里:中国经济法学研究的反思》,《政法论坛》2005 年第 6 期。
[347] 张保红:《我国证券登记结算制度的缺陷及重构——兼论〈中华人民共和国证券法〉第七章的修订》,《法商研究》2014 年第 2 期。
[348] 张斌、侯怡如:《资本逻辑批判与共产主义演进发展》,《当代经济研究》2020 年第 10 期。
[349] 张成思、刘泽豪、何平:《流动性幻觉与高杠杆率之谜》,《金融研究》2021 年第 7 期。
[350] 张承惠:《规范金融市场秩序,切实维护经济安全》,《求是》2001 年第 10 期。
[351] 张国庆、刘骏民:《经济虚拟化、金融危机与政府规制》,《当代财经》2009 年第 10 期。
[352] 张国庆:《经济虚拟化与虚拟经济的功能——兼论虚拟经济研究的理论价值》,《华东经济管理》2013 年第 3 期。
[353] 张军果:《应高度重视股市的健康发展》,《唯实》2016 年第 3 期。
[354] 张俊山:《虚拟经济的政治经济学原理》,《天津师范大学学报》(社会

科学版)2019 年第 6 期。

[355] 张莉莉、王文君:《论经济法对虚拟经济的规制不足及其完善》,《公民与法》(法学版)2010 年第 9 期。

[356] 张莉莉:《后危机时代虚拟经济与经济法的适应性问题分析》,《现代经济探讨》2011 年第 1 期。

[357] 张茅:《深入贯彻落实党的十九大精神努力开创新时代工商和市场监管工作新局面——在全国工商和市场监管工作会议上的讲话》,《中国市场监管研究》2018 年第 1 期。

[358] 张敏:《经济全球化与发展中国家经济安全问题浅析》,《江淮论坛》2000 年第 4 期。

[359] 张前程:《虚拟经济对实体经济的非线性影响:“相生”抑或“相克”》,《上海经济研究》2018 年第 7 期。

[360] 张晓晨:《我国金融监管的立法选择:以英国危机应对为鉴》,《浙江工商大学学报》2015 年第 4 期。

[361] 张晓燕:《中国资本市场开放历程与影响分析》,《人民论坛》2019 年第 26 期。

[362] 张燕:《论农村民间金融监管和谐价值理念——基于当前金融生态失衡的视角》,《法学论坛》2009 年第 5 期。

[363] 张玉智、曹凤岐、赵磊:《我国金融衍生品市场多层次监管体系重构》,《中国证券期货》2009 年第 1 期。

[364] 张云、李宝伟:《货币功能在虚拟经济条件下的嬗变》,《郑州大学学报》(哲学社会科学版)2015 年第 1 期。

[365] 张云:《虚拟经济视野下的次贷危机与美元危机解析》,《亚太经济》2009 年第 2 期。

[366] 张忠军:《金融立法的趋势与前瞻》,《法学》2006 年第 10 期。

[367] 赵杰:《商业银行市场退出中的公共政策法院——以金融风险的司法

预防与处置为视角》,《法律适用》2019 年第 20 期。

[368] 赵亚楠:《我国虚拟经济与实体经济发展关系研究》,天津师范大学硕士论文,2020。

[369] 郑克岭、刘宏凯:《虚拟经济发展中政府的职能定位》,《哈尔滨工业大学学报》2007 年第 2 期。

[370] 郑彧:《论金融法下功能监管的分业基础》,《清华法学》2020 年第 2 期。

[371] 中国社会科学院课题组、陈甦:《证券法律责任制度完善研究》,《证券法苑》2014 年第 1 辑。

[372] 周安平:《法律价值何以是与何以不是》,《深圳大学学报》(人文社会科学版)2020 年第 3 期。

[373] 周彬、谢佳松:《虚拟经济的发展抑制了实体经济吗?——来自中国上市公司的微观证据》,《财经研究》2018 年第 11 期。

[374] 周国红:《金融系统风险研究与控制的混沌理论探索》,《浙江大学学报》(人文社会科学版)2001 年第 3 期。

[375] 周维富:《我国实体经济发展的结构性困境及转型升级对策》,《经济纵横》2018 年第 3 期。

[376] 周仲飞、李敬伟:《金融科技背景下金融监管范式的转变》,《法学研究》2018 年第 5 期。

[377] 朱大旗、邱潮斌:《关于中国人民银行与银监会职责分工的探讨——兼评〈中国人民银行法〉的修订与〈银行业监督管理法〉的制定》,《甘肃政法学院学报》2004 年第 2 期。

[378] 朱大旗:《完善我国股指期货市场监管机制的法律思考》,《政治与法律》2012 年第 8 期。

[379] 朱尔茜:《经济治理的理论内涵及实施路径》,《海南大学学报》(人文社会科学版)2016 年第 2 期。

[380] 朱楠、任保平:《虚拟经济系统性风险背景下的我国国家经济安全机制的构建》,《福建论坛》(人文社会科学版)2015 年第 10 期。

[381] 朱顺:《我国商业银行法律监管的困境及出路》,《现代管理科学》2015 年第 1 期。

[382] 卓泽渊:《论法的价值》,《中国法学》2000 年第 6 期。

[383] 邹靖:《去杠杆背景下系统性金融风险防范研究》,《山东社会科学》2020 年第 8 期。

[384] 邹晓青:《对虚拟经济几个重要问题的探讨》,《贵州社会科学》2005 年第 5 期。

(三)其他类

[385] 五矿经济研究院:《2018 年金融经营环境展望》,搜狐网 2018 年 2 月 12 日。

[386] 李柯勇:《成思危畅谈"虚拟经济"》,新华网 2002 年 11 月 23 日。

[387]《股灾周年祭:A 股市值蒸发 25 万亿人均 24 万》,中国青年网 2016 年 6 月 11 日。

[388]《广东把"虚拟社会"写入党代会报告意义重大》,《广州日报》2007 年 5 月 25 日。

[389]《近年来,我国宣布并推动实施了 50 余条金融业开放具体措施——金融业开放步伐明显加快》,《人民日报》2020 年 8 月 28 日。

[390] 木头视点:《警钟:全球 GDP 总量 80 多万亿美元,而虚拟经济已经超过 3 000 万亿》,网易网 2019 年 11 月 15 日。

[391]《开放经济条件下我国虚拟经济运行安全法律保障研究——以虚拟经济有限发展法学理论为中心》研究报告。

[392] 剩哥说财经:《蚂蚁杠杆的本质:金融杠杆是果,互联网垄断是因》,百度 2020 年 11 月 24 日。

[393] 读懂数字财经:《蚂蚁消金增资 220 亿元背后:杠杆与利益的博弈和重新分配》,百度 2021 年 12 月 29 日。
[394] 易信、刘磊:《以“三大转变”推动经济高质量发展》,人民网 2019 年 2 月 2 日。
[395]《中共中央关于全面深化改革若干重大问题的决定》,《人民日报》2013 年 11 月 16 日。
[396]《中共中央政治局召开会议审议通过〈国家安全战略纲要〉》,新华网 2015 年 1 月 23 日。
[397]《中国共产党第十九届中央委员会第四次全体会议公报》,2019 年 10 月 31 日中国共产党第十九届中央委员会第四次全体会议通过。
[398]《中国共产党第十九届中央委员会第五次全体会议公报》,新华网 2020 年 10 月 29 日。
[399] 温济聪:《资本市场应引领创新驱动发展》,人民网 2019 年 11 月 25 日。
[400] 陈雨露:《中国经济转型中的金融支持——跨越“中等收入陷阱”》,搜狐新闻 2018 年 2 月 13 日。
[401] 陈志龙:《从国策层面加强资本市场安全能力建设》,《国际金融报》2019 年 3 月 4 日。
[402] 单士兵:《虚拟经济不是“虚假经济”》,人民网 2015 年 8 月 11 日。
[403] 黄军:《重大教授领衔国家重大项目研究虚拟经济运行安全法律保障》,华龙网 2015 年 5 月 16 日。
[404] 林毅夫:《为什么是“有为政府”而非“有限政府”?》,中国风险投资网 2016 年 11 月 10 日。
[405] 王佳:《有效推动经济“脱虚向实”》,《中国经济时报》2018 年 10 月 31 日。
[406] 伍戈:《中国目前信贷扩张已接近日本泡沫时期》,新浪财经 2017 年 3

月 17 日。
[407] 董小君:《建立有效的金融风险预警机制》,《金融时报》2004 年 11 月 17 日。

二、外文类参考文献

[408] Amri P D, Kocher B M. The political economy of financial sector supervision and banking crises: A cross-country analysis. European Law Journal, 2012, 18(1).
[409] Boot A W A, Thakor A V. Can relationship banking survive competition?. The Journal of Finance, 2000, 55(2).
[410] Claessens M S, Kodres M L E. The regulatory responses to the global financial crisis: some uncomfortable questions. International Monetary Fund, 2014.
[411] Oesterle D A. Regulation NMS: Has the SEC Exceeded Its Congressional Mandate to Facilitate a "National Market System" in Securities Trading?. NYUJL & Bus. , 2004, 1.
[412] Esau D B. Joint regulation of single stock futures: Cause or result of regulatory arbitrage and interagency turf wars. Cath. UL Rev. , 2001, 51.
[413] Fourcade M, Steiner P, Streeck W, et al. Moral categories in the financial crisis. Socio-Economic Review, 2013, 11(3).
[414] Hayek F A. The use of knowledge in society. Knowledge Management and Organizational Design. Amsterdam: Elsevier, 1996.
[415] Kane E J. Regulatory structure in futures markets: Jurisdictional competition between the SEC, the CFTC, and other agencies. Journal of Futures Markets, 1984, 4(3).
[416] Langevoort D C. Global securities regulation after the financial crisis.

Journal of International Economic Law, 2010, 13(3).

[417] Macey J R. The political science of regulating bank risk. Ohio st. LJ, 1988, 49.

[418] McKinnon R I. Money and Capital in Economic Development. Brookings Institution Press, 1973.

[419] Moshirian F. Global financial crisis, international financial architecture and regulation. Journal of Banking & Finance, 2011, 35(3).

[420] de Bandt O, Hartmann P. Systemic risk: a survey. Available at SSRN 258430, 2000.

[421] Kumar P, Seppi D J. Futures manipulation with "cash settlement". The Journal of Finance, 1992, 47(4).

[422] Spendzharova A B. Banking union under construction: The impact of foreign ownership and domestic bank internationalization on European Union member-states' regulatory preferences in banking supervision. Review of International Political Economy, 2014, 21(4).

[423] Jasanoff S. Law's knowledge: science for justice in legal settings. American journal of public health, 2005, 95(S1).